L'ART ROMANTIQUE

L'ART ROMANTIQUE

BAUDELAIRE dans la collection GF:

Les Fleurs du mal.
Les Paradis artificiels.
Petits Poèmes en prose.

Sur la couverture :

Portrait de Baudelaire, par Courbet.
Montpellier, Musée Fabre.
Cliché Erbé, Montpellier.

CHARLES BAUDELAIRE

L'ART ROMANTIQUE

LITTÉRATURE ET MUSIQUE

Chronologie, préface, établissement du texte
par
Lloyd James Austin
professeur à l'Université de Cambridge

GARNIER-FLAMMARION

© 1968, GARNIER-FLAMMARION, Paris.

CHRONOLOGIE

1821 : *9 avril* : Charles-Pierre Baudelaire naît à Paris, 13, rue Hautefeuille (emplacement de l'actuelle maison Hachette), fils de Joseph-François Baudelaire, né à La Neuville-au-Pont (Marne) en 1759, et de Caroline Archimbaut-Dufaÿs, née à Londres en 1793.
7 juin : Il est baptisé à Saint-Sulpice.

1827 : *10 février* : Le père de Baudelaire meurt.

1828 : *8 novembre* : La mère de Baudelaire se remarie avec le chef de bataillon Jacques Aupick, né en 1789.

1832 : Baudelaire est admis à la pension Delorme, à Lyon, où le lieutenant-colonel Aupick a été nommé.

1833 : *octobre* : Baudelaire entre en cinquième, comme interne, au Collège royal de Lyon.

1836 : *9 janvier* : Le colonel Aupick est nommé chef d'état-major de la 1re division militaire à Paris.
1er mars : Baudelaire entre comme interne à Louis-le-Grand.

1837 : Baudelaire est couronné au concours général (deuxième prix de vers latins), étant en seconde.

1838 : Baudelaire voyage, pendant l'été, avec le colonel Aupick dans les Pyrénées, d'où il rapporte l'inspiration du poème *Incompatibilité*. — Théophile Gautier : *La Comédie de la mort*.

1839 : *18 avril* : Baudelaire est renvoyé de Louis-le-Grand pour avoir refusé de donner à un professeur un billet passé en classe par un camarade.
12 août : Baudelaire est reçu au baccalauréat; Aupick est nommé maréchal de camp (général de brigade).
— Marceline Desbordes-Valmore : *Pauvres Fleurs*.
— Pétrus Borel : *Madame Putiphar*.

1839-1841 : Baudelaire, inscrit comme vague étudiant à la Faculté de droit, fait la connaissance, à la pension Lévêque et Bailly, 11, place de l'Estrapade, de jeunes poètes et écrivains provinciaux, les Normands Gustave Le Vavasseur, Auguste Dozon et Philippe de Chennevières, et le Picard Ernest Prarond ; il rencontre Edouard Ourliac, Pétrus Borel, Gérard de Nerval et Balzac : ce qu'il appelle ses « premières liaisons littéraires ».

1840 : Musset : *Poésies complètes;* Sainte-Beuve : *Poésies complètes;* Hugo : *Les Rayons et les Ombres.*

1841 : *9 juin :* Baudelaire part de Bordeaux sur le *Paquebot-des-Mers-du-Sud*, à destination de Calcutta, le voyage ayant été décidé par les Aupick, inquiétés par la « vie libre » que menait Charles à Paris et par ses « relations mauvaises ».

1er au 19 septembre : Escale à l'île Maurice, où Baudelaire est reçu par M. et Mme Adolphe Autard de Bragard. Son remerciement sera le sonnet : *A une Dame créole.*

4 novembre : Après un séjour de six semaines à l'île Bourbon, Baudelaire, ayant refusé de continuer son voyage jusqu'en Inde, s'embarque à Bourbon sur l'*Alcide* pour la France, avec une escale au Cap.

1842 : *16 février :* Baudelaire annonce son arrivée à Bordeaux. Bientôt, après son retour à Paris, il se lie avec Jeanne Duval.

9 avril : Majeur, il reçoit l'héritage paternel de 75 000 francs-or.

Juin : Il s'installe 10, quai de Béthune, dans l'île Saint-Louis.

Novembre : Le général Aupick, nommé commandant de la Place de Paris, s'installe place Vendôme.

— Théodore de Banville : *Les Cariatides.*

— Aloysius Bertrand : *Gaspard de la Nuit* (par les soins de Victor Pavie).

— Marceline Desbordes-Valmore : *Poésies*, préface de Sainte-Beuve.

1843 : *février :* G. Le Vavasseur, Ernest Prarond, A. Argonne (A. Dozon) publient le recueil *Vers*, auquel Baudelaire devait collaborer : il avait retiré sa signature, mais non pas, semble-t-il, ses vers.

Mai : Baudelaire s'installe à l'hôtel Pimodan (Lauzun). Il participe au club des Haschischins, chez le peintre

Fernand Boissard, qui habite l'hôtel. Il s'endette envers Arondel, marchand de tableaux et même parfois peintre, autre locataire.

« Secondes liaisons littéraires : Sainte-Beuve, Hugo [connu par Ourliac], Gautier, Esquiros.

« Difficulté pendant très longtemps de me faire comprendre d'un directeur de journal quelconque. »

1844 : *21 septembre* : Baudelaire, ayant dilapidé la moitié de son héritage, est pourvu d'un conseil judiciaire, Me Ancelle, notaire à Neuilly.

1845 : *mai* : Le *Salon de 1845* paraît chez Labitte, signé Baudelaire-Dufaÿs.
30 juin : Baudelaire, après avoir légué tous ses biens à Jeanne Duval et confié ses manuscrits à Banville, tente de se suicider. Il fait un séjour place Vendôme, qui amène la rupture définitive avec le général Aupick.
Juillet : Gautier : *Poésies complètes*.
Octobre : Annonce des *Lesbiennes*, qui deviendront *Les Fleurs du Mal*.
4 novembre : Baudelaire publie, dans *Le Corsaire-Satan*, son premier compte rendu (non signé) : les *Contes normands* de Jean de Falaise (Ph. de Chennevières).
24 novembre : *Comment on paie ses dettes quand on a du génie* paraît, anonyme, dans *Le Corsaire-Satan*.
Novembre : Edgar Poe publie son recueil de vers : *The Raven, and other Poems*. — A. Borghers publie dans la *Revue britannique* la première traduction française d'une œuvre de Poe : *Le Scarabée d'or*.

1846 : *21 janvier* : *Le Musée classique du Bazar Bonne-Nouvelle* paraît dans *Le Corsaire-Satan*.
Février : *Le Jeune Enchanteur* paraît dans *L'Esprit public* sous la signature de Baudelaire-Dufaÿs, qui s'approprie ainsi (W. T. Bandy l'a démontré) cette nouvelle anglaise du Révérend Croly.
3 février : Baudelaire publie dans *Le Corsaire-Satan* des comptes rendus du *Prométhée délivré* de L. de Senneville (Louis Ménard) et du *Siècle* de B. Bouniol.
3 mars : Il publie dans le même journal un *Choix de Maximes consolantes sur l'amour* et annonce un *Catéchisme de la femme aimée*, qui restera à l'état de projet.
15 avril : Les *Conseils aux jeunes littérateurs* paraissent dans *L'Esprit public*.
Mai : Le *Salon de 1846* paraît chez Michel Lévy : nouvelle annonce des *Lesbiennes* sur la couverture.

Septembre-mars 1847 : *Le Tintamarre* publie une série de *Causeries* anonymes : Baudelaire y collabore avec Banville et Vitu.

1847 : *janvier* : Baudelaire publie *La Fanfarlo* (signé Charles Defayis) dans le *Bulletin de la Société des Gens de lettres*.
27 janvier : Isabelle Meunier publie dans *La Démocratie pacifique* sa traduction du *Chat noir*, traduction qui, selon Asselineau, aurait révélé à Baudelaire l'œuvre d'Edgar Poe.
18 août : Marie Daubrun débute dans *La Belle aux cheveux d'or*, féerie évoquée dans *L'Irréparable* de Baudelaire : il se lie peut-être dès lors avec Marie Daubrun.
Novembre : le général Aupick est nommé commandant de l'Ecole polytechnique.

1848 : *18 janvier* : Baudelaire publie dans *Le Corsaire-Satan* son compte rendu des contes de Champfleury et laisse inachevé un compte rendu du *Gâteau des Rois* de Jules Janin.
Baudelaire participe à la Révolution et parle d'aller fusiller le général Aupick.
Février-mars : Il fonde et rédige, avec Champfleury et Toubin, *Le Salut public*, petit journal républicain dont deux numéros seulement paraissent.
Avril-mai : Il est secrétaire de la rédaction de *La Tribune nationale*, organe modéré.
13 avril : Le général Aupick, maintenu le 3 mars par la République au commandement de l'Ecole polytechnique, est nommé envoyé extraordinaire et ministre plénipotentiaire à Constantinople.
Juin : Baudelaire se bat dans les rangs des insurgés aux Journées de Juin.
15 juillet : Il publie dans *La Liberté de penser* sa première traduction d'Edgar Poe : *Révélation magnétique*, avec une introduction.
20 octobre : Il devient rédacteur en chef du *Représentant de l'Indre*, mais doit quitter aussitôt Châteauroux, n'étant pas au diapason de cette feuille conservatrice.

1849 : *13 juillet* : Baudelaire parle, dans une lettre, de Wagner comme de « celui que l'avenir consacrera le plus illustre parmi les maîtres ».
7 octobre : Edgar Poe meurt à Baltimore.
Décembre : Baudelaire fait un bref séjour à Dijon.

Il se lie d'amitié avec Courbet et, surtout, avec Poulet-Malassis.

1850 : Baudelaire fait copier ses poèmes par un calligraphe : selon Asselineau, ils formaient « deux volumes cartonnés et dorés ».
Juin : Deux poèmes publiés dans *Le Magasin des familles* sont annoncés comme faisant partie d'un volume à paraître intitulé *Les Limbes*, titre socialisant et orphique à la fois.

1851 : *20 février* : Le général Aupick refuse le poste d'ambassadeur à Londres.
Mars : L'essai *Du Vin et du Hachisch* [sic] paraît dans *Le Messager de l'Assemblée*.
9 avril : Onze poèmes paraissent dans le même périodique sous le titre général *Les Limbes*.
18 juin : Le général Aupick est nommé ambassadeur à Madrid où il restera en fonctions jusqu'en avril 1853.
26 août : Baudelaire (qui a 30 ans) écrit dans l'album de Mme Francine Ledoux le texte qui commence : « A mesure que l'homme avance dans la vie... »
Fin août : La notice sur Pierre Dupont paraît en tête des *Chants et Chansons* (20ᵉ livraison).
15 octobre : Baudelaire fait venir de Londres les œuvres de Poe.
27 novembre : L'article sur *Les Drames et les Romans honnêtes* paraît dans *La Semaine théâtrale*.
2 décembre : « Ma fureur au coup d'Etat. Combien j'ai essuyé de coups de fusil. » (Baudelaire : *Mon cœur mis à nu*.)

1852 : *22 janvier* : *L'Ecole païenne* paraît dans *La Semaine théâtrale*.
Mars-avril : *Edgar Allan Poe, sa vie et ses ouvrages*, paraît dans la *Revue de Paris*, qui publie aussi deux poèmes (un plus grand nombre avaient été envoyés).
17 avril : Baudelaire publie dans *L'Illustration* sa traduction avec notice de *Bérénice* d'Edgar Poe.
17 juillet : Gautier : *Emaux et Camées*.
4 décembre : Leconte de Lisle : *Poèmes antiques*.
9 décembre : Baudelaire envoie sa première lettre, non signée et dans une écriture contrefaite, à Mme Sabatier, avec le poème qui s'intitulera *A celle qui est trop gaie*. Lettres et envois de poèmes se poursuivront au cours des années 1853 et 1854.

Projet du périodique *Le Hibou philosophe*.
Vers cette époque, les notes intitulées *De quelques préjugés contemporains*.

1853 : *1er mars* : Baudelaire publie dans *L'Artiste* une traduction du *Corbeau* d'Edgar Poe.
8 mars : Le général Aupick, nommé sénateur, achète la « maison-joujou » à Honfleur : il y fera de fréquents séjours, sa résidence habituelle étant Paris.
27 mars : La traduction de *Philosophie de l'Ameublement* paraît dans *Le Monde littéraire*.
17 avril : *La Morale du joujou* paraît dans le même périodique.

1854 : *25 juillet* : *Le Pays* commence la publication de la traduction des *Histoires extraordinaires*, qui s'achèvera le 20 avril 1855.

1855 : *26 janvier* : Gérard de Nerval est trouvé pendu, rue de la Vieille-Lanterne.
26 mai-12 août : Baudelaire publie trois articles sur l'*Exposition universelle de 1855*, dans *Le Pays*, puis dans *Le Portefeuille*.
Mai : Il publie ses deux premiers poèmes en prose dans *Fontainebleau — Hommage à C.-F. Dennecourt*.
1er juin : La *Revue des Deux Mondes* publie 18 poèmes sous le titre *Les Fleurs du Mal*.
8 juillet : *De l'Essence du Rire* paraît dans *Le Portefeuille*.
14 et 19 août : Baudelaire écrit deux lettres à George Sand, recommandant Marie Daubrun pour un rôle à la Porte-Saint-Martin.
Décembre 1855 : *Philibert Rouvière* paraît dans la *Nouvelle Galerie des artistes dramatiques*.
Cette année, premières notes en vue des *Journaux intimes*.
Compte rendu de l'*Histoire de Neuilly*, par l'abbé Bellanger.
Notes en vue d'un article intitulé *Puisque Réalisme il y a*.

1856 : *mars* : Les *Histoires extraordinaires* paraissent en volume, avec comme préface *Edgar Poe, sa vie et ses œuvres*, dont une partie fut publiée dans *Le Pays* du 25 février 1856, le tout étant une refonte radicale de l'essai de 1852.
Octobre-mars 1857 : ayant rompu, pour un temps, avec Jeanne Duval, Baudelaire vit avec Marie Daubrun.

30 décembre : Baudelaire vend à Poulet-Malassis et de Broise *Les Fleurs du Mal* et *Bric-à-brac esthétique* (qui deviendra *Curiosités esthétiques* dans l'édition posthume de 1868).
Notes sur *Les Liaisons dangereuses*.

1857 : *8 mars* : Les *Nouvelles Histoires extraordinaires* paraissent, ayant comme préface *Notes nouvelles sur Edgar Poe*.
28 avril : Le général Aupick meurt, ce qui entraînera la retraite de Mme Vve Aupick à Honfleur.
25 juin : Les *Fleurs du Mal* paraissent.
20 août : Procès des *Fleurs du Mal* : l'auteur et les éditeurs sont condamnés, pour outrages à la morale publique, à des amendes (300 francs pour Baudelaire) et à la suppression de six poèmes.
24 août : Le *Présent* publie, sous le titre *Poèmes nocturnes*, six des futurs *Petits Poèmes en prose*.
30 août : Mme Sabatier, croyant bien faire, se donne à Baudelaire, qui dissipe dès le lendemain le malentendu. Leurs relations restent amicales.
1er et 15 octobre : *Quelques caricaturistes français* et *Quelques caricaturistes étrangers* paraissent dans *Le Présent*.
18 octobre : Baudelaire publie dans *L'Artiste* son grand article *M. Gustave Flaubert. Madame Bovary. La Tentation de saint Antoine*.

1858 : *mai* : Les *Aventures d'Arthur Gordon Pym*, qui avaient été débitées en feuilleton en 1857 dans *Le Moniteur universel*, paraissent en volume.
13 juin : Lettre au *Figaro* (sur V. Hugo, et sur les Jeunes-France).
30 septembre : La *Revue contemporaine* publie *De l'idéal artificiel - Le Haschisch*.
Octobre : Baudelaire fait un bref séjour à Honfleur.

1859 : *janvier-mars* : Baudelaire, lors d'un nouveau séjour à Honfleur, compose *Le Voyage*.
9 janvier : Il publie dans *L'Artiste* un compte rendu de *La Double Vie* par Ch. Asselineau.
13 mars : *L'Artiste* insère l'étude sur Théophile Gautier, reprise ensuite sous forme de plaquette avec lettre-préface de Victor Hugo, qui parle du « frisson nouveau » créé par *Les Fleurs du Mal*.
5 avril : Jeanne Duval, paralysée, entre à l'hôpital Dubois, où elle restera jusqu'au 19 mai.

20 avril : Baudelaire publie dans la *Revue française* sa traduction, sous le titre *Genèse d'un poème*, du texte *Philosophy of Composition* d'Edgar Poe, avec un préambule et une nouvelle traduction du *Corbeau :* manifeste capital de la « poésie pure » et qui influença fortement par la suite Mallarmé et Valéry.
Mai-juin : Baudelaire séjourne de nouveau à Honfleur.
Juin et juillet : Le *Salon de 1859* paraît dans la *Revue française*.
Octobre : La *Revue internationale* de Genève commence la publication (qui restera inachevée) de la traduction d'*Eurêka* d'Edgar Poe.
Décembre : Nouveau séjour à Honfleur.
Thomas de Quincey meurt à Edimbourg.

1860 : *1ᵉʳ janvier :* Baudelaire signe un contrat avec Poulet-Malassis pour la seconde édition des *Fleurs du Mal*, *Les Paradis artificiels*, les *Opinions littéraires* (ce qui deviendra la partie littéraire de *L'Art romantique*) et les *Curiosités esthétiques*.
15-31 janvier : La *Revue contemporaine* publie *Enchantements et tortures d'un Mangeur d'opium*, seconde partie des *Paradis artificiels*.
17 février : Lettre à Richard Wagner.
Mai : Les Paradis artificiels paraissent chez Poulet-Malassis : la couverture annonce *Réflexions sur quelques-uns de mes contemporains* (autre titre de *L'Art romantique :* maintenu dans l'édition actuelle pour la section centrale du livre).
Octobre : Baudelaire fait un bref séjour à Honfleur.
15 novembre : Le ministre de l'Instruction publique accorde à Baudelaire une « indemnité littéraire » de 500 francs pour *Les Fleurs du Mal*.

1861 : *février :* La seconde édition des *Fleurs du Mal* paraît.
1ᵉʳ avril : La *Revue européenne* publie *Richard Wagner et Tannhäuser à Paris*, étude réimprimée en plaquette en mai chez Dentu.
Baudelaire fait part à sa mère de son projet d'un grand livre intitulé *Mon cœur mis à nu :* il dit en rêver depuis deux ans.
6 mai : Lettre capitale de Baudelaire à sa mère.
24 mai : Baudelaire vend à Poulet-Malassis et de Broise le droit exclusif de publier ses œuvres existantes et à paraître.
15 juin-15 août : La *Revue fantaisiste,* nouvellement

fondée par Catulle Mendès, publie dix notices, sur Hugo, Marceline Desbordes-Valmore, A. Barbier, Gautier, Pétrus Borel, G. Le Vavasseur, Banville, Pierre Dupont, Leconte de Lisle et Hégésippe Moreau : sept seront reprises dans les *Poètes français* d'E. Crépet, et toutes dans *L'Art romantique*, avec le sous-titre *Réflexions sur quelques-uns de mes contemporains*.

15 octobre : Baudelaire publie dans la *Revue fantaisiste* sa préface au roman *Les Martyrs ridicules*, par Léon Cladel.

1er novembre : Il publie dans la même revue neuf poèmes en prose.

Décembre : Il pose sa candidature à l'Académie française, fauteuil de Lacordaire. Sur le conseil de Sainte-Beuve, il se désiste le 10 février suivant. Ses visites aux académiciens lui valent l'amitié de Vigny et l'inspiration de son pamphlet *L'Esprit et le Style de M. Villemain*.

1862 : *janvier* : *Une réforme à l'Académie* paraît anonymement dans la *Revue anecdotique*.

23 janvier : Baudelaire note, dans *Fusées* : « Aujourd'hui, 23 janvier 1862, j'ai subi un singulier avertissement, j'ai senti passer sur moi « le vent de l'aile de l'imbécil« lité. »

Mars : *Paul de Molènes* paraît, anonyme, dans la *Revue anecdotique*.

20 avril : Baudelaire publie dans *Le Boulevard* son compte rendu des *Misérables* de V. Hugo.

1er juillet : Il renouvelle au profit du seul Poulet-Malassis la cession de tous les droits sur ses œuvres.

Août : Le t. IV de l'anthologie des *Poètes français* d'Eugène Crépet contient sept poèmes de Baudelaire avec une notice de Th. Gautier, et sept notices de Baudelaire sur ses contemporains.

26-27 août, 24 septembre : *La Presse* insère vingt poèmes en prose avec la célèbre lettre-dédicace à Arsène Houssaye.

6 septembre : Swinburne publie dans *The Spectator* de Londres un article dithyrambique sur Baudelaire.

12 novembre : Poulet-Malassis est arrêté pour dettes et incarcéré.

1863 : *13 janvier* : Baudelaire vend à Hetzel le droit (déjà vendu à Poulet-Malassis) de publier *Les Fleurs du Mal* et les *Petits Poèmes en prose*.

25 janvier : *Le Boulevard* insère *L'Imprévu*, avec une note ironique de Baudelaire sur sa « conversion ».
Juin-décembre : La *Revue nationale et étrangère* publie sept poèmes en prose.
7 juillet : Baudelaire exprime le désir de quitter la France.
13 août : Eugène Delacroix meurt : Baudelaire lui consacre une magnifique nécrologie, publiée en septembre et novembre dans *L'Opinion nationale*.
Septembre : Poulet-Malassis se réfugie en Belgique.
26, 29 novembre, 3 décembre : Baudelaire publie dans *Le Figaro* son étude sur Constantin Guys : *Le Peintre de la vie moderne*.
La traduction d'*Eurêka* paraît en volume chez Michel Lévy.

1864 : *7, 14 février* : Six poèmes en prose paraissent dans *Le Figaro* sous le titre *Le Spleen de Paris*.
14 avril : Lettre au *Figaro* sur l'anniversaire de la naissance de Shakespeare.
24 avril : Baudelaire quitte Paris et s'établit à Bruxelles, à l'hôtel du Grand Miroir.
Mai et juin : Il fait cinq conférences à Bruxelles, sur Delacroix, Gautier et *Les Paradis artificiels*. Déçu par le résultat médiocre et par l'échec de ses négociations avec les éditeurs belges, il se met à préparer le livre vengeur *Pauvre Belgique !*
2 juillet, 13 août : *La Vie parisienne* publie *Les Yeux des pauvres* et *Les Projets*.
25 décembre : Sous le titre *Le Spleen de Paris*, six poèmes en prose paraissent dans la *Revue de Paris*.

1865 : *1er février* : Mallarmé consacre à Baudelaire la seconde section de sa *Symphonie littéraire* publiée dans *L'Artiste*.
12 février : L'article de Jules Janin sur *Henri Heine et la jeunesse des poètes*, dans *L'Indépendance belge*, inspire à Baudelaire deux projets, restés inachevés, d'une sanglante riposte.
15 février : La maladie de Baudelaire s'aggrave : il subit un « diabolique accident ».
Mars : Les *Histoires grotesques et sérieuses*, traduites d'Edgar Poe, paraissent : *L'Avis du traducteur* pourrait s'y rapporter.
Juillet : Baudelaire fait un voyage rapide à Paris et Honfleur pour débrouiller les complications financières

résultant de la double vente de ses œuvres à Hetzel et à Poulet-Malassis : ce dernier est désintéressé par Ancelle ; Hetzel ne sera partiellement remboursé qu'après la mort de Baudelaire.
28 octobre : Le Comédien Rouvière, article nécrologique, paraît dans la *Petite Revue.*
Novembre-décembre : Verlaine publie dans *L'Art* un article hyperbolique sur Baudelaire : peu reconnaissant, le poète loué dit : « Ces jeunes gens me font une peur de chien. »
Décembre-janvier : Correspondance avec Catulle Mendès en vue de la collaboration de Baudelaire au *Parnasse contemporain.*

1866 : *février :* Baudelaire a de croissants troubles de santé.
Les Epaves (23 poèmes, dont les six pièces condamnées) sont publiées par Poulet-Malassis à « Amsterdam » [Bruxelles].
15 mars : Baudelaire fait une chute dans l'église Saint-Loup à Namur, au cours d'une visite avec Félicien Rops à ce « terrible et délicieux catafalque » ; premiers symptômes d'aphasie et d'hémiplégie.
25 mars : Il écrit sa dernière note : sur *Les Travailleurs de la mer.*
31 mars : Le Parnasse contemporain publie quinze *Nouvelles Fleurs du Mal.*
2 juillet : Mme Aupick ramène à Paris Baudelaire, aphasique mais lucide, et le met, le 4, dans la maison de santé du docteur Duval. De nombreux confrères viennent l'y voir : Sainte-Beuve, Banville, Leconte de Lisle, Nadar, Maxime Du Camp ; Mme Paul Meurice lui joue du Wagner au piano.

1867 : *31 août :* Baudelaire meurt ; la *Revue nationale* commence à publier la dernière série des poèmes en prose.
2 septembre : Les obsèques de Baudelaire sont célébrées en l'église Saint-Honoré-d'Eylau ; il est enterré au cimetière Montparnasse à côté du général Aupick. Asselineau et Banville, qui seront ses éditeurs posthumes, parlent dignement du poète.
4 décembre : La propriété littéraire des œuvres de Baudelaire est vendue aux enchères : mise à prix 1 000 francs. Michel Lévy, seul enchérisseur, l'acquiert pour 1 750 francs, et publie, entre décembre 1868 et

mai 1870, les œuvres complètes de Baudelaire en 7 volumes.

1869 : La première édition de *L'Art romantique* paraît, constituant le t. III de l'édition Michel Lévy.

1871 : *16 août :* Mme Vve Aupick meurt à Honfleur : elle est enterrée au cimetière Montparnasse.

BAUDELAIRE CRITIQUE LITTÉRAIRE

Qui dit romantisme dit art moderne...
BAUDELAIRE, *Salon de 1846*.

« Il est impossible qu'un poète ne contienne pas un critique », dit Baudelaire. Son propre exemple prouve la vérité de cet aphorisme. C'est en cela qu'il est essentiellement classique, si, comme Valéry l'a dit, le poète classique est celui qui porte en lui-même un critique et qui l'associe à ses travaux. Et que le mot de classique ne fasse pas penser aux vieilles perruques poudreuses et hérissées devant toute nouveauté, devant toute audace. Dans la mesure où la bataille romantique opposait à l'esprit de routine l'élan créateur, la recherche d'une forme nouvelle pour exprimer une sensibilité nouvelle, Baudelaire se place sans hésitation dans les rangs des novateurs. Jouant sa variation personnelle sur le thème énoncé par Stendhal, il a dit que « le romantisme est l'expression la plus récente, la plus actuelle du beau ». « Le romantisme, affirme-t-il encore, n'est précisément ni dans le choix de sujets, ni dans la vérité exacte, mais dans la manière de sentir. » D'où la conclusion : « Qui dit romantisme dit art moderne, — c'est-à-dire intimité, spiritualité, couleur, aspiration vers l'infini, exprimées par tous les moyens que contiennent les arts. »

C'est pourquoi le titre que ses amis Banville et Asselineau ont donné au volume posthume contenant surtout les essais de critique littéraire de Baudelaire n'est pas aussi désuet, aussi inepte qu'on l'a souvent dit. Le titre *Curiosités esthétiques*, donné par les mêmes éditeurs au volume contenant surtout ses essais de critique artistique, est bien parmi ceux qu'avait envisagés Baudelaire, sans en être très satisfait, d'ailleurs. Mais le titre *L'Art romantique* est traité en général de parent pauvre et même, puisque rien n'atteste que Baudelaire y ait songé, d'intrus ou d'imposteur. Il suffit toutefois de lire ce que Baudelaire lui-même dit sur le romantisme pour voir que ce mot, dans le sens où il l'entendait, n'était pas du tout un terme comminatoire. « Tout écrivain français, dit-il, ardent pour la gloire de son pays, ne peut pas, sans fierté et sans regrets, reporter ses regards vers cette époque de crise féconde où la littérature romantique s'épanouissait avec tant de vigueur. » « Le romantisme, déclare-t-il encore, est une grâce, céleste ou infernale, à qui nous devons des stigmates éternels. » Ces stigmates sont encore manifestes dans l'œuvre de beaucoup des écrivains étudiés par Baudelaire tout au long de ses vingt années de critique militante.

Critique militante, en effet : et la part de la polémique y est grande, comme nous le verrons tout à l'heure. Critique d'actualité, aussi, en grande partie : un seul des textes recueillis ici est consacré à un écrivain d'un siècle antérieur au XIXe ; et cette exception confirme la règle, car il s'agit de Laclos, dont Baudelaire avait saisi l'importance durable. « Livre de moraliste, dit-il des *Liaisons dangereuses*, aussi haut que les plus élevés, aussi profond que les plus profonds. » Il y vit un exemple privilégié de cette « conscience dans le Mal » qui est au centre de sa propre morale : « Le mal se connaissant était moins affreux et plus près de la guérison que le mal s'ignorant. G. Sand inférieure à de Sade. » L'étonnante fortune de Sade à notre époque donnerait à cette boutade une couleur moins paradoxale que prophétique, si George Sand elle-même ne connaissait pas elle aussi un regain d'intérêt sinon de popularité.

Mais c'est à propos de ses contemporains que se manifeste surtout le coup d'œil lucide et prophétique de Baudelaire. Si la valeur d'un critique repose sur son flair, sur son discernement, pour tout dire, sur son jugement (car qui dit critique dit juge, non pas au sens de celui qui condamne, mais au sens de celui qui sait distinguer le vrai d'avec le faux, le durable d'avec l'éphémère), alors Baudelaire critique n'a pas d'égal au XIXe siècle. Sainte-Beuve avait sans doute d'éminentes vertus, mais celle de distinguer les vraies valeurs de son temps lui faisait souvent défaut. Chaque fois que la comparaison est possible, lorsqu'il s'agit de classer un contemporain, comme par exemple Balzac ou Stendhal, la supériorité de Baudelaire sur Sainte-Beuve éclate. La fin du *Lundi* de Sainte-Beuve sur *Madame Bovary* est justement célèbre : « Fils et frère de médecins distingués, M. Gustave Flaubert tient la plume comme d'autres le scalpel. Anatomistes et physiologistes, je vous retrouve partout ! » Fort bien : mais une grande partie de l'article consiste à résumer l'intrigue du roman comme un candidat d'examen qui n'aurait pas compris qu'on lui demandait autre chose; et, naturellement, le grief inévitable surgit : « le bien est trop absent; pas un personnage ne le représente ». Combien plus pénétrante est l'analyse de Baudelaire! Il réfute, d'ailleurs, en passant, l'objection de Sainte-Beuve, par des formules incisives et décisives : « Une véritable œuvre d'art n'a pas besoin de réquisitoire. La logique de l'œuvre suffit à toutes les postulations de la morale, et c'est au lecteur à tirer les conclusions de la conclusion. » Et il démontre, avec une verve, une chaleur, une intelligence et une sympathie extraordinaires, comment Flaubert avait su totalement renouveler le roman et prendre victorieusement la relève de Balzac. L'étude de Baudelaire lui valut la reconnaissance de Flaubert : « Votre article m'a fait le plus *grand* plaisir. Vous êtes entré dans les arcanes de l'œuvre, comme si ma cervelle était la vôtre. Cela est compris et senti *à fond.* » Flaubert, de son côté, avait compris et senti à fond *Les Fleurs du Mal :* « Vous avez trouvé le moyen de rajeunir le romantisme. Vous ne ressemblez à personne (ce qui est la première de toutes les qualités). L'originalité du style découle de la conception [...] Ce qui me plaît avant tout dans votre livre, c'est que l'art y prédomine [...] Vous êtes résistant comme le marbre et pénétrant comme un brouillard d'Angleterre. »

De profondes affinités liaient Baudelaire à Flaubert. Mais Baudelaire avait le pouvoir d'entrer dans des esprits profondément différents du sien. D'où les somptueux éloges de Victor Hugo et de Théophile Gautier, éloges dont a souvent révoqué en doute la sincérité. Bien à tort, à mon avis. Car d'abord nous oublions trop combien l'avènement de Baudelaire lui-même a modifié la sensibilité moderne et bouleversé du même coup la hiérarchie des réputations. Otez Baudelaire de la poésie française du xixe siècle, et les autres poètes brillent aussitôt d'un plus vif éclat. C'est dans cette lumière plus vive qu'il les voyait. Ensuite, c'est en grande partie à travers Gautier que Baudelaire s'est découvert lui-même : lorsqu'on relit l'ensemble de l'œuvre poétique de Gautier, et non seulement les *Emaux et Camées,* on est continuellement frappé par le nombre d'échos qu'ont trouvés ses vers dans *Les Fleurs du Mal.* Enfin ce que Baudelaire dit des qualités poétiques de Gautier est tout simplement vrai. Il ne se borne pas à relever son sens du mot juste et sa puissance d'évocation visuelle. Il démontre que ce poète « possédait, tout aussi bien que s'il n'était pas un parfait artiste, cette fameuse qualité que les badauds de la critique s'obstinent à lui refuser : le sentiment », et qu'il savait exprimer « ce qu'il y a de plus délicat dans la tendresse et la mélancolie ». Baudelaire place Gautier en effet dans « la grande école de mélancolie créée par Chateaubriand ». Mais s'il voit dans la mélancolie de Gautier « un caractère plus positif, plus charnel, et confinant quelquefois à la tristesse antique », il cite aussi certains poèmes qui révèlent « le vertige et l'horreur du néant », comme « la prodigieuse symphonie qui s'appelle *Ténèbres* »; et il affirme : « Il arrive même à ce poète, accusé de sensualité, de tomber en plein, tant sa mélancolie devient intense, dans la terreur catholique. » D'un autre côté, Baudelaire montre que Gautier « a introduit dans la poésie un élément nouveau [...] la consolation par les arts ». Emporté par la sympathie divinatrice, Baudelaire va certes au-delà des réalisations effectives de Gautier, pour définir ce qui ne devait trouver son plein épanouissement que dans son propre art. « L'ivresse de l'Art est plus apte que toute autre à voiler les terreurs du gouffre », dit-il dans *Une mort héroïque*. C'est dans *Les Fleurs du Mal* plus encore que dans les poésies de Gautier que se trouve l'application de ce principe et de ses corollaires : « C'est un des privilèges prodigieux de l'Art que l'horrible, artistement exprimé, devienne beauté, et que la *douleur* rythmée et cadencée remplisse l'esprit d'une *joie* calme. » « Quand un objet grotesque ou hideux s'est offert à ses yeux, il a su encore en extraire une mystérieuse et symbolique beauté. » Baudelaire dira de même de Théodore de Banville : « De la laideur et de la sottise il fera naître un nouveau genre d'enchantements. » Et pourtant tout le bel article sur Banville définit avec bonheur cet art heureux, cet esprit si différent du sien. En somme, et devançant en cela une des vues les plus profondes de Marcel Proust, pour qui il y a autant de mondes qu'il y a d'artistes originaux, Baudelaire illustre dans sa critique ce qu'il a dit de « l'art pur suivant la conception moderne » : « c'est créer une magie suggestive contenant à la fois l'objet et le sujet, le monde extérieur à l'artiste et l'artiste lui-même ». La critique littéraire de Baudelaire est un moyen d'exploration de son propre art, à travers l'examen approfondi de celui des autres. Est-ce le style de Gautier, est-ce le sien, qu'il définit par ces hautes qualités : « cette connaissance de la langue qui n'est jamais en défaut, [...]

ce magnifique dictionnaire dont les feuillets, remués par un souffle divin, s'ouvrent tout juste pour laisser jaillir le mot propre, le mot unique, enfin [...] ce sentiment de l'ordre qui met chaque trait et chaque touche à sa place naturelle et n'omet aucune nuance » ? C'est sa propre doctrine centrale qui vient couronner cet éloge : « A cette merveilleuse faculté Gautier unit une immense intelligence innée de la correspondance et du symbolisme universels, ce répertoire de toute métaphore. » Et à qui mieux qu'à Baudelaire lui-même pourrait-on appliquer l'aphorisme célèbre : « Manier savamment une langue, c'est pratiquer une espèce de sorcellerie évocatoire » ?

Quant à Victor Hugo, l'attitude de Baudelaire a évolué, dans une courbe ascendante et descendante, qui avait commencé par une comparaison entre Delacroix et Hugo, tout à l'avantage du peintre, comme étant plus authentiquement romantique que le poète. Ces réserves furent formulées dans le *Salon de 1846*. Quinze ans plus tard, lorsque l'exil, en attendant l'Eternité, eut changé Hugo en lui-même, Baudelaire lui rendit un hommage éclatant. « Le mouvement créé par Victor Hugo se continue encore sous nos yeux », écrivit-il. Il rappela la révolution poétique dont Hugo avait été le grand artisan, en des termes parfaitement justes et dont la sincérité n'est nullement diminuée par une lucidité entière quant aux bornes de l'esprit et de la personnalité du grand homme. La définition des facultés poétiques d'Hugo qu'il donna ensuite illustre le même phénomène que nous venons d'observer : les qualités réelles de Victor Hugo sont mises en lumière ; mais en même temps l'art poétique de Baudelaire se devine ou se définit en filigrane. « Victor Hugo était, dès le principe, l'homme le mieux doué, le plus visiblement élu pour exprimer par la poésie ce que j'appellerai *le mystère de la vie* [...] Aucun artiste n'est plus universel que lui, plus apte à se mettre en contact avec les forces de la vie universelle, plus disposé à prendre sans cesse un bain de nature [...] Je demanderai si l'on trouvera [...] dans l'histoire de tous les peuples beaucoup de poètes qui soient, comme Victor Hugo, un si magnifique répertoire d'analogies humaines et divines [...] C'est un génie sans frontières [...] L'excessif, l'immense sont le domaine naturel de Victor Hugo. » *Les Contemplations* et *La Légende des siècles* portèrent à son comble l'admiration de Baudelaire. Il a vu la valeur de la poésie métaphysique d'Hugo, posant toutes les questions que les progrès des sciences laissent ouvertes, évitant la poésie didactique, et sachant « traduire, dans un langage magnifique, autre que la prose et la musique, les conjectures éternelles de la curieuse humanité. » Parmi ces conjectures évoquées par Baudelaire, il y en a, sur l'évolution de l'univers, qui ressemblent étonnamment à celles qui avaient été faites par Edgar Poe dans son *Eurêka* : « La matière et le mouvement ne seraient-ils que la respiration et l'aspiration d'un Dieu qui, tour à tour, profère des mondes à la vie et les rappelle dans son sein ? Tout ce qui est multiple deviendra-t-il un, et de nouveaux univers, jaillissant de la pensée de Celui dont l'unique bonheur et l'unique fonction sont de produire sans cesse, viendront-ils un jour remplacer notre univers et tous ceux que nous voyons suspendus autour de nous ? » Baudelaire montre comment, dans *La Légende des siècles*, « Victor Hugo a créé le seul poème épique qui pût être créé par un homme de son temps pour les lecteurs de son temps », c'est-à-dire, en se limitant (conformément aux principes d'Edgar Poe, sans doute sans le savoir) à des poèmes relativement courts mais chargés d'énergie, en ne retenant de l'histoire que ses aspects mythiques, fabuleux, légendaires, et en s'élevant enfin « à une de ces hauteurs d'où le poète peut considérer toutes les évolutions de l'humanité ». Baudelaire se montre sensible à la « majesté » et à l' « autorité » de cette vaste évocation : une pointe d'ironie insidieuse se fait cependant très délicatement sentir lorsqu'il affirme qu'il pourrait expliquer « avec quel art sublime et subtil, avec quelle familiarité terrible ce prestidigitateur a fait parler et gesticuler les Siècles... ». Si, d'autre part, *Les Misérables* soulevèrent chez Baudelaire une exaspération qui s'exprime librement dans sa correspondance et d'une manière voilée mais très nette dans l'article qu'il a consacré au roman, où il ose parler de « tout ce qu'il peut y avoir de tricherie volontaire ou d'inconsciente partialité dans la manière dont, aux yeux de la stricte philosophie, les termes du problème sont posés », il ne refusa pas pour autant son admiration à certains aspects d'un livre qui ne pouvait pas lui plaire sans mélange et qui avait provoqué chez Flaubert une indignation non moins vive. L'objection fondamentale de Baudelaire et de Flaubert était que, dans *Les Misérables*, en violation du principe de l'art pur observé par Hugo dans ses poésies, « la morale entre directement *à titre de but* ». Enfin, la dernière note littéraire tracée de la main de Baudelaire, le 25 mars 1866, fut consacrée aux *Travailleurs de la mer*, dont Baudelaire comptait faire une « critique flatteuse », sans doute au plein sens du mot. Les *Journaux intimes* burinent avec férocité quelques-uns des traits par lesquels Victor Hugo l'homme déplaisait à celui qui admirait le génie que fut aussi Hugo.

Le grand article sur Richard Wagner est un de ceux qui font le plus honneur à Baudelaire critique. Non seulement il définit le caractère essentiel de l'art de Wagner, mais il discute le problème des rapports entre la musique et la poésie en des termes qui allaient être repris par la génération symboliste en France, et surtout par Mallarmé. Il cite la phrase de Wagner, qui contient en germe le principe essentiel de la poésie symboliste : « L'œuvre la plus complète du poète devrait être celle qui, dans son dernier achèvement, serait une parfaite musique. » De Wagner lui-même il dit que « par l'énergie passionnée de l'expression il est actuellement le représentant le plus vrai de la nature moderne ». Baudelaire prenait, naturellement, un plaisir spécial à aller à contre-courant du goût français de son époque. Mais sa sympathie, fondée sur des affinités profondes de sensibilité, lui permet de caractériser avec bonheur cet art puissant.

L'énergie, qualité maîtresse de Wagner, Baudelaire l'avait trouvée également dans les petites épopées de Victor Hugo. Mais c'est à propos du comédien Rouvière qu'il formule le plus nettement ce point capital de son esthétique, en parlant de « la grâce littéraire suprême, qui est l'énergie ». Ce qui frappe le plus, quand on lit les essais que Baudelaire a consacrés à des auteurs mineurs ou oubliés, c'est qu'il définit avec une précision presque infaillible leurs qualités réelles, et qu'il les dépasse pour formuler des principes généraux. L'article sur le *Prométhée délivré* de L. de Senneville (pseudonyme de Louis Ménard), avant de faire un résumé vif, alerte et sardonique de cette œuvre, dénonce le poème philosophique comme un genre aussi faux que la peinture poétique. « La poésie d'un tableau doit être faite par le spectateur. — Comme la philosophie d'un poème par le lecteur. » Et le jeune critique proclame déjà, en une formule saisissante, le primat de l'imagination, puissance qu'il appellera bien plus tard « la reine des facultés » : « Ne confondez jamais les fantômes de la raison avec les fantômes de l'imagination ; ceux-là sont des équations, et ceux-ci des êtres et des souvenirs. »

Il ne faut pas se laisser tromper par les titres de certains de ces essais. On ne sait jamais où une remarque essentielle sur un grand auteur ou sur un problème de poétique ou d'esthétique va se placer. Mis à part le petit essai spirituel et mordant, *Comment on paie ses dettes quand on a du génie*, aucune étude n'est consacrée à Balzac. Mais le nom de Balzac revient partout, à commencer par le premier texte de ce recueil, où paraît également le nom de Hoffmann. C'est dans le premier des deux essais sur Gautier que se trouve la page merveilleuse et maintenant glorieuse sur Balzac visionnaire. C'est à l'occasion d'Hégésippe Moreau que Baudelaire parle avec le plus de force du destin tragique de Gérard de Nerval et fait un retour mélancolique sur le sort d'Edgar Poe, qui, naturellement, occupe par ailleurs une place centrale dans ce recueil comme dans la vie et l'œuvre de Baudelaire. C'est dans un essai sur Poe que Baudelaire glisse une autre allusion à Gérard de Nerval, sans du reste le nommer, mais en le désignant comme « un écrivain d'une honnêteté admirable, d'une haute intelligence, et *qui fut toujours lucide* », ce dernier trait étant souligné par Baudelaire lui-même. A chaque page des découvertes de ce genre sont possibles, dans les écrits fragmentaires et posthumes comme dans les études les plus poussées.

Baudelaire a dit, au seuil du *Salon de 1846* : « Je crois sincèrement que la meilleure critique est celle qui est amusante et poétique ; non pas celle-ci, froide et algébrique, qui, sous prétexte de tout expliquer, n'a ni haine ni amour, et se dépouille volontairement de toute espèce de tempérament. » Danger que Baudelaire lui-même n'encourut guère. Il a pratiqué avec énergie son propre principe : « pour être juste, c'est-à-dire pour avoir sa raison d'être, la critique doit être partiale, passionnée, politique, c'est-à-dire faite à un point de vue exclusif, mais au point de vue qui ouvre le plus d'horizons ». Les haines de Baudelaire sont un sujet de choix. Une bonne partie de ce recueil est faite de ses invectives contre les auteurs ou les tendances qu'il détestait cordialement. Il voua à George Sand une vindicte violente, tenace, et souvent injuste, inspirée par une misogynie qui coexistait en lui avec un besoin profond de tendresse féminine, par des préjugés masculins contre l'intrusion des femmes dans le domaine des lettres, et aussi, peut-être, par la fureur de n'avoir pas pu obtenir de George Sand un rôle dans une de ses pièces pour Marie Daubrun. Mais il ne suffisait pas d'être homme pour échapper aux fureurs de Baudelaire. Jules Janin et Prosper Villemain lui inspirent de belles insolences. Le style de Villemain en particulier stimule sa verve : « Phraséologie toujours vague; les mots tombent, tombent de cette plume pluvieuse, comme la salive des lèvres d'un gâteux bavard; phraséologie bourbeuse, clapoteuse, sans issue, sans lumière, marécage obscur où le lecteur impatienté se noie. — Style de fonctionnaire, formule de préfet, amphigouri de maire, rondeur de maître de pension. — Toute son œuvre, distribution de prix. »

Le style de Baudelaire, par contre, est le style d'un écrivain qui sait le prix des mots et ne s'en paie pas. Si sa critique est « poétique et amusante », c'est en grande partie par sa maîtrise de la métaphore. « Je me suis toujours plu à chercher dans la nature extérieure et visible des exemples et des métaphores qui me servissent à caractériser les jouissances et les impressions d'un ordre spirituel », dit-il, en introduisant une comparaison développée entre la poésie de Marceline Desbordes-Valmore et un jardin à l'anglaise. (Il admirait la poésie de cette femme-poète, tout en reconnaissant avec une bonne grâce souriante qu'il allait ainsi contre tous ses principes.) Il y aurait une étude à faire sur les métaphores de Baudelaire dans sa critique littéraire comme dans sa critique artistique. En voici une, dans une parenthèse de l'article sur *Madame Bovary*, et où l'on devine une intention parodique à l'égard de l'auteur dont il parle : « depuis la disparition de Balzac, ce prodigieux météore qui couvrira notre pays d'un nuage de gloire, comme un orient bizarre et exceptionnel, comme une aurore polaire inondant le désert glacé de ses lumières féeriques... » En voici une autre, fort comique et percutante dans sa justesse : « Alexandre Dumas produisait coup sur coup ses drames fougueux, où l'éruption volcanique était ménagée avec la dextérité d'un habile irrigateur. » Baudelaire a emprunté à Hoffmann la métaphore du « baromètre spirituel » que chaque homme porte en lui : il joue de savantes variations sur ce thème. « Le vent du siècle est à la folie », écrit-il : « le baromètre de la raison moderne marque tempête. » Dans un contexte plus sérieux, tragique même, il aura de nouveau recours à une métaphore tirée de cette météorologie de l'esprit humain : « Beethoven a commencé à remuer les mondes de mélancolie et de désespoir incurable amassés comme des nuages dans le ciel intérieur de l'homme. » Dans un autre domaine, le premier article sur le comédien Rouvière commence ainsi : « Voilà une vie agitée et tordue, comme ces arbres, — le grenadier, par exemple, — noueux, perplexes dans leur croissance, qui donnent des fruits compliqués et savoureux, et dont les orgueilleuses et rouges floraisons ont l'air de raconter l'histoire d'une sève longtemps comprimée. » Cette phrase à elle seule mériterait un examen attentif (les adjectifs surtout, comme « perplexes »). Mais terminons sur une dernière métaphore, tirée de l'astronomie. Dans un des articles les plus attachants et les plus riches d'aperçus généraux, Baudelaire appelle Pétrus Borel, ou Champavert le Lycanthrope, « une des étoiles du sombre ciel romantique », et il se demande : « Etoile oubliée ou éteinte, qui s'en souvient aujourd'hui ? » La même métaphore revient dans les notes sur Villemain : « Byron, Tennyson, Poe et Cie. Ciel mélancolique de la poésie moderne. Etoiles de première grandeur. »

Baudelaire lui-même reste une étoile de première grandeur, ni oubliée ni éteinte, non seulement de ce même ciel de la poésie moderne, mais aussi du ciel qu'illumine le soleil de l'intelligence, du ciel de la critique, — d'une critique qui n'est ni ancienne, ni nouvelle, mais qui reste un modèle que les partisans de l'une ou de l'autre école n'égalent que rarement et ne dépassent guère. On peut dire de ce livre, comme de toutes les œuvres de Baudelaire, ce qu'il a dit lui-même des contes de son ami Philippe de Chennevières, dans la première phrase de son premier compte rendu : il sera lu « avec le plus vif intérêt » par « les amateurs curieux de la vraie littérature ».

Lloyd James AUSTIN.

NOTE SUR LE TEXTE

Le recueil posthume constitué par Banville et Asselineau, sous le titre désormais consacré de *L'Art romantique*, n'a guère d'autorité, et encore moins d'unité, puisque beaux-arts, musique et littérature s'y mélangent, selon un ordre arbitraire. Suivant l'exemple donné dès 1955 par M. Claude Pichois dans ses différentes éditions (*Œuvres complètes*, Club du Meilleur Livre et Bibliothèque de la Pléiade, *Critique littéraire et musicale*, *Critique artistique* dans la Bibliothèque de Cluny), la présente édition suit l'ordre chronologique. Excluant la critique d'art, elle groupe en sept sections les articles de critique littéraire de Baudelaire et ses écrits sur Wagner. Les textes sur Edgar Poe ont été réunis ensemble, ce qui entraîne des empiétements chronologiques mais évite la dispersion d'intérêt. Des titres descriptifs, seul celui de la sixième section (« Réflexions sur quelques-uns de mes contemporains ») est de Baudelaire.

Cette édition ne comporte pas de notes, sauf de brèves indications sur les premières publications, ou quelques notes rares de Baudelaire lui-même. L'édition Conard procurée par J. Crépet contient une riche annotation; celle de Cl. Pichois de la *Critique littéraire et musicale* comporte des commentaires précieux et une excellente bibliographie méthodique. Il existe enfin, dans la collection des Classiques Garnier, une édition en un volume des œuvres critiques de Baudelaire, sous le double titre *Curiosités esthétiques. L'Art romantique*. Elle est due à M. Henri Lemaitre et contient, outre les textes de Baudelaire, une importante introduction, d'abondantes notes, un choix de variantes, une bibliographie et de nombreuses illustrations.

La présente édition a pris comme base le texte des Classiques Garnier, mais en rétablissant l'ordre chronologique et en ajoutant plusieurs éléments omis, notamment le premier essai sur Poe. Un choix plus large a été fait aussi de passages des *Journaux intimes* concernant la littérature et la musique.

L. J. A.

BIBLIOGRAPHIE

Outre les éditions citées dans la *Note sur le texte*, on peut consulter les ouvrages suivants :

Austin, Lloyd James : *L'Univers poétique de Baudelaire. Symbolique et Symbolisme.* — Mercure de France, 1956.

Blin, Georges : *Baudelaire.* — Gallimard, 1939, et *Le Sadisme de Baudelaire.* — Corti, 1948.

Fairlie, Alison : *Baudelaire : « Les Fleurs du Mal ».* — Londres, Arnold, 1960.

Ferran, André : *L'Esthétique de Baudelaire.* — Hachette, 1933.

Gilman, Margaret : *Baudelaire the Critic.* — New York, Columbia University Press, 1943.

Milner, Max : *Baudelaire : Enfer ou Ciel, qu'importe!* — Plon, 1967 (Coll. : « La Recherche de l'Absolu »).

Pommier, Jean : *La Mystique de Baudelaire.* — Les Belles-Lettres, 1932; réimpression chez Slatkine, 1967; et *Dans les chemins de Baudelaire.* — Corti, 1945.

Prévost, Jean : *Baudelaire, Essai sur l'inspiration et la création poétiques.* — Mercure de France, 1953; nouvelle édition, 1966.

Ruff, Marcel : *Baudelaire, l'homme et l'œuvre.* — Hatier-Boivin, 1955; nouvelle édition, 1966 (Coll. : « Connaissance des Lettres »); et *L'Esprit du Mal et l'esthétique baudelairienne.* — A. Colin, 1955.

Starkie, Enid : *Baudelaire.* — Londres, Gollancz, 1933; nouvelle édition chez Faber & Faber, 1957.

Vivier, Robert : *L'Originalité de Baudelaire.* — Bruxelles, Palais des Académies, 1926; nouvelle édition, 1952.

L'ART ROMANTIQUE

I. — DÉBUTS D'UN CRITIQUE
(1845-1848)

I

LES CONTES NORMANDS
ET HISTORIETTES BAGUENAUDIÈRES

PAR JEAN DE FALAISE [*]

(*Le Corsaire-Satan*, 4 novembre 1845.)

Les amateurs curieux de la vraie littérature liront ces deux modestes petits volumes avec le plus vif intérêt. L'auteur est un de ces hommes, trop rares aujourd'hui, qui se sont de bonne heure familiarisés avec toutes les ruses du style. — Les locutions particulières dont le premier de ces volumes abonde, ces phrases bizarres, souvent patoisées de façons de dire hardies et pittoresques, sont une grâce nouvelle et un peu hasardée, mais dont l'auteur a usé avec une merveilleuse habileté.

Ce qui fait le mérite particulier des *Contes normands*, c'est une naïveté d'impressions toute fraîche, un amour sincère de la nature et un épicuréisme d'honnête homme. Pendant que tous les auteurs s'attachent aujourd'hui à se faire un tempérament et une âme d'emprunt, Jean de Falaise a donné la sienne, la sienne vraie, la sienne pour de bon, et il a fait tout doucement un ouvrage original.

Doué d'une excentricité aussi bénigne et aussi amusante, l'auteur a tort de dépenser tant de peine à pasticher des *lettres de Mme de Scudéry*. En revanche, M. de Balzac contient peu de tableaux de mœurs aussi vivants que : *Un Souvenir de jeunesse d'un juré du Calvados*, et Hoffmann pourrait, sans honte, revendiquer *le Diable aux îles*. — Et tout ceci n'est pas trop dire. Oyez et jugez.

[*] Pseudonyme de Philippe de Chennevières.

II

COMMENT ON PAIE SES DETTES QUAND ON A DU GÉNIE

(*L'Echo des théâtres*, 23 août 1846.)

L'anecdote suivante m'a été contée avec prières de n'en parler à personne; c'est pour cela que je veux la raconter à tout le monde.

... Il était triste, à en juger par ses sourcils froncés, sa large bouche moins distendue et moins lippue qu'à l'ordinaire, et la manière entrecoupée de brusques pauses dont il arpentait le double passage de l'Opéra. Il était triste.

C'était bien lui, la plus forte tête commerciale et littéraire du XIXe siècle; lui, le cerveau poétique tapissé de chiffres comme le cabinet d'un financier; c'était bien lui, l'homme aux faillites mythologiques, aux entreprises hyperboliques et fantasmagoriques dont il oublie toujours d'allumer la lanterne; le grand pourchasseur de rêves, sans cesse *à la recherche de l'absolu ;* lui, le personnage le plus curieux, le plus cocasse, le plus intéressant et le plus vaniteux des personnages de *la Comédie humaine,* lui, cet original aussi insupportable dans la vie que délicieux dans ses écrits, ce gros enfant bouffi de génie et de vanité, qui a tant de qualités et tant de travers que l'on hésite à retrancher les uns de peur de perdre les autres, et de gâter ainsi cette incorrigible et fatale monstruosité!

Qu'avait-il donc à être si noir, le grand homme! pour marcher ainsi, le menton sur la bedaine, et contraindre son front plissé à se faire *Peau de chagrin?*

Rêvait-il ananas à quatre sous, pont suspendu en fil de liane, villa sans escalier avec des boudoirs tendus en mousseline ? Quelque princesse, approchant de la quarantaine, lui avait-elle jeté une de ces œillades profondes que la beauté doit au génie ? ou son cerveau, gros de quelque machine industrielle, était-il tenaillé par toutes *les Souffrances d'un inventeur ?*

Non, hélas! non; la tristesse du grand homme était une tristesse vulgaire, terre à terre, ignoble et honteuse et ridicule; il se trouvait dans ce cas mortifiant que nous connaissons tous, où chaque minute qui s'envole emporte sur ses ailes une chance de salut; où, l'œil fixé sur l'horloge, le génie de l'invention sent la nécessité de doubler, tripler, décupler ses forces dans la proportion du temps qui diminue, et de la vitesse approchante de l'heure fatale. L'illustre auteur de la Théorie de la lettre de change avait le lendemain un billet de douze cents francs à payer, et la soirée était fort avancée.

En ces sortes de cas, il arrive parfois que, pressé, accablé, pétri, écrasé sous le piston de la nécessité, l'esprit s'élance subitement hors de sa prison par un jet inattendu et victorieux.

C'est ce qui arriva probablement au grand romancier. Car un sourire succéda sur sa bouche à la contraction qui en affligeait les lignes orgueilleuses; son œil se redressa, et notre homme, calme et rassis, s'achemina vers la rue Richelieu d'un pas sublime et cadencé.

Il monta dans une maison où un commerçant riche et prospérant alors se délassait des travaux de la journée au coin du feu et du thé; il fut reçu avec tous les honneurs dus à son nom, et au bout de quelques minutes exposa en ces mots l'objet de sa visite :

« Voulez-vous avoir après-demain, dans *le Siècle* et *les Débats,* deux grands articles *Variétés* sur *les Français peints par eux-mêmes,* deux grands articles de moi et signés de mon nom ? Il me faut quinze cents francs. C'est pour vous une affaire d'or. »

Il paraît que l'éditeur, différent en cela de ses confrères, trouva le raisonnement raisonnable, car le marché fut conclu immédiatement. Celui-ci, se ravisant, insista pour que les quinze cents francs fussent livrés sur l'apparition du premier article; puis il retourna paisiblement vers le passage de l'Opéra.

Au bout de quelques minutes, il avisa un petit jeune homme à la physionomie hargneuse et spirituelle, qui lui avait fait naguère une ébouriffante préface pour *la Grandeur et décadence de César Birotteau,* et qui était déjà connu dans le journalisme pour sa verve bouffonne et quasi impie ; le piétisme ne lui avait pas encore rogné les griffes, et les feuilles bigotes ouvert leurs bienheureux éteignoirs.

« Edouard, voulez-vous avoir demain cent cinquante francs ? — Fichtre ! — Eh bien ! venez prendre du café. »

Le jeune homme but une tasse de café, dont sa petite organisation méridionale fut tout d'abord enfiévrée.

— « Edouard, il me faut demain matin trois grandes colonnes *Variétés* sur *les Français peints par eux-mêmes;* ce matin, entendez-vous, et de grand matin ; car l'article entier doit être recopié de ma main et signé de mon nom ; cela est fort important. »

Le grand homme prononça ces mots avec cette emphase admirable, et ce ton superbe, dont il dit parfois à un ami qu'il ne veut pas recevoir : Mille pardons, mon cher, de vous laisser à la porte ; je suis en tête à tête avec une princesse, dont l'honneur est à ma disposition, et vous comprenez...

Edouard lui donna une poignée de main, comme à un bienfaiteur, et courut à la besogne.

Le grand romancier commanda son second article rue de Navarin.

Le premier article parut le surlendemain dans *le Siècle*. Chose bizarre, il n'était signé ni du petit homme ni du grand homme, mais d'un troisième nom bien connu dans la Bohème d'alors pour ses amours de matous et d'Opéra-Comique.

Le second ami était, et est encore, gros, paresseux et lymphatique ; de plus, il n'a pas d'idées, et ne sait qu'enfiler et perler des mots en manière de colliers d'Osages, et, comme il est beaucoup plus long de tasser trois grandes colonnes de mots que de faire un volume d'idées, son article ne parut que quelques jours plus tard. Il ne fut point inséré dans *les Débats*, mais dans *la Presse*.

Le billet de douze cents francs était payé ; chacun était parfaitement satisfait, excepté l'éditeur, qui l'était presque. Et c'est ainsi qu'on paie ses dettes... quand on a du génie.

Si quelque malin s'avisait de prendre ceci pour une *blague* de petit journal et un attentat à la gloire du plus grand homme de notre siècle, il se tromperait honteusement ; j'ai voulu montrer que le grand poète savait dénouer une lettre de change aussi facilement que le roman le plus mystérieux et le plus intrigué.

III

PROMÉTHÉE DÉLIVRÉ

PAR L. DE SENNEVILLE *

(*Le Corsaire-Satan*, 3 février 1846.)

Ceci est de la poésie philosophique. — Qu'est-ce que la poésie philosophique ? — Qu'est-ce que M. Edgar Quinet ? Un philosophe ? — Euh ! euh ! — Un poète ? — Oh ! oh !

Cependant, M. Edgar Quinet est un homme d'un vrai mérite. — Eh ! mais, M. de Senneville aussi ! — Expliquez-vous.

— Je suis prêt. Quand un peintre se dit : — Je vais faire une peinture crânement poétique ! Ah ! la poésie !... — il fait une peinture froide, où l'intention de l'œuvre brille aux dépens de l'œuvre : — le *Rêve du Bonheur*, ou *Faust et Marguerite*. — Et cependant, MM. Papety et Ary Scheffer ne sont pas des gens dénués de valeur; — mais!... c'est que la poésie d'un tableau doit être faite par le spectateur.

— Comme la philosophie d'un poème par le lecteur. — Vous y êtes, c'est cela même.

— La poésie n'est donc pas une chose philosophique ? — Pauvre lecteur, comme vous prenez le mors aux dents, quand on vous met sur une pente !

La poésie est essentiellement philosophique; mais comme elle est avant tout *fatale*, elle doit être involontairement philosophique.

— Ainsi, la poésie philosophique est un genre faux ? — Oui. — Alors, pourquoi parler de M. de Senneville ? —

---

* Pseudonyme de Louis Ménard.

Parce que c'est un homme de quelque mérite. — Nous parlerons de son livre, comme d'une tragédie où il y aurait quelques bons mots.

Du reste, il a bien choisi, — c'est-à-dire la donnée la plus ample et *la plus infinie*, la circonférence la plus capace, le sujet le plus large parmi tous les sujets *protestants*, — *Prométhée délivré* — l'humanité révoltée contre les fantômes! l'inventeur proscrit! la raison et la liberté criant : justice! — Le poète croit qu'elles obtiendront justice, — comme vous allez voir :

La scène se passe sur le Caucase, aux dernières heures de la nuit. Prométhée enchaîné chante, sous le vautour, son éternelle plainte, et convoque l'humanité souffrante au rayonnement de la prochaine liberté. — Le chœur — l'humanité — raconte à Prométhée son histoire douloureuse : — d'abord l'adoration barbare des premiers âges, les oracles de Delphes, les fausses consolations des Sages, l'opium et le laudanum d'Epicure, les vastes orgies de la décadence, et finalement la rédemption par le sang de l'agneau.

> Mais le Symbole tutélaire
> Dans le ciel, qu'à peine il éclaire,
> Jette en mourant ses derniers feux.

Prométhée continue à *protester* et à promettre la nouvelle vie; Harmonia, *des muses la plus belle*, veut le consoler, et faire paraître devant lui *l'esprit du ciel, l'esprit de la vie, l'esprit de la terre et l'esprit des météores,* qui parlent à Prométhée, dans un style assez vague, des mystères et des secrets de la nature. Prométhée déclare qu'il est le roi de la terre et du ciel.

> Les dieux sont morts, car la foudre est à moi.

Ce qui veut dire que Franklin a détrôné Jupiter.

Io, c'est-à-dire Madeleine ou Marie, c'est-à-dire l'amour, vient à son tour philosopher avec Prométhée; celui-ci lui explique pourquoi son amour et sa prière n'étaient qu'épicuréisme pur, œuvres stériles et avares :

> Pendant que tes genoux s'usaient dans la prière,
> Tu n'as pas vu les maux des enfants de la terre!
> Le monde allait mourir pendant que tu priais.

Tout à coup le vautour est percé d'une flèche mystérieuse. Hercule apparaît, et la raison humaine est délivrée par la force, — appel à l'insurrection et aux *passions mauvaises!* — Harmonia ordonne aux anciens révélateurs : Manou, Zoroastre, Homère et Jésus-Christ, de venir rendre hommage au nouveau dieu de l'Univers; chacun expose sa doctrine, et Hercule et Prométhée se chargent tour à tour de leur démontrer que les dieux, quels qu'ils soient, raisonnent moins bien que l'homme, ou l'humanité en langue socialiste; si bien que Jésus-Christ lui-même, rentrant dans la *nuit incréée*, il ne reste plus à la nouvelle humanité que de chanter les louanges du nouveau régime, basé uniquement sur la science et la force.

Total : L'Athéisme.

C'est fort bien, et nous ne demanderions pas mieux que d'y souscrire, si cela était gai, aimable, séduisant et nourrissant.

Mais nullement; M. de Senneville a esquivé le culte de la Nature, cette grande religion de Diderot et d'Holbach, cet unique ornement de l'athéisme.

C'est pourquoi nous concluons ainsi : A quoi bon la poésie philosophique, puisqu'elle ne vaut, ni un article de *l'Encyclopédie*, ni une chanson de Désaugiers ?

Un mot encore : — le poète philosophique a besoin de Jupiter, au commencement de son poème, Jupiter représentant une certaine somme d'idées; à la fin, Jupiter est aboli. — Le poète ne croyait donc pas à Jupiter!

Or, la grande poésie est essentiellement *bête*, elle *croit*, et c'est ce qui fait sa gloire et sa force.

Ne confondez jamais les fantômes de la raison avec les fantômes de l'imagination; ceux-là sont des équations, et ceux-ci des êtres et des souvenirs.

Le premier Faust est magnifique, et le second mauvais. — La forme de M. de Senneville est encore vague et flottante; il ignore les rimes puissamment colorées, ces lanternes qui éclairent la route de l'idée; il ignore aussi les effets qu'on peut tirer d'un certain nombre de mots, diversement combinés. — M. de Senneville est néanmoins un homme de talent, que la conviction de la raison et l'orgueil moderne ont soulevé assez haut en de certains endroits de son *discours*, mais qui a subi fatalement les inconvénients du genre adopté. — Quelques nobles et grands vers prouvent que, si M. de Senneville avait voulu développer le côté panthéistique et naturaliste de la question, il eût obtenu de beaux effets, où son talent aurait brillé d'un éclat plus facile.

IV

LE SIÈCLE

ÉPITRE A CHATEAUBRIAND
PAR BATHILD BOUNIOL

(*Le Corsaire-Satan*, 3 février 1846.)

Monsieur Bouniol adresse à M. de Chateaubriand un hommage de jeune homme; il met sous la protection de cet illustre nom une satire véhémente et, sinon puérile, du moins inutile, du régime actuel.

Oui, Monsieur, les temps sont mauvais et corrompus; mais la bonne philosophie en profite sournoisement pour courir sus à l'occasion, et ne perd pas son temps aux anathèmes.

Du reste, il serait de mauvais ton d'être plus sévère que M. Bouniol n'est modeste; il a pris pour épigraphe : *Je tâche !* et il fait déjà fort bien les vers.

V

CONSEILS
AUX JEUNES LITTÉRATEURS

(*L'Esprit public*, 15 avril 1846.)

Les préceptes qu'on va lire sont le fruit de l'expérience; l'expérience implique une certaine somme de bévues; chacun les ayant commises, — toutes ou peu s'en faut, — j'espère que mon expérience sera vérifiée par celle de chacun.

Lesdits préceptes n'ont donc pas d'autres prétentions que celle des *vade mecum*, d'autre utilité que celle de *la Civilité puérile et honnête*. — Utilité énorme! Supposez le code de la civilité écrit par une Warens au cœur intelligent et bon, l'art de s'habiller utilement enseigné par une mère! — Ainsi apporterai-je dans ces préceptes dédiés aux jeunes littérateurs une tendresse toute fraternelle.

I

DU BONHEUR ET DU GUIGNON
DANS LES DÉBUTS

Les jeunes écrivains qui, parlant d'un jeune confrère avec un accent mêlé d'envie, disent : « C'est un beau début, il a eu un fier bonheur! » ne réfléchissent pas que tout début a toujours été précédé et qu'il est l'effet de vingt autres débuts qu'ils n'ont pas connus.

Je ne sais pas si, en fait de réputation, le coup de tonnerre a jamais eu lieu ; je crois plutôt qu'un succès est, dans une proportion arithmétique ou géométrique, suivant la force de l'écrivain, le résultat des succès antérieurs, souvent invisibles à l'œil nu. Il y a lente agrégation de succès moléculaires ; mais de générations miraculeuses et spontanées, jamais.

Ceux qui disent : J'ai du guignon, sont ceux qui n'ont pas encore eu assez de succès et qui l'ignorent.

Je fais la part des mille circonstances qui enveloppent la volonté humaine et qui ont elles-mêmes leurs causes légitimes ; elles sont une circonférence dans laquelle est enfermée la volonté ; mais cette circonférence est mouvante, vivante, tournoyante, et change tous les jours, toutes les minutes, toutes les secondes son cercle et son centre. Ainsi, entraînées par elle, toutes les volontés humaines qui y sont cloîtrées varient à chaque instant leur jeu réciproque, et c'est ce qui constitue la liberté.

Liberté et fatalité sont deux contraires ; vues de près et de loin, c'est une seule volonté.

C'est pourquoi il n'y a pas de guignon. Si vous avez du guignon, c'est qu'il vous manque quelque chose : ce quelque chose, connaissez-le, et étudiez le jeu des volontés voisines pour déplacer plus facilement la circonférence.

Un exemple entre mille. Plusieurs de ceux que j'aime et que j'estime s'emportent contre les popularités actuelles. Eugène Sue, Paul Féval, des logogriphes en action ; mais le talent de ces gens, pour frivole qu'il soit, n'en existe pas moins, et la colère de mes amis n'existe pas, ou plutôt elle *existe en moins*, — car elle est du temps perdu, la chose du monde la moins précieuse. La question n'est pas de savoir si la littérature du cœur ou de la forme est supérieure à celle en vogue. Cela est trop vrai, pour moi du moins. Mais cela ne sera qu'à moitié juste, tant que vous n'aurez pas dans le genre que vous voulez installer autant de talent qu'Eugène Sue dans le sien. Allumez autant d'intérêt avec des moyens nouveaux ; possédez une force égale et supérieure dans un sens contraire ; doublez, triplez, quadruplez la dose jusqu'à une égale concentration, et vous n'aurez plus le droit de médire du *bourgeois*, car le *bourgeois* sera avec vous. Jusque-là, *vae victis !* car rien n'est vrai que la force, qui est la justice suprême.

II

DES SALAIRES

Quelque belle que soit une maison, elle est avant tout, — avant que sa beauté soit démontrée, — tant de mètres de haut sur tant de large. — De même la littérature, qui est la matière la plus inappréciable, — est avant tout un remplissage de colonnes; et l'architecte littéraire, dont le nom seul n'est pas une chance de bénéfice, doit vendre à tous prix.

Il y a des jeunes gens qui disent : « Puisque cela ne vaut que si peu, pourquoi se donner tant de mal ? » Ils auraient pu livrer *de la meilleure ouvrage ;* et dans ce cas, ils n'eussent été volés que par la nécessité actuelle, par la loi de la nature; ils se sont volés eux-mêmes ; — mal payés, ils eussent pu y trouver de l'honneur ; mal payés, ils se sont déshonorés.

Je résume tout ce que je pourrais écrire sur cette matière, en cette maxime suprême que je livre à la méditation de tous les philosophes, de tous les historiens et de tous les hommes d'affaires : Ce n'est que par les beaux sentiments qu'on parvient à la fortune !

Ceux qui disent : « Pourquoi *se fouler la rate* pour si peu ! » sont ceux qui, plus tard, une fois arrivés aux honneurs, — veulent vendre leurs livres 200 francs le feuilleton, et qui, rejetés, reviennent le lendemain les offrir à 100 francs de perte.

L'homme raisonnable est celui qui dit : « Je crois que cela vaut tant, parce que j'ai du génie; mais s'il faut faire quelques concessions, je les ferai, pour avoir l'honneur d'être des vôtres. »

III

DES SYMPATHIES ET DES ANTIPATHIES

En amour comme en littérature, les sympathies sont involontaires; néanmoins elles ont besoin d'être vérifiées, et la raison y a sa part ultérieure.

Les vraies sympathies sont excellentes, car elles sont deux en un — les fausses sont détestables, car elles ne font qu'un, moins l'indifférence primitive, qui vaut mieux que la haine, suite nécessaire de la duperie et du désillusionnement.

C'est pourquoi j'admets et j'admire la camaraderie en tant qu'elle est fondée sur des rapports essentiels de raison et de tempérament. Elle est une des saintes manifestations de la nature, une des nombreuses applications de ce proverbe sacré : l'union fait la force.

La même loi de franchise et de naïveté doit régir les antipathies. Il y a cependant des gens qui se fabriquent des haines comme des admirations, à l'étourdie. Cela est fort imprudent; c'est se faire un ennemi — sans bénéfice et sans profit. Un coup qui ne porte pas n'en blesse pas moins au cœur le rival à qui il était destiné, sans compter qu'il peut à gauche ou à droite blesser l'un des témoins du combat.

Un jour, pendant une leçon d'escrime, un créancier vint me troubler; je le poursuivis dans l'escalier à coups de fleuret. Quand je revins, le maître d'armes, un géant pacifique qui m'aurait jeté par terre en soufflant sur moi, me dit : « Comme vous prodiguez votre antipathie! un poète! un philosophe! ah fi! » — J'avais perdu le temps de faire deux assauts, j'étais essoufflé, honteux, et méprisé par un homme de plus, — le créancier, à qui je n'avais pas fait grand mal.

En effet, la haine est une liqueur précieuse, un poison plus cher que celui des Borgia, — car il est fait avec notre sang, notre santé, notre sommeil et les deux tiers de notre amour! Il faut en être avare!

IV

DE L'ÉREINTAGE

L'éreintage ne doit être pratiqué que contre les suppôts de l'erreur. Si vous êtes fort, c'est vous perdre que de vous attaquer à un homme fort; fussiez-vous dissidents en quelques points, il sera toujours des vôtres en certaines occasions.

Il y a deux méthodes d'éreintage : par la ligne courbe, et par la ligne droite, qui est le plus court chemin.

On trouvera suffisamment d'exemples de la ligne courbe dans les feuilletons de J. Janin. La ligne courbe amuse la galerie, mais ne l'instruit pas.

La ligne droite est maintenant pratiquée avec succès par quelques journalistes anglais; à Paris, elle est tombée en désuétude; M. Granier de Cassagnac lui-même me semble l'avoir oubliée. Elle consiste à dire : « M. X... est un malhonnête homme, et de plus un imbécile; c'est ce que je vais prouver », — et de le prouver! — primo, — secundo, — tertio, — etc. Je recommande cette méthode à tous ceux qui ont la foi de la raison, et le poing solide.

Un éreintage manqué est un accident déplorable, c'est une flèche qui se retourne, ou au moins vous dépouille la main en partant, une balle dont le ricochet peut vous tuer.

V

DES MÉTHODES DE COMPOSITION

Aujourd'hui, il faut produire beaucoup; — il faut donc aller vite; — il faut donc se hâter lentement; il faut donc que tous les coups portent, et que pas une touche ne soit inutile.

Pour écrire vite, il faut avoir beaucoup pensé, — avoir trimbalé un sujet avec soi, à la promenade, au bain, au restaurant, et presque chez sa maîtresse. E. Delacroix me disait un jour : « L'art est une chose si idéale et si fugitive, que les outils ne sont jamais assez propres, ni les moyens assez expéditifs. » Il en est de même de la littérature; — je ne suis donc pas partisan de la rature; elle trouble le miroir de la pensée.

Quelques-uns, et des plus distingués, et des plus consciencieux, — Edouard Ourliac, par exemple, — commencent par charger beaucoup de papier; ils appellent cela couvrir leur toile. — Cette opération confuse a pour but de ne rien perdre. Puis, à chaque fois qu'ils recopient, ils élaguent et ébranchent. Le résultat fût-il excellent, c'est abuser de son temps et de son talent. Couvrir une toile n'est pas la charger de couleurs, c'est ébaucher en frottis, c'est disposer des masses en tons légers et transparents. —

La toile doit être couverte — en esprit — au moment où l'écrivain prend la plume pour écrire le titre.

On dit que Balzac charge sa copie et ses épreuves d'une manière fantastique et désordonnée. Un roman passe dès lors par une série de genèses, où se disperse non seulement l'unité de la phrase, mais aussi de l'œuvre. C'est sans doute cette mauvaise méthode qui donne souvent au style ce je ne sais quoi de diffus, de bousculé et de brouillon, — le seul défaut de ce grand historien.

VI

DU TRAVAIL JOURNALIER
ET DE L'INSPIRATION

L'orgie n'est plus la sœur de l'inspiration : nous avons cassé cette parenté adultère. L'énervation rapide et la faiblesse de quelques belles natures témoignent assez contre cet odieux préjugé.

Une nourriture très substantielle, mais régulière, est la seule chose nécessaire aux écrivains féconds. L'inspiration est décidément la sœur du travail journalier. Ces deux contraires ne s'excluent pas plus que tous les contraires qui constituent la nature. L'inspiration obéit, comme la faim, comme la digestion, comme le sommeil. Il y a sans doute dans l'esprit une espèce de mécanique céleste, dont il ne faut pas être honteux, mais tirer le parti le plus glorieux, comme les médecins, de la mécanique du corps. Si l'on veut vivre dans une contemplation opiniâtre de l'œuvre de demain, le travail journalier servira l'inspiration, — comme une écriture lisible sert à éclairer la pensée, et comme la pensée calme et puissante sert à écrire lisiblement; car le temps des mauvaises écritures est passé.

VII

DE LA POÉSIE

Quant à ceux qui se livrent où se sont livrés avec succès à la poésie, je leur conseille de ne jamais l'abandonner. La poésie est un des arts qui rapportent le plus; mais c'est une espèce de placement dont on ne touche que tard les intérêts, — en revanche très gros.

Je défie les envieux de me citer de bons vers qui aient ruiné un éditeur.

Au point de vue moral, la poésie établit une telle démarcation entre les esprits du premier ordre et ceux du second, que le public le plus bourgeois n'échappe pas à cette influence despotique. Je connais des gens qui ne lisent les feuilletons souvent médiocres de Théophile Gautier que parce qu'il a fait la *Comédie de la Mort;* sans doute ils ne sentent pas toutes les grâces de cette œuvre, mais ils savent qu'il est poète.

Quoi d'étonnant d'ailleurs, puisque tout homme bien portant peut se passer de manger pendant deux jours, — de poésie, jamais ?

L'art qui satisfait le besoin le plus impérieux sera toujours le plus honoré.

VIII

DES CRÉANCIERS

Il vous souvient sans doute d'une comédie intitulée : *Désordre et Génie.* Que le désordre ait parfois accompagné le génie, cela prouve simplement que le génie est terriblement fort; malheureusement, ce titre exprimait pour beaucoup de jeunes gens, non pas un accident, mais une nécessité.

Je doute fort que Gœthe ait eu des créanciers; Hoffmann lui-même, le désordonné Hoffmann, pris par des nécessités plus fréquentes, aspirait sans cesse à en sortir, et du reste il est mort au moment où une vie plus large permettait à son génie un essor plus radieux.

N'ayez jamais de créanciers; faites, si vous voulez, semblant d'en avoir, c'est tout ce que je puis vous passer.

IX

DES MAITRESSES

Si je veux observer la loi des contrastes, qui gouverne l'ordre moral et l'ordre physique, je suis obligé de ranger dans la classe des femmes dangereuses aux gens de lettres, la *femme honnête*, le bas-bleu et l'actrice; — *la femme honnête*, parce qu'elle appartient nécessairement à deux hommes et qu'elle est une médiocre pâture pour l'âme despotique d'un poète; — le bas-bleu, parce que c'est un homme manqué; — l'actrice parce qu'elle est frottée de littérature et qu'elle parle argot, — bref, parce que ce n'est pas une femme dans toute l'acception du mot, — le public lui étant une chose plus précieuse que l'amour.

Vous figurez-vous un poète amoureux de sa femme et contraint de lui voir jouer un travesti ? Il me semble qu'il doive mettre le feu au théâtre.

Vous figurez-vous celui-ci obligé d'écrire un rôle pour sa femme qui n'a pas de talent ?

Et cet autre suant à rendre par des épigrammes au public de l'avant-scène les douleurs que ce public lui a faites dans l'être le plus cher, — cet être que les Orientaux enfermaient sous triples clefs, avant qu'ils ne vinssent étudier le droit à Paris ? C'est parce que tous les vrais littérateurs ont horreur de la littérature à de certains moments, que je n'admets pour eux, — âmes libres et fières, esprits fatigués, qui ont toujours besoin de se reposer leur septième jour, — que deux classes de femmes possibles : les filles ou les femmes bêtes, — l'amour ou le pot-au-feu. — Frères, est-il besoin d'en expliquer les raisons ?

VI

LES CONTES DE CHAMPFLEURY

CHIEN-CAILLOU, PAUVRE TROMPETTE, FEU MIETTE

(*Le Corsaire-Satan*, 18 janvier 1848.)

Un jour parut un tout petit volume, tout humble, tout simple, au total, une chose importante, *Chien-Caillou*, l'histoire simplement, nettement, crûment racontée, ou plutôt enregistrée, d'un pauvre graveur, très original, mais tellement dénué de richesses qu'il vivait avec des carottes, entre un lapin et une fille publique : et il faisait des chefs-d'œuvre. Voilà ce que Champfleury osa pour ses débuts : se contenter de la nature et avoir en elle une confiance illimitée.

La même livraison contenait d'autres histoires remarquables, entre autres : *M. le Maire de Classy-les-Bois*, au sujet de laquelle histoire je prierai le lecteur de remarquer que Champfleury connaît très bien la province, cet inépuisable trésor d'éléments littéraires, ainsi que l'a triomphalement démontré notre grand H. de Balzac, et aussi dans son petit coin où il faudra que le public l'aille chercher, un autre esprit tout modeste et tout retiré, l'auteur des *Contes normands* et des *Historiettes baguenaudières*, Jean de Falaise (Philippe de Chennevières), un brave esprit tout voué au travail et à la religion de la nature, comme Champfleury, et comme lui élevé à côté des journaux, loin des effroyables dysenteries de MM. Dumas, Féval et consorts.

Puis *Carnaval,* ou quelques notes précieuses sur cette curiosité ambulante, cette douleur attifée de rubans et de bariolages dont rient les imbéciles, mais que les Parisiens respectent.

La seconde livraison contenait : *Pauvre Trompette*, ou l'histoire lamentable d'une vieille ivrognesse très égoïste, qui ruine son gendre et sa fille pour gorger son petit chien de curaçao et d'anisette. Le gendre exaspéré empoisonne le chien avec l'objet de ses convoitises, et la marâtre accroche aux vitres de sa boutique un écriteau qui voue son gendre au mépris et à la haine publiques [sic]. — Histoire vraie comme les précédentes. — Or, ce serait une erreur grave que de croire que toutes ces historiettes ont pour accomplissement final la gaîté et le divertissement. On ne saurait imaginer ce que Champfleury sait mettre ou plutôt sait voir là-dessous de douleur et de mélancolie vraies.

Le jour où il a fait *Monsieur Prudhomme au Salon*, il était jaloux d'Henri Monnier. Qui peut le plus, peut le moins, nous savons cela; aussi ce morceau est-il d'un fini très précieux et très amusant. Mais véritablement l'auteur est mieux né, et il a mieux à faire.

Grandeur et Décadence d'une serinette. — Il y a là-dedans une création d'enfant, un enfant musical, garçon ou petite fille, on ne sait pas trop, tout à fait délicieuse. Cette nouvelle démontre bien la parenté antique de l'auteur avec quelques écrivains allemands et anglais, esprits mélancoliques comme lui, doublés d'une ironie involontaire et persistante. Il faut remarquer en plus, ainsi que je l'ai déjà dit plus haut, une excellente description de la méchanceté et de la sottise provinciales.

Une Religion au Cinquième. — C'est l'histoire, la description de la pot-bouille d'une religion moderne, la peinture au naturel de quelques-uns de ces misérables, comme nous en avons tous connu, qui croient qu'on fait une doctrine comme on fait un enfant, sur une paillasse, le *Compère Mathieu* à la main, et que ce n'est pas plus difficile que ça.

Le dernier volume est dédié à Balzac. Il est impossible de placer des œuvres plus sensées, plus simples, plus naturelles, sous un plus auguste patronage. Cette dédicace est excellente, excellente pour le style, excellente pour les idées. Balzac est en effet un romancier et un savant, un inventeur et un observateur; un naturaliste qui connaît également la loi de génération des idées et des êtres visibles. C'est un grand homme dans toute la force du terme; c'est un créateur de méthode et le seul dont la méthode vaille la peine d'être étudiée.

Et ceci n'est pas à mon avis propre un des moindres pronostics favorables pour l'avenir littéraire de Champfleury.

Ce dernier volume contient *Feu Miette*, histoire, véridique comme toujours, d'un charlatan célèbre du quai des Augustins. — Le *Fuenzès*, une belle idée, un tableau fatal et qui porte malheur à ceux qui l'achètent!

Simple Histoire d'un rentier, d'un lampiste et d'une horloge, — précieux morceau, constatation des manies engendrées forcément dans la vie stagnante et solitaire de la province. Il est difficile de mieux peindre et de mieux dessiner les automates ambulants, chez qui le cerveau, lui aussi, devient lampe et horloge.

Van Schaendel, père et fils : Peintres-naturalistes enragés qui vous nourrissez de carottes pour mieux les dessiner, et vous habilleriez de plumes pour mieux peindre un perroquet, lisez et relisez ces hautes leçons empreintes d'une ironie allemande énorme.

Jusqu'à présent, je n'ai rien dit du style. On le devine facilement. Il est large, soudain, brusque, poétique, comme la nature. Pas de grosses bouffissures, pas de littérarisme outré. L'auteur, de même qu'il s'applique à bien voir les êtres et leurs physionomies toujours étranges pour qui sait bien voir, s'applique aussi à bien retenir le cri de leur animalité, et il en résulte une sorte de méthode d'autant plus frappante qu'elle est pour ainsi dire insaisissable. J'explique peut-être mal ma pensée, mais tous ceux qui ont éprouvé le besoin de se créer une esthétique à leur usage me comprendront.

La seule chose que je reprocherais volontiers à l'auteur est de ne pas connaître peut-être ses richesses, de n'être pas suffisamment rabâcheur, de trop se fier à ses lecteurs, de ne pas tirer de conclusions, de ne pas épuiser un sujet, tous reproches qui se réduisent à un seul, et qui dérivent du même principe. Mais peut-être aussi ai-je tort; il ne faut forcer la destinée de personne; de larges ébauches sont plus belles que des tableaux confusionnés, et il a peut-être choisi la meilleure méthode qui est la simple, la courte et l'ancienne.

Le quatrième volume qui paraîtra prochainement est au moins égal aux précédents.

Enfin, pour conclure, ces nouvelles sont essentiellement amusantes et appartiennent à un ordre de littérature très relevé.

VII

JULES JANIN

ET

LE GATEAU DES ROIS

(Posthume : publié par J. Crépet, *Le Figaro*, 31 mars 1934.)

Pour donner immédiatement au lecteur non initié dans *les dessous* de la littérature, non instruit dans les préliminaires des réputations, une idée première de l'importance littéraire réelle de ces petits livres gros d'esprit, de poésie et d'observations, qu'il sache que le premier d'entre eux, *Chien-Caillou, Fantaisies d'Hiver*, fut publié en même temps qu'un petit livre d'un homme très célèbre, qui avait eu, en même temps que Champfleury, l'idée de ces publications trimestrielles. Or, parmi les gens dont l'intelligence journellement appliquée à fabriquer des livres est plus difficile qu'aucune autre, le livre de Champfleury *absorba* celui de l'homme célèbre.

Tous ceux dont je parle connurent *Le Gâteau des Rois;* ils le connurent parce que leur métier est de tout connaître. *Le Gâteau des Rois*, espèce de *Christmas*, ou livre de Noël, était surtout une prétention clairement affirmée de tirer de la langue tous les effets qu'un instrumentiste tire de son instrument — jouer des variations infinies sur le dictionnaire! Déplacement de forces! Erreur d'esprit faible!

Dans cet étrange livre, les idées se succédaient à la hâte, filaient avec la rapidité du son, s'appuyant au hasard sur des rapports infiniment ténus; elles s'associaient entre elles par un fil excessivement frêle, selon une méthode de penser exactement analogue à celle des gens qu'on enferme pour cause d'aliénation mentale; vaste courant d'idées involontaires, course au clocher, abnégation de la volonté.

Ce singulier tour de force fut exécuté par l'homme que vous savez, dont l'unique et spéciale faculté est de n'être pas maître de lui, l'homme aux rencontres et *aux bonheurs!*

Sans doute, il y avait là du talent; mais quel abus! mais quelle débauche! Et d'ailleurs quelle fatigue et quelle douleur! Sans doute il faut montrer quelque respect ou du moins quelque compassion reconnaissante pour ce trémoussement infatigable d'une ancienne danseuse; mais, hélas! moyens usés! procédés affaiblis! câlineries fatigantes! Les idées de notre homme sont de vieilles folles qui ont trop dansé, trop montré et trop levé la jambe. *Sustulerunt sæpius pedes.* Où est le cœur? où est l'âme, où est la raison dans cette...?

II. — PRISES DE CONSCIENCE

(1851-1855)

VIII

« A MESURE QUE L'HOMME AVANCE DANS LA VIE... »

(Feuillet d'album, publié dans *Le Figaro*,
Supplément littéraire, 7 février 1925.)

A mesure que l'homme avance dans la vie, et qu'il voit les choses de plus haut, ce que le monde est convenu d'appeler la beauté perd bien de son importance, et aussi la volupté, et bien d'autres balivernes. Aux yeux désabusés et désormais clairvoyants toutes les saisons ont leur valeur, et l'hiver n'est pas la plus mauvaise ni la moins féerique. Dès lors la beauté ne sera plus que *la promesse du bonheur*, c'est Stendhal, je crois, qui a dit cela. La beauté sera la forme qui garantit le plus de bonté, de fidélité au serment, de loyauté dans l'exécution du contrat, de finesse dans l'intelligence des rapports. La laideur sera cruauté, avarice, sottise, mensonge. La plupart des jeunes gens ignorent ces choses, et ils ne les apprennent qu'à leurs dépens. Quelques-uns d'entre nous les savent aujourd'hui ; mais on ne sait que pour soi seul. Quel moyens pouvais-je efficacement employer pour persuader à un jeune étourdi que l'irrésistible sympathie que j'éprouve pour les vieilles femmes, ces êtres qui ont beaucoup souffert par leurs amants, leurs maris, leurs enfants, et aussi par leurs propres fautes, n'est mêlée d'aucun appétit sexuel ?

. . . .

Si l'idée de la Vertu et de l'Amour universel n'est pas mêlée à tous nos plaisirs, tous nos plaisirs deviendront tortures et remords.

26 août 1851.

IX

PIERRE DUPONT

(Introduction aux *Chants et Chansons*, 1851.)

Je viens de relire attentivement les *Chants et Chansons* de Pierre Dupont, et je reste convaincu que le succès de ce nouveau poète est un événement grave, non pas tant à cause de sa valeur propre, qui cependant est très grande, qu'à cause des sentiments publics dont cette poésie est le symptôme, et dont Pierre Dupont s'est fait l'écho.

Pour mieux expliquer cette pensée, je prie le lecteur de considérer rapidement et largement le développement de la poésie dans les temps qui ont précédé. Certainement il y aurait injustice à nier les services qu'a rendus l'école dite romantique. Elle nous rappela à la vérité de l'image, elle détruisit les poncifs académiques, et même au point de vue supérieur de la linguistique, elle ne mérite pas les dédains dont l'ont uniquement couverte certains pédants impuissants. Mais, par son principe même, l'insurrection romantique était condamnée à une vie courte. La puérile utopie de l'école de *l'art pour l'art*, en excluant la morale, et souvent même la passion, était nécessairement stérile. Elle se mettait en flagrante contravention avec le génie de l'humanité. Au nom des principes supérieurs qui constituent la vie universelle, nous avons le droit de la déclarer coupable d'hétérodoxie. Sans doute, des littérateurs très ingénieux, des antiquaires très érudits, des versificateurs qui, il faut l'avouer, élevèrent la prosodie presque à la hauteur d'une création, furent mêlés à ce mouvement, et tirèrent, des moyens qu'ils avaient mis en commun, des effets très surprenants. Quelques-uns d'entre eux consentirent même à profiter du milieu politique. Navarin attira leurs yeux vers l'Orient, et le philhellénisme engendra un livre éclatant comme un mouchoir ou un châle de l'Inde. Toutes les superstitions catholiques ou orientales furent chantées dans des rythmes savants et singuliers. Mais combien nous devons, à ces accents purement matériels, faits pour éblouir la vue tremblante des enfants ou pour caresser leur oreille paresseuse, préférer la plainte de cette individualité maladive, qui, du fond d'un cercueil fictif, s'évertuait à intéresser une société troublée à ses mélancolies irrémédiables. Quelque égoïste qu'il soit, le poète me cause moins de colère quand il dit : Moi, je pense... moi, je sens..., que le musicien ou le barbouilleur infatigable qui a fait un pacte satanique avec son instrument. La coquinerie naïve de l'un se fait pardonner; l'impudence académique de l'autre me révolte.

Mais plus encore que celui-là, je préfère le poète qui se met en communication permanente avec les hommes de son temps, et échange avec eux des pensées et des sentiments traduits dans un noble langage suffisamment correct. Le poète, placé sur un des points de la circonférence de l'humanité, renvoie sur la même ligne en vibrations plus mélodieuses la pensée humaine qui lui fut transmise; tout poète véritable doit être une incarnation; et, pour compléter d'une manière définitive ma pensée par un exemple récent, malgré tous ces travaux littéraires, malgré tous ces efforts accomplis hors de la loi de vérité, malgré tout ce dilettantisme, ce *voluptuosisme* armé de mille instruments et de mille ruses, quand un poète, maladroit quelquefois, mais presque toujours grand, vint dans un langage enflammé proclamer la sainteté de l'insurrection de 1830 et chanter les misères de l'Angleterre et de l'Irlande, malgré ses rimes insuffisantes, malgré ses pléonasmes, malgré ses périodes non finies, la question fut vidée, et l'art fut désormais inséparable de la morale et de l'utilité.

La destinée de Pierre Dupont fut analogue.

Rappelons-nous les dernières années de la monarchie. Qu'il serait curieux de raconter dans un livre impartial les sentiments, les doctrines, la vie extérieure, la vie intime, les modes et les mœurs de la jeunesse sous le règne de Louis-Philippe! L'esprit seul était surexcité, le cœur n'avait aucune part dans le mouvement, et la fameuse parole : *enrichissez-vous*, légitime et vraie en tant qu'elle implique la moralité, la niait par ce seul fait qu'elle ne l'affirmait pas. La richesse peut être une garantie de savoir et de moralité, à la condition qu'elle soit bien acquise ; mais quand la richesse est montrée comme le seul but final de tous les efforts de l'individu, l'enthousiasme, la charité, la philosophie, et tout ce qui fait le patrimoine commun dans un système éclectique et propriétariste, disparaît. L'histoire de la jeunesse, sous le règne de Louis-Philippe, est une histoire de lieux de débauche et de restaurants. Avec moins d'impudence, avec moins de prodigalités, avec plus de réserve, les filles entretenues obtinrent, sous le règne de Louis-Philippe, une gloire et une importance égales à celles qu'elles eurent sous l'Empire. De temps en temps retentissait dans l'air un grand vacarme de discours semblables à ceux du Portique, et les échos de la Maison-d'Or se mêlaient aux paradoxes innocents du palais législatif.

Cependant quelques chants purs et frais commençaient à circuler dans des concerts et dans des sociétés particulières. C'était comme un rappel à l'ordre et une invitation de la nature ; et les esprits les plus corrompus les accueillaient comme un rafraîchissement, comme une oasis. Quelques pastorales *(les Paysans)* venaient de paraître, et déjà les pianos bourgeois les répétaient avec une joie étourdie.

Ici commence, d'une manière positive et décidée, la vie parisienne de Pierre Dupont ; mais il est utile de remonter plus haut, non seulement pour satisfaire une curiosité publique légitime, mais aussi pour montrer quelle admirable logique existe dans la genèse des faits matériels et des phénomènes moraux. Le public aime à se rendre compte de l'éducation des esprits auxquels il accorde sa confiance ; on dirait qu'il est poussé en ceci par un sentiment indomptable d'égalité. « Tu as touché notre cœur ! Il faut nous démontrer que tu n'es qu'un homme, et que les mêmes éléments de perfectionnement existent pour nous tous. » Au philosophe, au savant, au poète, à l'artiste, à tout ce qui est grand, à quiconque le remue et le transforme, le public fait la même requête. L'immense appétit que nous avons pour les biographies naît d'un sentiment profond de l'égalité.

L'enfance et la jeunesse de Pierre Dupont ressemblent à l'enfance et à la jeunesse de tous les hommes destinés à devenir célèbres. Elle est très simple, et elle explique l'âge suivant. Les sensations fraîches de la famille, l'amour, la contrainte, l'esprit de révolte, s'y mêlent en quantités suffisantes pour créer un poète. Le reste est de l'acquis.

Pierre Dupont naît le 23 avril 1821, à Lyon, la grande ville du travail et des merveilles industrielles. Une famille d'artisans, le travail, l'ordre, le spectacle de la richesse journalière créée, tout cela portera ses fruits. Il perd sa mère à l'âge de quatre ans; un vieux parrain, un prêtre, l'accueille chez lui, et commence une éducation qui devait se continuer au petit séminaire de Largentière. Au sortir de la maison religieuse, Dupont devient apprenti canut; mais bientôt on le jette dans une maison de banque, un grand étouffoir. Les grandes feuilles de papier à lignes rouges, les hideux cartons verts des notaires et des avoués, pleins de dissensions, de haines, de querelles de familles, souvent de crimes inconnus, la régularité cruelle, implacable d'une maison de commerce, toutes ces choses sont bien faites pour achever la création d'un poète. Il est bon que chacun de nous, une fois dans sa vie, ait éprouvé la pression d'une odieuse tyrannie; il apprend à la haïr. Combien de philosophes a engendrés le séminaire! Combien de natures révoltées ont pris vie auprès d'un cruel et ponctuel militaire de l'Empire! Fécondante discipline, combien nous te devons de chants de liberté! La pauvre et généreuse nature, un beau matin, fait son explosion, le charme satanique est rompu, et il n'en reste que ce qu'il faut, un souvenir de douleur, un levain pour la pâte.

Il y avait à Provins un grand-père chez qui Pierre Dupont allait quelquefois; là il fit connaissance de M. Pierre Lebrun de l'Académie, et peu de temps après, ayant tiré au sort, il fut obligé de rejoindre un régiment de chasseurs. Par grand bonheur, le livre *Les Deux Anges* était fait. M. Pierre Lebrun imagina de faire souscrire beaucoup de personnes à l'impression du livre; les bénéfices furent consacrés à payer un remplaçant. Ainsi Pierre Dupont commença sa vie, pour ainsi dire publique, par se racheter de l'esclavage par la poésie. Ce sera pour lui un grand honneur et une grande consolation d'avoir, jeune, forcé la Muse à jouer un rôle utile, immédiat, dans sa vie.

Ce même livre, incomplet, souvent incorrect, d'une allure indécise, contient cependant, ainsi que cela arrive généralement, le germe d'un talent futur qu'une intelligence élevée pouvait, à coup sûr, pronostiquer. Le volume obtint un prix à l'Académie, et Pierre Dupont eut dès lors une petite place en qualité d'aide aux travaux du Dictionnaire. Je crois volontiers que ces fonctions, quelque minimes qu'elles fussent en apparence, servirent à augmenter et perfectionner en lui le goût de la belle langue.

Contraint d'entendre souvent les discussions orageuses de la rhétorique et de la grammaire antique aux prises avec la moderne, les querelles vives et spirituelles de M. Cousin avec M. Victor Hugo, son esprit dut se fortifier à cette gymnastique, et il apprit ainsi à connaître l'immense valeur du mot propre. Ceci paraîtra peut-être puéril à beaucoup de gens, mais ceux-là ne se sont pas rendu compte du travail successif qui se fait dans l'esprit des écrivains, et de la série des circonstances nécessaires pour créer un poète.

Pierre Dupont se conduisit définitivement avec l'Académie comme il avait fait avec la maison de banque. Il voulut être libre, et il fit bien. Le poète doit vivre par lui-même ; il doit, comme disait Honoré de Balzac, offrir une surface commerciale. Il faut que son outil le nourrisse. Les rapports de Pierre Dupont et de M. Lebrun furent toujours purs et nobles, et, comme l'a dit Sainte-Beuve, si Dupont voulut être tout à fait libre et indépendant, il n'en resta pas moins reconnaissant du passé.

Le recueil *Les Paysans, chants rustiques,* parut donc : une édition proprette, illustrée d'assez jolies lithographies, et qui pouvait se présenter avec hardiesse dans les salons et prendre décemment sa place sur les pianos de la bourgeoisie. Tout le monde sut gré au poète d'avoir enfin introduit un peu de vérité et de nature dans ces chants destinés à charmer les soirées. Ce n'était plus cette nourriture indigeste de crèmes et de sucreries dont les familles illettrées bourrent imprudemment la mémoire de leurs demoiselles. C'était un mélange véridique d'une mélancolie naïve avec une joie turbulente et innocente, et par-ci par-là les accents robustes de la virilité laborieuse.

Cependant Dupont, s'avançant dans sa voie naturelle, avait composé un chant d'une allure plus décidée et bien mieux fait pour émouvoir le cœur des habitants d'une grande ville. Je me rappelle encore la première confidence qu'il m'en fit, avec une naïveté charmante et comme encore indécis dans sa résolution. Quand j'entendis cet admirable cri de douleur et de mélancolie (*Le Chant des Ouvriers*, 1846), je fus ébloui et attendri. Il y avait tant d'années que nous attendions un peu de poésie forte et vraie ! Il est impossible, à quelque parti qu'on appartienne, de quelques préjugés qu'on ait été nourri, de ne pas être touché du spectacle de cette multitude maladive respirant la poussière des ateliers, avalant du coton, s'imprégnant de céruse, de mercure et de tous les poisons nécessaires à la création des chefs-d'œuvre, dormant dans la vermine, au fond des quartiers où les vertus les plus humbles et les plus grandes nichent à côté des vices les plus endurcis et des vomissements du bagne; de cette multitude soupirante et languissante à qui *la terre doit ses merveilles;* qui sent *un sang vermeil et impétueux couler dans ses veines,* qui jette un long regard chargé de tristesse sur le soleil et l'ombre des grands parcs, et qui, pour suffisante consolation et réconfort, répète à tue-tête son refrain sauveur : *Aimons-nous!...*

Dès lors, la destinée de Dupont était faite : il n'avait plus qu'à marcher dans la voie découverte. Raconter les joies, les douleurs et les dangers de chaque métier, et éclairer tous ces aspects particuliers et tous ces horizons divers de la souffrance et du travail humain par une philosophie consolatrice, tel était le devoir qui lui incombait, et qu'il accomplit patiemment. Il viendra un temps où les accents de cette Marseillaise du travail circuleront comme un mot d'ordre maçonnique, et où l'exilé, l'abandonné, le voyageur perdu, soit sous le ciel dévorant des tropiques, soit dans les déserts de neige, quand il entendra cette forte mélodie parfumer l'air de sa senteur originelle,

> Nous dont la lampe le matin
> Au clairon du coq se rallume,
> Nous tous qu'un salaire incertain
> Ramène avant l'aube à l'enclume...

pourra dire : je n'ai plus rien à craindre, je suis en France!

La Révolution de Février activa cette floraison impatiente et augmenta les vibrations de la corde populaire; tous les malheurs et toutes les espérances de la Révolution firent écho dans la poésie de Pierre Dupont. Cependant la muse pastorale ne perdit pas ses droits, et à mesure qu'on avance dans son œuvre, on voit toujours, on entend toujours, comme au sein des chaînes tourmentées de montagnes orageuses, à côté de la route banale et agitée, bruire doucement et reluire la fraîche source primitive qui filtre des hautes neiges :

> Entendez-vous au creux du val
> Ce long murmure qui serpente ?
> Est-ce une flûte de cristal ?
> Non, c'est la voix de l'eau qui chante.

L'œuvre du poète se divise naturellement en trois parties, les pastorales, les chants politiques et socialistes, et quelques chants symboliques qui sont comme la philosophie de l'œuvre. Cette partie est peut-être la plus personnelle, c'est le développement d'une philosophie un peu ténébreuse, une espèce de mysticité amoureuse. L'optimisme de Dupont, sa confiance illimitée dans la bonté native de l'homme, son amour fanatique de la nature, font la plus grande partie de son talent. Il existe une comédie espagnole où une jeune fille demande en écoutant le tapage ardent des oiseaux dans les arbres : Quelle est cette voix, et que chante-t-elle ? Et les oiseaux répètent en chœur : l'amour, l'amour! Feuilles des arbres, vent du ciel, que dites-vous, que commandez-vous ? Et le chœur de répondre : l'amour, l'amour! le chœur des ruisseaux dit la même chose. La série est longue, et le refrain est toujours le même. Cette voix mystérieuse chante d'une manière permanente le remède universel dans l'œuvre de Dupont. La beauté mélancolique de la nature a laissé dans son âme une telle empreinte, que s'il veut composer un chant funèbre sur l'abominable guerre civile, les premières images et les premiers vers qui lui viennent à l'esprit sont :

> La France est pâle comme un lys,
> Le front ceint de grises verveines.

Sans doute, plusieurs personnes regretteront de ne pas trouver dans ces chants politiques et guerriers tout le bruit et tout l'éclat de la guerre, tous les transports de l'enthousiasme et de la haine, les cris enragés du clairon, le sifflement du fifre pareil à la folle espérance de la jeunesse qui court à la conquête du monde, le grondement infatigable du canon, les gémissements des blessés, et tout le fracas de la victoire, si cher à une nation militaire comme la nôtre. Mais qu'on y réfléchisse bien, ce qui chez un autre serait défaut chez Dupont devient qualité. En effet, comment pourrait-il se contredire ? De temps à autre, un grand accent d'indignation s'élève de sa bouche, mais on voit qu'il pardonnera vite, au moindre signe de repentir, au premier rayon du soleil! Une seule fois, Dupont a constaté, peut-être à son insu, l'utilité de l'esprit de destruction; cet aveu lui a échappé, mais voyez dans quels termes :

> Le glaive brisera le glaive,
> Et du combat naîtra l'amour!

En définitive, quand on relit attentivement ces chants politiques, on leur trouve une saveur particulière. Ils se tiennent bien, et ils sont unis entre eux par un lien commun qui est l'amour de l'humanité.

Cette dernière ligne me suscite une réflexion qui éclaire d'un grand jour le succès légitime, mais étonnant, de notre poète. Il y a des époques où les moyens d'exécution dans tous les arts sont assez nombreux, assez perfectionnés et assez peu coûteux pour que chacun puisse se les approprier en quantité à peu près égale. Il y a des temps où tous les peintres savent plus ou moins rapidement et habilement couvrir une toile; de même les poètes. Pourquoi le nom de celui-ci est-il dans toutes les bouches, et le nom de celui-là rampe-t-il encore ténébreusement dans des casiers de librairie, ou dort-il manuscrit dans des cartons de journaux? En un mot, quel est le grand secret de Dupont, et d'où vient cette sympathie qui l'enveloppe? Ce grand secret, je vais vous le dire, il est bien simple : il n'est ni dans l'acquis ni dans l'ingéniosité, ni dans l'habileté du faire, ni dans la plus ou moins grande quantité de procédés que l'artiste a puisés dans le fonds commun du savoir humain; il est dans l'amour de la vertu et de l'humanité, et dans ce je ne sais quoi qui s'exhale incessamment de sa poésie, que j'appellerais volontiers le goût infini de la République.

Il y a encore autre chose; oui, il y a autre chose.

C'est la joie!

C'est un fait singulier que cette joie qui respire et domine dans les œuvres de quelques écrivains célèbres, ainsi que l'a judicieusement noté Champfleury à propos d'Honoré de Balzac. Quelque grandes que soient les douleurs qui les surprennent, quelque affligeants que soient les spectacles humains, leur bon tempérament reprend le dessus, et peut-être quelque chose de mieux, qui est un grand esprit de sagesse. On dirait qu'ils portent en eux-mêmes leur consolation. En effet, la nature est si belle, et l'homme est si grand, qu'il est difficile, en se mettant à un point de vue supérieur, de concevoir le sens du mot : irréparable. Quand un poète vient affirmer des choses aussi bonnes et aussi consolantes, aurez-vous le courage de regimber?

Disparaissez donc, ombres fallacieuses de René, d'Obermann et de Werther; fuyez dans les brouillards du vide, monstrueuses créations de la paresse et de la solitude; comme les pourceaux dans le lac de Génézareth, allez vous replonger dans les forêts enchantées d'où vous tirèrent les fées ennemies, moutons attaqués du vertigo romantique.

Le génie de l'action ne vous laisse plus de place parmi nous.

Quand je parcours l'œuvre de Dupont, je sens toujours revenir dans ma mémoire, sans doute à cause de quelque secrète affinité, ce sublime mouvement de Proudhon, plein de tendresse et d'enthousiasme : il entend fredonner la chanson lyonnaise,

> Allons, du courage,
> Braves ouvriers!
> Du cœur à l'ouvrage!
> Soyons les premiers.

et il s'écrie :

« Allez donc au travail en chantant, race prédestinée, votre refrain est plus beau que celui de Rouget de Lisle. »

Ce sera l'éternel honneur de Pierre Dupont d'avoir le premier enfoncé la porte. La hache à la main, il a coupé les chaînes du pont-levis de la forteresse; maintenant la poésie populaire peut passer.

De grandes imprécations, des soupirs profonds d'espérance, des cris d'encouragement infini commencent à soulever les poitrines. Tout cela deviendra livre, poésie et chant, en dépit de toutes les résistances.

C'est une grande destinée que celle de la poésie! Joyeuse ou lamentable, elle porte toujours en soi le divin caractère utopique. Elle contredit sans cesse le fait, à peine de ne plus être. Dans le cachot elle se fait révolte; à la fenêtre de l'hôpital, elle est ardente espérance de guérison; dans la mansarde déchirée et malpropre, elle se pare comme une fée du luxe et de l'élégance; non seulement elle constate mais elle répare. Partout elle se fait négation de l'iniquité.

Va donc à l'avenir en chantant, poète providentiel, tes chants sont le décalque lumineux des espérances et des convictions populaires!

L'édition à laquelle cette notice est annexée contient, avec chaque chanson, la musique, qui est presque toujours du poète lui-même, mélodies simples et d'un caractère libre et franc, mais qui demandent un certain art pour bien être exécutées. Il était véritablement utile, pour donner une idée juste de ce talent, de fournir le texte musical, beaucoup de poésies étant admirablement complétées par le chant. Ainsi que beaucoup de personnes, j'ai souvent entendu Pierre Dupont chanter lui-même ses œuvres, et comme elles, je pense que nul ne les a mieux chantées. J'ai entendu de belles voix essayer ces accents rustiques ou patriotiques, et cependant je n'éprouvais qu'un malaise irritant. Comme ce livre de chansons ira chez tous ceux qui aiment la poésie, et qui aussi pour la consolation de la famille, pour la célébration de l'hospitalité, pour l'allégement des soirées d'hiver, veulent les exécuter eux-mêmes, je leur ferai part d'une réflexion qui m'est venue en cherchant la cause du déplaisir que m'ont causé beaucoup de chanteurs. Il ne suffit pas d'avoir la voix juste ou belle, il est beaucoup plus important d'avoir du sentiment. La plupart des chants de Dupont, qu'ils soient une situation de l'esprit ou un récit, sont des drames lyriques, dont les descriptions font les décors et le fond. Il vous faut donc, pour bien représenter l'œuvre, *entrer dans la peau* de l'être créé, vous pénétrer profondément des sentiments qu'il exprime, et les si bien sentir, qu'il vous semble que ce soit votre œuvre propre. Il faut s'assimiler une œuvre pour la bien exprimer ; voilà sans doute une de ces vérités banales et répétées mille fois, qu'il faut répéter encore. Si vous méprisez mon avis, cherchez un autre secret.

X

LES DRAMES
ET
LES ROMANS HONNÊTES

(*La Semaine théâtrale*, 27 novembre 1851.)

Depuis quelque temps, une grande fureur d'honnêteté s'est emparée du théâtre et aussi du roman. Les débordements puérils de l'école dite romantique ont soulevé une réaction que l'on peut accuser d'une coupable maladresse, malgré les pures intentions dont elle paraît animée. Certes, c'est une grande chose que la vertu, et aucun écrivain, jusqu'à présent, à moins d'être fou, ne s'est avisé de soutenir que les créations de l'art devaient contrecarrer les grandes lois morales. La question est donc de savoir si les écrivains dits vertueux s'y prennent bien pour faire aimer et respecter la vertu, si la vertu est satisfaite de la manière dont elle est servie.

Deux exemples me sautent déjà à la mémoire. L'un des plus orgueilleux soutiens de l'honnêteté bourgeoise, l'un des chevaliers du *bon sens*, M. Emile Augier, a fait une pièce, *la Ciguë*, où l'on voit un jeune homme tapageur, viveur et buveur, un parfait épicurien, s'éprendre à la fin des yeux purs d'une jeune fille. On a vu de grands débauchés jeter tout d'un coup tout leur luxe par la fenêtre et chercher dans l'ascétisme et le dénuement d'amères voluptés inconnues. Cela serait beau, quoique assez commun. Mais cela dépasserait les forces vertueuses du public de M. Augier. Je crois qu'il a voulu prouver qu'à la fin il faut toujours *se ranger*, et que la vertu est bien heureuse d'accepter les restes de la débauche.

Ecoutons Gabrielle, la vertueuse Gabrielle, supputer avec son vertueux mari combien il leur faut de temps de vertueuse avarice, en supposant les intérêts ajoutés au capital et portant intérêt, pour jouir de dix ou vingt mille livres de rente. Cinq ans, dix ans, peu importe, je ne me rappelle pas *les chiffres du poète*. Alors, disent les deux honnêtes époux :

NOUS POURRONS NOUS DONNER LE LUXE D'UN GARÇON !

Par les cornes de tous les diables de l'impureté ! par l'âme de Tibère et du marquis de Sade ! que feront-ils donc pendant tout ce temps-là ? Faut-il salir ma plume avec les noms de tous les vices auxquels ils seront obligés de s'adonner pour accomplir leur vertueux programme ? Ou bien le poète espère-t-il persuader à ce gros public de petites gens que les deux époux vivront dans une chasteté parfaite ? Voudrait-il par hasard les induire à prendre des leçons des Chinois économes et de M. Malthus ?

Non, il est impossible d'écrire *consciencieusement* un vers gros de pareilles turpitudes. Seulement, M. Augier s'est trompé, et son erreur contient sa punition. Il a parlé le langage du comptoir, le langage des gens du monde, croyant parler celui de la vertu. On me dit que parmi les écrivains de cette école il y a des morceaux heureux, de bons vers et même de la verve. Parbleu ! où donc serait l'excuse de l'engouement s'il n'y avait là aucune valeur ?

Mais la réaction l'emporte, la réaction bête et furieuse. L'éclatante préface de *Mademoiselle de Maupin* insultait la sotte hypocrisie bourgeoise, et l'impertinente béatitude de l'école du *bon sens* se venge des violences romantiques. Hélas, oui ! il y a là une vengeance. *Kean ou Désordre et Génie* semblait vouloir persuader qu'il y a toujours un rapport nécessaire entre ces deux termes, et *Gabrielle*, pour se venger, traite son époux de poète !

O poète ! je t'aime.

Un notaire ! La voyez-vous, cette *honnête* bourgeoise, roucoulant amoureusement sur l'épaule de son homme et lui faisant des yeux alanguis comme dans les romans qu'elle a lus ! Voyez-vous tous les notaires de la salle acclamant l'auteur qui traite avec eux de pair à compagnon, et qui les venge de tous ces gredins qui ont des dettes et qui croient que le métier de poète consiste à exprimer les mouvements lyriques de l'âme dans un rythme réglé par la tradition ! Telle est la clef de beaucoup de succès.

On avait commencé par dire : *la poésie du cœur !* Ainsi la langue française périclite, et les mauvaises passions littéraires en détruisent l'exactitude.

Il est bon de remarquer en passant le parallélisme de la sottise, et que les mêmes excentricités de langage se retrouvent dans les écoles extrêmes. Ainsi il y a une cohue de poètes abrutis par la volupté païenne, et qui emploient sans cesse les mots de *saint*, *sainte*, *extase*, *prière*, etc., pour qualifier des choses et des êtres qui n'ont rien de saint ni d'extatique, bien au contraire, poussant ainsi l'adoration de la femme jusqu'à l'impiété la plus dégoûtante. L'un d'eux, dans un accès d'érotisme *saint*, a été jusqu'à s'écrier : ô ma belle catholique ! Autant salir d'excréments un autel. Tout cela est d'autant plus ridicule, que généralement les maîtresses des poètes sont d'assez vilaines gaupes, dont les moins mauvaises sont celles qui font la soupe et ne payent pas un autre amant.

A côté de l'école du *bon sens* et de ses types de bourgeois corrects et vaniteux, a grandi et pullulé tout un peuple malsain de grisettes sentimentales, qui, elles aussi, mêlent Dieu à leurs affaires, de Lisettes qui se font tout pardonner par *la gaieté française*, de filles publiques qui ont gardé je ne sais où une pureté angélique, etc. Autre genre d'hypocrisie.

On pourrait appeler maintenant l'*école du bon sens*, *l'école de la vengeance*. Qu'est-ce qui a fait le succès de *Jérôme Paturot*, cette odieuse descente de Courtille, où les poètes et les savants sont criblés de boue et de farine par de prosaïques polissons ? Le paisible Pierre Leroux, dont les nombreux ouvrages sont comme un dictionnaire des croyances humaines, a écrit des pages sublimes et touchantes que l'auteur de *Jérôme Paturot* n'a peut-être pas lues. Proudhon est un écrivain que l'Europe nous enviera toujours. Victor Hugo a bien fait quelques belles strophes, et je ne vois pas que le savant M. Viollet-le-Duc soit un architecte ridicule. La vengeance ! la vengeance ! Il faut que le petit public se soulage. Ces ouvrages-là sont des caresses serviles adressées à des passions d'esclaves en colère.

Il y a des mots, grands et terribles, qui traversent incessamment la polémique littéraire : l'art, le beau, l'utile, la morale. Il se fait une grande mêlée ; et, par manque de sagesse philosophique, chacun prend pour soi la moitié du drapeau, affirmant que l'autre n'a aucune valeur. Certainement, ce n'est pas dans un article aussi court que j'afficherai des prétentions philosophiques, et je ne veux pas fatiguer les gens par des tentatives de démonstrations esthétiques absolues. Je vais au plus pressé, et je parle le langage des bonnes gens. Il est douloureux de noter que nous trouvons des erreurs semblables dans deux écoles opposées : l'école bourgeoise et l'école socialiste. Moralisons ! moralisons ! s'écrient toutes les deux avec une fièvre de missionnaires. Naturellement l'une prêche la morale bourgeoise et l'autre la morale socialiste. Dès lors l'art n'est plus qu'une question de propagande.

L'art est-il utile ? Oui. Pourquoi ? Parce qu'il est l'art. Y a-t-il un art pernicieux ? Oui. C'est celui qui dérange les conditions de la vie. Le vice est séduisant, il faut le peindre séduisant ; mais il traîne avec lui des maladies et des douleurs morales singulières ; il faut les décrire. Etudiez toutes les plaies comme un médecin qui fait son service dans un hôpital, et l'école du bon sens, l'école exclusivement morale, ne trouvera plus où mordre. Le crime est-il toujours châtié, la vertu gratifiée ? Non ; mais cependant, si votre roman, si votre drame est bien fait, il ne prendra envie à personne de violer les lois de la nature. La première condition nécessaire pour faire un art sain est la croyance à l'unité intégrale. Je défie qu'on me trouve un seul ouvrage d'imagination qui réunisse toutes les conditions du beau et qui soit un ouvrage pernicieux.

Un jeune écrivain qui a écrit de bonnes choses, mais qui fut emporté ce jour-là par le sophisme socialistique, se plaçant à un point de vue borné, attaqua Balzac dans la *Semaine*, à l'endroit de la moralité. Balzac, que les amères récriminations des hypocrites faisaient beaucoup souffrir, et qui attribuait une grande importance à cette question, saisit l'occasion de se disculper aux yeux de vingt mille lecteurs. Je ne veux pas refaire ses deux articles ; ils sont merveilleux par la clarté et la bonne foi. Il traita la question à fond. Il commença par refaire avec une bonhomie naïve et comique le compte de ses personnages vertueux et de ses personnages criminels. L'avantage restait encore à la vertu, malgré la perversité de la société, *que je n'ai pas faite*, disait-il. Puis il montra qu'il est peu de grands coquins dont la vilaine âme n'ait un envers consolant. Après avoir énuméré tous les châtiments qui suivent incessamment les violateurs de la loi morale et les enveloppent déjà comme un enfer terrestre, il adresse aux cœurs défaillants et faciles à fasciner cette apostrophe qui ne manque ni de sinistre ni de comique : « Malheur à vous, messieurs, si le sort des Lousteau et des Lucien vous inspire de l'envie ! »

En effet, il faut peindre les vices tels qu'ils sont, ou ne pas les voir. Et si le lecteur ne porte pas en lui un guide philosophique et religieux qui l'accompagne dans la lecture du livre, tant pis pour lui.

J'ai un ami qui m'a plusieurs années tympanisé les oreilles de Berquin. Voilà un écrivain. Berquin ! un auteur charmant, bon, consolant, faisant le bien, un grand écrivain ! Ayant eu, enfant, le bonheur ou le malheur de ne lire que de gros livres d'homme, je ne le connaissais pas. Un jour que j'avais le cerveau embarbouillé de ce problème à la mode : la morale dans l'art, la providence des écrivains me mit sous la main un volume de Berquin. Tout d'abord je vis que les enfants y parlaient comme de grandes personnes, comme des livres, et qu'ils moralisaient leurs parents. Voilà un art faux, me dis-je. Mais voilà qu'en poursuivant je m'aperçus que la sagesse y était incessamment abreuvée de sucreries, la méchanceté invariablement ridiculisée par le châtiment. Si vous êtes sage, vous aurez du *nanan*, telle est la base de cette morale. La vertu est la condition SINE QUA NON du succès. C'est à douter si Berquin était chrétien. Voilà, pour le coup, me dis-je, un art pernicieux. Car l'élève de Berquin, entrant dans le monde, fera bien vite la réciproque : le succès est la condition SINE QUA NON de la vertu. D'ailleurs, l'étiquette du crime heureux le trompera, et, les préceptes du maître aidant, il ira s'installer à l'auberge du vice, croyant loger à l'enseigne de la morale.

Eh bien ! Berquin, M. de Montyon, M. Emile Augier et tant d'autres personnes honorables, c'est tout un. Ils assassinent la vertu, comme M. Léon Faucher vient de blesser à mort la littérature avec son décret satanique en faveur des pièces honnêtes.

Les prix portent malheur. Prix académiques, prix de vertu, décorations, toutes ces inventions du diable encouragent l'hypocrisie et glacent les élans spontanés d'un cœur libre. Quand je vois un homme demander la croix, il me semble que je l'entends dire au souverain : J'ai fait mon devoir, c'est vrai ; mais si vous ne le dites pas à tout le monde, je jure de ne pas recommencer.

Qui empêche deux coquins de s'associer pour gagner le prix Montyon ? L'un simulera la misère, l'autre la charité. Il y a dans un prix officiel quelque chose qui blesse l'homme et l'humanité, et offusque la pudeur de la vertu. Pour mon compte, je ne voudrais pas faire mon ami d'un homme qui aurait eu un prix de vertu : je craindrais de trouver en lui un tyran implacable.

Quant aux écrivains, leur prix est dans l'estime de leurs égaux et dans la caisse des libraires.

De quoi diable se mêle M. le ministre? Veut-il créer l'hypocrisie pour avoir le plaisir de la récompenser? Maintenant le boulevard va devenir un prêche perpétuel. Quand un auteur aura quelques termes de loyer à payer, il fera une pièce honnête; s'il a beaucoup de dettes, une pièce angélique. Belle institution!

Je reviendrai plus tard sur cette question, et je parlerai des tentatives qu'ont faites pour rajeunir le théâtre deux grands esprits français, Balzac et Diderot.

XI

L'ÉCOLE PAÏENNE

(*La Semaine théâtrale*, 22 janvier 1852.)

Il s'est passé dans l'année qui vient de s'écouler un fait considérable. Je ne dis pas qu'il soit le plus important, mais il est l'un des plus importants, ou plutôt l'un des plus symptomatiques.

Dans un banquet commémoratif de la révolution de Février, un toast a été porté au dieu Pan, oui, au dieu Pan, par un de ces jeunes gens qu'on peut qualifier d'instruits et d'intelligents.

— Mais, lui disais-je, qu'est-ce que le dieu Pan a de commun avec la révolution ?

— Comment donc ? répondit-il ; mais c'est le dieu Pan qui fait la révolution. Il est la révolution.

— D'ailleurs, n'est-il pas mort depuis longtemps ? Je croyais qu'on avait entendu planer une grande voix au-dessus de la Méditerranée, et que cette voix mystérieuse, qui roulait depuis les colonnes d'Hercule jusqu'aux rivages asiatiques, avait dit au vieux monde : LE DIEU PAN EST MORT !

— C'est un bruit qu'on fait courir. Ce sont de mauvaises langues ; mais il n'en est rien. Non, le dieu Pan n'est pas mort ! le dieu Pan vit encore, reprit-il en levant les yeux au ciel avec un attendrissement fort bizarre... Il va revenir.

Il parlait du dieu Pan comme du prisonnier de Sainte-Hélène.

— Eh quoi, lui dis-je, seriez-vous donc païen ?

— Mais oui, sans doute ; ignorez-vous donc que le

Paganisme bien compris, bien entendu, peut seul sauver le monde ? Il faut revenir aux vraies doctrines, obscurcies *un instant* par l'infâme Galiléen. D'ailleurs, Junon m'a jeté un regard favorable, un regard qui m'a pénétré jusqu'à l'âme. J'étais triste et mélancolique au milieu de la foule, regardant le cortège et implorant avec des yeux amoureux cette belle divinité, quand un de ses regards, bienveillant et profond, est venu me relever et m'encourager.

— Junon vous a jeté un de ses regards de vache, *Bôôpis Eré*. Le malheureux est peut-être fou.

— Mais ne voyez-vous pas, dit une troisième personne, qu'il s'agit de la cérémonie du bœuf gras. Il regardait toutes ces femmes roses avec des yeux *païens*, et Ernestine, qui est engagée à l'Hippodrome et qui jouait le rôle de Junon, lui a fait un œil plein de souvenirs, un véritable œil de *vache*.

— Ernestine tant que vous voudrez, dit le païen mécontent. Vous cherchez à me désillusionner. Mais l'effet moral n'en a pas moins été produit, et je regarde ce coup d'œil comme un bon présage.

Il me semble que cet excès de paganisme est le fait d'un homme qui a trop lu et mal lu Henri Heine et sa littérature pourrie de sentimentalisme matérialiste.

Et puisque j'ai prononcé le nom de ce coupable célèbre, autant vous raconter tout de suite un trait de lui qui me met hors de moi chaque fois que j'y pense. Henri Heine raconte dans un de ses livres que, se promenant au milieu de montagnes sauvages, au bord de précipices terribles, au sein d'un chaos de glaces et de neiges, il fait la rencontre d'un de ces religieux qui, accompagnés d'un chien, vont à la découverte des voyageurs perdus et agonisants. Quelques instants auparavant, l'auteur venait de se livrer aux élans solitaires de sa haine voltairienne contre les calotins. Il regarde quelque temps l'homme-humanité qui poursuit sa sainte besogne; un combat se livre dans son âme orgueilleuse, et enfin, après une douloureuse hésitation, il se résigne et prend une belle résolution : *Eh bien non ! je n'écrirai pas contre cet homme !*

Quelle générosité! Les pieds dans de bonnes pantoufles, au coin d'un bon feu, entouré des adulations d'une société voluptueuse, monsieur l'homme célèbre fait le serment de ne pas diffamer un pauvre diable de religieux qui ignorera toujours son nom et ses blasphèmes, et le sauvera lui-même, le cas échéant!

Non, jamais Voltaire n'eût écrit une pareille turpitude.

Voltaire avait trop de *goût;* d'ailleurs, il était encore homme d'action, et il aimait les hommes.

Revenons à l'Olympe. Depuis quelque temps, j'ai tout l'Olympe à mes trousses, et j'en souffre beaucoup; je reçois des dieux sur la tête comme on reçoit des cheminées. Il me semble que je fais un mauvais rêve, que je roule à travers le vide et qu'une foule d'idoles de bois, de fer, d'or et d'argent, tombent avec moi, me poursuivent dans ma chute, me cognent et me brisent la tête et les reins.

Impossible de faire un pas, de prononcer un mot, sans buter contre un fait païen.

Exprimez-vous la crainte, la tristesse de voir l'espèce humaine s'amoindrir, la santé publique dégénérer par une mauvaise hygiène, il y aura à côté de vous un poète pour répondre : « Comment voulez-vous que les femmes fassent de beaux enfants dans un pays où elles adorent un vilain pendu ! » — Le joli *fanatisme !*

La ville est sens dessus dessous. Les boutiques se ferment. Les femmes font à la hâte leurs provisions, les rues se dépavent, tous les cœurs sont serrés par l'angoisse d'un grand événement. Le pavé sera prochainement inondé de sang. — Vous rencontrez un animal plein de béatitude ; il a sous le bras des bouquins étranges et hiéroglyphiques. — Et vous, lui dites-vous, quel parti prenez-vous ? — Mon cher, répond-il d'une voix douce, je viens de découvrir de nouveaux renseignements très curieux sur le mariage d'Isis et d'Osiris. — Que le diable vous emporte ! Qu'Isis et Osiris fassent beaucoup d'enfants et qu'ils nous f...... la paix !

Cette folie, innocente en apparence, va souvent très loin. Il y a quelques années, Daumier fit un ouvrage remarquable, l'*Histoire ancienne,* qui était pour ainsi dire la meilleure paraphrase du mot célèbre : *Qui nous délivrera des Grecs et des Romains ?* Daumier s'est abattu brutalement sur l'antiquité et la mythologie, et a craché dessus. Et le bouillant Achille, et le prudent Ulysse, et la sage Pénélope, et Télémaque, ce grand dadais, et la belle Hélène, qui perdit Troie, et la brûlante Sapho, cette patronne des hystériques, et tous enfin nous apparurent dans une laideur bouffonne qui rappelait ces vieilles carcasses d'acteurs classiques qui prennent une prise de tabac dans les coulisses. Eh bien ! j'ai vu un écrivain de talent pleurer devant ces estampes, devant ce *blasphème* amusant et utile. Il était indigné, il appelait cela une impiété. Le malheureux avait encore besoin d'une religion.

Bien des gens ont encouragé de leur argent et de leurs applaudissements cette déplorable manie, qui tend à faire de l'homme un être inerte et de l'écrivain un mangeur d'opium.

Au point de vue purement littéraire, ce n'est pas autre chose qu'un pastiche inutile et dégoûtant. S'est-on assez moqué des rapins *naïfs* qui s'évertuaient à copier le *Cimabuë ;* des écrivains à dague, à pourpoint et à lame de Tolède ? Et vous, malheureux néo-païens, que faites-vous, si ce n'est la même besogne ? Pastiche, pastiche ! Vous avez sans doute perdu votre âme quelque part, dans quelque mauvais endroit, pour que vous couriez ainsi à travers le passé comme des corps vides pour en ramasser une de rencontre dans les détritus anciens ? Qu'attendez-vous du ciel ou de la sottise du public ? Une fortune suffisante pour élever dans vos mansardes des autels à Priape et à Bacchus ? Les plus logiques d'entre vous seront les plus cyniques. Ils en élèveront au dieu Crepitus.

Est-ce le dieu Crepitus qui vous fera de la tisane le lendemain de vos stupides cérémonies ? Est-ce Vénus Aphrodite ou Vénus Mercenaire qui soulagera les maux qu'elle vous aura causés ? Toutes ces statues de marbre seront-elles des femmes dévouées au jour de l'agonie, au jour du remords, au jour de l'impuissance ? Buvez-vous des bouillons d'ambroisie ? mangez-vous des côtelettes de Paros ? Combien prête-t-on sur une lyre au Mont-de-Piété ?

Congédier la passion et la raison, c'est tuer la littérature. Renier les efforts de la société précédente, chrétienne et philosophique, c'est se suicider, c'est refuser la force et les moyens de perfectionnement. S'environner exclusivement des séductions de l'art physique, c'est créer des grandes chances de perdition. Pendant longtemps, bien longtemps, vous ne pourrez voir, aimer, sentir que le beau, rien que le beau. Je prends le mot dans un sens restreint. Le monde ne vous apparaîtra que sous sa forme matérielle. Les ressorts qui le font se mouvoir resteront longtemps cachés.

Puissent la religion et la philosophie venir un jour, comme forcées par le cri d'un désespéré ! Telle sera toujours la destinée des insensés qui ne voient dans la nature que des rythmes et des formes. Encore la philosophie ne leur apparaîtra-t-elle d'abord que comme un jeu intéressant, une gymnastique agréable, une escrime dans le vide. Mais combien ils seront châtiés ! Tout enfant dont l'esprit poétique sera surexcité, dont le spectacle excitant de mœurs actives et laborieuses ne frappera pas incessamment les yeux, qui entendra sans cesse parler de gloire et de volupté, dont les sens seront journellement caressés, irrités, effrayés, allumés et satisfaits par des objets d'art, deviendra le plus malheureux des hommes et rendra les autres malheureux. A douze ans il retroussera les jupes de sa nourrice, et si la puissance dans le crime ou dans l'art ne l'élève pas au-dessus des fortunes vulgaires, à trente ans il crèvera à l'hôpital. Son âme, sans cesse irritée et inassouvie, s'en va à travers le monde, le monde occupé et laborieux; elle s'en va, dis-je, comme une prostituée, criant : Plastique! plastique! La plastique, cet affreux mot me donne la chair de poule, la plastique l'a empoisonné, et cependant il ne peut vivre que par ce poison. Il a banni la raison de son cœur, et, par un juste châtiment, la raison refuse de rentrer en lui. Tout ce qui peut lui arriver de plus heureux, c'est que la nature le frappe d'un effrayant rappel à l'ordre. En effet, telle est la loi de la vie, que, qui refuse les jouissances pures de l'activité honnête, ne peut sentir que les jouissances terribles du vice. Le péché contient son enfer, et la nature dit de temps en temps à la douleur et à la misère : Allez vaincre ces rebelles!

L'utile, le vrai, le bon, le vraiment aimable, toutes ces choses lui seront inconnues. Infatué de son rêve fatigant, il voudra en infatuer et en fatiguer les autres. Il ne pensera pas à sa mère, à sa nourrice; il déchirera ses amis, ou ne les aimera *que pour leur forme ;* sa femme, s'il en a une, il la méprisera et l'avilira.

Le goût immodéré de la forme pousse à des désordres monstrueux et inconnus. Absorbés par la passion féroce du beau, du drôle, du joli, du pittoresque, car il y a des degrés, les notions du juste et du vrai disparaissent. La passion frénétique de l'art est un chancre qui dévore le reste; et, comme l'absence nette du juste et du vrai dans l'art équivaut à l'absence d'art, l'homme entier s'évanouit; la spécialisation excessive d'une faculté aboutit au néant. Je comprends les fureurs des iconoclastes et des musulmans contre les images. J'admets tous les remords de saint Augustin sur le trop grand plaisir des yeux. Le danger est si grand que j'excuse la suppression de l'objet. La folie de l'art est égale à l'abus de l'esprit. La création d'une de ces deux suprématies engendre la sottise, la dureté du cœur et une immensité d'orgueil et d'égoïsme. Je me rappelle avoir entendu dire à un artiste farceur qui avait reçu une pièce de monnaie fausse : Je la garde pour un pauvre. Le misérable prenait un infernal plaisir à voler le pauvre et à jouir en même temps des bénéfices d'une réputation de charité. J'ai entendu dire à un autre : Pourquoi donc les pauvres ne mettent-ils pas des gants pour mendier ? Ils feraient fortune. Et à un autre : Ne donnez pas à celui-là : il est mal drapé ; ses guenilles ne lui vont pas bien.

Qu'on ne prenne pas ces choses pour des puérilités. Ce que la bouche s'accoutume à dire, le cœur s'accoutume à le croire.

Je connais un bon nombre d'hommes de bonne foi qui sont, comme moi, las, attristés, navrés et brisés par cette comédie dangereuse.

Il faut que la littérature aille retremper ses forces dans une atmosphère meilleure. Le temps n'est pas loin où l'on comprendra que toute littérature qui se refuse à marcher fraternellement entre la science et la philosophie est une littérature homicide et suicide.

XII

DE QUELQUES PRÉJUGÉS CONTEMPORAINS

(Posthume : publié dans *Le Manuscrit autographe*, Blaizot, 1927, numéro spécial sur Baudelaire.)

Qu'est-ce qu'un préjugé ?
Une mode de penser.
De M. de Béranger — poète et patriote.
De la Patrie au dix-neuvième siècle.
De M. de Lamartine — auteur religieux.
De la Religion au dix-neuvième siècle.
De la Religion aimable — M. Lacordaire.
De M. Victor Hugo — Romantique et Penseur.
De Dieu au dix-neuvième siècle.
De quelques idées fausses de la Renaissance Romantique.
Des filles publiques et de la Philanthropie.
(Des réhabilitations en général.)
De Jean-Jacques — auteur sentimental et infâme.
Des fausses Aurores.
Epilogue aux Consolations.

XIII

LE HIBOU PHILOSOPHE

(Posthume : publié dans *Le Figaro*, 30 août 1880.)

Que le titre soit placé haut, que le papier ait l'air bien rempli.

— Que tous les caractères employés, genres, sous-genres, espèces, soient de la même famille. Unité typographique. Que les annonces soient serrées, bien alignées et d'un caractère uniforme.

— Que le format soit moins carré que celui de la *Semaine théâtrale*.

— Je ne suis pas très partisan de l'habitude d'imprimer certains articles avec un caractère plus fin que les autres.

— Je n'ai pas d'idée sur la convenance de diviser la page en trois colonnes au lieu de la diviser en deux.

— Articles à faire : Appréciation générale des ouvrages de *Th. Gautier*, de *Sainte-Beuve*. — Appréciation de la direction et des tendances de la *Revue des Deux Mondes*. — *Balzac, auteur dramatique*. — *La Vie des coulisses*. — *L'Esprit d'atelier*. — *Gustave Planche*, éreintage radical, nullité et cruauté de l'impuissance, style d'imbécile et de magistrat. — *Jules Janin :* éreintage absolu; ni savoir, ni style, ni bons sentiments. — *Alexandre Dumas :* à confier à Monselet; nature de farceur : relever tous les démentis donnés par lui à l'histoire et à la nature; style de *boniment*. — *Eugène Sue :* talent bête et contrefait. — *Paul Féval :* idiot.

— Ouvrages desquels on peut faire une appréciation : Le dernier volume des *Causeries du Lundi*. Poésies d'*Houssaye* et de *Brizeux*. *Lettres et Mélanges* de Joseph de

Maistre. *Le Mariage de Victorine. La Religieuse de Toulouse* : A TUER. La traduction d'Emerson.

Liste des libraires avec lesquels il faut nous mettre en relation : *Furne, Houssiaux, Blanchard (Hetzel), Lecou, Michel Lévy, Giraud et Dagneau, Amyot, Charpentier, Baudry, Didier, Sandré, Hachette, Garnier, Gaume, Cadot, Souverain, Pottier,* etc.

Faire des comptes rendus des faits *artistiques*. Examiner si l'absence de cautionnement et la tyrannie actuelle nous permet de discuter, à propos de l'*art et de la librairie,* les actes de l'administration.

— Examiner si l'absence de cautionnement ne nous interdit pas de rendre compte des ouvrages d'histoire et de religion. Eviter toutes tendances, allusions visiblement socialistiques, et visiblement courtisanesques.

— Nous surveiller et nous conseiller les uns les autres avec une entière franchise.

Dresser à nous cinq la liste des personnes importantes, hommes de lettres, directeurs de revues et de journaux, amis pouvant faire de la propagande, cabinets de lecture, cercles, restaurants et cafés, libraires auxquels il faudra envoyer *le Hibou philosophe*.

— Dresser chacun la liste de chacun de nos amis que nous pouvons sommer de s'abonner.

Faire les articles sur quelques auteurs anciens, ceux qui, ayant devancé leur siècle, peuvent donner des leçons pour la régénération de la littérature actuelle. Exemple : Mercier, Bernardin de Saint-Pierre, etc.

— Faire un article sur *Florian* (Monselet);
  sur *Sedaine* (Monselet ou Champfleury);
  sur Ourliac (Champfleury);

— Faire à nous cinq un grand article : *la Vente aux enchères des vieux mots* de *l'Ecole classique,* de *l'Ecole classique galante,* de *l'Ecole romantique naissante,* de *l'Ecole satanique,* de *l'Ecole lame de Tolède,* de *l'Ecole olympienne* (V. Hugo), de *l'Ecole plastique* (Th. Gautier), de *l'Ecole païenne* (Banville), de *l'Ecole poitrinaire,* de *l'Ecole du bon sens,* de *l'Ecole mélancolicofarceuse* (Alfred de Musset).

— Quant aux *nouvelles* que nous donnerons, qu'elles appartiennent à la littérature dite *fantastique,* ou qu'elles soient des études de mœurs, des scènes de la vie réelle, autant que possible en style dégagé, vrai et plein de sincérité.

Rédiger une circulaire pour les journaux de Province.

Voir ce qu'il y a à faire pour la propagande à l'Etranger.

Examiner la question de savoir s'il est convenable que *Le Hibou philosophe* rende compte des livres ou des ouvrages que nous publierons ailleurs.

Combien faut-il dépenser en affiches ?

Faire un état très exact des frais fixes et proportionnels.

S'il vient de l'argent, en faire deux parts, une pour augmenter la publicité, l'autre pour augmenter les salaires de la Rédaction.

Faut-il rédiger un acte de société entre nous ?

Je vous engage à écrire aussi vos idées.

XIV

PUISQUE RÉALISME IL Y A

(Posthume : publié par J. Crépet dans *Mesures*, 15 juillet 1938.)

Champfleury a voulu faire une farce au genre humain. — Avouez, enfant pervers, que vous jouissez de la confusion générale, et même de la fatigue que me cause cet article.

Histoire de la création du mot.

Première visite à Courbet. (Dans ce temps, Champfleury accordait aux arts une importance démesurée. Il a changé.)

Ce qu'était alors Courbet.

Analyse du *Courbet* et de ses œuvres.

Champfleury l'a intoxiqué. — Il rêvait un mot, un drapeau, une *blague*, un mot d'ordre, ou de passe, pour enfoncer le mot de ralliement : *Romantisme*. Il croyait qu'il faut toujours un de ces mots à l'influence magique, et dont le sens peut bien n'être pas déterminé.

Imposant *ce qu'il croit* son procédé (car il est myope quant à sa propre nature) à tous les esprits, il a lâché son pétard, son remue-ménage.

Quant à Courbet, il est devenu le Machiavel maladroit de ce *Borgia*, dans le sens historique de *Michelet*.

Courbet a théorisé sur une farce innocente avec une rigueur de conviction compromettante.

Assiettes à coq.

Gravures au clou.

Sujets familiers, villageois de Courbet et de Bonvin.

Le traducteur de Hebel.

Pierre Dupont.

Dessous [?] confusion dans l'esprit public.

Le canard lancé, il a fallu y croire.

Lui, le musicien de sentiment, tourner dans les carrefours la manivelle de son orgue.

Promener une exhibition peu solide qu'il fallait toujours étayer par de mauvais étançons philosophiques.

Là, est le châtiment.

Champfleury porte en lui son réalisme.

Prométhée a son vautour

(non pas pour avoir dérobé le feu du ciel, mais pour avoir supposé le feu où il n'est pas, et l'avoir voulu faire croire).

Dans l'affaire Courbet, Préault qui un jour peut-être... Colère et soubresauts alors beaux à voir.

Madame Sand, Castille (Champfleury en a eu peur).

Mais la badauderie est si grande.

Dès lors, Réalisme, villageois, grossier, et même rustre, malhonnête.

Champfleury, le poète *(les deux cabarets d'Auteuil, la lettre à Colombine, le bouquet du pauvre)* a un fond de farceur. Puisse-t-il le garder longtemps, puisqu'il en tire des jouissances, et peut-être cela fait-il partie de son talent. — Regard à la *Dickens*, la table de nuit de l'amour. Si les choses se tiennent devant lui dans une allure quelque peu fantastique, c'est à cause de la contraction de son œil un peu mystique. — Comme il étudie minutieusement, il croit saisir une réalité extérieure. Dès lors, *réalisme*, — il veut imposer ce qu'il croit son procédé.

Cependant, *if at all*, si Réalisme a un sens, — discussion sérieuse.

Tout bon poète fut toujours *réaliste*.

Equation entre l'impression et l'expression.

Sincérité.

Prendre Banville pour exemple.

Les mauvais poètes sont ceux qui...

Poncifs.

Ponsard.

D'ailleurs, en somme, Champfleury était excusable; exaspéré par la sottise, le poncif et le bon sens, il cherchait un signe de ralliement pour les amateurs de la vérité.

Mais tout cela a mal tourné. D'ailleurs tout créateur de parti se trouve par nécessité naturelle en mauvaise compagnie.

Les erreurs, les méprises les plus drôles ont eu lieu. Moi-même, on m'a dit qu'on m'avait fait l'honneur... bien que je me sois toujours appliqué à le démériter.

Je serais d'ailleurs, j'en avertis le parti, — un triste cadeau. Je manque totalement de conviction, d'obéissance et de bêtise.

Pour *nous*, blague. — Champfleury, hiérophante. Mais la foule.

La Poésie est ce qu'il y a de plus réel, c'est ce qui n'est complètement vrai que dans *un autre monde*.

Ce monde-ci, dictionnaire hiéroglyphique.

De tout cela, il ne restera rien qu'une grande fatigue pour le sorcier, le Vaucanson tourmenté par son automate, l'infortuné Champfleury, victime de son *cant*, de sa pose diplomatique, et un bon nombre de dupes, dont les erreurs rapides et multipliées n'intéressent pas plus l'histoire littéraire que la foule n'intéresse la postérité.

(Analyse de la Nature, du talent de Courbet, et de la morale.)

Courbet sauvant le monde.

III. — EDGAR POE

(1848-1864)

XV

EDGAR POE :
RÉVÉLATION MAGNÉTIQUE

(INTRODUCTION)

(*La Liberté de penser*, 15 juillet 1848.)

On a beaucoup parlé dans ces derniers temps d'Edgar Poe. Le fait est qu'il le mérite. Avec un volume de nouvelles, cette réputation a traversé les mers. Il a étonné, surtout étonné, plutôt qu'ému et enthousiasmé. Il en est généralement de même de tous les romanciers qui ne marchent qu'appuyés sur une méthode créée par eux-mêmes, et qui est la conséquence même de leur tempérament. Je ne crois pas qu'il soit possible de trouver un romancier fort qui n'ait pas opéré la création de sa méthode, ou plutôt dont la sensibilité primitive ne soit pas réfléchie et transformée en un art certain. Aussi les romanciers forts sont-ils plus ou moins philosophes : Diderot, Laclos, Hoffmann, Gœthe, Jean Paul, Maturin, Honoré de Balzac, Edgar Poe. Remarquez que j'en prends de toutes les couleurs et des plus contrastées. Cela est vrai de tous, même de Diderot, le plus hasardeux et le plus aventureux, qui s'appliqua, pour ainsi dire, à noter et à régler l'inspiration ; qui accepta d'abord, et puis, de parti pris, utilisa sa nature enthousiaste, sanguine et tapageuse. Voyez Sterne, le phénomène est bien autrement évident, et aussi bien autrement méritant. Cet homme a fait sa méthode. Tous ces gens, avec une volonté et une bonne foi infatigable, décalquent la nature, la pure nature. — Laquelle ? — La leur. Aussi sont-ils généralement bien plus étonnants et originaux que les simples imaginatifs qui sont tout à fait indoués d'esprit philosophique, et qui entassent et alignent les événements sans les classer et sans en expliquer le sens mystérieux. J'ai dit qu'ils étaient étonnants. Je dis plus : c'est qu'ils visent généralement à l'étonnant. Dans les œuvres de plusieurs d'entre eux, on voit la préoccupation d'un perpétuel surnaturalisme. Cela tient, comme je l'ai dit, à cet esprit primitif de *chercherie*, qu'on me pardonne le barbarisme, à cet esprit inquisitorial, esprit de juge d'instruction, qui a peut-être des racines dans les plus lointaines impressions de l'enfance. D'autres, naturalistes enragés, examinent l'âme à la loupe, comme les médecins le corps, et tuent leurs yeux à trouver le ressort. D'autres, d'un genre mixte, cherchent à fondre ces deux systèmes dans une mystérieuse unité. Unité de l'animal, unité de fluide, unité de la matière première, toutes ces théories récentes sont quelquefois tombées par un accident singulier dans la tête de poètes, en même temps que dans les têtes savantes. Ainsi, pour en finir, il vient toujours un moment où les romanciers de l'espèce de ceux dont je parlais deviennent pour ainsi dire jaloux des philosophes, et ils donnent alors, eux aussi, leur système de constitution naturelle, quelquefois même avec une certaine immodestie qui a son charme et sa naïveté. On connaît Séraphitus, Louis Lambert, et une foule de passages d'autres livres, où Balzac, ce grand esprit dévoré du légitime orgueil encyclopédique, a essayé de fondre en un système unitaire et définitif différentes idées tirées de Swedenborg, Mesmer, Marat, Gœthe et Geoffroy Saint-Hilaire. L'idée de l'unité a aussi poursuivi Edgar Poe, et il n'a point dépensé moins d'efforts que Balzac dans ce rêve caressé. Il est certain que ces esprits spécialement littéraires font, quand ils s'y mettent, de singulières chevauchées à travers la philosophie. Ils font des trouées soudaines, et ont de brusques échappées par des chemins qui sont bien à eux.

Pour me résumer, je dirai donc que les trois caractères des romanciers *curieux* sont : 1º une méthode *privée* ; 2º l'*étonnant;* 3º la manie philosophique, trois caractères qui constituent d'ailleurs leur supériorité. Le morceau d'Edgar Poe qu'on va lire est d'un raisonnement excessivement ténu parfois, d'autres fois obscur et de temps en temps singulièrement audacieux. Il faut en prendre son parti, et digérer la chose telle qu'elle est. Il faut surtout bien s'attacher à suivre le texte littéral. Certaines choses seraient devenues bien autrement obscures, si j'avais voulu paraphraser mon auteur, au lieu de me tenir servilement attaché à la lettre. J'ai préféré faire du français pénible et parfois baroque, et donner dans toute sa vérité la technie philosophique d'Edgar Poe.

Il va sans dire que *La Liberté de penser* ne se déclare nullement complice des idées du romancier américain, et qu'elle a cru simplement plaire à ses lecteurs en leur offrant cette haute curiosité scientifique.

XVI

EDGAR ALLAN POE,
SA VIE ET SES OUVRAGES

(*Revue de Paris*, mars-avril 1852.)

I

Il y a des destinées fatales; il existe dans la littérature de chaque pays des hommes qui portent le mot *guignon* écrit en caractères mystérieux dans les plis sinueux de leurs fronts. Il y a quelque temps, on amenait devant les tribunaux un malheureux qui avait sur le front un tatouage singulier : *pas de chance*. Il portait ainsi partout avec lui l'étiquette de sa vie, comme un livre son titre, et l'interrogatoire prouva que son existence s'était conformée à son écriteau. Dans l'histoire littéraire, il y a des fortunes analogues. On dirait que l'Ange aveugle de l'expiation s'est emparé de certains hommes, et les fouette à tour de bras pour l'édification des autres. Cependant, vous parcourez attentivement leur vie, et vous leur trouvez des talents, des vertus, de la grâce. La société les frappe d'un anathème spécial, et argue contre eux des vices de caractère que sa persécution leur a donnés. Que ne fit pas Hoffmann pour désarmer la destinée ? Que n'entreprit pas Balzac pour conjurer la fortune ? Hoffmann fut obligé de se faire brûler l'épine dorsale au moment tant désiré où il commençait à être à l'abri du besoin, où les libraires se disputaient ses contes, où il possédait enfin cette chère bibliothèque tant rêvée. Balzac avait trois rêves : une grande édition bien ordonnée de ses œuvres, l'acquittement de ses dettes, et un mariage depuis longtemps choyé et caressé au fond de son esprit ; grâce à des travaux dont la somme effraye l'imagination des plus ambitieux et des plus laborieux, l'édition se fait, les dettes se payent, le mariage s'accomplit. Balzac est heureux sans doute. Mais la destinée malicieuse, qui lui avait permis de mettre un pied dans sa terre promise, l'en arracha violemment tout d'abord. Balzac eut une agonie horrible et digne de ses forces.

Y a-t-il donc une Providence diabolique qui prépare le malheur dès le berceau ? Tel homme, dont le talent sombre et désolé vous fait peur, a été jeté avec *préméditation* dans un milieu qui lui était hostile. Une âme tendre et délicate, un Vauvenargues, pousse lentement ses feuilles maladives dans l'atmosphère grossière d'une garnison. Un esprit amoureux d'air et épris de la libre nature, se débat longtemps derrière les parois étouffantes d'un séminaire. Ce talent bouffon, ironique et ultra-grotesque, dont le rire ressemble quelquefois à un hoquet ou à un sanglot, a été encagé dans de vastes bureaux à cartons verts, avec des hommes à lunettes d'or. Y a-t-il donc des âmes vouées à l'autel, *sacrées*, pour ainsi dire, et qui doivent marcher à la mort et à la gloire à travers un sacrifice permanent d'elles-mêmes ? Le cauchemar des *Ténèbres* enveloppera-t-il toujours ces âmes d'élite ? En vain elles se défendent, elles prennent toutes leurs précautions, elles perfectionnent la prudence. Bouchons toutes les issues, fermons la porte à double tour, calfeutrons les fenêtres. Oh ! nous avons oublié le trou de la serrure ; le Diable est déjà entré.

Leur chien même les mord et leur donne la rage.
Un ami jurera qu'ils ont trahi le roi.

Alfred de Vigny a écrit un livre pour démontrer que la place du poète n'est ni dans une république, ni dans une monarchie absolue, ni dans une monarchie constitutionnelle ; et personne ne lui a répondu.

C'est une bien lamentable tragédie que la vie d'Edgar Poe, et qui eut un dénouement dont l'horrible est augmenté par le trivial. Les divers documents que je viens de lire ont créé en moi cette persuasion que les Etats-Unis furent pour Poe une vaste cage, un grand établissement de comptabilité, et qu'il fit toute sa vie de sinistres efforts pour échapper à l'influence de cette atmosphère antipathique. Dans l'une de ces biographies il est dit que, si M. Poe avait voulu régulariser son génie et appliquer ses facultés créatrices d'une manière plus appropriée au sol américain, il aurait pu être un auteur à argent, *a making-money* * *author;* qu'après tout, les temps ne sont pas si durs pour l'homme de talent, qu'il trouve toujours de quoi vivre, pourvu qu'il ait de l'ordre et de l'économie, et qu'il use avec modération des biens matériels. Ailleurs, un critique affirme sans vergogne que, quelque beau que soit le génie de M. Poe, il eût mieux valu pour lui n'avoir que du talent, parce que le talent s'escompte plus facilement que le génie. Dans une note que nous verrons tout à l'heure, et qui fut écrite par un de ses amis, il est avoué qu'il était difficile d'employer M. Poe dans une revue, et qu'on était obligé de le payer moins que d'autres, parce qu'il écrivait dans un style trop au-dessus du vulgaire. Tout cela me rappelle l'odieux proverbe paternel : *make money, my son, honestly, if you can,* BUT MAKE MONEY. *Quelle odeur de magasin!* comme disait J. de Maistre, à propos de Locke.

Si vous causez avec un Américain, et si vous lui parlez de M. Poe, il vous avouera son génie; volontiers même, peut-être en sera-t-il fier, mais il finira par vous dire avec un ton supérieur : mais moi, je suis un homme positif; puis, avec un petit air sardonique, il vous parlera de ces grands esprits qui ne savent rien conserver; il vous parlera de la vie débraillée de M. Poe, de son haleine alcoolisée, qui aurait pris feu à la flamme d'une chandelle, de ses habitudes errantes; il vous dira que c'était un être *erratique*, une planète *désorbitée*, qu'il roulait sans cesse de New York à Philadelphie, de Boston à Baltimore, de Baltimore à Richmond. Et si, le cœur déjà ému à cette annonce d'une existence calamiteuse, vous lui faites observer que la Démocratie a bien ses inconvénients, que malgré son masque bienveillant de liberté, elle ne permet peut-être pas toujours l'expansion des individualités, qu'il est souvent bien difficile de penser et d'écrire dans un pays où il y a vingt, trente millions de souverains, que d'ailleurs *vous avez entendu dire* qu'aux Etats-Unis il existait une tyrannie bien plus cruelle et plus inexorable que celle d'un monarque, qui est celle de l'opinion, — alors, oh! alors, vous verrez ses yeux s'écarquiller et jeter des éclairs, la bave du patriotisme blessé lui monter aux lèvres, et l'Amérique, par sa bouche, lancera des injures à la métaphysique et à l'Europe, sa vieille mère. L'Américain est un être positif, vain de sa force industrielle, et un peu jaloux de l'ancien continent. Quant à avoir pitié d'un

---

* Baudelaire veut dire *money-making*.

poète que la douleur et l'isolement pouvaient rendre fou, il n'en a pas le temps. Il est si fier de sa jeune grandeur, il a une foi si naïve dans la toute-puissance de l'industrie, il est tellement convaincu qu'elle finira par manger le Diable, qu'il a une certaine pitié pour toutes ces rêvasseries. En avant, dit-il, en avant, et négligeons nos morts. Il passerait volontiers sur les âmes solitaires et libres, et les foulerait aux pieds avec autant d'insouciance que ses immenses lignes de fer les forêts abattues, et ses bateaux-monstres les débris d'un bateau incendié la veille. Il est si pressé d'arriver. Le temps et l'argent, tout est là.

Quelque temps avant que Balzac descendît dans le gouffre final en poussant les nobles plaintes d'un héros qui a encore de grandes choses à faire, Edgar Poe, qui a plus d'un rapport avec lui, tombait frappé d'une mort affreuse. La France a perdu un de ses plus grands génies, et l'Amérique un romancier, un critique, un philosophe qui n'était guère fait pour elle. Beaucoup de personnes ignorent ici la mort d'Edgar Poe, beaucoup d'autres ont cru que c'était un jeune gentleman riche, écrivant peu, produisant ses bizarres et terribles créations dans les loisirs les plus riants, et ne connaissant la vie littéraire que par de rares et éclatants succès. La réalité fut le contraire.

La famille de M. Poe était une des plus respectables de Baltimore. Son grand-père était *quarter master general* * dans la révolution, et Lafayette l'avait en haute estime et amitié. La dernière fois qu'il vint visiter ce pays, il pria sa veuve d'agréer les témoignages solennels de sa reconnaissance pour les services que lui avait rendus son mari. Son arrière-grand-père avait épousé une fille de l'amiral anglais Mac Bride, et par lui la famille Poe était alliée aux plus illustres maisons d'Angleterre. Le père d'Edgar reçut une éducation honorable. S'étant violemment épris d'une jeune et belle actrice, il s'enfuit avec elle et l'épousa. Pour mêler plus intimement sa destinée à la sienne, il voulut aussi monter sur le théâtre. Mais ils n'avaient ni l'un ni l'autre le génie du métier, et ils vivaient d'une manière fort triste et fort précaire. Encore la jeune dame s'en tirait par sa beauté, et le public charmé supportait son jeu médiocre. Dans une de leurs tournées, ils vinrent à Richmond, et c'est là que tous deux moururent, à quelques semaines de distance l'un de l'autre, tous deux de la même cause : la faim, le dénuement, la misère.

* Mélange des fonctions de chef d'état-major et d'intendant.

Ils abandonnaient ainsi au hasard, sans pain, sans abri, sans ami, un pauvre petit malheureux que, d'ailleurs, la nature avait doué d'une manière charmante. Un riche négociant de cette place, M. Allan, fut ému de pitié. Il s'enthousiasma de ce joli garçon, et, comme il n'avait pas d'enfants, il l'adopta. Edgar Poe fut ainsi élevé dans une belle aisance, et reçut une éducation complète. En 1816, il accompagna ses parents adoptifs dans un voyage qu'ils firent en Angleterre, en Ecosse et en Irlande. Avant de retourner dans leur pays, ils le laissèrent chez le docteur Brandsby, qui tenait une importante maison d'éducation à Stoke-Newington, près de Londres, où il passa cinq ans.

Tous ceux qui ont réfléchi sur leur propre vie, qui ont souvent porté leurs regards en arrière pour comparer leur passé avec leur présent, tous ceux qui ont pris l'habitude de psychologiser facilement sur eux-mêmes, savent quelle part immense l'adolescence tient dans le génie définitif d'un homme. C'est alors que les objets enfoncent profondément leurs empreintes dans l'esprit tendre et facile; c'est alors que les couleurs sont voyantes, et que les sens parlent une langue mystérieuse. Le caractère, le génie, le style d'un homme est formé par les circonstances en apparence vulgaires de sa première jeunesse. Si tous les hommes qui ont occupé la scène du monde avaient noté leurs impressions d'enfance, quel excellent dictionnaire psychologique nous posséderions ! Les couleurs, la tournure d'esprit d'Edgar Poe tranchent violemment sur le fond de la littérature américaine. Ses compatriotes le trouvent à peine américain, et cependant il n'est pas anglais. C'est donc une bonne fortune que de ramasser, dans un de ses contes, un conte peu connu, *William Wilson*, un singulier récit de sa vie à cette école de Stoke-Newington. Tous les contes d'Edgar Poe sont pour ainsi dire biographiques. On trouve l'homme dans l'œuvre. Les personnages et les incidents sont le cadre et la draperie de ses souvenirs.

« Mes plus matineuses impressions de la vie de collège sont liées à une vaste et extravagante maison du style d'Elisabeth, dans un village brumeux d'Angleterre, où était un grand nombre d'arbres gigantesques et noueux, et où toutes les maisons étaient excessivement anciennes. En vérité, cette vénérable vieille ville avait un aspect fantasmagorique qui enveloppait et caressait l'esprit comme un rêve. En ce moment même, je sens en imagination le frisson rafraîchissant de ses avenues profondément ombrées ; je respire l'émanation de ses mille taillis, et je tressaille encore, avec une indéfinissable volupté, à la note profonde et sourde de la cloche, déchirant à chaque heure, de son rugissement soudain et solennel, la quiétude de l'atmosphère brunissante dans laquelle s'allongeait le clocher gothique, enseveli et endormi.

« Je trouve peut-être autant de plaisir qu'il m'est donné d'en éprouver maintenant à m'appesantir sur ces minutieux souvenirs de collège. Plongé dans la misère comme je le suis, misère, hélas ! trop réelle, on me pardonnera de chercher un soulagement bien léger et bien court, dans ces minces et fugitifs détails. D'ailleurs, quelque triviaux et mesquins qu'ils soient en eux-mêmes, ils prennent dans mon imagination une importance toute particulière, à cause de leur intime connexion avec les lieux et l'époque où je retrouve maintenant les premiers avertissements ambigus de la Destinée, qui depuis lors m'a si profondément enveloppé de son ombre. Laissez-moi donc me souvenir.

« La maison, je l'ai dit, était vieille et irrégulière. Les terrains étaient vastes, et un haut et solide mur de briques, revêtu d'une couche de mortier et de verre pilé, en faisait le circuit. Le rempart de prison formait la limite de notre domaine. Nos regards ne pouvaient aller au-delà que trois fois par semaine ; une fois chaque samedi, dans l'après-midi, quand, sous la conduite de deux surveillants, il nous était accordé de faire de courtes promenades en commun à travers les campagnes voisines ; et deux fois le dimanche, quand, avec le cérémonial formel des troupes à la parade, nous allions assister aux offices du soir et du matin à l'unique église du village. Le principal de notre école était pasteur de cette église. Avec quel profond sentiment d'admiration et de perplexité je le contemplais du banc où nous étions assis, dans le fond de la nef, quand il montait en chaire d'un pas solennel et lent ! Ce personnage vénérable, avec sa contenance douce et composée, avec sa robe si bien lustrée et si cléricalement ondoyante, avec sa perruque si minutieusement poudrée, si rigide et si vaste, pouvait-il être le même homme qui, tout à l'heure, avec un visage aigre et dans des vêtements graisseux, exécutait, férule en main, les lois draconiennes de l'école ? O gigantesque paradoxe, dont la monstruosité exclut toute solution !

« Dans un angle du mur massif rechignait une porte

massive ; elle était marquetée de clous, garnie de verrous, et surmontée d'un buisson de ferrailles. Quels sentiments profonds de crainte elle inspirait ! Elle n'était jamais ouverte que pour les trois sorties et rentrées périodiques déjà mentionnées ; chaque craquement de ses gonds puissants exhalait le mystère, et un monde de méditations solennelles et mélancoliques.

« Le vaste enclos était d'une forme irrégulière et divisé en plusieurs parties, dont trois ou quatre des plus larges constituaient le *jardin* de récréation ; il était aplani et recouvert d'un cailloutis propre et dur. Je me rappelle bien qu'il ne contenait ni arbres, ni bancs, ni quoi que ce soit d'analogue ; il était situé derrière la maison. Devant la façade s'étendait un petit parterre semé de buis et d'autres arbustes ; mais nous ne traversions cette oasis sacrée que dans de bien rares occasions, telles que la première arrivée à l'école ou le départ définitif ; ou peut-être quand un ami, un parent nous ayant fait appeler, nous prenions joyeusement notre route vers le logis, à la Noël ou aux vacances de la Saint-Jean.

« Mais la maison ! quelle jolie vieille bâtisse cela faisait ! Pour moi, c'était comme un vrai palais d'illusions. Il n'y avait réellement pas de fin à ses détours et à ses incompréhensibles subdivisions. Il était difficile, à un moment donné, de dire avec certitude lequel de ses deux étages s'appuyait sur l'autre. D'une chambre à la chambre voisine, on était toujours sûr de trouver trois ou quatre marches à monter ou à descendre. Puis les corridors latéraux étaient innombrables, inconcevables, tournaient et retournaient si souvent sur eux-mêmes que nos idées les plus exactes, relativement à l'ensemble du bâtiment, n'étaient pas très différentes de celles à l'aide desquelles nous essayons d'opérer sur l'infini. Durant les cinq ans de ma résidence, je n'ai jamais été capable de déterminer avec précision dans quelle localité lointaine était situé le petit dortoir qui m'était assigné en commun avec dix-huit ou vingt autres écoliers *.

« La salle d'études était la plus vaste de toute la maison, et, je ne pouvais m'empêcher de le penser, du monde entier. Elle était très longue, très étroite et sinistrement basse, avec des fenêtres en ogive et un plafond en chêne. Dans un angle éloigné et inspirant la terreur était une

---

* Hallucination habituelle des yeux de l'enfance, qui agrandissent et compliquent les objets.

cellule carrée de huit ou dix pieds représentant le sanctuaire, où se tenait plusieurs heures durant notre principal, le révérend docteur Brandsby. C'était une solide construction, avec une porte massive que nous n'aurions jamais osé ouvrir en l'absence du maître; nous aurions tous préféré mourir *de la peine forte et dure*. A d'autres angles étaient deux autres loges analogues, objets d'une vénération beaucoup moins grande, il est vrai, mais toutefois d'une frayeur assez considérable. L'une était la chaire du maître des études classiques; l'autre, du maître d'anglais et de mathématiques. Répandus à travers la salle et se croisant dans une irrégularité sans fin, étaient d'innombrables bancs et des pupitres, noirs, anciens et usés par le temps, désespérément écrasés sous des livres bien étrillés et si bien agrémentés de lettres initiales, de noms entiers, de figures grotesques et d'autres chefs-d'œuvre du couteau, qu'ils avaient entièrement perdu la forme qui constituait leur pauvre individualité dans les anciens jours. A une extrémité de la salle, un énorme baquet avec de l'eau, et à l'autre, une horloge d'une dimension stupéfiante.

« Enfermé dans les murs massifs de cette vénérable académie, je passai, sans trop d'ennui et de dégoût, les années du troisième lustre de ma vie. Le cerveau fécond de l'enfance n'exige pas d'incidents du monde extérieur pour s'occuper ou s'amuser, et la monotonie sinistre en apparence de l'école était remplie d'excitations plus intenses que ma jeunesse hâtive n'en tira jamais de la luxure, ou que celles que ma pleine maturité a demandées au crime. Encore faut-il croire que mon premier développement mental eut quelque chose de peu commun, et même quelque chose de tout à fait extra-commun. En général, les événements de la première existence laissent rarement sur l'humanité arrivée à l'âge mûr une impression bien définie. Tout est ombre grise, tremblotant et irrégulier souvenir, fouillis confus de plaisirs et de peines fantasmagoriques. Chez moi, il n'en fut point ainsi. Il faut que j'aie senti dans mon enfance avec l'énergie d'un homme ce que je trouve maintenant estampillé sur ma mémoire en lignes aussi vivantes, aussi profondes et aussi durables que les exergues des médailles carthaginoises.

« Encore, comme faits (j'entends le mot faits dans le sens restreint des gens du monde), quelle pauvre moisson pour le souvenir! Le réveil du matin, le soir, l'ordre du coucher; les leçons à apprendre, les récitations, les demi-congés périodiques et les promenades, la cour de récréation avec ses querelles, ses passe-temps, ses intrigues, tout cela, par une magie psychique depuis longtemps oubliée, était destiné à envelopper un débordement de sensations, un monde riche d'incidents, un univers d'émotions variées et d'excitations les plus passionnées et les plus fiévreuses. *Oh! le beau temps, que ce siècle de fer!* » (Cette phrase est en français *.)

Que dites-vous de ce morceau ? Le caractère de ce singulier homme ne se révèle-t-il pas déjà un peu ? Pour moi, je sens s'exhaler de ce tableau de collège un parfum noir. J'y sens circuler le frisson des sombres années de la claustration. Les heures de cachot, le malaise de l'enfance chétive et abandonnée, la terreur du maître, notre ennemi, la haine des camarades tyranniques, la solitude du cœur, toutes ces tortures du jeune âge, Edgar Poe ne les a pas éprouvées. Tant de sujets de mélancolie ne l'ont pas vaincu. Jeune, il aime la solitude, ou plutôt il ne se sent pas seul; il aime ses passions. *Le cerveau fécond de l'enfance* rend tout agréable, illumine tout. On voit déjà que l'exercice de la volonté et l'orgueil solitaire joueront un grand rôle dans sa vie. Eh quoi! ne dirait-on pas qu'il aime un peu la douleur, qu'il pressent la future compagne inséparable de sa vie, et qu'il l'appelle avec une âpreté lubrique, comme un jeune gladiateur ? Le pauvre enfant n'a ni père ni mère, mais il est heureux; il se glorifie d'être marqué profondément *comme une médaille carthaginoise.*

Edgar Poe revint de la maison du docteur Brandsby à Richmond en 1822, et continua ses études sous la direction des meilleurs maîtres. Il était dès lors un jeune homme très remarquable par son agilité physique, ses tours de souplesse, et, aux séductions d'une beauté singulière, il joignait une puissance de mémoire poétique merveilleuse, avec la faculté précoce d'improviser des contes. En 1825, il entra à l'Université de Virginie, qui était alors un des établissements où régnait la plus grande dissipation. M. Edgar Poe se distingua parmi tous ses condisciples par une ardeur encore plus vive pour le plaisir. Il était déjà un élève très recommandable et faisait d'incroyables progrès dans les mathématiques; il avait une aptitude singulière pour la physique et les sciences naturelles, ce qui est bon à noter en passant, car, dans plusieurs de ses ouvrages, on retrouve une grande préoccupation scientifique; mais en même temps déjà, il buvait, jouait

* Les ouvrages de Poe sont chargés de phrases françaises.

et faisait tant de fredaines que, finalement, il fut expulsé. Sur le refus de M. Allan de payer quelques dettes de jeu, il fit un coup de tête, rompit avec lui et prit son vol vers la Grèce. C'était le temps de Botzaris et de la révolution des Hellènes. Arrivé à Saint-Pétersbourg, sa bourse et son enthousiasme étaient un peu épuisés; il se fit une méchante querelle avec les autorités russes, dont on ignore le motif. La chose alla si loin, qu'on affirme qu'Edgar Poe fut au moment d'ajouter l'expérience des brutalités sibériennes à la connaissance précoce qu'il avait des hommes et des choses *. Enfin, il se trouva fort heureux d'accepter l'intervention et le secours du consul américain, Henry Middleton, pour retourner chez lui. En 1829, il entra à l'école militaire de West-Point. Dans l'intervalle, M. Allan, dont la première femme était morte, avait épousé une dame plus jeune que lui d'un grand nombre d'années. Il avait alors soixante-cinq ans. On dit que M. Poe se conduisit malhonnêtement avec la dame, et qu'il ridiculisa ce mariage. Le vieux gentleman lui écrivit une lettre fort dure, à laquelle celui-ci répondit par une lettre encore plus amère. La blessure était inguérissable, et peu de temps après, M. Allan mourait, sans laisser un sou à son fils adoptif.

Ici je trouve, dans des notes biographiques, des paroles très mystérieuses, des allusions très obscures et très bizarres sur la conduite de notre futur écrivain. Très hypocritement, et tout en jurant qu'il ne veut absolument rien dire, qu'il y a des choses qu'il faut toujours cacher (pourquoi?), que dans de certains cas énormes le silence doit primer l'histoire, le biographe jette sur M. Poe une défaveur très grave. Le coup est d'autant plus dangereux qu'il reste suspendu dans les ténèbres. Que diable veut-il dire? Veut-il insinuer que Poe chercha à séduire la femme de son père adoptif? Il est réellement impossible de le deviner. Mais je crois avoir déjà suffisamment mis le lecteur en défiance contre les biographes américains. Ils sont trop bons démocrates pour ne pas haïr leurs grands hommes, et la malveillance qui poursuit Poe après la conclusion lamentable de sa triste existence, rappelle la haine britannique qui persécuta Byron.

M. Poe quitta West-Point sans prendre ses grades, et commença sa désastreuse bataille de la vie. En 1813, il

* La vie d'Edgar Poe, ses aventures en Russie et sa correspondance ont été longtemps annoncées par les journaux américains et n'ont jamais paru.

publia un petit volume de poésies qui fut favorablement accueilli par les revues, mais que l'on n'acheta pas. C'est l'éternelle histoire du premier livre. M. Lowell, un critique américain, dit qu'il y a dans une de ces pièces, adressée *à Hélène, un parfum d'ambroisie,* et qu'elle ne déparerait pas l'Anthologie grecque. Il est question dans cette pièce des barques de Nicée, de naïades, de la gloire et de la beauté grecques, et de la lampe de Psyché. Remarquons en passant le faible américain, littérature trop jeune, pour le pastiche. Il est vrai que, par son rythme harmonieux et ses rimes sonores, cinq vers, deux masculines et trois féminines, elle rappelle les heureuses tentatives du romantisme français. Mais on voit qu'Edgar Poe était encore bien loin de son excentrique et fulgurante destinée littéraire.

Cependant le malheureux écrivait, pour les journaux, compilait et traduisait pour des libraires, faisait de brillants articles et des contes pour les revues. Les éditeurs les inséraient volontiers, mais ils payaient si mal le pauvre jeune homme qu'il tomba dans une misère affreuse. Il descendit même si bas qu'il put entendre un instant *crier les gonds des portes de la mort.* Un jour, un journal de Baltimore proposa deux prix pour le meilleur poème et le meilleur conte en prose. Un comité de littérateurs, dont faisait partie M. John Kennedy, fut chargé de juger les productions. Toutefois, ils ne s'occupaient guère de les lire; la sanction de leurs noms était tout ce que leur demandait l'éditeur. Tout en causant de choses et d'autres, l'un d'eux fut attiré par un manuscrit qui se distinguait par la beauté, la propreté et la netteté de ses caractères. A la fin de sa vie, Edgar Poe possédait encore une écriture incomparablement belle. (Je trouve cette remarque bien américaine). M. Kennedy lut une page seul, et, ayant été frappé par le style, il lut la composition à haute voix. Le comité vota le prix par acclamation au premier des génies qui sût écrire lisiblement. L'enveloppe secrète fut brisée, et livra le nom alors inconnu de Poe.

L'éditeur parla du jeune auteur à M. Kennedy dans des termes qui lui donnèrent l'envie de le connaître. La fortune cruelle avait donné à M. Poe la physionomie classique du poète à jeun. Elle l'avait aussi bien grimé que possible pour l'emploi. M. Kennedy raconte qu'il trouva un jeune homme que les privations avaient aminci comme un squelettre, vêtu d'une redingote dont on voyait la grosse trame, et qui était, suivant une tactique bien connue, boutonnée jusqu'au menton, de culottes en guenilles, de bottes déchirées sous lesquelles il n'y avait évidemment pas de bas, et avec tout cela un air fier, de grandes manières, et des yeux éclatants d'intelligence. Kennedy lui parla comme un ami, et le mit à son aise. Poe lui ouvrit son cœur, lui raconta toute son histoire, son ambition et ses grands projets. Kennedy alla au plus pressé, le conduisit dans un magasin d'habits, chez un fripier, aurait dit Lesage, et lui donna des vêtements convenables ; puis il lui fit faire des connaissances.

C'est à cette époque qu'un M. Thomas White, qui achetait la propriété du *Messager littéraire du Sud*, choisit M. Poe pour le diriger et lui donna 2 500 francs par an. Immédiatement celui-ci épousa une jeune fille qui n'avait pas un sol. (Cette phrase n'est pas de moi ; je prie le lecteur de remarquer le petit ton de dédain qu'il y a dans cet *immédiatement*, le malheureux se croyait donc riche, et dans ce laconisme, cette sécheresse avec laquelle est annoncé un événement important ; mais aussi, une jeune fille sans le sol ! *a girl without a cent!*) On dit qu'alors l'intempérance prenait déjà une certaine part dans sa vie, mais le fait est qu'il trouva le temps d'écrire un très grand nombre d'articles et de beaux morceaux de critique pour *le Messager*. Après l'avoir dirigé un an et demi, il se retira à Philadelphie, et rédigea le *Gentleman's magazine*. Ce recueil périodique se fondit un jour dans le *Graham's magazine*, et Poe continua à écrire pour celui-ci. En 1840, il publia *The Tales of the grotesque and arabesque*. En 1844, nous le trouvons à New York dirigeant le *Broadway-Journal*. En 1845, parut la petite édition, bien connue, de Wiley et Putnam qui renferme une partie poétique et une série de contes. C'est de cette édition que les traducteurs français ont tiré presque tous les échantillons du talent d'Edgar Poe qui ont paru dans les journaux de Paris. Jusqu'en 1847, il publie successivement différents ouvrages dont nous parlerons tout à l'heure. Ici, nous apprenons que sa femme meurt dans un état de dénuement profond dans une ville appelée Forham, près New York. Il se fait une souscription, parmi les littérateurs de New York, pour soulager Edgar Poe. Peu de temps après, les journaux parlent de nouveau de lui comme d'un homme aux portes de la mort. Mais, cette fois, c'est chose plus grave, il a le *delirium tremens*. Une note cruelle, insérée dans un journal de cette époque, accuse son mépris envers tous ceux qui se disaient ses amis, et son dégoût général du monde. Cependant il gagnait de l'argent, et ses travaux littéraires pouvaient à peu près sustenter sa vie ; mais j'ai trouvé, dans quelques aveux des biographes, la preuve qu'il eut de dégoûtantes difficultés à surmonter. Il paraît que durant les deux dernières années où on le vit de temps à autre à Richmond, il scandalisa fort les gens par ses habitudes d'ivrognerie. A entendre les récriminations sempiternelles à ce sujet, on dirait que tous les écrivains des Etats-Unis sont des modèles de sobriété. Mais, à sa dernière visite, qui dura près de deux mois, on le vit tout d'un coup propre, élégant, correct, avec des manières charmantes, et beau comme le génie. Il est évident que je manque de renseignements, et que les notes que j'ai sous les yeux ne sont pas suffisamment intelligentes pour rendre compte de ces singulières transformations. Peut-être en trouverons-nous l'explication dans une admirable protection maternelle qui enveloppait le sombre écrivain, et combattait avec des armes angéliques le mauvais démon né de son sang et de ses douleurs antécédentes.

A cette dernière visite à Richmond, il fit *deux lectures publiques*. Il faut dire un mot de ces lectures, qui jouent un grand rôle dans la vie littéraire aux Etats-Unis. Aucune loi ne s'oppose à ce qu'un écrivain, un philosophe, un poète, quiconque sait parler, annonce une lecture, une dissertation publique sur un objet littéraire ou philosophique. Il fait la location d'une salle. Chacun paye une rétribution pour le plaisir d'entendre émettre des idées et phraser des phrases telles quelles. Le public vient ou ne vient pas. Dans ce dernier cas, c'est une spéculation manquée, comme toute autre spéculation commerciale aventureuse. Seulement, quand la *lecture* doit être faite par un écrivain célèbre, il y a affluence, et c'est une espèce de solennité littéraire. On voit que ce sont les chaires du Collège de France mises à la disposition de tout le monde. Cela fait penser à Andrieux, à La Harpe, à Baour-Lormian, et rappelle cette espèce de restauration littéraire qui se fit après l'apaisement de la Révolution française dans les Lycées, les Athénées et les Casinos.

Edgar Poe choisit pour sujet de son discours un thème qui est toujours intéressant, et qui a été fortement débattu chez nous. Il annonça qu'il parlerait du *principe de la poésie*. Il y a, depuis longtemps déjà, aux Etats-Unis, un mouvement utilitaire qui veut entraîner la poésie comme le reste. Il y a là des poètes humanitaires, des poètes du suffrage universel, des poètes abolitionnistes des lois sur les céréales, et des poètes qui veulent faire bâtir des *work-houses*.

Je jure que je ne fais aucune allusion à des gens de ce pays-ci. Ce n'est pas ma faute si les mêmes disputes et les mêmes théories agitent différentes nations. Dans ses lectures, Poe leur déclara la guerre. Il ne soutenait pas, comme certains sectaires fanatiques insensés de Gœthe et autres poètes marmoréens et anti humains, que toute chose belle est essentiellement inutile; mais il se proposait surtout pour objet la réfutation de ce qu'il appelait spirituellement *la grande hérésie poétique des temps modernes*. Cette hérésie, c'est l'idée d'utilité directe. On voit qu'à un certain point de vue, Edgar Poe donnait raison au mouvement romantique français. Il disait : « Notre esprit possède des facultés élémentaires dont le but est différent. Les unes s'appliquent à satisfaire la rationalité, les autres perçoivent les couleurs et les formes, les autres remplissent un but de construction. La logique, la peinture, la mécanique sont les produits de ces facultés. Et comme nous avons des nerfs pour aspirer les bonnes odeurs, des nerfs pour sentir les belles couleurs, et pour nous délecter au contact des corps polis, nous avons une faculté élémentaire pour percevoir le beau; elle a son but à elle et ses moyens à elle. La poésie est le produit de cette faculté; elle s'adresse au sens du beau et non à un autre. *C'est lui faire injure que de la soumettre au critérium des autres facultés*, et elle ne s'applique jamais à d'autres matières qu'à celles qui sont nécessairement la pâture de l'organe intellectuel auquel elle doit sa naissance. Que la poésie soit subséquemment et conséquemment utile, cela est hors de doute, mais ce n'est pas son but; cela vient *par-dessus le marché*. Personne ne s'étonne qu'une halle, un embarcadère ou tout autre construction industrielle, satisfasse aux conditions du beau, bien que ce ne fût pas là le but principal et l'ambition première de l'ingénieur ou de l'architecte. » Poe *illustra* sa thèse par différents morceaux de critique appliqués aux poètes, ses compatriotes, et par des récitations de poètes anglais. On lui demanda la lecture de son *Corbeau*. C'est un poème dont les critiques américains font grand cas. Ils en parlent comme d'une très grande pièce de versification, un rythme vaste et compliqué, un savant entrelacement de rimes chatouillant leur orgueil national un peu jaloux des tours de force européens. Mais il paraît que l'auditoire fut désappointé par la déclamation de son auteur, qui ne savait pas faire briller son œuvre. Une diction pure, mais une voix sourde, une mélopée monotone, une assez grande insouciance des effets musicaux que sa plume savante avait pour ainsi dire indiqués, satisfirent médiocrement ceux qui s'étaient promis comme une fête de comparer le lecteur avec l'auteur. Je ne m'en étonne pas du tout. J'ai remarqué souvent que des poètes admirables étaient d'exécrables comédiens. Cela arrive souvent aux esprits sérieux et concentrés. Les écrivains profonds ne sont pas orateurs, et c'est bien heureux.

Un très vaste auditoire encombrait la salle. Tous ceux qui n'avaient pas vu Edgar Poe depuis les jours de son obscurité accouraient en foule pour contempler leur compatriote devenu illustre. Cette belle réception inonda son pauvre cœur de joie. Il s'enfla d'un orgueil bien légitime et bien excusable. Il se montrait tellement enchanté qu'il parlait de s'établir définitivement à Richmond. Le bruit courut qu'il allait se remarier. Tous les yeux se tournaient vers une dame veuve, aussi riche que belle, qui était une ancienne passion de Poe, et que l'on soupçonne être le modèle original de sa *Lénore*. Cependant il fallait qu'il allât quelque temps à New York pour publier une nouvelle édition de ses *Contes*. De plus, le mari d'une dame fort riche de cette ville l'appelait pour mettre en ordre les poésies de sa femme, écrire des notes, une préface, etc.

Poe quitta donc Richmond; mais lorsqu'il se mit en route, il se plaignit de frissons et de faiblesse. Se sentant toujours assez mal en arrivant à Baltimore, il prit une petite quantité d'alcool pour se remonter. C'était la première fois que cet alcool maudit effleurait ses lèvres depuis plusieurs mois ; mais cela avait suffi pour réveiller le Diable qui dormait en lui. Une journée de débauche amena une nouvelle attaque du *delirium tremens*, sa vieille connaissance. Le matin, les hommes de police le ramassèrent par terre, dans un état de stupeur. Comme il était sans argent, sans amis et sans domicile, ils le portèrent à l'hôpital, et c'est dans un de ses lits que mourut l'auteur du *Chat noir* et d'*Eurêka*, le 7 octobre 1849, à l'âge de 37 ans.

Edgar Poe ne laissait aucun parent, excepté une sœur qui demeure à Richmond. Sa femme était morte quelque temps avant lui, et ils n'avaient pas d'enfants. C'était une demoiselle Clemm, et elle était un peu cousine de son mari. Sa mère était profondément attachée à Poe. Elle l'accompagna à travers toutes ses misères, et elle fut effroyablement frappée par sa fin prématurée. Le lien qui unissait leurs âmes ne fut point relâché par la mort de la fille. Un si grand dévouement, une affection si noble, si inébranlable, fait le plus grand honneur à Edgar Poe. Certes, celui qui a su inspirer une si immense amitié avait des vertus, et sa personne spirituelle devait être bien séduisante.

M. Willis a publié une petite notice sur Poe ; j'en tire le morceau suivant :

« La première connaissance que nous eûmes de la retraite de M. Poe dans cette ville nous vint d'un appel qui nous fut fait par une dame qui se présenta à nous comme la mère de sa femme. Elle était à la recherche d'un emploi pour lui. Elle motiva sa conduite en nous expliquant qu'il était malade, que sa fille était tout à fait infirme, et que leur situation était telle, qu'elle avait cru devoir prendre sur elle-même de faire cette démarche. La contenance de cette dame, que son dévouement, que le complet abandon de sa vie chétive à une tendresse pleine de chagrins rendait belle et sainte, la voix douce et triste avec laquelle elle pressait son plaidoyer, ses manières d'un autre âge, mais habituellement et involontairement grandes et distinguées, l'éloge et l'appréciation qu'elle faisait des droits et des talents de son fils, tout nous révéla la présence d'un de ces Anges qui se font femmes dans les adversités humaines. C'était une rude destinée que celle qu'elle surveillait et protégeait. M. Poe écrivait avec une fastidieuse difficulté *et dans un style trop au-dessus du niveau intellectuel commun pour qu'on pût le payer cher.* Il était toujours plongé dans des embarras d'argent, et souvent, avec sa femme malade, manquant des premières nécessités de la vie. Chaque hiver, pendant des années, le spectacle le plus touchant que nous ayons vu dans cette ville a été cet infatigable serviteur du génie, pauvrement et insuffisamment vêtu, et allant de journal en journal avec un poème à vendre ou un article sur un sujet littéraire ; quelquefois expliquant seulement d'une voix entrecoupée qu'il était malade, et demandant pour lui, ne disant pas autre chose que cela : *il est malade*, quelles que fussent les raisons qu'il avait de ne rien écrire, et jamais, à travers ses larmes et ses récits de détresse, ne permettant à ses lèvres de lâcher une syllabe qui pût être interprétée comme un doute, une accusation, ou un amoindrissement de confiance dans le génie et les bonnes intentions de son fils. Elle ne l'abandonna pas après la mort de sa fille. Elle continua son ministère d'ange, vivant avec lui, prenant soin de lui, le surveillant, le protégeant, et, quand il était emporté au-dehors par les tentations, à travers son chagrin et la solitude de ses sentiments refoulés, et son abnégation se réveillant dans l'abandon, les privations et les souffrances, elle *demandait* encore pour lui. Si le dévouement de la femme né avec un premier amour, et entretenu par la passion humaine, glorifie et consacre son objet, comme cela est généralement reconnu et avoué, que ne dit pas en faveur de celui qui l'inspira un dévouement comme celui-ci, pur, désintéressé, et saint comme la garde d'un esprit.

« Nous avons sous les yeux une lettre, écrite par cette dame, mistriss [sic] Clemm, le matin où elle apprit la mort de l'objet de cet amour infatigable. Ce serait la meilleure requête que nous pourrions faire pour elle, mais nous n'en copierons que quelques mots — cette lettre est sacrée comme sa solitude — pour garantir l'exactitude du tableau que nous venons de tracer et pour ajouter de la force à l'appel que nous désirons faire en sa faveur :

« J'ai appris ce matin la mort de mon bien-aimé
« Eddie *...
« Pouvez-vous me transmettre quelques détails, quelques
« circonstances ?... Oh! n'abandonnez pas votre pauvre
« amie dans cette amère affliction...
« Dites à M *** de venir; j'ai à m'acquitter d'une com-
« mission envers lui de la part de mon pauvre Eddie...
« Je n'ai pas besoin de vous prier d'annoncer sa mort et
« *de bien parler de lui*. Je sais que vous le ferez. *Mais dites
« bien quel affectueux fils il était pour moi*, sa pauvre mère
« désolée!... »

Comme cette pauvre femme se préoccupe de la réputation de son fils! Que c'est beau! Que c'est grand! Admirable créature, autant ce qui est libre domine ce qui est fatal, autant l'esprit est au-dessus de la chair, autant ton affection plane sur toutes les affections humaines! Puissent nos larmes traverser l'Océan, les larmes de tous ceux qui, comme ton pauvre Eddie, sont malheureux, inquiets, et que la misère et la douleur ont souvent traînés à la débauche, puissent-elles aller rejoindre ton cœur! Puissent ces lignes, empreintes de la plus sincère et de la plus respectueuse admiration, plaire à tes yeux maternels! Ton image quasi divine voltigera incessamment au-dessus du martyrologe de la littérature!

La mort de M. Poe causa en Amérique une réelle émotion. De différentes parties de l'Union s'élevèrent de réels témoignages de douleur. La mort fait quelquefois par-

---

* Transformation familière d'Edgar.

donner bien des choses. Nous sommes heureux de mentionner une lettre de M. Longfellow, qui lui fait d'autant plus d'honneur qu'Edgar Poe l'avait fort maltraité : « Quelle mélancolique fin que celle de M. Poe, un homme si richement doué de génie ! Je ne l'ai jamais connu personnellement, mais j'ai toujours eu une haute estime pour sa puissance de prosateur et de poète. Sa prose est remarquablement vigoureuse, directe, *et néanmoins abondante*, et son vers exhale un charme particulier de mélodie, une atmosphère de vraie poésie qui est tout à fait envahissante. L'âpreté de sa critique, je ne l'ai jamais attribuée qu'à l'irritabilité d'une nature ultra-sensible, exaspérée par toute manifestation du faux. »

Il est plaisant, avec son *abondance*, le prolixe auteur d'*Evangéline*. Prend-il donc Edgar Poe pour un miroir ?

II

C'est un plaisir très grand et très utile que de comparer les traits d'un grand homme avec ses œuvres. Les biographies, les notes sur les mœurs, les habitudes, le physique des artistes et des écrivains ont toujours excité une curiosité bien légitime. Qui n'a cherché quelquefois l'acuité du style et la netteté des idées d'Erasme dans le coupant de son profil, la chaleur et le tapage de leurs œuvres dans la tête de Diderot et dans celle de Mercier, où un peu de fanfaronnade se mêle à la bonhomie, l'ironie opiniâtre dans le sourire persistant de Voltaire, sa grimace de combat, la puissance de commandement et de prophétie dans l'œil jeté à l'horizon, et la solide figure de Joseph de Maistre, aigle et bœuf tout à la fois ? Qui ne s'est ingénié à déchiffrer *La Comédie humaine* dans le front et le visage puissants et compliqués de Balzac ?

M. Edgar Poe était d'une taille un peu au-dessous de la moyenne, mais toute sa personne solidement bâtie ; ses pieds et ses mains petits. Avant que sa constitution fût attaquée, il était capable de merveilleux traits de force. On dirait que la Nature, et je crois qu'on l'a souvent remarqué, fait à ceux dont elle veut tirer de grandes choses la vie très dure. Avec des apparences quelquefois chétives, ils sont taillés en athlètes, ils sont bons pour le plaisir comme pour la souffrance. Balzac, en assistant aux répétitions des *Ressources de Quinola*, les dirigeant et jouant lui-même tous les rôles, corrigeait des épreuves de ses livres ; il soupait avec les acteurs, et quand tout le monde fatigué allait au sommeil, il retournait légèrement au travail. Chacun sait qu'il a fait de grands excès d'insomnie et de sobriété. Edgar Poe, dans sa jeunesse, s'était fort distingué à tous les exercices d'adresse et de force; cela rentrait un peu dans son talent : calculs et problèmes. Un jour, il paria qu'il partirait d'un des quais de Richmond, qu'il remonterait à la nage jusqu'à sept milles dans la rivière James, et qu'il reviendrait à pied dans le même jour. Et il le fit. C'était une journée brûlante d'été, et il ne s'en porta pas plus mal. Contenance, gestes, démarche, airs de tête, tout le désignait, quand il était dans ses bons jours, comme un homme de haute distinction. Il était *marqué* par la Nature, comme ces gens qui, dans un cercle, au café, dans la rue, *tirent* l'œil de l'observateur et le préoccupent. Si jamais le mot : étrange, dont on a tant abusé dans les descriptions modernes, s'est bien appliqué à quelque chose, c'est certainement au genre de beauté de M. Poe. Ses traits n'étaient pas grands, mais assez réguliers, le teint brun clair, la physionomie triste et distraite, et quoiqu'elle ne portât le caractère ni de la colère, ni de l'insolence, elle avait quelque chose de pénible. Ses yeux, singulièrement beaux, semblaient être au premier aspect d'un gris sombre, mais, à un meilleur examen, ils apparaissaient glacés d'une légère teinte violette indéfinissable. Quant au front, il était superbe, non qu'il rappelât les proportions ridicules qu'inventent les mauvais artistes, quand, pour flatter le génie, ils le transforment en hydrocéphale, mais on eût dit qu'une force intérieure débordante poussait en avant les organes de la réflexion et de la construction. Les parties auxquelles les crâniologistes attribuent le sens du pittoresque n'étaient cependant pas absentes, mais elles semblaient dérangées, opprimées, coudoyées par la tyrannie hautaine et usurpatrice de la comparaison, de la construction et de la causalité. Sur ce front trônait aussi, dans un orgueil calme, le sens de l'idéalité et du beau absolu, le sens esthétique par excellence. Malgré toutes ces qualités, cette tête n'offrait pas un ensemble agréable et harmonieux. Vue de face, elle frappait et commandait l'attention par l'expression dominatrice et inquisitoriale du front, mais le profil dévoilait certaines absences; il y avait une immense masse de cervelle devant et derrière, et une quantité médiocre au milieu; enfin, une énorme puissance animale et intellectuelle, et un manque à l'endroit de la vénérabilité et des qualités affectives. Les échos désespérés de la mélancolie, qui traversent les ouvrages de Poe, ont un accent pénétrant, il est vrai, mais il faut dire aussi que c'est une mélancolie bien solitaire et peu sympathique au commun des hommes. Je ne puis m'empêcher de rire en pensant aux quelques lignes qu'un écrivain fort estimé aux Etats-Unis, et dont j'ai oublié le nom, a écrites sur Poe, quelque temps après sa mort. Je cite de mémoire, mais je réponds du sens : « Je viens de relire les ouvrages du regrettable Poe. Quel poète admirable! quel conteur surprenant! quel esprit prodigieux et surnaturel! C'était bien la tête forte de notre pays! Eh bien! je donnerais ses soixante-dix contes mystiques, analytiques et grotesques, tous si brillants et pleins d'idées, pour un bon petit livre du foyer, un livre de famille, qu'il aurait pu écrire avec ce style merveilleusement pur qui lui donnait une si grande supériorité en nous. Combien M. Poe serait plus grand! » Demander un livre de famille à Edgar Poe! Il est donc vrai que la sottise humaine sera la même sous tous les climats, et que le critique voudra toujours attacher de lourds légumes à des arbustes de délectation.

Poe avait les cheveux noirs, traversés de quelques fils blancs, une grosse moustache hérissée, et qu'il oubliait de mettre en ordre et de lisser proprement. Il s'habillait avec bon goût, mais un peu négligemment, comme un gentleman qui a bien autre chose à faire. Ses manières étaient excellentes, très polies et pleines de certitude. Mais sa conversation mérite une mention particulière. La première fois que je questionnai un Américain là-dessus, il me répondit en riant beaucoup : « Oh! oh! il avait une conversation *qui n'était pas du tout consécutive!* » Après quelques explications, je compris que M. Poe faisait de vastes enjambées dans le monde des idées, comme un mathématicien qui démontrerait devant des élèves déjà très forts, et qu'il monologuait beaucoup. De fait, c'était une conversation essentiellement nourrissante. Il n'était pas *beau parleur*, et d'ailleurs sa parole, comme ses écrits, avait horreur de la convention; mais un vaste savoir, la connaissance de plusieurs langues, de fortes études, des idées ramassées dans plusieurs pays faisaient de cette parole un excellent enseignement. Enfin, c'était un homme à fréquenter pour les gens qui mesurent leur amitié d'après le gain spirituel qu'ils peuvent retirer d'une fréquentation. Mais il paraît que Poe était fort peu difficile sur le choix de son auditoire. Que ses auditeurs fussent capables de comprendre ses abstractions ténues, ou d'admirer les glorieuses conceptions qui coupaient incessamment de leurs lueurs le ciel sombre de son cerveau, il ne s'en inquiétait guère. Il s'asseyait dans une taverne, à côté d'un sordide polisson, et lui développait gravement les grandes lignes de son terrible livre *Eurêka*, avec un sang-froid implacable, comme s'il eût dicté à un secrétaire, ou disputé avec Kepler, Bacon ou Swedenborg. C'est là un trait particulier de son caractère. Jamais homme ne s'affranchit plus complètement des règles de la société, s'inquiéta moins des passants, et pourquoi, certains jours, on le recevait dans les cafés de bas étage et pourquoi on lui refusait l'entrée des endroits où boivent *les honnêtes gens*. Jamais aucune société n'a absous ces choses-là, encore moins une société anglaise ou américaine. Poe avait déjà son génie à se faire pardonner; il avait fait dans *Le Messager* une chasse terrible à la médiocrité; sa critique avait été disciplinaire et dure, comme celle d'un homme supérieur et solitaire qui ne s'intéresse qu'aux idées. Il vint un moment où il prit toutes les choses humaines en dégoût, et où la métaphysique seule lui était de quelque chose. Poe, éblouissant par son esprit son pays jeune et informe, choquant par ses mœurs des hommes qui se croyaient ses égaux, devenait fatalement l'un des plus malheureux écrivains. Les rancunes s'ameutèrent, la solitude se fit autour de lui. A Paris, en Allemagne, il eût trouvé des amis qui l'auraient facilement compris et soulagé; en Amérique, il fallait qu'il arrachât son pain. Ainsi s'expliquent parfaitement l'ivrognerie et le changement perpétuel de résidence. Il traversait la vie comme un Sahara, et changeait de place comme un Arabe.

Mais il y a encore d'autres raisons : les douleurs profondes du ménage, par exemple. Nous avons vu que sa jeunesse précoce avait été tout d'un coup jetée dans les hasards de la vie. Poe fut presque toujours seul; de plus, l'effroyable contention de son cerveau et l'âpreté de son travail devaient lui faire trouver une volupté d'oubli dans le vin et les liqueurs. Il tirait un soulagement de ce qui fait une fatigue pour les autres. Enfin, rancunes littéraires, vertiges de l'infini, douleurs de ménage, insultes de la misère, Poe fuyait tout dans le noir de l'ivresse, comme dans le noir de la tombe ; car il ne buvait pas en gourmand, mais en barbare ; à peine l'alcool avait-il touché ses lèvres qu'il allait se planter au comptoir, et il buvait coup sur coup jusqu'à ce que son bon Ange fût noyé, et ses facultés anéanties. Il est un fait prodigieux, mais qui est attesté par toutes les personnes qui l'ont connu, c'est que ni la pureté, le fini de son style, ni la netteté de sa pensée, ni son ardeur au travail et à des recherches difficiles ne furent altérés par sa terrible habitude. La confection de la plupart de ses bons morceaux a précédé ou suivi une de ses crises. Après l'apparition d'*Eurêka*, il s'adonna à la boisson avec fureur. A New York, le matin même où la Revue Whig publiait *Le Corbeau*, pendant que le nom de Poe était dans toutes les bouches, et que tout le monde se disputait son poème, il traversait Broadway * en battant les maisons et en trébuchant.

L'ivrognerie littéraire est un des phénomènes les plus communs et les plus lamentables de la vie moderne ; mais peut-être y a-t-il bien des circonstances atténuantes. Du temps de Saint-Amant, de Chapelle et de Colletet, la littérature se soûlait aussi, mais joyeusement, en compagnie de nobles et de grands qui étaient fort lettrés, et qui ne craignaient pas le *cabaret*. Certaines dames ou demoiselles elles-mêmes ne rougissaient pas d'aimer un peu le vin, comme le prouve l'aventure de celle que sa servante trouva en compagnie de Chapelle, tous deux pleurant à chaudes larmes après souper sur ce pauvre Pindare, mort par la faute des médecins ignorants. Au XVIIIe siècle, la tradition continue, mais s'altère un peu. L'école de Rétif boit, mais c'est déjà une école de parias, un monde souterrain. Mercier, très vieux, est rencontré rue du Coq-Honoré ; Napoléon est monté sur le XVIIIe siècle, Mercier est un peu ivre, et il dit *qu'il ne vit plus que par curiosité* **. Aujourd'hui, l'ivrognerie littéraire a pris un caractère sombre et sinistre. Il n'y a plus de classe spécialement lettrée qui se fasse honneur de frayer avec les hommes de lettres. Leurs travaux absorbants et les haines d'école les empêchent de se réunir entre eux. Quant aux femmes, leur éducation informe, leur incompétence politique et littéraire empêchent beaucoup d'auteurs de voir en elles autre chose que des ustensiles de ménage ou des objets de luxure. Le dîner absorbé et l'animal satisfait, le poète entre dans la vaste solitude de sa pensée ; quelquefois il est très fatigué par le métier. Que devenir alors ? Puis, son esprit s'accoutume à l'idée de sa force invincible, et il ne peut plus résister à l'espérance de retrouver dans la boisson les visions calmes ou effrayantes qui sont déjà ses vieilles connaissances. C'est sans doute à la même transformation de mœurs, qui a fait du monde lettré une classe à part, qu'il faut attribuer l'immense consommation de tabac que fait la nouvelle littérature.

* Boulevard de New York. C'est justement là qu'est la boutique d'un des libraires de Poe.
** Victor Hugo connaissait-il ce mot ?

III

Je vais m'appliquer à donner une idée du caractère général qui domine les œuvres d'Edgar Poe. Quant à faire une analyse de toutes, à moins d'écrire un volume, ce serait chose impossible, car ce singulier homme, malgré sa vie déréglée et diabolique, a beaucoup produit. Poe se présente sous trois aspects : critique, poète et romancier ; encore dans le romancier y a-t-il un philosophe.

Quand il fut appelé à la direction du *Messager littéraire du sud*, il fut stipulé qu'il recevrait 2.500 francs par an. En échange de ces très médiocres appointements, il devait se charger de la lecture et du choix des morceaux destinés à composer le numéro du mois, et de la rédaction de la partie dite *editorial*, c'est-à-dire de l'analyse de tous les ouvrages parus et de l'appréciation de tous les faits littéraires. En outre, il donnait souvent, très souvent, une nouvelle ou un morceau de poésie. Il fit ce métier pendant deux ans à peu près. Grâce à son active direction et à l'originalité de sa critique, le *Messager littéraire* attira bientôt tous les yeux. J'ai là, devant moi, la collection des numéros de ces deux années : la partie *editorial* est considérable ; les articles sont très longs. Souvent, dans le même numéro, on trouve un compte rendu d'un roman, d'un livre de poésie, d'un livre de médecine, de physique ou d'histoire. Tous sont faits avec le plus grand soin, et dénotent chez leur auteur une connaissance de différentes littératures et une aptitude scientifique qui rappelle les écrivains français du XVIIIe siècle. Il paraît que pendant ses précédentes misères, Edgar Poe avait mis son temps à profit et remué bien des idées. Il y a là une collection remarquable d'appréciations critiques des principaux auteurs anglais et américains, souvent des Mémoires français. D'où partait une idée, quelle était son origine, son but, à quelle école elle appartenait, quelle était la méthode de l'auteur, salutaire ou dangereuse, tout cela était nettement, clairement et rapidement expliqué. Si Poe attira fortement les yeux sur lui, il se fit aussi beaucoup d'ennemis. Profondément pénétré de ses convictions, il fit une guerre infatigable aux faux raisonnements, aux pastiches niais, aux solécismes, aux barbarismes et à tous les délits littéraires qui se commettent journellement dans les journaux et les livres. De ce côté-là, on n'avait rien à lui reprocher, il prêchait d'exemple ; son style est pur, adéquat à ses idées, et en rend l'empreinte exacte. Poe est toujours correct. C'est un fait très remarquable qu'un homme d'une imagination aussi vagabonde et aussi ambitieuse soit en même temps si amoureux des règles, et capable de studieuses analyses et de patientes recherches. On eût dit une antithèse faite chair. Sa gloire de critique nuisit beaucoup à sa fortune littéraire. Beaucoup de gens voulurent se venger. Il n'est sorte de reproches qu'on ne lui ait plus tard jetés à la figure, à mesure que son œuvre grossissait. Tout le monde connaît cette longue kyrielle banale : immoralité, manque de tendresse, absence de conclusions, extravagance, littérature inutile. Jamais la critique française n'a pardonné à Balzac *Le Grand Homme de province à Paris*.

Comme poète, Edgar Poe est un homme à part. Il représente presque à lui seul le mouvement romantique de l'autre côté de l'Océan. Il est le premier Américain qui, à proprement parler, ait fait de son style un outil. Sa poésie, profonde et plaintive, est néanmoins ouvragée, pure, correcte et brillante comme un bijou de cristal. On voit que, malgré leurs étonnantes qualités qui les ont fait adorer des âmes tendres et molles, MM. Alfred de Musset et Alphonse de Lamartine n'eussent pas été de ses amis, s'il avait vécu parmi nous. Ils n'ont pas assez de volonté et ne sont pas assez maîtres d'eux-mêmes. Edgar Poe aimait les rythmes compliqués, et, quelque compliqués qu'ils fussent, il y enfermait une harmonie profonde. Il y a un petit poème de lui, intitulé *Les Cloches*, qui est une véritable curiosité littéraire ; traduisible, cela ne l'est pas. *Le Corbeau* eut un vaste succès. De l'aveu de MM. Longfellow et Emerson, c'est une merveille. Le sujet en est mince, c'est une pure œuvre d'art. Dans une nuit de tempête et de pluie, un étudiant entend tapoter à sa fenêtre d'abord, puis à sa porte ; il ouvre, croyant à une visite. C'est un malheureux corbeau perdu qui a été attiré par la lumière de la lampe. Ce corbeau apprivoisé a appris à parler chez un autre maître, et le premier mot qui tombe par hasard du bec du sinistre oiseau frappe juste un des compartiments de l'âme de l'étudiant, et en fait jaillir une série de tristes pensées endormies : *une femme morte, mille aspirations trompées, mille désirs déçus, une existence brisée*, un fleuve de souvenirs qui se répand dans la nuit froide et désolée. Le son est grave et quasi surnaturel, comme les pensées de l'insomnie ; les vers tombent un à un, comme des larmes monotones. Dans *Le Pays des songes, the Dreamland,* il a essayé de peindre la succession des rêves et des images fantastiques qui assiègent l'âme quand l'œil du corps est fermé. D'autres morceaux, tels qu'*Ulalume, Annabel Lee,* jouissent d'une égale célébrité. Mais le bagage poétique d'Edgar Poe est mince. Sa poésie, condensée et laborieuse, lui coûtait sans doute beaucoup de peine, et il avait trop souvent besoin d'argent pour se livrer à cette voluptueuse et infructueuse douleur.

Comme nouvelliste et romancier, Edgar Poe est unique dans son genre, ainsi que Maturin, Balzac, Hoffmann, chacun dans le sien. Les différents morceaux qu'il a éparpillés dans les Revues ont été réunis en deux faisceaux, l'un, *Tales of the grotesque and arabesque,* l'autre, *Edgar A. Poe's tales,* édition de Wiley et Putnam. Cela fait un total de soixante-douze morceaux à peu près. Il y a là-dedans des bouffonneries violentes, du grotesque pur, des aspirations effrénées vers l'infini, et une grande préoccupation du magnétisme. La petite édition des contes a eu un grand succès à Paris comme en Amérique, parce qu'elle contient des choses très dramatiques, mais d'un dramatique tout particulier.

Je voudrais pouvoir caractériser d'une manière très brève et très sûre la littérature de Poe, car c'est une littérature toute nouvelle. Ce qui lui imprime un caractère essentiel et la distingue entre toutes, c'est, qu'on me pardonne ces mots singuliers, le conjecturisme et le probabilisme. On peut vérifier mon assertion sur quelques-uns de ses sujets.

Le Scarabée d'or : analyse des moyens successifs à employer pour deviner un cryptogramme, à l'aide duquel on peut découvrir un trésor enfoui. Je ne puis m'empêcher de penser avec douleur que l'infortuné E. Poe a dû plus d'une fois rêver aux moyens de découvrir des trésors. Que l'explication de cette méthode, qui fait la curieuse et littéraire spécialité de certains secrétaires de police, est logique et lucide! Que la description du trésor est belle, et comme on en reçoit une bonne sensation de chaleur et d'éblouissement! Car on le trouve, le trésor! *ce n'était point un rêve,* comme il arrive généralement dans tous ces romans, où l'auteur vous réveille brutalement après avoir excité votre esprit par des espérances apéritives ; cette fois, c'est un trésor *vrai,* et le déchiffreur l'a bien gagné. En voici le compte exact : en monnaie, quatre cent cinquante mille dollars, pas un atome d'argent, tout en or, et d'une date très ancienne ; les pièces très grandes et très pesantes, inscriptions illisibles ; cent dix diamants, dix-huit rubis, trois cent dix émeraudes, vingt et un saphirs et une opale ; deux cents bagues et boucles d'oreilles massives, une trentaine de chaînes, quatre-vingt-trois crucifix, cinq encensoirs, un énorme bol à punch en or avec feuilles de vigne et bacchantes, deux poignées d'épée, cent quatre-vingt-dix-sept montres ornées de pierreries. Le contenu du coffre est d'abord évalué à un million et demi de dollars, mais la vente des bijoux porte le total au-delà. La description de ce trésor donne des vertiges de grandeur et des ambitions de bienfaisance. Il y avait, certes, dans le coffre enfoui par le pirate Kidd, de quoi soulager bien des désespoirs inconnus.

Le Maelstrom : ne pourrait-on pas descendre dans un gouffre dont on n'a pas encore trouvé le fond, en étudiant d'une manière nouvelle les lois de la pesanteur ?

L'Assassinat de la rue Morgue pourrait en remontrer à des juges d'instruction. Un assassinat a été commis. Comment ? par qui ? Il y a dans cette affaire des faits inexplicables et contradictoires. La police jette sa langue aux chiens. Un jeune homme se présente qui va refaire l'instruction par amour de l'art.

Par une concentration extrême de sa pensée, et par l'analyse successive de tous les phénomènes de son entendement, il est parvenu à surprendre la loi de la génération des idées. Entre une parole et une autre, entre deux idées tout à fait étrangères en apparence, il peut rétablir toute la série intermédiaire, et combler aux yeux éblouis la lacune des idées non exprimées et presque inconscientes. Il a étudié profondément tous les possibles et tous les enchaînements probables des faits. Il remonte d'induction en induction, et arrive à démontrer péremptoirement que c'est un singe qui a fait le crime.

La Révélation magnétique : le point de départ de l'auteur a évidemment été celui-ci : ne pourrait-on pas, à l'aide de la force inconnue dite fluide magnétique, découvrir la loi qui régit les mondes ultérieurs ? Le début est plein de grandeur et de solennité. Le médecin a endormi son malade seulement pour le soulager. « Que pensez-vous de votre mal ? — J'en mourrai. — Cela vous cause-t-il du chagrin ? — Non. » Le malade se plaint qu'on l'interroge mal. « Dirigez-moi », dit le médecin. « Commencez par le commencement. — Qu'est-ce que le commencement ? — *(A voix très basse.)* C'est Dieu. — Dieu est-il esprit ?

— Non. — Est-il donc matière ? — Non. » Suit une très vaste théorie de la matière, des gradations de la matière et de la hiérarchie des êtres. J'ai publié ce morceau dans un des numéros de *La Liberté de penser*, en 1848.

Ailleurs, voici le récit d'une âme qui vivait sur une planète disparue. Le point de départ a été : peut-on, par voie d'induction et d'analyse, deviner quels seraient les phénomènes physiques et moraux chez les habitants d'un monde dont s'approcherait une comète homicide ?

D'autres fois, nous trouvons du fantastique pur, moulé sur nature, et sans explication, à la manière d'Hoffmann : *L'Homme des foules* se plonge sans cesse au sein de la foule ; il nage avec délices dans l'océan humain. Quand descend le crépuscule plein d'ombres et de lumières tremblantes, il fuit les quartiers pacifiés, et recherche avec ardeur ceux où grouille vivement la matière humaine. A mesure que le cercle de la lumière et de la vie se rétrécit, il en cherche le centre avec inquiétude ; comme les hommes du déluge, il se cramponne désespérément aux derniers points culminants de l'agitation publique. Et voilà tout. Est-ce un criminel qui a horreur de la solitude ? Est-ce un imbécile qui ne peut pas se supporter lui-même ?

Quel est l'auteur parisien un peu lettré qui n'a pas lu *Le Chat noir ?* Là, nous trouvons des qualités d'un ordre différent. Comme ce terrible poème du crime commence d'une manière douce et innocente ! « Ma femme et moi nous fûmes unis par une grande communauté de goûts, et par notre bienveillance pour les animaux ; nos parents nous avaient légué cette passion. Aussi notre maison ressemblait à une ménagerie ; nous avions chez nous des bêtes de toute espèce. » Leurs affaires se dérangent. Au lieu d'agir, l'homme s'enferme dans la rêverie noire de la taverne. Le beau chat noir, l'aimable Pluton, qui se montrait jadis si prévenant quand le maître rentrait, a pour lui moins d'égards et de caresses ; on dirait même qu'il le fuit et qu'il flaire les dangers de l'eau-de-vie et du genièvre. L'homme est offensé. Sa tristesse, son humeur taciturne et solitaire augmentent avec l'habitude du poison. Que la vie sombre de la taverne, que les heures silencieuses de l'ivresse morne sont bien décrites ! Et pourtant c'est rapide et bref. Le reproche muet du chat l'irrite de plus en plus. Un soir, pour je ne sais quel motif, il saisit la bête, tire son canif et lui extirpe un œil. L'animal borgne et sanglant le fuira désormais, et sa haine s'en accroîtra.

Enfin, il le prend et l'étrangle. Ce passage mérite d'être cité :

« Cependant le chat guérit lentement. L'orbite de l'œil perdu présentait, il est vrai, un spectacle effrayant ; toutefois il ne paraissait plus souffrir. Il parcourait la maison comme à l'ordinaire, mais, ainsi que cela devait être, il se sauvait dans une terreur extrême à mon approche. Il me restait assez de cœur pour que je m'affligeasse d'abord de cette aversion évidente d'une créature qui m'avait tant aimé. Ce sentiment céda bientôt à l'irritation ; et puis vint, pour me conduire à une chute finale et irrévocable, l'esprit de PERVERSITÉ. De cette force la philosophie ne tient aucun compte. Cependant, aussi fermement que je crois à l'existence de mon âme, je crois que la perversité est une des impulsions primitives du cœur humain, l'une des facultés ou sentiments primaires, indivisibles, qui constituent le caractère de l'homme. — Qui n'a pas cent fois commis une action folle ou vile, par la seule raison qu'il savait devoir s'en abstenir ? N'avons-nous pas une inclination perpétuelle, en dépit de notre jugement, à violer ce qui est *la loi*, seulement parce que nous savons que c'est la loi ? Cet esprit de perversité, dis-je, causa ma dernière chute. Ce fut ce désir insondable que l'âme éprouve de s'affliger elle-même, — de violenter sa propre nature, — de faire mal pour le seul amour du mal, — qui me poussa à continuer, et enfin à consommer la torture que j'avais infligée à cette innocente bête. Un matin, de sang-froid, j'attachai une corde à son cou, et je le pendis à une branche d'arbre. — Je le pendis en versant d'abondantes larmes et le cœur plein du remords le plus amer ; — je le pendis, *parce que* je savais qu'il m'avait aimé et *parce que* je sentais qu'il ne m'avait donné aucun sujet de colère ; — je le pendis, parce que je savais qu'en faisant ainsi je commettais un crime, un péché mortel qui mettait en péril mon âme immortelle, au point de la placer, si une telle chose était possible, hors de la sphère de la miséricorde infinie du Dieu très miséricordieux et très terrible. »

Un incendie achève de ruiner les deux époux, qui se réfugient dans un pauvre quartier. L'homme boit toujours. Sa maladie fait d'effroyables progrès, « *car quelle maladie est comparable à l'alcool ?* » Un soir, il aperçoit sur un des tonneaux du cabaret un fort beau chat noir, exactement semblable au sien. L'animal se laisse approcher et lui rend ses caresses. Il l'emporte pour consoler sa femme. Le lendemain on découvre que le chat est borgne, et du même œil. Cette fois-ci, c'est l'amitié de l'animal qui l'exaspérera lentement ; sa fatigante obséquiosité lui fait l'effet d'une vengeance, d'une ironie, d'un remords incarné dans une bête mystérieuse. Il est évident que la tête du malheureux est troublée. Un soir, comme il descendait à la cave avec sa femme pour une besogne de ménage, le fidèle chat qui les accompagne s'embarrasse dans ses jambes en le frôlant. Furieux, il veut s'élancer sur lui ; sa femme se jette au-devant ; il l'étend d'un coup de hache. Comment fait-on disparaître un cadavre, telle est sa première pensée. La femme est mise dans le mur, convenablement crépi et bouché avec du mortier sali habilement. Le chat a fui. « Il a compris ma colère, et a jugé qu'il était prudent de s'esquiver. » Notre homme dort du sommeil des justes ; et le matin, au soleil levant, sa joie et son allégement sont immenses de ne pas sentir son réveil assassiné par les caresses odieuses de la bête. Cependant, la justice a fait plusieurs perquisitions chez lui, et les magistrats découragés vont se retirer, quand tout d'un coup : « Vous oubliez la cave, Messieurs », dit-il. On visite la cave, et comme ils remontent les marches sans avoir trouvé aucun indice accusateur, « voilà que, pris d'une idée diabolique et d'une exaltation d'orgueil inouï, je m'écriai : Beau mur ! belle construction, en vérité ! on ne fait plus de caves pareilles ! Et, ce disant, je frappai le mur de ma canne à l'endroit même où était cachée la victime. » Un cri profond, lointain, plaintif se fait entendre ; l'homme s'évanouit ; la justice s'arrête, abat le mur, le cadavre tombe en avant, et un chat effrayant, moitié poil, moitié plâtre, s'élance avec son œil unique, sanglant et fou.

Ce ne sont pas seulement les probabilités et les possibilités qui ont fortement allumé l'ardente curiosité de Poe, mais aussi les maladies de l'esprit. *Bérénice* est un admirable échantillon dans ce genre ; quelque invraisemblable et outrée que ma sèche analyse la fasse paraître, je puis affirmer au lecteur que rien n'est plus logique et possible que cette affreuse histoire. Egœus et Bérénice sont cousins ; Egœus, pâle, acharné à la théosophie, chétif et abusant des forces de son esprit pour l'intelligence des choses abstruses ; Bérénice, folle et joueuse, toujours en plein air, dans les bois et le jardin, admirablement belle, d'une beauté lumineuse et charnelle. Bérénice est attaquée d'une maladie mystérieuse et horrible désignée quelque part sous le nom assez bizarre de *distorsion de personnalité*. On dirait qu'il est question d'hystérie. Elle subit aussi quelques attaques d'épilepsie, fréquemment suivies de léthargie, tout à fait semblables à la mort, et dont le réveil est généralement brusque et soudain. Cette admirable beauté s'en va, pour ainsi dire, en dissolution. Quant à Egœus, sa maladie, pour parler, dit-il, le langage du vulgaire, est encore plus bizarre. Elle consiste dans une exagération de la puissance méditative, une irritation morbide des facultés *attentives*. « Perdre de longues heures les yeux attachés à une phrase vulgaire, rester absorbé une grande journée d'été dans la contemplation d'une ombre sur le parquet, m'oublier une nuit entière à surveiller la flamme droite d'une lampe ou les braises du foyer, répéter indéfiniment un mot vulgaire jusqu'à ce que le son cessât d'apporter à mon esprit une idée distincte, perdre tout sentiment de l'existence physique dans une immobilité obstinée, telles étaient quelques-unes des aberrations dans lesquelles m'avait jeté une condition intellectuelle qui, si elle n'est pas sans exemple, appelle certainement l'étude et l'analyse. » Et il prend bien soin de nous faire remarquer que ce n'est pas là l'exagération de la rêverie commune à tous les hommes ; car le rêveur prend un objet intéressant pour point de départ, il roule de déduction en déduction, et après une longue journée de rêverie, la cause première est tout à fait envolée, l'*incitamentum* a disparu. Dans le cas d'Egœus, c'est le contraire. L'objet est invariablement puéril ; mais, à travers le milieu d'une contemplation violente, il prend une importance de réfraction. Peu de déductions, point de méditations agréables ; et à la fin, la cause première, bien loin d'être hors de vue, a conquis un intérêt surnaturel, elle a pris une grosseur anormale qui est le caractère distinctif de cette maladie.

Egœus va épouser sa cousine. Au temps de son incomparable beauté, il ne lui a jamais adressé un seul mot d'amour ; mais il éprouve pour elle une grande amitié et une grande pitié. D'ailleurs, n'a-t-elle pas l'immense attrait d'un problème ? Et, comme il l'avoue, *dans l'étrange anomalie de son existence, les sentiments ne lui sont jamais venus du cœur, et les passions lui sont toujours venues de l'esprit*. Un soir, dans la bibliothèque, Bérénice se trouve devant lui. Soit qu'il ait l'esprit troublé, soit par l'effet du crépuscule, il la voit plus grande que de coutume. Il contemple longtemps sans dire un mot ce fantôme aminci qui, dans une douloureuse coquetterie de femme enlaidie, essaye un sourire, un sourire qui veut dire : Je suis bien changée, n'est-ce pas ? Et alors elle montre entre ses pauvres lèvres tortillées toutes ses dents. « Plût à Dieu que je ne les eusse jamais vues, ou que, les ayant vues, je fusse mort! »

Voilà les dents installées dans la tête de l'homme. Deux jours et une nuit, il reste cloué à la même place, avec des dents flottantes autour de lui. Les dents sont daguerréotypées dans son cerveau, longues, étroites, comme des dents de cheval mort ; pas une tache, pas une crénelure, pas une pointe ne lui a échappé. Il frissonne d'horreur quand il s'aperçoit qu'il en est venu à leur attribuer une faculté de sentiment et une puissance d'expression morale indépendante même des lèvres : « On disait de Mlle Sallé *que tous ses pas étaient des sentiments*, et de Bérénice, je croyais plus sérieusement que toutes ses dents étaient des idées. »

Vers la fin du second jour, Bérénice est morte ; Egœus n'ose pas refuser d'entrer dans la chambre funèbre et de dire un dernier adieu à la dépouille de sa cousine. La bière a été déposée sur le lit. Les lourdes courtines du lit qu'il soulève retombent sur ses épaules et l'enferment dans la plus étroite communion avec la défunte. Chose singulière, un bandeau qui entourait les joues s'est dénoué. Les dents reluisent implacablement blanches et longues.

Il s'arrache du lit avec énergie, et se sauve épouvanté. Depuis lors, les ténèbres se sont amoncelées dans son esprit, et le récit devient trouble et confus. Il se retrouve dans la bibliothèque à une table, avec une lampe, un livre ouvert devant lui, et ses yeux tressaillent en tombant sur cette phrase : *Dicebant mihi sodales, si sepulchrum amicæ visitarem, curas meas aliquantulum fore levatas*. A côté, une boîte d'ébène. Pourquoi cette boîte d'ébène ? N'est-ce pas celle du médecin de la famille ? Un domestique entre pâle et troublé ; il parle bas et mal. Cependant il est question dans ses phrases entrecoupées de violation de sépulture, de grands cris qu'on aurait entendus, d'un cadavre encore chaud et palpitant qu'on aurait trouvé au bord de sa fosse tout sanglant et tout mutilé. Il montre à Egœus ses vêtements ; ils sont terreux et sanglants. Il le prend par la main ; elle porte des empreintes singulières, des déchirures d'ongles. Il dirige son attention sur un outil qui repose contre le mur. C'est une bêche. Avec un cri effroyable Egœus saute sur la boîte ; mais dans sa faiblesse et son agitation il la laisse tomber, et la boîte, en s'ouvrant, donne passage à des instruments de chirurgie dentaire qui s'éparpillent sur le parquet avec un affreux bruit de ferraille mêlés aux objets maudits de son hallucination. Le malheureux, dans une absence de conscience, est allé arracher son idée fixe de la mâchoire de sa cousine, ensevelie par erreur pendant une de ses crises.

Généralement, Edgar Poe supprime les accessoires, ou du moins ne leur donne qu'une valeur très minime. Grâce à cette sobriété cruelle, l'idée génératrice se fait mieux voir et le sujet se découpe ardemment sur ces fonds nus. Quant à sa méthode de narration, elle est simple. Il abuse du *je* avec une cynique monotonie. On dirait qu'il est tellement sûr d'intéresser, qu'il s'inquiète peu de varier ses moyens. Ses contes sont presque toujours des récits ou des manuscrits du principal personnage. Quant à l'ardeur avec laquelle il travaille souvent dans l'horrible, j'ai remarqué chez plusieurs hommes qu'elle était souvent le résultat d'une très grande énergie vitale inoccupée, quelquefois d'une opiniâtre chasteté, et aussi d'une profonde sensibilité refoulée. La volupté surnaturelle que l'homme peut éprouver à voir couler son propre sang, les mouvements brusques et inutiles, les grands cris jetés en l'air presque involontairement sont des phénomènes analogues. La douleur est un soulagement à la douleur, l'action délasse du repos.

Un autre caractère particulier de sa littérature est qu'elle est tout à fait anti-féminine. Je m'explique. Les femmes écrivent, écrivent avec une rapidité débordante; leur cœur bavarde à la rame. Elles ne connaissent généralement ni l'art, ni la mesure, ni la logique; leur style traîne et ondoie comme leurs vêtements. Un très grand et très justement illustre écrivain, George Sand elle-même, n'a pas tout à fait, malgré sa supériorité, échappé à cette loi du tempérament; elle jette ses chefs-d'œuvre à la poste comme des lettres. Ne dit-on pas qu'elle écrit ses livres sur du papier à lettres ?

Dans les livres d'Edgar Poe, le style est serré, *concaténé;* la mauvaise volonté du lecteur ou sa paresse ne pourront pas passer à travers les mailles de ce réseau tressé par la logique. Toutes les idées, comme des flèches obéissantes, volent au même but.

J'ai traversé une longue enfilade de contes sans trouver une histoire d'amour. Je n'y ai pensé qu'à la fin, tant cet homme est enivrant. Sans vouloir préconiser d'une manière absolue ce système ascétique d'une âme ambitieuse, je pense qu'une littérature sévère serait chez nous une protestation utile contre l'envahissante *fatuité* des femmes, de plus en plus surexcitée par la dégoûtante idolâtrie des hommes; et je suis très indulgent pour Voltaire, trouvant bon, dans sa préface de *La Mort de César*, tragédie sans femme, sous de feintes excuses de son impertinence, de bien faire remarquer son glorieux tour de force.

Dans Edgar Poe, point de pleurnicheries énervantes; mais partout, mais sans cesse l'infatigable ardeur vers l'idéal. Comme Balzac qui mourut peut-être triste de ne pas être un pur savant, il a des rages de science. Il a écrit un *Manuel de conchyliologiste* que j'ai oublié de mentionner. Il a, comme les conquérants et les philosophes, une entraînante aspiration vers l'unité; il assimile les choses morales aux choses physiques. On dirait qu'il cherche à appliquer à la littérature les procédés de la philosophie, et à la philosophie la méthode de l'algèbre. Dans cette incessante ascension vers l'infini, on perd un peu l'haleine. L'air est raréfié dans cette littérature comme dans un laboratoire. On y contemple sans cesse la glorification de la volonté s'appliquant à l'induction et à l'analyse. Il semble que Poe veuille arracher la parole aux prophètes, et s'attribuer le monopole de l'explication rationnelle. Aussi, les paysages qui servent quelquefois de fond à ses fictions fébriles sont-ils pâles comme des fantômes. Poe, qui ne partageait guère les passions des autres hommes, dessine des arbres et des nuages qui ressemblent à des rêves de nuages et d'arbres, ou plutôt qui ressemblent à ses étranges personnages, agités comme eux d'un frisson surnaturel et galvanique.

Une fois, cependant, il s'est appliqué à faire un livre purement humain. *La Narration d'Arthur Gordon Pym*, qui n'a pas eu un grand succès, est une histoire de navigateurs qui, après de rudes avaries, ont été pris par les calmes dans les mers du Sud. Le génie de l'auteur se réjouit dans ces terribles scènes et dans les étonnantes peintures de peuplades et d'îles qui ne sont point marquées sur les cartes. L'exécution de ce livre est excessivement simple et minutieuse. D'ailleurs, il est présenté comme un livre de bord. Le navire est devenu ingouvernable; les vivres et l'eau buvable sont épuisés; les marins sont réduits au cannibalisme. Cependant, un brick est signalé.

« Nous n'aperçûmes personne à son bord jusqu'à ce qu'il fût arrivé à un quart de mille de nous. Alors nous vîmes trois hommes qu'à leur costume nous prîmes pour des Hollandais. Deux d'entre eux étaient couchés sur de vieilles voiles près du gaillard d'avant, et le troisième, qui paraissait nous regarder avec curiosité, était à l'avant, à tribord, près du beaupré. Ce dernier était un homme grand et vigoureux, avec la peau très noire. Il semblait, par ses gestes, nous encourager à prendre patience, nous faisant des signes qui nous semblaient pleins de joie, mais qui ne laissaient pas que d'être bizarres, et souriant immuablement, comme pour déployer une rangée de dents blanches très brillantes. Le navire approchant davantage, nous vîmes son bonnet de laine rouge tomber de sa tête dans l'eau ; mais il n'y prit pas garde, continuant toujours ses sourires et ses gestes baroques. Je rapporte toutes ces choses et ces circonstances minutieusement, et je les rapporte, cela doit être compris, précisément comme elles nous apparurent.

« Le brick venait à nous lentement, et mettait maintenant le cap droit sur nous, et, — je ne puis parler de sang-froid de cette aventure, — nos cœurs sautaient follement au-dedans de nous, et nous répandions toutes nos âmes en cris d'allégresse et en actions de grâces à Dieu pour la complète, glorieuse et inespérée délivrance que nous avions si palpablement sous la main. Tout à coup et tout à la fois, de l'étrange navire, — nous étions maintenant sous le vent à lui, — nous arrivèrent, portées sur l'océan une odeur, une puanteur telles qu'il n'y a pas dans le monde de mots pour les exprimer : infernales, suffoquantes [sic], intolérables, inconcevables. J'ouvris la bouche pour respirer, et, me tournant vers mes camarades, je m'aperçus qu'ils étaient plus pâles que du marbre. Mais nous n'avions pas le temps de nous questionner ou de raisonner, le brick était à cinquante pieds de nous, et il semblait dans l'intention de nous accoster par notre arrière, afin que nous puissions l'aborder sans l'obliger à mettre son canot à la mer. Nous nous précipitâmes au-devant, quand, tout à coup, une forte embardée le jeta de cinq ou six points hors du cap qu'il tenait, et comme il passait à notre arrière à une distance d'environ vingt pieds, nous vîmes son pont en plein. Oublierais-je jamais la triple horreur de ce spectacle ? Vingt-cinq ou trente corps humains, parmi lesquels quelques femmes, gisaient disséminés çà et là entre la dunette et la cuisine, dans le dernier et le plus dégoûtant état de putréfaction ! Nous vîmes clairement qu'il n'y avait pas une âme vivante sur ce bateau maudit ! Cependant, nous ne pouvions pas nous empêcher d'implorer ces morts pour notre salut ! Oui, dans l'agonie du moment, nous avons longtemps et fortement prié ces silencieuses et dégoûtantes images de s'arrêter pour nous, de ne pas nous abandonner à un sort semblable au leur, et de vouloir bien nous recevoir dans leur gracieuse compagnie! La terreur et le désespoir nous faisaient extravaguer, l'angoisse et le découragement nous avaient rendus totalement fous.

« A nos premiers hurlements de terreur, quelque chose répondit qui venait du côté du beaupré du navire étranger, et qui ressemblait de si près au cri d'un gosier humain, que l'oreille la plus délicate eût été surprise et trompée. A ce moment, une autre embardée soudaine ramena le gaillard d'avant sous nos yeux, et nous pûmes comprendre l'origine de ce bruit. Nous vîmes la grande forme robuste toujours appuyée sur le plat-bord et remuant toujours la tête deçà, delà, mais tournée maintenant de manière que nous ne pouvions lui voir la face. Ses bras étaient étendus sur la lisse du bastingage, et ses mains tombaient en dehors. Ses genoux étaient placés sur une grosse amarre, largement ouverts et allant du talon du beaupré à l'un des bossoirs. A l'un de ses côtés, où un morceau de la chemise avait été arraché et laissait voir le nu, se tenait une énorme mouette, se gorgeant activement de l'horrible viande, son bec et ses serres profondément enfoncés, et son blanc plumage tout éclaboussé de sang. Comme le brick tournait et allait nous passer sous le vent, l'oiseau, avec une apparente difficulté retira sa tête rouge, et après nous avoir regardés un moment comme s'il était stupéfié, se détacha paresseusement du corps sur lequel il festinait, puis il prit directement son vol au-dessus de notre pont, et plana quelque temps avec un morceau de la substance coagulée et quasi vivante dans son bec. A la fin, l'horrible morceau tomba, en l'éclaboussant, juste aux pieds de Parker. Dieu veuille me pardonner, mais alors, dans le premier moment, une pensée traversa mon esprit, une pensée que je n'écrirai pas, et je me sentis faisant un pas machinal vers le morceau sanglant. Je levai les yeux, et mes regards rencontrèrent ceux d'Auguste qui étaient pleins d'une intensité et d'une énergie de désir telles que cela me rendit immédiatement à moi-même. Je m'élançai vivement, et avec un profond frisson, je jetai l'horrible chose à la mer.

« Le cadavre d'où le morceau avait été arraché, reposant ainsi sur l'amarre, était aisément ébranlé par les efforts de l'oiseau carnassier, et c'étaient d'abord ces secousses qui nous avaient induits à croire à un être vivant. Quand l'oiseau le débarrassa de son poids, il chancela, tourna et tomba à moitié, et nous montra tout à fait sa figure. Non, jamais il n'y eut d'objet aussi terrible! Les yeux n'y étaient plus, et toutes les chairs de la bouche rongées, les dents étaient entièrement à nu. Tel était donc ce sourire qui avait encouragé notre espérance! Tel était..., mais je m'arrête. Le brick, comme je l'ai dit, passa à notre arrière, et continua sa route en tombant sous le vent. Avec lui et son terrible équipage s'évanouirent lentement toutes nos heureuses visions de joie et de délivrance. »

Eurêka était sans doute le livre chéri et longtemps rêvé d'Edgar Poe. Je ne puis pas en rendre compte ici d'une manière précise. C'est un livre qui demande un article particulier. Quiconque a lu *La Révélation magnétique* connaît les tendances métaphysiques de notre auteur. *Eurêka* prétend développer le procédé, et démontrer la loi suivant laquelle l'univers a revêtu sa forme actuelle visible, et trouvé sa présente organisation, et aussi comment cette même loi, qui fut l'origine de la création, sera le moyen de sa destruction et de l'absorption définitive du monde. On comprendra facilement pourquoi je ne veux pas m'engager à la légère dans la discussion d'une si ambitieuse tentative. Je craindrais de m'égarer et de calomnier un auteur pour lequel j'ai le plus profond respect. On a déjà accusé Edgar Poe d'être un panthéiste, et quoique je sois forcé d'avouer que les apparences induisent à le croire tel, je puis affirmer que, comme bien d'autres grands hommes épris de la logique, il se contredit quelquefois fortement, ce qui fait son éloge; ainsi, son panthéisme est fort contrarié par ses idées sur la hiérarchie des êtres, et beaucoup de passages qui affirment évidemment la permanence des personnalités.

Edgar Poe était très fier de ce livre, qui n'eut pas, ce qui est tout naturel, le succès de ses contes. Il faut le lire avec précaution et faire la vérification de ses étranges idées par la juxtaposition des systèmes analogues et contraires.

IV

J'avais un ami qui était aussi un métaphysicien à sa manière, enragé et absolu, avec des airs de Saint-Just. Il me disait souvent, en prenant un exemple dans le monde, et en me regardant moi-même de travers : « Tout mystique a un vice caché. » Et je continuais sa pensée en moi-même :

donc, il faut le détruire. Mais je riais, parce que je ne le comprenais pas. Un jour, comme je causais avec un libraire bien connu et bien achalandé, dont la spécialité est de servir les passions de toute la bande mystique et des courtisans obscurs des sciences occultes, et comme je lui demandais des renseignements sur ses clients, il me dit : « Rappelez-vous que tout mystique a un vice caché, souvent très matériel ; celui-ci l'ivrognerie, celui-là la goinfrerie, un autre la paillardise ; l'un sera très avare, l'autre très cruel, etc. »

Mon Dieu ! me dis-je, quelle est donc cette loi fatale qui nous enchaîne, nous domine, et se venge de la violation de son insupportable despotisme par la dégradation et l'amoindrissement de notre être moral ? Les illuminés ont été les plus grands des hommes. Pourquoi faut-il qu'ils soient châtiés de leur grandeur ? Leur ambition n'était-elle pas la plus noble ? L'homme sera-t-il éternellement si limité qu'une de ses facultés ne puisse s'agrandir qu'au détriment des autres ? Si vouloir à tout prix connaître la vérité est un grand crime, ou au moins peut conduire à de grandes fautes, si la niaiserie et l'insouciance sont une vertu et une garantie d'équilibre, je crois que nous devons être très indulgents pour ces illustres coupables, car, enfants du XVIIIe et du XIXe siècle, ce même vice nous est à tous imputable.

Je le dis sans honte, parce que je sens que cela part d'un profond sentiment de pitié et de tendresse, Edgar Poe, ivrogne, pauvre, persécuté, paria, me plaît plus que calme et *vertueux*, un Gœthe ou un W. Scott. Je dirais volontiers de lui et d'une classe particulière d'hommes, ce que le catéchisme dit de notre Dieu : « Il a beaucoup souffert pour nous. »

On pourrait écrire sur son tombeau : « Vous tous qui avez ardemment cherché à découvrir les lois de votre être, qui avez aspiré à l'infini, et dont les sentiments refoulés ont dû chercher un affreux soulagement dans le vin de la débauche, priez pour lui. Maintenant, son être corporel purifié nage au milieu des êtres dont il entrevoyait l'existence, priez pour lui qui voit et qui sait, il intercédera pour vous. »

XVII

NOTICE SUR LA TRADUCTION DE
BÉRÉNICE D'EDGAR POE

(*L'Illustration*, 17 avril 1852.)

Le morceau que nous donnons à nos lecteurs est tiré des œuvres d'Edgar Poe. Il date des premiers temps de sa vie littéraire. Edgar Poe, qu'on pourrait appeler la tête forte des Etats-Unis, est mort en 1849, à l'âge de 37 ans. Il est mort pour ainsi dire, dans le ruisseau : un matin, les agents de police l'ont ramassé et l'ont porté à l'hôpital de Baltimore ; il a quitté la vie, comme Hoffmann et Balzac et tant d'autres, au moment où il commençait à avoir raison de sa terrible destinée. Pour être tout à fait juste, il faut rejeter la responsabilité d'une partie de ses vices, et notamment de son ivrognerie, sur la sévère société dans laquelle la Providence l'avait enfermé.

Toutes les fois que Poe fut heureux, ou à peu près tranquille, il fut le plus aimable et le plus séduisant des hommes. Cet excentrique et orageux écrivain n'eut d'autre réelle consolation dans sa vie que le dévouement angélique de la mère de sa femme, mistriss Clemm, à qui tous les cœurs solitaires rendront un hommage légitime.

Edgar Poe n'est pas spécialement un poëte et un romancier : il est poëte, romancier et philosophe. Il porte le double caractère de l'illuminé et du savant. Qu'il ait fait quelques œuvres mauvaises et hâtives, cela n'a rien d'étonnant, et sa terrible vie l'explique ; mais ce qui fera son éternel éloge, c'est la préoccupation de tous les sujets réellement importants, et seuls dignes de l'attention d'un homme spirituel : probabilités, maladie de l'esprit, sciences conjecturales, espérances et calculs sur la vie ultérieure, analyse des excentriques et des parias de la vie sublunaire, bouffonneries directement symboliques. Ajoutez, à cette ambition éternelle et active de sa pensée, une rare érudition, une impartialité étonnante et antithétique relativement à sa nature subjective, une puissance extraordinaire de déduction et d'analyse, et la raideur habituelle de sa littérature, il ne paraîtra pas surprenant que nous l'ayons appelé la tête forte de son pays. C'est l'idée opiniâtre d'utilité, ou plutôt une curiosité enragée, qui distingue M. Poe de tous les romantiques du continent ou si vous l'aimez mieux, de tous les sectaires de l'école dite romantique.

Jusqu'ici M. Poe n'était connu que par *le Scarabée d'or*, *le Chat noir* et *l'Assassinat de la rue Morgue*, traduits dans un excellent système de traduction positive par Mme Isabelle Meunier et *la Révélation mesmérienne*, traduite dans la *Liberté de penser*, par M. Charles Baudelaire, qui vient de publier, dans les deux derniers volumes de *la Revue de Paris*, une appréciation très nette de la vie et du caractère de l'infortuné Poe, et à qui nous devons la communication de ce morceau.

Les principaux ouvrages de M. Poe sont : *The Tales of the grotesque and arabesque*, qu'on pourrait traduire par *Grotesques et Arabesques*, un volume de contes chez Wiley et Putnam, à New York; un volume de poésies, *The Litterati (sic)*, *Eurêka*, *Arthur Gordon Pym* et une quantité considérable de critiques très aiguës sur les écrivains anglais et américains.

XVIII

EDGAR POE, SA VIE ET SES ŒUVRES

(Préface aux *Histoires extraordinaires*, 1856.)

CETTE TRADUCTION EST DÉDIÉE
A MARIA CLEMM
A LA MÈRE ENTHOUSIASTE ET DÉVOUÉE
A CELLE POUR QUI LE POÈTE A ÉCRIT CES VERS

Parce que je sens que, là-haut dans les Cieux,
　Les Anges, quand ils se parlent doucement à l'oreille,
Ne trouvent pas, parmi leurs termes brûlants d'amour,
　D'expression plus fervente que celle *de mère*,
Je vous ai dès longtemps justement appelée de ce grand nom,
　Vous qui êtes plus qu'une mère pour moi
Et remplissez le sanctuaire de mon cœur où la Mort vous a installée
　En affranchissant l'âme de ma Virginia.
Ma mère, ma propre mère, qui mourut de bonne heure,
　N'était que *ma* mère, à moi; mais vous,
Vous êtes la mère de celle que j'aimais si tendrement,
　Et ainsi vous m'êtes plus chère que la mère que j'ai connue
De tout un infini, — juste comme ma femme
　Etait plus chère à mon âme que celle-ci à sa propre essence.

C. B.

> ... *Quelque maître malheureux à qui l'inexorable Fatalité a donné une chasse acharnée, toujours plus acharnée, jusqu'à ce que ses chants n'aient plus qu'un unique refrain, jusqu'à ce que les chants funèbres de son Espérance aient adopté ce mélancolique refrain : « Jamais! Jamais plus! »*
>
> EDGAR POE. — *Le Corbeau.*

> *Sur son trône d'airain le Destin, qui s'en raille,*
> *Imbibe leur éponge avec du fiel amer,*
> *Et la nécessité les tord dans sa tenaille.*
>
> THÉOPHILE GAUTIER. — *Ténèbres.*

I

Dans ces derniers temps, un malheureux fut amené devant nos tribunaux, dont le front était illustré d'un rare et singulier tatouage : *Pas de chance!* Il portait ainsi au-dessus de ses yeux l'étiquette de sa vie, comme un livre son titre, et l'interrogatoire prouve que ce bizarre écriteau était cruellement véridique. Il y a, dans l'histoire littéraire, des destinées analogues, de vraies damnations, — des hommes qui portent le mot *guignon* écrit en caractères mystérieux dans les plis sinueux de leur front. L'Ange aveugle de l'expiation s'est emparé d'eux et les fouette à tour de bras pour l'édification des autres. En vain leur vie montre-t-elle des talents, des vertus, de la grâce ; la société a pour eux un anathème spécial, et accuse en eux les infirmités que sa persécution leur a données. — Que ne fit pas Hoffmann pour désarmer la destinée, et que n'entreprit pas Balzac pour conjurer la fortune ? — Existe-t-il donc une Providence diabolique qui prépare le malheur dès le berceau, — qui jette avec *préméditation* des natures spirituelles et angéliques dans des milieux hostiles, comme des martyrs dans les cirques ? Y a-t-il donc des âmes *sacrées*, vouées à l'autel, condamnées à marcher à la mort et à la gloire à travers leurs propres ruines ? Le cauchemar des *Ténèbres* assiégera-t-il éternellement ces âmes de choix ? Vainement elles se débattent, vainement elles se forment au monde, à ses prévoyances, à ses ruses ; elles perfectionneront la prudence, boucheront toutes les issues, matelasseront les fenêtres contre les projectiles du hasard ; mais le Diable entrera par une serrure ; une perfection sera le défaut de leur cuirasse, et une qualité superlative le germe de leur damnation.

> *L'aigle, pour le briser, du haut du firmament,*
> *Sur leur front découvert, lâchera la tortue,*
> *Car ils doivent périr inévitablement.*

Leur destinée est écrite dans toute leur constitution, elle brille d'un éclat sinistre dans leurs regards et dans leurs gestes, elle circule dans leurs artères avec chacun de leurs globules sanguins.

Un écrivain célèbre de notre temps a écrit un livre pour démontrer que le poète ne pouvait trouver une bonne place ni dans une société démocratique ni dans une aristocratique, pas plus dans une république que dans une monarchie absolue ou tempérée. Qui donc a su lui répondre péremptoirement ? J'apporte aujourd'hui une nouvelle légende à l'appui de sa thèse, j'ajoute un saint nouveau au martyrologe : j'ai à écrire l'histoire d'un de ces illustres malheureux, trop riche de poésie et de passion, qui est venu, après tant d'autres, faire en ce bas monde le rude apprentissage du génie chez les âmes inférieures.

Lamentable tragédie que la vie d'Edgar Poe ! Sa mort, dénouement horrible dont l'horreur est accrue par la trivialité ! — De tous les documents que j'ai lus est résultée pour moi la conviction que les Etats-Unis ne furent pour Poe qu'une vaste prison qu'il parcourait avec l'agitation fiévreuse d'un être fait pour respirer dans un monde plus aromal, — qu'une grande barbarie éclairée au gaz, — et que sa vie intérieure, spirituelle de poète ou même d'ivrogne n'était qu'un effort perpétuel pour échapper à l'influence de cette atmosphère antipathique. Impitoyable dictature que celle de l'opinion dans les sociétés démocratiques ; n'implorez d'elle ni charité, ni indulgence, ni élasticité quelconque dans l'application de ses lois aux cas multiples et complexes de la vie morale. On dirait que de l'amour impie de la liberté est née une tyrannie nouvelle, la tyrannie des bêtes, ou zoocratie, qui par son insensibilité féroce ressemble à l'idole de Jaggernaut. — Un biographe nous dira gravement — il est bien intentionné, le brave homme — que Poe, s'il avait voulu régulariser son génie et appliquer ses facultés créatrices d'une manière plus appropriée au sol américain, aurait pu devenir un auteur à argent, *a money making author;* — un autre, — un naïf cynique, celui-là, — que, quelque beau que soit le génie de Poe, il eût mieux valu pour lui n'avoir que du talent, le talent s'escomptant toujours plus facilement que le génie. Un autre, qui a dirigé des journaux et des revues, un ami du poète, avoue qu'il était difficile de l'employer et qu'on était obligé de le payer moins que d'autres, parce qu'il écrivait dans un style trop au-dessus du vulgaire. *Quelle odeur de magasin!* comme disait Joseph de Maistre.

Quelques-uns ont osé davantage, et, unissant l'inintelligence la plus lourde de son génie à la férocité de l'hypocrisie bourgeoise, l'ont insulté à l'envi ; et, après sa soudaine disparition, ils ont rudement morigéné ce cadavre, — particulièrement M. Rufus Griswold, qui, pour rappeler ici l'expression vengeresse de M. George Graham, a commis alors une immortelle infamie. Poe, éprouvant peut-être le sinistre pressentiment d'une fin subite, avait désigné MM. Griswold et Willis pour mettre ses œuvres en ordre, écrire sa vie et restaurer sa mémoire. Ce pédagogue-vampire a diffamé longuement son ami dans un énorme article, plat et haineux, juste en tête de l'édition posthume de ses œuvres. — Il n'existe donc pas en Amérique d'ordonnance qui interdise aux chiens l'entrée des cimetières ? — Quant à M. Willis, il a prouvé, au contraire, que la bienveillance et la décence marchaient toujours avec le véritable esprit, et que la charité envers nos confrères, qui est un devoir moral, était aussi un des commandements du goût.

Causez de Poe avec un Américain, il avouera peut-être son génie, peut-être même s'en montrera-t-il fier ; mais, avec un ton sardonique supérieur qui sent son homme positif, il vous parlera de la vie débraillée du poète, de son haleine alcoolisée qui aurait pris feu à la flamme d'une chandelle, de ses habitudes vagabondes ; il vous dira que c'était un être erratique et hétéroclite, une planète désorbitée, qu'il roulait sans cesse de Baltimore à New York, de New York à Philadelphie, de Philadelphie à Boston, de Boston à Baltimore, de Baltimore à Richmond. Et si, le cœur ému par ces préludes d'une histoire navrante, vous donnez à entendre que l'individu n'est peut-être pas seul coupable et qu'il doit être difficile de penser et d'écrire commodément dans un pays où il y a des millions de souverains, un pays sans capitale à proprement parler et sans aristocratie, — alors vous verrez ses yeux s'agrandir et jeter des éclairs, la bave du patriotisme souffrant lui monter aux lèvres, et l'Amérique, par sa bouche, lancer des injures à l'Europe, sa vieille mère, et à la philosophie des anciens jours.

Je répète que pour moi la persuasion s'est faite qu'Edgar Poe et sa patrie n'étaient pas de niveau. Les Etats-Unis sont un pays gigantesque et enfant, naturellement jaloux du vieux continent. Fier de son développement matériel, anormal et presque monstrueux, ce nouveau venu dans l'histoire a une foi naïve dans la toute-puissance de l'industrie ; il est convaincu, comme quelques malheureux parmi nous, qu'elle finira par manger le Diable. Le temps et l'argent ont là-bas une valeur si grande! L'activité matérielle, exagérée jusqu'aux proportions d'une manie nationale, laisse dans les esprits bien peu de place pour les choses qui ne sont pas de la terre. Poe, qui était de bonne souche, et qui d'ailleurs professait que le grand malheur de son pays était de n'avoir pas d'aristocratie de race, attendu, disait-il, que chez un peuple sans aristocratie le culte du Beau ne peut que se corrompre, s'amoindrir et disparaître, — qui accusait chez ses concitoyens, jusque dans leur luxe emphatique et coûteux, tous les symptômes du mauvais goût caractéristique des parvenus, — qui considérait le Progrès, la grande idée moderne, comme une extase de gobe-mouches, et qui appelait les *perfectionnements* de l'habitacle humain des cicatrices et des abominations rectangulaires, — Poe était là-bas un cerveau singulièrement solitaire. Il ne croyait qu'à l'immuable, à l'éternel, au *selfsame*, et il jouissait — cruel privilège dans une société amoureuse d'elle-même! — de ce grand bon sens à la Machiavel qui marche devant le sage, comme une colonne lumineuse, à travers le désert de l'histoire. — Qu'eût-il pensé, qu'eût-il écrit, l'infortuné, s'il avait entendu la théologienne du sentiment supprimer l'Enfer par amitié pour le genre humain, le philosophe du chiffre proposer un système d'assurances, une souscription à un sou par tête pour la suppression de la guerre, — et l'abolition de la peine de mort et de l'orthographe, ces deux folies corrélatives! — et tant d'autres malades qui écrivent, *l'oreille inclinée au vent*, des fantaisies giratoires aussi flatueuses que l'élément qui les leur dicte ? — Si vous ajoutez à cette vision impeccable du vrai, véritable infirmité dans de certaines circonstances, une délicatesse exquise de sens qu'une note fausse torturait, une finesse de goût que tout, excepté l'exacte proportion, révoltait, un amour insatiable du Beau, qui avait pris la puissance d'une passion morbide, vous ne vous étonnerez pas que pour un pareil homme la vie soit devenue un enfer, et qu'il ait mal fini ; vous admirerez qu'il ait pu *durer* aussi longtemps.

II

La famille de Poe était une des plus respectables de Baltimore. Son grand-père maternel avait servi comme *quarter-master-général* dans la guerre de l'Indépendance, et

La Fayette l'avait en haute estime et amitié. Celui-ci, lors de son dernier voyage aux Etats-Unis, voulut voir la veuve du général et lui témoigner sa gratitude pour les services que lui avait rendus son mari. Le bisaïeul avait épousé une fille de l'amiral anglais Mac Bride, qui était allié avec les plus nobles maisons d'Angleterre. David Poe, père d'Edgar et fils du général, s'éprit violemment d'une actrice anglaise, Elisabeth Arnold, célèbre par sa beauté ; il s'enfuit avec elle et l'épousa. Pour mêler plus intimement sa destinée à la sienne, il se fit comédien et parut avec sa femme sur différents théâtres, dans les principales villes de l'Union. Les deux époux moururent à Richmond presque en même temps, laissant dans l'abandon et le dénuement le plus complet trois enfants en bas âge, dont Edgar.

Edgar Poe était né à Baltimore, en 1813. — C'est d'après son propre dire que je donne cette date, car il a réclamé contre l'affirmation de Griswold, qui place sa naissance, en 1811. — Si jamais l'esprit de roman, pour me servir d'une expression de notre poète, a présidé à une naissance — esprit sinistre et orageux! — certes, il présida à la sienne. Poe fut véritablement l'enfant de la passion et de l'aventure. Un riche négociant de la ville, M. Allan, s'éprit de ce joli malheureux que la nature avait doté d'une manière charmante, et, comme il n'avait pas d'enfants, il l'adopta. Celui-ci s'appela donc désormais Edgar Allan Poe. Il fut ainsi élevé dans une belle aisance et dans l'espérance légitime d'une de ces fortunes qui donnent au caractère une superbe certitude. Ses parents adoptifs l'emmenèrent dans un voyage qu'ils firent en Angleterre, en Ecosse et en Irlande, et, avant de retourner dans leur pays, ils le laissèrent chez le docteur Bransby, qui tenait une importante maison d'éducation à Stoke-Newington, près de Londres.— Poe a lui-même, dans *William Wilson*, décrit cette étrange maison bâtie dans le vieux style d'Elisabeth et les impressions de sa vie d'écolier.

Il revint à Richmond en 1822, et continua ses études en Amérique, sous la direction des meilleurs maîtres de l'endroit. A l'université de Charlottesville, où il entra en 1825, il se distingua, non seulement par une intelligence quasi miraculeuse, mais aussi par une abondance presque sinistre de passions, — une précocité vraiment américaine, — qui finalement fut la cause de son expulsion. Il est bon de noter en passant que Poe avait déjà, à Charlottesville, manifesté une aptitude des plus remarquables pour les sciences physiques et mathématiques. Plus tard il en fera un usage fréquent dans ses étranges contes, et en tirera des moyens très inattendus. Mais j'ai des raisons de croire que çe n'est pas à cet ordre de compositions qu'il attachait le plus d'importance, et que — peut-être même à cause de cette précoce aptitude — il n'était pas loin de les considérer comme de *faciles* jongleries, comparativement aux ouvrages de pure imagination. — Quelques malheureuses dettes de jeu amenèrent une brouille momentanée entre lui et son père adoptif, et Edgar — fait des plus curieux et qui prouve, quoi qu'on ait dit, une dose de chevalerie assez forte dans son impressionnable cerveau — conçut le projet de se mêler à la guerre des Hellènes et d'aller combattre les Turcs. Il partit donc pour la Grèce. — Que devint-il en Orient ? Qu'y fit-il ? Etudia-t-il les rivages classiques de la Méditerranée ? — Pourquoi le trouvons-nous à Saint-Pétersbourg, sans passeport, compromis, et dans quelle sorte d'affaire, obligé d'en appeler au ministre américain, Henry Middleton, pour échapper à la pénalité russe et retourner chez lui ? — On l'ignore ; il y a là une lacune que lui seul aurait pu combler. La vie d'Edgar Poe, sa jeunesse, ses aventures en Russie et sa correspondance ont été longtemps annoncées par les journaux américains et n'ont jamais paru.

Revenu en Amérique en 1829, il manifesta le désir d'entrer à l'école militaire de West-Point ; il y fut admis en effet, et, là comme ailleurs, il donna les signes d'une intelligence admirablement douée, mais indisciplinable, et, au bout de quelques mois, il fut rayé. — En même temps se passait dans sa famille adoptive un événement qui devait avoir les conséquences les plus graves sur toute sa vie. Mme Allan, pour laquelle il semble avoir éprouvé une affection réellement filiale, mourait, et M. Allan épousait une femme toute jeune. Une querelle domestique prend ici place — une histoire bizarre et ténébreuse que je ne peux pas raconter, parce qu'elle n'est clairement expliquée par aucun biographe. Il n'y a donc pas lieu de s'étonner qu'il se soit définitivement séparé de M. Allan, et que celui-ci, qui eut des enfants de son second mariage, l'ait complètement frustré de sa succession.

Peu de temps après avoir quitté Richmond, Poe publia un petit volume de poésies ; c'était en vérité une aurore éclatante. Pour qui sait sentir la poésie anglaise, il y a là déjà l'accent extra-terrestre, le calme dans la mélancolie, la solennité délicieuse, l'expérience précoce, — j'allais, je crois, dire *expérience innée*, — qui caractérisent les grands poètes.

La misère le fit quelque temps soldat, et il est présumable qu'il se servit des lourds loisirs de la vie de garnison pour préparer les matériaux de ses futures compositions, — compositions étranges, qui semblent avoir été créées pour nous démontrer que l'étrangeté est une des parties intégrantes du beau. Rentré dans la vie littéraire, le seul élément où puissent respirer certains êtres déclassés, Poe se mourait dans une misère extrême, quand un hasard heureux le releva. Le propriétaire d'une revue venait de fonder deux prix, l'un pour le meilleur conte, l'autre pour le meilleur poème. Une écriture singulièrement belle attira les yeux de M. Kennedy, qui présidait le comité, et lui donna l'envie d'examiner lui-même les manuscrits. Il se trouva que Poe avait gagné les deux prix; mais un seul lui fut donné. Le président de la commission fut curieux de voir l'inconnu. L'éditeur du journal lui amena un jeune homme d'une beauté frappante, en guenilles, boutonné jusqu'au menton, et qui avait l'air d'un gentilhomme aussi fier qu'affamé. Kennedy se conduisit bien. Il fit faire à Poe la connaissance d'un M. Thomas White, qui fondait à Richmond le *Southern Literary Messenger*. M. White était un homme d'audace, mais sans aucun talent littéraire; il lui fallait un aide. Poe se trouva donc tout jeune, — à vingt-deux ans, — directeur d'une revue dont la destinée reposait tout entière sur lui. Cette prospérité, il la créa. Le *Southern Literary Messenger* a reconnu depuis lors que c'était à cet excentrique maudit, à cet ivrogne incorrigible qu'il devait sa clientèle et sa fructueuse notoriété. C'est dans ce *magazine* que parut pour la première fois l'*Aventure sans pareille d'un certain Hans Pfaall*, et plusieurs autres contes que nos lecteurs verront défiler sous leurs yeux. Pendant près de deux ans, Edgar Poe, avec une ardeur merveilleuse, étonna son public par une série de compositions d'un genre nouveau et par des articles critiques dont la vivacité, la netteté, la sévérité raisonnées étaient bien faites pour attirer les yeux. Ces articles portaient sur des livres de tout genre, et la forte éducation que le jeune homme s'était faite ne le servit pas médiocrement. Il est bon qu'on sache que cette besogne considérable se faisait pour cinq cents dollars, c'est-à-dire deux mille sept cents francs par an. — *Immédiatement*, — dit Griswold, ce qui veut dire : « Il se croyait assez riche, l'imbécile! » — il épousa une jeune fille, belle, charmante, d'une nature aimable et héroïque, mais *ne possédant pas un sou*, — ajoute le même Griswold avec une nuance de dédain. C'était une demoiselle Virginia Clemm, sa cousine.

Malgré les services rendus à son journal, M. White se brouilla avec Poe au bout de deux ans, à peu près. La raison de cette séparation se trouve évidemment dans les accès d'hypocondrie et les crises d'ivrognerie du poète, — accidents caractéristiques qui assombrissaient son ciel spirituel, comme ces nuages lugubres qui donnent soudainement au plus romantique paysage un air de mélancolie en apparence irréparable. — Dès lors, nous verrons l'infortuné déplacer sa tente, comme un homme du désert, et transporter ses légers pénates dans les principales villes de l'Union. Partout, il dirigera des revues ou y collaborera d'une manière éclatante. Il répandra avec une éblouissante rapidité des articles critiques, philosophiques, et des contes pleins de magie qui paraissent réunis sous le titre de *Tales of the Grotesque and the Arabesque* — titre remarquable et intentionnel, car les ornements grotesques et arabesques repoussent la figure humaine, et l'on verra qu'à beaucoup d'égards la littérature de Poe est extra ou suprahumaine. Nous apprendrons par des notes blessantes et scandaleuses insérées dans les journaux que M. Poe et sa femme se trouvent dangereusement malades à Fordham et dans une absolue misère. Peu de temps après la mort de Mme Poe, le poète subit les premières attaques du *delirium tremens*. Une note nouvelle paraît soudainement dans un journal, — celle-là plus que cruelle, — qui accuse son mépris et son dégoût du monde et lui fait un de ces procès de tendance, véritables réquisitoires de l'opinion, contre lesquels il eut toujours à se défendre, — une des luttes les plus stérilement fatigantes que je connaisse.

Sans doute, il gagnait de l'argent, et ses travaux littéraires pouvaient à peu près le faire vivre. Mais j'ai les preuves qu'il avait sans cesse de dégoûtantes difficultés à surmonter. Il rêva, comme tant d'autres écrivains, une *Revue* à lui, il voulut être *chez lui*, et le fait est qu'il avait suffisamment souffert pour désirer ardemment cet abri définitif pour sa pensée. Pour arriver à ce résultat, pour se procurer une somme d'argent suffisante, il eut recours aux *lectures*. On sait ce que sont ces lectures, — une espèce de spéculation, le Collège de France mis à la disposition de tous les littérateurs, l'auteur ne publiant sa *lecture* qu'après qu'il en a tiré toutes les recettes qu'elle peut rendre. Poe avait déjà donné à New York une *lecture* d'*Eurêka*, son poème cosmogonique, qui avait même soulevé de grosses discussions. Il imagina cette fois de donner des *lectures* dans son pays, dans la Virginie. Il comptait, comme il l'écrivait à Willis, faire une tournée dans l'Ouest et le Sud, et il espérait le concours de ses amis littéraires et de ses anciennes connaissances de collège et de West-Point. Il visita donc les principales villes de la Virginie, et Richmond revit celui qu'on y avait connu si jeune, si pauvre, si délabré. Tous ceux qui n'avaient pas vu Poe depuis les jours de son obscurité accoururent en foule pour contempler leur illustre compatriote. Il apparut, beau, élégant, correct comme le génie. Je crois même que, depuis quelque temps, il avait poussé la condescendance jusqu'à se faire admettre dans une société de tempérance. Il choisit un thème aussi large qu'élevé : *le Principe de la Poésie*, et il le développa avec cette lucidité qui est un de ses privilèges. Il croyait, en vrai poète qu'il était, que le but de la poésie est de même nature que son principe, et qu'elle ne doit pas avoir en vue autre chose qu'elle-même.

Le bel accueil qu'on lui fit inonda son pauvre cœur d'orgueil et de joie ; il se montrait tellement enchanté qu'il parlait de s'établir définitivement à Richmond et de finir sa vie dans les lieux que son enfance lui avait rendus chers. Cependant, il avait affaire à New-York, et il partit le 4 octobre, se plaignant de frissons et de faiblesses. Se sentant toujours assez mal en arrivant à Baltimore, le 6, au soir, il fit porter ses bagages à l'embarcadère d'où il devait se diriger sur Philadelphie, et entra dans une taverne pour y prendre un excitant quelconque. Là, malheureusement il rencontra de vieilles connaissances et s'attarda. Le lendemain matin, dans les pâles ténèbres du petit jour, un cadavre fut trouvé sur la voie, — est-ce ainsi qu'il faut dire ? — non, un corps vivant encore, mais que la Mort avait déjà marqué de sa royale estampille. Sur ce corps, dont on ignorait le nom, on ne trouva ni papier ni argent, et on le porta dans un hôpital. C'est là que Poe mourut le soir même du dimanche 7 octobre 1849, à l'âge de trente-sept ans, vaincu par le *delirium tremens*, ce terrible visiteur qui avait déjà hanté son cerveau une ou deux fois. Ainsi disparut de ce monde un des plus grands héros littéraires, l'homme de génie qui avait écrit dans *le Chat noir* ces mots fatidiques : *Quelle maladie est comparable à l'alcool !*

Cette mort est presque un suicide, — un suicide préparé depuis longtemps. Du moins, elle en causa le scandale. La clameur fut grande, et la *vertu* donna carrière à son *cant* emphatique, librement et voluptueusement. Les oraisons funèbres les plus indulgentes ne purent pas ne pas donner place à l'inévitable morale bourgeoise, qui n'eut garde de manquer une si admirable occasion. M. Griswold diffama ; M. Willis, sincèrement affligé, fut mieux que convenable. — Hélas, celui qui avait franchi les hauteurs les plus ardues de l'esthétique et plongé dans les abîmes les moins explorés de l'intellect humain, celui qui, à travers une vie qui ressemble à une tempête sans accalmie, avait trouvé des moyens nouveaux, des procédés inconnus pour étonner l'imagination, pour séduire les esprits assoiffés de Beau, venait de mourir en quelques heures dans un lit d'hôpital, — quelle destinée ! Et tant de grandeur et tant de malheur, pour soulever un tourbillon de phraséologie bourgeoise, pour devenir la pâture et le thème des journalistes vertueux !

Ut declamatio fias !

Ces spectacles ne sont pas nouveaux ; il est rare qu'une sépulture fraîche et illustre ne soit pas rendez-vous de scandales. D'ailleurs, la société n'aime pas ces enragés malheureux, et, soit qu'ils troublent ses fêtes, soit qu'elle les considère naïvement comme des remords, elle a incontestablement raison. Qui ne se rappelle les déclamations parisiennes lors de la mort de Balzac, qui cependant mourut correctement ? — Et plus récemment encore, il y a aujourd'hui, 26 janvier, juste un an, — quand un écrivain d'une honnêteté admirable, d'une haute intelligence, et *qui fut toujours lucide*, alla discrètement, sans déranger personne, — si discrètement que sa discrétion ressemblait à du mépris, — délier son âme dans la rue la plus noire qu'il pût trouver, — quelles dégoûtantes homélies ! — quel assassinat raffiné ! Un journaliste célèbre, à qui Jésus n'enseignera jamais les manières généreuses, trouva l'aventure assez joviale pour la célébrer en un gros calembour. — Parmi l'énumération nombreuse des *droits de l'homme* que la sagesse du XIXe siècle recommence si souvent et si complaisamment, deux assez importants ont été oubliés, qui sont le droit de se contredire et le droit de *s'en aller*. Mais la *société* regarde celui qui s'en va comme un insolent ; elle châtierait volontiers certaines dépouilles funèbres, comme ce malheureux soldat, atteint de vampirisme, que la vue d'un cadavre exaspérait jusqu'à la fureur. — Et cependant, on peut dire que, sous la pression de certaines circonstances, après un sérieux examen de certaines incompatibilités, avec de fermes croyances à de certains dogmes et métempsycoses, — on peut dire, sans emphase et sans jeu de mots, que le suicide est parfois l'action la plus raisonnable de la vie. — Et ainsi se forme une compagnie de fantômes déjà nombreuse, qui nous hante familièrement, et dont chaque membre vient nous vanter son repos actuel et nous verser ses persuasions.

Avouons toutefois que la lugubre fin de l'auteur d'*Eurêka* suscita quelques consolantes exceptions, sans quoi il faudrait désespérer, et la place ne serait plus tenable. M. Willis, comme je l'ai dit, parla honnêtement, et même avec émotion, des bons rapports qu'il avait toujours eus avec Poe. MM. John Neal et George Graham rappelèrent M. Griswold à la pudeur. M. Longfellow — et celui-ci est d'autant plus méritant que Poe l'avait cruellement maltraité — sut louer d'une manière digne d'un poète sa haute puissance comme poète et comme prosateur. Un inconnu écrivit que l'Amérique littéraire avait perdu sa plus forte tête.

Mais le cœur brisé, le cœur déchiré, le cœur percé des sept glaives fut celui de Mme Clemm. Edgar était à la fois son fils et sa fille. Rude destinée, dit Willis, à qui j'emprunte ces détails, presque mot pour mot, rude destinée que celle qu'elle surveillait et protégeait. Car Edgar Poe était un homme embarrassant ; outre qu'il écrivait avec une fastidieuse difficulté et *dans un style trop au-dessus du niveau intellectuel commun pour qu'on pût le payer cher*, il était toujours plongé dans des embarras d'argent, et souvent lui et sa femme malade manquaient des choses les plus nécessaires à la vie. Un jour, Willis vit entrer dans son bureau une femme vieille, douce, grave. C'était Mme Clemm. Elle *cherchait de l'ouvrage* pour son cher Edgar. Le biographe dit qu'il fut sincèrement frappé, non pas seulement de l'éloge parfait, de l'appréciation exacte qu'elle faisait des talents de son fils, mais aussi de tout son être extérieur, — de sa voix douce et triste, de ses manières un peu surannées, mais belles et grandes. Et pendant plusieurs années, ajoute-t-il, nous avons vu cet infatigable serviteur du génie, pauvrement et insuffisamment vêtu, allant de journal en journal pour vendre tantôt un poème, tantôt un article, disant quelquefois qu'*il* était malade, — unique explication, unique raison, invariable excuse qu'elle donnait quand son fils se trouvait frappé momentanément d'une de ces stérilités que connaissent les écrivains nerveux, — et ne permettant jamais à ses lèvres de lâcher une syllabe qui pût être interprétée comme un doute, comme un amoindrissement de confiance dans le génie et la volonté de son bien-aimé. Quand sa fille mourut, elle s'attacha au survivant de la désastreuse bataille avec une ardeur maternelle renforcée, elle vécut avec lui, prit soin de lui, le surveillant, le défendant contre la vie et contre lui-même. Certes, — conclut Willis avec une haute et impartiale raison, — si le dévouement de la femme, né avec un premier amour et entretenu par la passion humaine, glorifie et consacre son objet, que ne dit pas en faveur de celui qui l'inspira un dévouement comme celui-ci, pur, désintéressé et saint comme une sentinelle divine ? Les détracteurs de Poe auraient dû en effet remarquer qu'il est des séductions si puissantes qu'elles ne peuvent être que des vertus.

On devine combien terrible fut la nouvelle pour la malheureuse femme. Elle écrivit à Willis une lettre dont voici quelques lignes :

« J'ai appris ce matin la mort de mon bien-aimé Eddie... Pouvez-vous me transmettre quelques détails, quelques circonstances ?... Oh ! n'abandonnez pas votre pauvre amie dans cette amère affliction... Dites à M. ... de venir me voir ; j'ai à m'acquitter envers lui d'une commission de la part de mon pauvre Eddie... Je n'ai pas besoin de vous prier d'annoncer sa mort, et de parler bien de lui. Je sais que vous le ferez. *Mais dites bien quel fils affectueux il était pour moi, sa pauvre mère désolée...* »

Cette femme m'apparaît grande et plus qu'antique. Frappée d'un coup irréparable, elle ne pense qu'à la réputation de celui qui était tout pour elle, et il ne suffit pas, pour la contenter, qu'on dise qu'il était un génie, il faut qu'on sache qu'il était un homme de devoir et d'affection. Il est évident que cette mère — flambeau et foyer allumés par un rayon du plus haut ciel — a été donnée en exemple à nos races trop peu soigneuses du dévouement, de l'héroïsme, et de tout ce qui est plus que le devoir. N'était-ce pas justice d'inscrire au-dessus des ouvrages du poète le nom de celle qui fut le soleil moral de sa vie ? Il embaumera dans sa gloire le nom de la femme dont la tendresse savait panser ses plaies, et dont l'image voltigera incessamment au-dessus du martyrologe de la littérature.

III

La vie de Poe, ses mœurs, ses manières, son être physique, tout ce qui constitue l'ensemble de son personnage, nous apparaissent comme quelque chose de ténébreux et de brillant à la fois. Sa personne était singulière, séduisante et, comme ses ouvrages, marquée d'un indéfinissable cachet de mélancolie. Du reste, il était remarquablement bien doué de toutes façons. Jeune, il avait montré une rare aptitude pour tous les exercices physiques, et bien qu'il fût petit, avec des pieds et des mains de femme, tout son être portant d'ailleurs ce caractère de délicatesse féminine, il était plus que robuste et capable de merveilleux traits de force. Il a, dans sa jeunesse, gagné un pari de nageur qui dépasse la mesure ordinaire du possible. On dirait que la Nature fait à ceux dont elle veut tirer de grandes choses un tempérament énergique, comme elle donne une puissante vitalité aux arbres qui sont chargés de symboliser le deuil et la douleur. Ces hommes-là, avec des apparences quelquefois chétives, sont taillés en athlètes, bons pour l'orgie et pour le travail, prompts aux excès et capables d'étonnantes sobriétés.

Il est quelques points relatifs à Edgar Poe, sur lesquels il y a un accord unanime, par exemple sa haute distinction naturelle, son éloquence et sa beauté, dont, à ce qu'on dit, il tirait un peu de vanité. Ses manières, mélange singulier de hauteur avec une douceur exquise, étaient pleines de certitude. Physionomie, démarche, gestes, air de tête, tout le désignait, surtout dans ses bons jours, comme une créature d'élection. Tout son être respirait une solennité pénétrante. Il était réellement marqué par la nature, comme ces figures de passants qui tirent l'œil de l'observateur et préoccupent sa mémoire. Le pédant et aigre Griswold lui-même avoue que, lorsqu'il alla rendre visite à Poe, et qu'il le trouva pâle et malade encore de la mort et de la maladie de sa femme, il fut frappé outre mesure, non seulement de la perfection de ses manières, mais encore de la physionomie aristocratique, de l'atmosphère parfumée de son appartement, d'ailleurs assez modestement meublé. Griswold ignore que le poète a plus que tous les hommes ce merveilleux privilège attribué à la femme parisienne et à l'Espagnole, de savoir se parer avec un rien, et que Poe aurait trouvé l'art de transformer une chaumière en un palais d'une espèce nouvelle. N'a-t-il pas écrit, avec l'esprit le plus original et le plus curieux, des projets de mobiliers, des plans de maisons de campagne, de jardins et de réformes de paysages ?

Il existe une lettre charmante de Mme Frances Osgood, qui fut une des amies de Poe, et qui nous donne sur ses mœurs, sur sa personne et sur sa vie de ménage les plus curieux détails. Cette femme, qui était elle-même un littérateur distingué, nie courageusement tous les vices et toutes les fautes reprochés au poète.

« Avec les hommes, dit-elle à Griswold, peut-être était-il tel que vous le dépeignez, et comme homme vous pouvez avoir raison. Mais je pose en fait qu'avec les femmes, il était tout autre, et que jamais femme n'a pu connaître M. Poe sans éprouver pour lui un profond intérêt. Il ne m'a jamais apparu que comme un modèle d'élégance, de distinction et de générosité...

« La première fois que nous nous vîmes, ce fut à *Astor-House*. Willis m'avait fait passer à table d'hôte *le Corbeau*, sur lequel l'auteur, me dit-il, désirait connaître mon opinion. La musique mystérieuse et surnaturelle de ce poème étrange me pénétra si intimement que, lorsque j'appris que Poe désirait m'être présenté, j'éprouvai un sentiment singulier et qui ressemblait à de l'effroi. Il parut avec sa belle et orgueilleuse tête, ses yeux sombres qui dardaient une lumière d'élection, une lumière de sentiment et de pensée, avec ses manières qui étaient un mélange intraduisible de hauteur et de suavité — il me salua, calme, grave, presque froid ; mais sous cette froideur vibrait une sympathie si marquée que je ne pus m'empêcher d'en être profondément impressionnée. A partir de ce moment jusqu'à sa mort, nous fûmes amis..., et je sais que, dans ses dernières paroles, j'ai eu ma part de souvenir, et qu'il m'a donné, avant que sa raison ne fût culbutée de son trône de souveraine, une preuve suprême de sa fidélité en amitié.

« C'était surtout dans son intérieur, à la fois simple et poétique, que le caractère d'Edgar Poe apparaissait pour moi dans sa plus belle lumière. Folâtre, affectueux, spirituel, tantôt docile et tantôt méchant comme un enfant gâté, il avait toujours pour sa jeune, douce et adorée femme, et pour tous ceux qui venaient, même au milieu de ses plus fatigantes besognes littéraires, un mot aimable, un sourire bienveillant, des attentions gracieuses et courtoises. Il passait d'interminables heures à son pupitre, sous le portrait de sa *Lenore*, l'aimée et la morte, toujours assidu, toujours

résigné et fixant avec son admirable écriture les brillantes fantaisies qui traversaient son étonnant cerveau incessamment en éveil. — Je me rappelle l'avoir vu un matin plus joyeux et plus allègre que de coutume. Virginia, sa douce femme, m'avait prié d'aller les voir et il m'était impossible de résister à ces sollicitations... Je le trouvai travaillant à la série d'articles qu'il a publiés sous le titre : *the Literati of New York*. « Voyez », me dit-il, en déployant avec un rire de triomphe plusieurs petits rouleaux de papier (il écrivait sur des bandes étroites, sans doute pour conformer sa copie à la *justification* des journaux), « je vais vous mon-
« trer par la différence des longueurs les divers degrés
« d'estime que j'ai pour chaque membre de votre gent lit-
« téraire. Dans chacun de ces papiers, l'un de vous est
« peloté et proprement discuté. — Venez ici, Virginia, et
« aidez-moi ! » Et ils les déroulèrent tous un à un. A la fin, il y en avait un qui semblait interminable. Virginia, tout en riant, reculait jusqu'à un coin de la chambre le tenant par un bout, et son mari vers un autre coin avec l'autre bout. « Et quel est l'heureux, dis-je, que vous « avez jugé
« digne de cette incommensurable douceur ? — L'enten-
« dez-vous, s'écriait-il, comme si son vaniteux petit cœur
« ne lui avait pas déjà dit que c'est elle-même ! »

« Quand je fus obligée de voyager pour ma santé, j'entretins une correspondance régulière avec Poe, obéissant en cela aux vives sollicitations de sa femme, qui croyait que je pouvais obtenir sur lui une influence et un ascendant salutaires... Quant à l'amour et à la confiance qui existaient entre sa femme et lui, et qui étaient pour moi un spectacle délicieux, je n'en saurais parler avec trop de conviction, avec trop de chaleur. Je néglige quelques petits épisodes poétiques dans lesquels le jeta son tempérament romanesque. Je pense qu'elle était la seule femme qu'il ait toujours véritablement aimée... »

Dans les Nouvelles de Poe, il n'y a jamais d'amour. Du moins *Ligeia*, *Eleonora* ne sont pas, à proprement parler, des histoires d'amour, l'idée principale sur laquelle pivote l'œuvre étant tout autre. Peut-être croyait-il que la prose n'est pas une langue à la hauteur de ce bizarre et presque intraduisible sentiment; car ses poésies, en revanche, en sont fortement saturées. La divine passion y apparaît magnifique, étoilée, et toujours voilée d'une irrémédiable mélancolie. Dans ses articles, il parle quelquefois de l'amour, et même comme d'une chose dont le nom fait frémir la plume. Dans *the Domain of Arnheim*, il affirmera que les quatre conditions élémentaires du bonheur sont : la vie en plein air, l'*amour d'une femme*, le détachement de toute ambition et la création d'un Beau nouveau. — Ce qui corrobore l'idée de Mme Frances Osgood relativement au respect chevaleresque de Poe pour les femmes, c'est que, malgré son prodigieux talent pour le grotesque et l'horrible, il n'y a pas dans toute son œuvre un seul passage qui ait trait à la lubricité ou même aux jouissances sensuelles. Ses portraits de femmes sont, pour ainsi dire, auréolés ; ils brillent au sein d'une vapeur surnaturelle et sont peints à la manière emphatique d'un adorateur. — Quant aux *petits épisodes romanesques*, y a-t-il lieu de s'étonner qu'un être aussi nerveux, dont la soif du Beau était peut-être le trait principal, ait parfois, avec une ardeur passionnée, cultivé la galanterie, cette fleur volcanique et musquée pour qui le cerveau bouillonnant des poètes est un terrain de prédilection ?

De sa beauté personnelle singulière dont parlent plusieurs biographes, l'esprit peut, je crois, se faire une idée approximative en appelant à son secours toutes les notions vagues, mais cependant caractéristiques, contenues dans le mot *romantique*, mot qui sert généralement à rendre les genres de beauté consistant surtout dans l'expression. Poe avait un front vaste, dominateur, où certaines protubérances trahissaient les facultés débordantes qu'elles sont chargées de représenter, — construction, comparaison, causalité, — et où trônait dans un orgueil calme le sens de l'idéalité, le sens esthétique par excellence. Cependant, malgré ces dons, ou même à cause de ces privilèges exorbitants, cette tête vue de profil n'offrait peut-être pas un aspect agréable. Comme dans toutes les choses excessives par un sens, un déficit pouvait résulter de l'abondance, une pauvreté de l'usurpation. Il avait de grands yeux à la fois sombres et pleins de lumière, d'une couleur indécise et ténébreuse, poussée au violet, le nez noble et solide, la bouche fine et triste, quoique légèrement souriante, le teint brun clair, la face généralement pâle, la physionomie un peu distraite et imperceptiblement grimée par une mélancolie habituelle.

Sa conversation était des plus remarquables et essentiellement nourrissante. Il n'était pas ce qu'on appelle un beau parleur, — une chose horrible, — et d'ailleurs sa parole comme sa plume avaient horreur du convenu ; mais un vaste savoir, une linguistique puissante, de fortes études, des impressions ramassées dans plusieurs pays faisaient de cette parole un enseignement. Son éloquence, essentiellement poétique, pleine de méthode, et se mouvant toutefois hors de toute méthode connue, un arsenal d'images tirées d'un monde peu fréquenté par la foule des esprits, un art prodigieux à déduire d'une proposition évidente et absolument acceptable des aperçus secrets et nouveaux, à ouvrir d'étonnantes perspectives, et, en un mot, l'art de ravir, de faire penser, de faire rêver, d'arracher les âmes des bourbes de la routine, telles étaient les éblouissantes facultés dont beaucoup de gens ont gardé le souvenir. Mais il arrivait parfois — on le dit, du moins, — que le poète, se complaisant dans un caprice destructeur, rappelait brusquement ses amis à la terre par un cynisme affligeant et démolissait brutalement son œuvre de spiritualité. C'est d'ailleurs une chose à noter, qu'il était fort peu difficile dans le choix de ses auditeurs, et je crois que le lecteur trouvera sans peine dans l'histoire d'autres intelligences grandes et originales, pour qui toute compagnie était bonne. Certains esprits, solitaires au milieu de la foule, et qui se repaissent dans le monologue, n'ont que faire de la délicatesse en matière de public. C'est, en somme, une espèce de fraternité basée sur le mépris.

De cette ivrognerie, — célébrée et reprochée avec une insistance qui pourrait donner à croire que tous les écrivains des Etats-Unis, excepté Poe, sont des anges de sobriété, — il faut cependant en parler. Plusieurs versions sont plausibles, et aucune n'exclut les autres. Avant tout, je suis obligé de remarquer que Willis et Mme Osgood affirment qu'une quantité fort minime de vin ou de liqueur suffisait pour perturber complètement son organisation. Il est d'ailleurs facile de supposer qu'un homme aussi réellement solitaire, aussi profondément malheureux, et qui a pu souvent envisager tout le système social comme un paradoxe et une imposture, un homme qui, harcelé par une destinée sans pitié, répétait souvent que la société n'est qu'une cohue de misérables (c'est Griswold qui rapporte cela, aussi scandalisé qu'un homme qui peut penser la même chose, mais qui ne la dira jamais), — il est naturel, dis-je, de supposer que ce poète jeté tout enfant dans les hasards de la vie libre, le cerveau cerclé par un travail âpre et continu, ait cherché parfois une volupté d'oubli dans les bouteilles. Rancunes littéraires, vertiges de l'infini, douleurs de ménage, insultes de la misère, Poe fuyait tout dans le noir de l'ivresse comme dans une tombe préparatoire. Mais, quelque bonne que paraisse cette explication, je ne la trouve pas suffisamment large, et je m'en défie à cause de sa déplorable simplicité.

J'apprends qu'il ne buvait pas en gourmand, mais en barbare, avec une activité et une économie de temps tout à fait américaines, comme accomplissant une fonction homicide, comme ayant en lui *quelque chose* à tuer, *a worm that would not die*. On raconte d'ailleurs qu'un jour, au moment de se remarier (les bans étaient publiés, et, comme on le félicitait sur une union qui mettait dans ses mains les plus hautes conditions de bonheur et de bien-être, il avait dit : « Il est possible que vous ayez vu des bans, mais notez bien ceci : je ne me marierai pas! »), il alla, épouvantablement ivre, scandaliser le voisinage de celle qui devait être sa femme, ayant ainsi recours à son vice pour se débarrasser d'un parjure envers la pauvre morte dont l'image vivait toujours en lui et qu'il avait admirablement chantée dans son *Annabel Lee*. Je considère donc, dans un grand nombre de cas, le fait infiniment précieux de préméditation comme acquis et constaté.

Je lis d'autre part, dans un long article du *Southern Literary Messenger*, — cette même revue dont il avait commencé la fortune, — que jamais la pureté, le fini de son style, jamais la netteté de sa pensée, jamais son ardeur au travail ne furent altérés par cette terrible habitude; que la confection de la plupart de ses excellents morceaux a précédé ou suivi une de ses crises; qu'après la publication d'*Eurêka*, il sacrifia déplorablement à son penchant, et qu'à New York, le matin même où paraissait *le Corbeau*, pendant que le nom du poète était dans toutes les bouches, il traversait Broadway en trébuchant outrageusement. Remarquez que les mots : *précédé* ou *suivi*, impliquent que l'ivresse pouvait servir d'excitant aussi bien que de repos.

Or, il est incontestable que, — semblables à ces impressions fugitives et frappantes, d'autant plus frappantes dans leurs retours qu'elles sont plus fugitives, qui suivent quelquefois un symptôme extérieur, une espèce d'avertissement comme un son de cloche, une note musicale ou un parfum oublié, et qui sont elles-mêmes suivies d'un événement semblable à un événement déjà connu et qui occupait la même place dans une chaîne antérieurement révélée, — semblables à ces singuliers rêves périodiques qui fréquentent nos sommeils, — il existe dans l'ivresse non seulement des enchaînements de rêves, mais des séries de raisonnements qui ont besoin, pour se reproduire, du milieu qui leur a donné naissance. Si le lecteur m'a suivi sans répugnance, il a déjà deviné ma conclusion : je crois que, dans beaucoup de cas, non pas certainement dans tous, l'ivrognerie de Poe était un moyen mnémonique, une méthode de travail, méthode énergique et mortelle, mais appropriée à sa nature passionnée. Le poète avait appris à boire, comme un littérateur soigneux s'exerce à faire des cahiers de notes. Il ne pouvait résister au désir de retrouver les visions merveilleuses ou effrayantes, les conceptions subtiles qu'il avait rencontrées dans une tempête précédente ; c'étaient de vieilles connaissances qui l'attiraient impérativement, et, pour renouer avec elles, il prenait le chemin le plus dangereux, mais le plus direct. Une partie de ce qui fait aujourd'hui notre jouissance est ce qui l'a tué.

IV

Des ouvrages de ce singulier génie, j'ai peu de chose à dire ; le public fera voir ce qu'il en pense. Il me serait difficile, peut-être, mais non pas impossible de débrouiller sa méthode, d'expliquer son procédé, surtout dans la partie de ses œuvres dont le principal effet gît dans une analyse bien ménagée. Je pourrais introduire le lecteur dans les mystères de sa fabrication, m'étendre longuement sur cette portion de génie américain qui le fait se réjouir d'une difficulté vaincue, d'une énigme expliquée, d'un tour de force réussi, — qui le pousse à se jouer avec une volupté enfantine et presque perverse dans le monde des probabilités et des conjectures, et à créer des *canards* auxquels son art subtil a donné une vie vraisemblable. Personne ne niera que Poe ne soit un jongleur merveilleux, et je sais qu'il donnait surtout son estime à une autre partie de ses œuvres. J'ai quelques remarques plus importantes à faire, d'ailleurs très brèves.

Ce n'est pas par ses miracles matériels, qui pourtant ont fait sa renommée, qu'il lui sera donné de conquérir l'admiration des gens qui pensent, c'est par son amour du Beau, par sa connaissance des conditions harmoniques de la beauté, par sa poésie profonde et plaintive, ouvragée néanmoins, transparente et correcte comme un bijou de cristal, — par son admirable style, pur et bizarre, — serré comme les mailles d'une armure, — complaisant et minutieux, et dont la plus légère intention sert à pousser doucement le lecteur vers un but voulu, — et enfin surtout par ce génie tout spécial, par ce tempérament unique qui lui a permis de peindre et d'expliquer, d'une manière impeccable, saisissante, terrible, l'*exception dans l'ordre moral*. — Diderot, pour prendre un exemple entre cent, est un auteur sanguin; Poe est l'écrivain des nerfs, et même de quelque chose de plus, — et le meilleur que je connaisse.

Chez lui, toute entrée en matière est attirante sans violence, comme un tourbillon. Sa solennité surprend et tient l'esprit en éveil. On sent tout d'abord qu'il s'agit de quelque chose de grave. Et lentement, peu à peu, se déroule une histoire dont tout l'intérêt repose sur une imperceptible déviation de l'intellect, sur une hypothèse audacieuse, sur un dosage imprudent de la Nature dans l'amalgame des facultés. Le lecteur, lié par le vertige, est contraint de suivre l'auteur dans ses entraînantes déductions.

Aucun homme, je le répète, n'a raconté avec plus de magie les *exceptions* de la vie humaine et de la nature, — les ardeurs de curiosité de la convalescence, — les fins de saisons chargées de splendeurs énervantes, les temps chauds, humides et brumeux, où le vent du sud amollit et détend les nerfs comme les cordes d'un instrument, où les yeux se remplissent de larmes qui ne viennent pas du cœur, — l'hallucination laissant d'abord place au doute, bientôt convaincue et raisonneuse comme un livre, — l'absurde s'installant dans l'intelligence et la gouvernant avec une épouvantable logique, — l'hystérie usurpant la place de la volonté, la contradiction établie entre les nerfs et l'esprit, et l'homme désaccordé au point d'exprimer la douleur par le rire. Il analyse ce qu'il y a de plus fugitif, il soupèse l'impondérable et décrit, avec cette manière minutieuse et scientifique dont les effets sont terribles, tout cet imaginaire qui flotte autour de l'homme nerveux et le conduit à mal.

L'ardeur même avec laquelle il se jette dans le grotesque pour l'amour du grotesque et dans l'horrible pour l'amour de l'horrible me sert à vérifier la sincérité de son œuvre et l'accord de l'homme avec le poète. — J'ai déjà remarqué que, chez plusieurs hommes, cette ardeur était souvent le résultat d'une vaste énergie vitale inoccupée, quelquefois d'une opiniâtre chasteté et aussi d'une profonde sensibilité refoulée. La volupté surnaturelle que l'homme peut éprouver à voir couler son propre sang, les mouvements soudains, violents, inutiles, les grands cris jetés en l'air, sans que l'esprit ait commandé au gosier, sont des phénomènes à ranger dans le même ordre.

Au sein de cette littérature où l'air est raréfié, l'esprit

peut éprouver cette vague angoisse, cette peur prompte aux larmes et ce malaise du cœur qui habitent les lieux immenses et singuliers. Mais l'admiration est la plus forte, et d'ailleurs l'art est si grand! Les fonds et les accessoires y sont appropriés au sentiment des personnages. Solitude de la nature ou agitation des villes, tout y est décrit nerveusement et fantastiquement. Comme notre Eugène Delacroix, qui a élevé son art à la hauteur de la grande poésie, Edgar Poe aime à agiter ses figures sur des fonds violâtres et verdâtres où se révèlent la phosphorescence de la pourriture et la senteur de l'orage. La nature dite inanimée participe de la nature des êtres vivants, et, comme eux, frissonne d'un frisson surnaturel et galvanique. L'espace est approfondi par l'opium; l'opium y donne un sens magique à toutes les teintes, et fait vibrer tous les bruits avec une plus significative sonorité. Quelquefois, des échappées magnifiques, gorgées de lumière et de couleur, s'ouvrent soudainement dans ses paysages, et l'on voit apparaître au fond de leurs horizons des villes orientales et des architectures, vaporisées par la distance, où le soleil jette des pluies d'or.

Les personnages de Poe, ou plutôt le personnage de Poe, l'homme aux facultés suraiguës, l'homme aux nerfs relâchés, l'homme dont la volonté ardente et patiente jette un défi aux difficultés, celui dont le regard est tendu avec la roideur d'une épée sur des objets qui grandissent à mesure qu'il les regarde, — c'est Poe lui-même. — Et ses femmes, toutes lumineuses et malades, mourant de maux bizarres et parlant avec une voix qui ressemble à une musique, c'est encore lui; ou du moins, par leurs aspirations étranges, par leur savoir, par leur mélancolie inguérissable, elles participent fortement de la nature de leur créateur. Quant à sa femme idéale, à sa Titanide, elle se révèle sous différents portraits éparpillés dans ses poésies trop peu nombreuses, portraits, ou plutôt manières de sentir la beauté, que le tempérament de l'auteur rapproche et confond dans une unité vague mais sensible, et où vit plus délicatement peut-être qu'ailleurs cet amour insatiable du Beau, qui est son grand titre, c'est-à-dire le résumé de ses titres à l'affection et au respect des poètes.

Nous rassemblons sous le titre : *Histoires extraordinaires*, divers contes choisis dans l'œuvre général de Poe. Cet œuvre se compose d'un nombre considérable de Nouvelles, d'une quantité non moins forte d'articles critiques et d'articles divers, d'un poème philosophique *(Eurêka)*, de poésies et d'un roman purement humain *(la Relation d'Arthur Gordon Pym)*. Si je trouve encore, comme je l'espère, l'occasion de parler de ce poète, je donnerai l'analyse de ses opinions philosophiques et littéraires, ainsi que généralement des œuvres dont la traduction complète aurait peu de chances de succès auprès d'un public qui préfère de beaucoup l'amusement et l'émotion à la plus importante vérité philosophique.

XIX

NOTES NOUVELLES
SUR EDGAR POE

(Préface des *Nouvelles Histoires extraordinaires*, 1857.)

I

Littérature de décadence ! — Paroles vides de sens que nous entendons souvent tomber, avec la sonorité d'un bâillement emphatique, de la bouche de ces sphinx sans énigme qui veillent devant les portes saintes de l'Esthétique classique. A chaque fois que l'irréfutable oracle retentit, on peut affirmer qu'il s'agit d'un ouvrage plus amusant que *l'Iliade*. Il est évidemment question d'un poème ou d'un roman dont toutes les parties sont habilement disposées pour la surprise, dont le style est magnifiquement orné, où toutes les ressources du langage et de la prosodie sont utilisées par une main impeccable. Lorsque j'entends ronfler l'anathème — qui, soit dit en passant, tombe généralement sur quelque poète préféré — je suis toujours saisi de l'envie de répondre : « Me prenez-vous pour un barbare comme vous, et me croyez-vous capable de me divertir aussi tristement que vous faites ? » Des comparaisons grotesques s'agitent alors dans mon cerveau ; il me semble que deux femmes me sont présentées : l'une, matrone rustique, répugnante de santé et de vertu, sans allure et sans regard, bref, *ne devant rien qu'à la simple nature ;* l'autre, une de ces beautés qui dominent et oppriment le souvenir, unissant à son charme profond et originel l'éloquence de la toilette, maîtresse de sa démarche, consciente et reine d'elle-même — une voix parlant comme un instrument bien accordé, et des regards chargés de pensée et n'en laissant couler que ce qu'ils veulent. Mon choix ne saurait être douteux, et cependant il y a des sphinx pédagogiques qui me reprocheraient de manquer à l'honneur classique. — Mais, pour laisser de côté les paraboles, je crois qu'il m'est permis de demander à ces hommes sages s'ils comprennent bien toute la vanité, toute l'inutilité de leur sagesse. Le mot *littérature de décadence* implique qu'il y a une échelle de littératures, une vagissante, une puérile, une adolescente, etc. Ce terme, veux-je dire, suppose quelque chose de fatal et de providentiel, comme un décret inéluctable; et il est tout à fait injuste de nous reprocher d'accomplir la loi mystérieuse. Tout ce que je puis comprendre dans la parole académique, c'est qu'il est honteux d'obéir à cette loi avec plaisir, et que nous sommes coupables de nous réjouir dans notre destinée. — Ce soleil qui, il y a quelques heures, écrasait toutes choses de sa lumière droite et blanche, va bientôt inonder l'horizon occidental de couleurs variées. Dans les jeux de ce soleil agonisant, certains esprits poétiques trouveront des délices nouvelles; ils y découvriront des colonnades éblouissantes, des cascades de métal fondu, des paradis de feu, une splendeur triste, la volupté du regret, toutes les magies du rêve, tous les souvenirs de l'opium. Et le coucher du soleil leur apparaîtra en effet comme la merveilleuse allégorie d'une âme chargée de vie, qui descend derrière l'horizon avec une magnifique provision de pensées et de rêves.

Mais ce à quoi les professeurs-jurés n'ont pas pensé, c'est que dans le mouvement de la vie, telle complication, telle combinaison peut se présenter, tout à fait inattendue pour leur sagesse d'écoliers. Et alors leur langue insuffisante se trouve en défaut, comme dans le cas — phénomène qui se multipliera peut-être avec des variantes — où une nation commence par la décadence et débute par où les autres finissent.

Que parmi les immenses colonies du siècle présent des littératures nouvelles se fassent, il s'y produira très certainement des accidents spirituels d'une nature déroutante pour l'esprit de l'école. Jeune et vieille à la fois, l'Amérique bavarde et radote avec une volubilité étonnante. Qui pourrait compter ses poètes? Ils sont innombrables. Ses *bas bleus*? Ils encombrent les revues. Ses critiques? Croyez qu'elle possède des pédants qui valent bien les nôtres pour rappeler sans cesse l'artiste à la beauté antique, pour questionner un poète ou un romancier sur la moralité de son but et la qualité de ses intentions. Il y a là-bas comme ici, mais plus encore qu'ici, des littérateurs qui ne savent pas l'orthographe ; une activité puérile, inutile ; des compilateurs à foison, des ressasseurs, des plagiaires de plagiats et des critiques de critiques. Dans ce bouillonnement de médiocrités, dans ce monde épris des perfectionnements matériels, — scandale d'un nouveau genre qui fait comprendre la grandeur des peuples fainéants, — dans cette société avide d'étonnements, amoureuse de la vie, mais surtout d'une vie pleine d'excitations, un homme a paru qui a été grand, non seulement par sa subtilité métaphysique, par la beauté sinistre ou ravissante de ses conceptions, par la rigueur de son analyse, mais grand aussi et non moins grand comme *caricature*. — Il faut que je m'explique avec quelque soin ; car récemment un critique imprudent se servait, pour dénigrer Edgar Poe et pour infirmer la sincérité de mon admiration, du mot *jongleur* que j'avais moi-même appliqué au noble poète presque comme un éloge.

Du sein d'un monde goulu, affamé de matérialités, Poe s'est élancé dans les rêves. Etouffé qu'il était par l'atmosphère américaine, il a écrit en tête d'*Eurêka* : « J'offre ce livre à ceux qui ont mis leur foi dans les rêves comme dans les seules réalités ! » Il fut donc une admirable protestation ; il la fut et il la fit à sa manière, *in his own way*. L'auteur qui, dans le *Colloque entre Monos et Una*, lâche à torrents son mépris et son dégoût sur la démocratie, le progrès et la *civilisation*, cet auteur est le même qui, pour enlever la crédulité, pour ravir la badauderie des siens, a le plus énergiquement posé la souveraineté humaine et le plus ingénieusement fabriqué les *canards* les plus flatteurs pour l'orgueil de *l'homme moderne*. Pris sous ce jour, Poe m'apparaît comme un pilote qui veut faire rougir son maître. Enfin, pour affirmer ma pensée d'une manière encore plus nette, Poe fut toujours grand, non seulement dans ses conceptions nobles, mais encore comme farceur.

II

Car il ne fut jamais dupe ! — Je ne crois pas que le Virginien qui a tranquillement écrit en plein débordement démocratique : « Le peuple n'a rien à faire avec les lois, si ce n'est de leur obéir », ait jamais été une victime de la sagesse moderne ; — : et « Le nez d'une populace, c'est son imagination ; c'est par ce nez qu'on pourra toujours facilement la conduire »; — et cent autres passages où la raillerie pleut, drue comme mitraille, mais cependant nonchalante et hautaine. — Les swedenborgiens le félicitent de sa *Révélation magnétique,* semblables à ces naïfs illuminés qui jadis surveillaient dans l'auteur du *Diable amoureux* un révélateur de leurs mystères; ils le remercient pour les grandes vérités qu'il vient de proclamer, — car ils ont découvert (ô vérificateur de ce qui ne peut pas être vérifié!) que tout ce qu'il a énoncé est absolument vrai; — bien que d'abord, avouent ces braves gens, ils aient eu le soupçon que ce pouvait bien être une simple fiction. Poe répond que, pour son compte, il n'en a jamais douté. — Faut-il encore citer ce petit passage qui me saute aux yeux, tout en feuilletant pour la centième fois ses amusants *Marginalia,* qui sont comme la chambre secrète de son esprit : « L'énorme multiplication des livres dans toutes les branches de connaissances est l'un des plus grands fléaux de cet âge! car elle est un des plus sérieux obstacles à l'acquisition de toute connaissance positive. » Aristocrate de nature plus encore que de naissance, le Virginien, l'homme du Sud, le Byron égaré dans un mauvais monde, a toujours gardé son impassibilité philosophique, et, soit qu'il définisse le nez de la populace, soit qu'il raille les fabricateurs de religions, soit qu'il bafoue les bibliothèques, il reste ce que fut et ce que sera toujours le vrai poète, — une vérité habillée d'une manière bizarre, un paradoxe apparent, qui ne veut pas être coudoyé par la foule, et qui court à l'extrême-orient quand le feu d'artifice se tire au couchant.

Mais voici plus important que tout : nous noterons que cet auteur, produit d'un siècle infatué de lui-même, enfant d'une nation plus infatuée d'elle-même qu'aucune autre, a vu clairement, a imperturbablement affirmé la méchanceté naturelle de l'homme. Il y a dans l'homme, dit-il, une force mystérieuse dont la philosophie moderne ne veut pas tenir compte; et cependant, sans cette force innommée, sans ce penchant primordial, une foule d'actions humaines resteront inexpliquées, inexplicables. Ces actions n'ont d'attrait que *parce que* elles sont mauvaises, dangereuses; elles possèdent l'attirance du gouffre. Cette force primitive, irrésistible, est la Perversité naturelle, qui fait que l'homme est sans cesse et à la fois homicide et suicide, assassin et bourreau; — car, ajoute-t-il, avec une subtilité remarquablement satanique, l'impossibilité de trouver un motif raisonnable suffisant pour certaines actions mauvaises et périlleuses, pourrait nous conduire à les considérer comme le résultat des suggestions du Diable, si l'expérience et l'histoire ne nous enseignaient pas que Dieu en tire souvent l'établissement de l'ordre et le châtiment des coquins ; — *après s'être servi des mêmes coquins comme de complices!* tel est le mot qui se glisse, je l'avoue, dans mon esprit, comme un sous-entendu aussi perfide qu'inévitable. Mais je ne veux, pour le présent, tenir compte que de la grande vérité oubliée, — la perversité primordiale de l'homme, — et ce n'est pas sans une certaine satisfaction que je vois quelques épaves de l'antique sagesse nous revenir d'un pays d'où on ne les attendait pas. Il est agréable que quelques explosions de vieille vérité sautent ainsi au visage de tous les complimenteurs de l'humanité, de tous ces dorloteurs et endormeurs qui répètent sur toutes les variations possibles de ton : « Je suis né bon, et vous aussi, et nous tous, nous sommes nés bons! » oubliant, non! feignant d'oublier, ces égalitaires à contre sens, que nous sommes tous nés marqués pour le mal !

De quel mensonge pouvait-il être dupe, celui qui parfois — douloureuse nécessité des milieux — les ajustait si bien ? Quel mépris pour la philosophaillerie, dans ses bons jours, dans les jours où il était, pour ainsi dire, illuminé. Ce poète, de qui plusieurs fictions semblent faites à plaisir pour confirmer la prétendue omnipotence de l'homme, a voulu quelquefois se purger lui-même. Le jour où il écrivait : « Toute certitude est dans les rêves », il refoulait son propre américanisme dans la région des choses inférieures ; d'autres fois, rentrant dans la vraie voie des poètes, obéissant sans doute à l'inéluctable vérité qui nous hante comme un démon, il poussait les ardents soupirs de *l'ange tombé qui se souvient des Cieux*; il envoyait ses regrets vers l'âge d'or et l'Eden perdu ; il pleurait toute cette magnificence de la nature, *se recroquevillant devant la chaude haleine des fourneaux;* enfin, il jetait ces admirables pages : *Colloque entre Monos et Una*, qui eussent charmé et troublé l'impeccable De Maistre.

C'est lui qui a dit, à propos du socialisme, à l'époque où celui-ci n'avait pas encore un nom, où ce nom du moins n'était pas tout à fait vulgarisé : « Le monde est infesté actuellement par une nouvelle secte de philosophes, qui ne se sont pas encore reconnus comme formant une secte, et qui conséquemment n'ont pas adopté de nom. Ce sont les *croyants à toute vieillerie* (comme qui dirait : prédicateurs en vieux). Le grand prêtre dans l'Est est

Charles Fourier, — dans l'Ouest, Horace Greely ; et grands prêtres ils sont à bon escient. Le seul lien commun parmi la secte est la crédulité ; — appelons cela démence, et n'en parlons plus. Demandez à l'un d'eux pourquoi il croit ceci ou cela ; et, s'il est consciencieux (les ignorants le sont généralement), il vous fera une réponse analogue à celle que fit Talleyrand, quand on lui demanda pourquoi il croyait à la Bible. « J'y crois, dit-il, d'abord parce que je suis évêque d'Autun, et en second lieu *parce que je n'y entends absolument rien.* Ce que ces philosophes-là appellent *argument* est une manière à eux de *nier ce qui est et d'expliquer ce qui n'est pas.* »

Le progrès, cette grande hérésie de la décrépitude, ne pouvait pas non plus lui échapper. Le lecteur verra, en différents passages, de quels termes il se servait pour la caractériser. On dirait vraiment, à voir l'ardeur qu'il y dépense, qu'il avait à s'en venger comme d'un embarras public, comme d'un fléau de la rue. Combien eût-il ri, de ce rire méprisant du poète qui ne grossit jamais la grappe des badauds, s'il était tombé, comme cela m'est arrivé récemment, sur cette phrase mirifique qui fait rêver aux bouffonneries et volontaires absurdités des paillasses, et que j'ai trouvée se pavanant perfidement dans un journal plus que grave : *Le progrès incessant de la science a permis tout récemment de retrouver le secret perdu et si longtemps cherché de...* (feu grégeois, trempe de cuivre, n'importe quoi disparu), *dont les applications les plus réussies remontent à une époque* barbare *et très ancienne!!!* — Voilà une phrase qui peut s'appeler une véritable trouvaille, une éclatante découverte, même dans un siècle de *progrès incessant;* mais je crois que la momie Allamistakeo n'aurait pas manqué de demander, avec le ton doux et discret de la supériorité, si c'était aussi grâce au progrès *incessant* — à la loi fatale, irrésistible, du progrès, — que ce fameux secret avait été perdu. — Aussi bien, pour laisser là le ton de la farce, en un sujet qui contient autant de larmes que de rire, n'est-ce pas une chose véritablement stupéfiante de voir une nation, plusieurs nations, toute l'humanité bientôt, dire à ses sages, à ses sorciers : « Je vous aimerai et je vous ferai grands, si vous me persuadez que nous progressons sans le vouloir, inévitablement, — en dormant ; débarrassez-nous de la responsabilité, voilez pour nous l'humiliation des comparaisons, sophistiquez l'histoire, et vous pourrez vous appeler les sages des sages » ? N'est-ce pas un sujet d'étonnement que cette idée si simple n'éclate pas dans tous les cerveaux : que le progrès (en tant que progrès il y ait) perfectionne la douleur à la proportion qu'il raffine la volupté, et que, si l'épiderme des peuples va se délicatisant ils ne poursuivent évidemment qu'une *Italiam fugientem,* une conquête à chaque minute perdue, un progrès toujours négateur de lui-même ?

Mais ces illusions, intéressées d'ailleurs, tirent leur origine d'un fonds de perversité et de mensonge, — météores des marécages, — qui poussent au dédain les âmes amoureuses du feu éternel, comme Edgar Poe, et exaspèrent les intelligences obscures, comme Jean-Jacques, à qui une sensibilité blessée et prompte à la révolte tient lieu de philosophie. Que celui-ci eût raison contre l'*animal dépravé,* cela est incontestable ; mais l'animal dépravé a le droit de lui reprocher d'invoquer la simple nature. La nature ne fait que des monstres, et toute la question est de s'entendre sur le mot *sauvages.* Nul philosophe n'osera proposer pour modèles ces malheureuses hordes pourries, victimes des éléments, pâture des bêtes, aussi incapables de fabriquer des armes que de concevoir l'idée d'un pouvoir spirituel et suprême. Mais, si l'on veut comparer l'homme moderne, l'homme civilisé, avec l'homme sauvage, ou plutôt une nation dite civilisée avec une nation dite sauvage, c'est-à-dire privée de toutes ces ingénieuses inventions qui dispensent l'individu d'héroïsme, qui ne voit que tout l'honneur est pour le sauvage ? Par sa nature, par nécessité même, il est encyclopédique, tandis que l'homme civilisé se trouve confiné dans les régions infiniment petites de la spécialité. L'homme civilisé invente la philosophie du progrès pour se consoler de son abdication et de sa déchéance ; cependant que l'homme sauvage, époux redouté et respecté, guerrier contraint à la bravoure personnelle, poète aux heures mélancoliques où le soleil déclinant invite à chanter le passé et les ancêtres, rase de plus près la lisière de l'idéal. Quelle lacune oserons-nous lui reprocher ? Il a le prêtre, il a le sorcier et le médecin. Que dis-je ? Il a le dandy, suprême incarnation de l'idée du beau transportée dans la vie matérielle, celui qui dicte la forme et règle les manières. Ses vêtements, ses parures, ses armes, son calumet, témoignent d'une faculté inventive qui nous a depuis longtemps désertés. Comparerons-nous nos yeux paresseux et nos oreilles assourdies à ces yeux qui percent la brume, à ces oreilles *qui entendraient l'herbe qui pousse ?* Et la sauvagesse à l'âme simple et enfantine, animal obéissant et câlin, se donnant tout entier et sachant qu'il n'est que la moitié d'une destinée, la déclarerons-nous inférieure à la dame américaine dont M. Bellegarigue (rédacteur du *Moniteur de l'épicerie!*) a cru faire l'éloge en disant qu'elle était l'idéal de la femme entretenue ? Cette même femme, dont les mœurs trop positives ont inspiré à Edgar Poe, — lui si galant, si respectueux de la beauté, — les tristes lignes suivantes : « Ces immenses bourses, semblables au concombre géant, qui sont à la mode parmi nos belles, n'ont pas, comme on le croit, une origine parisienne ; elles sont parfaitement indigènes. Pourquoi une pareille mode à Paris, où une femme ne serre dans sa bourse que son argent ? Mais la bourse d'une Américaine ! Il faut que cette bourse soit assez vaste pour qu'elle y puisse enfermer tout son argent, — plus toute son âme ! » — Quant à la religion, je ne parlerai pas de Vitzilipoutzli aussi légèrement que l'a fait Alfred de Musset ; j'avoue sans honte que je préfère de beaucoup le culte de Teutatès à celui de Mammon ; et le prêtre qui offre au cruel extorqueur d'hosties humaines des victimes qui meurent *honorablement*, des victimes qui *veulent* mourir, me paraît un être tout à fait doux et humain, comparé au financier qui n'immole les populations qu'à son intérêt propre. De loin en loin, ces choses sont encore entrevues, et j'ai trouvé une fois dans un article de M. Barbey d'Aurevilly une exclamation de tristesse philosophique qui résume tout ce que je voudrais dire à ce sujet : « Peuples civilisés, qui jetez sans cesse la pierre aux sauvages, bientôt vous ne mériterez même plus d'être idolâtres ! »

Un pareil milieu — je l'ai déjà dit, je ne puis résister au désir de le répéter, — n'est guère fait pour les poètes. Ce qu'un esprit français, supposez le plus démocratique, entend par un Etat, ne trouverait pas de place dans un esprit américain. Pour toute intelligence du vieux monde, un Etat politique a un centre de mouvement qui est son cerveau et son soleil, des souvenirs anciens et glorieux, de longues annales poétiques et militaires, une aristocratie, à qui la pauvreté, fille des révolutions, ne peut qu'ajouter un lustre paradoxal ; mais *cela !* cette cohue de vendeurs et d'acheteurs, ce sans nom, ce monstre sans tête, ce déporté derrière l'Océan, un Etat ! — je le veux bien, si un vaste cabaret, où le consommateur afflue et traite d'affaires sur des tables souillées, au tintamarre des vilains propos, peut être assimilé à un *salon*, à ce que nous appelions jadis un salon, république de l'esprit présidée par la beauté !

Il sera toujours difficile d'exercer, noblement et fructueusement à la fois, l'état d'homme de lettres, sans s'exposer à la diffamation, à la calomnie des impuissants, à l'envie des riches, — cette envie qui est leur châtiment! — aux vengeances de la médiocrité bourgeoise. Mais ce qui est difficile dans une monarchie tempérée ou dans une république régulière, devient presque impraticable dans une espèce de capharnaüm, où chaque sergent de ville de l'opinion fait la police au profit de ses vices, — ou de ses vertus, c'est tout un ; — où un poète, un romancier d'un pays à esclaves, est un écrivain détestable aux yeux d'un critique abolitionniste ; où l'on ne sait quel est le plus grand scandale, — le débraillé du cynisme ou l'imperturbabilité de l'hypocrisie biblique. Brûler des nègres enchaînés, coupables d'avoir senti leur joue noire fourmiller du rouge de l'honneur, jouer du revolver dans un parterre de théâtre, établir la polygamie dans les paradis de l'Ouest, que les sauvages (ce terme a l'air d'une injustice) n'avaient pas encore souillés de ces honteuses utopies, afficher sur les murs, sans doute pour consacrer le principe de la liberté illimitée, la *guérison des maladies de neuf mois*, tels sont quelques-uns des traits saillants, quelques-unes des illustrations morales du noble pays de Franklin, l'inventeur de la morale de comptoir, le héros d'un siècle voué à la matière. Il est bon d'appeler sans cesse le regard sur ces merveilles de brutalités en un temps où l'américanomanie est devenue presque une passion de bon ton, à ce point qu'un archevêque a pu nous promettre sans rire que la Providence nous appellerait bientôt à jouir de cet idéal transatlantique.

III

Un semblable milieu social engendre nécessairement des erreurs littéraires correspondantes. C'est contre ces erreurs que Poe a réagi aussi souvent qu'il a pu, et de toute sa force. Nous ne devons donc pas nous étonner que les écrivains américains, tout en reconnaissant sa puissance singulière comme poète et comme conteur, aient toujours voulu infirmer sa valeur comme critique. Dans un pays où l'idée d'utilité, la plus hostile du monde à l'idée de beauté, prime et domine toute chose, le parfait critique sera le plus *honorable*, c'est-à-dire celui dont les tendances et les désirs se rapprocheront le plus des tendances et des désirs de son public, — celui qui, confondant les facultés et les genres de production, assignera à toutes un but unique, — celui qui cherchera dans un livre de poésie les moyens de perfectionner la conscience. Naturellement, il deviendra d'autant moins soucieux des beautés réelles, positives, de la poésie ; il sera d'autant moins choqué des imperfections et même des fautes dans l'exécution. Edgar Poe, au contraire, divisant le monde de l'esprit en *intellect pur goût* et *sens moral* appliquait la critique suivant que l'objet de son analyse appartenait à l'une de ces trois divisions. Il était avant tout sensible à la perfection du plan et à la correction de l'exécution ; démontant les œuvres littéraires comme des pièces mécaniques défectueuses (pour le but qu'elles voulaient atteindre), notant soigneusement les vices de fabrication ; et, quand il passait au détail de l'œuvre, à son expression plastique, au style en un mot, épluchant, sans omission, les fautes de prosodie, les erreurs grammaticales et toute cette masse de scories qui, chez les écrivains non artistes, souillent les meilleures intentions et déforment les conceptions les plus nobles.

Pour lui, l'imagination est la reine des facultés, mais par ce mot il entend quelque chose de plus grand que ce qui est entendu par le commun des lecteurs. L'imagination n'est pas la fantaisie ; elle n'est pas non plus la sensibilité, bien qu'il soit difficile de concevoir un homme imaginatif qui ne serait pas sensible. L'imagination est une faculté quasi divine qui perçoit tout d'abord, en dehors des méthodes philosophiques, les rapports intimes et secrets des choses, les correspondances et les analogies. Les honneurs et les fonctions qu'il confère à cette faculté lui donnent une valeur telle (du moins quand on a bien compris la pensée de l'auteur), qu'un savant sans imagination n'apparaît plus que comme un faux savant, ou tout au moins comme un savant incomplet.

Parmi les domaines littéraires où l'imagination peut obtenir les plus curieux résultats, peut récolter les trésors, non pas les plus riches, les plus précieux (ceux-là appartiennent à la poésie), mais les plus nombreux et les plus variés, il en est un que Poe affectionne particulièrement, c'est la *Nouvelle*. Elle a sur le roman à vastes proportions cet immense avantage que sa brièveté ajoute à l'intensité de l'effet. Cette lecture, qui peut être accomplie tout d'une haleine, laisse dans l'esprit un souvenir bien plus puissant qu'une lecture brisée, interrompue souvent par les tracas des affaires et le soin des intérêts mondains. L'unité d'impression, la *totalité* d'effet est un avantage immense qui peut donner à ce genre de composition une supériorité tout à fait particulière, à ce point qu'une nouvelle trop courte (c'est sans doute un défaut) vaut encore mieux qu'une nouvelle trop longue. L'artiste, s'il est habile, n'accommodera pas ses pensées aux incidents ; mais, ayant conçu délibérément, à loisir, un effet à produire, inventera les incidents, combinera les événements les plus propres à amener l'effet voulu. Si la première phrase n'est pas écrite en vue de préparer cette impression finale, l'œuvre est manquée dès le début. Dans la composition tout entière, il ne doit pas se glisser un seul mot qui ne soit une intention, qui ne tende, directement ou indirectement, à parfaire le dessein prémédité.

Il est un point par lequel la nouvelle a une supériorité, même sur le poème. Le rythme est nécessaire au développement de l'idée de beauté, qui est le but le plus grand et le plus noble du poème. Or, les artifices du rythme sont un obstacle insurmontable à ce développement minutieux de pensées et d'expressions qui a pour objet la *vérité*. Car la vérité peut être souvent le but de la nouvelle, et le raisonnement, le meilleur outil pour la construction d'une nouvelle parfaite. C'est pourquoi ce genre de composition, qui n'est pas situé à une aussi grande élévation que la poésie pure, peut fournir des produits plus variés et plus facilement appréciables pour le commun des lecteurs. De plus, l'auteur d'une nouvelle a à sa disposition une multitude de sons, de nuances de langage, le ton raisonneur, le sarcastique, l'humoristique, que répudie la poésie, et qui sont comme des dissonances, des outrages à l'idée de beauté pure. Et c'est aussi ce qui fait que l'auteur qui poursuit dans une nouvelle un simple but de beauté, ne travaille qu'à son grand désavantage, privé qu'il est de l'instrument le plus utile, le rythme. Je sais que, dans toutes les littératures, des efforts ont été faits, souvent heureux, pour créer ces contes purement poétiques ; Edgar Poe lui-même en a fait de très beaux. Mais ce sont des luttes et des efforts qui ne servent qu'à démontrer la force des vrais moyens adaptés aux buts correspondants, et je ne serais pas éloigné de croire que, chez quelques auteurs, les plus grands qu'on puisse choisir, ces tentations héroïques vinssent d'un désespoir.

IV

« *Genus irritabile vatum !* » Que les poètes (nous servant du mot dans son acception la plus large et comme comprenant tous les artistes) soient une race irritable, cela est bien entendu; mais le *pourquoi* ne me semble pas aussi généralement compris. Un artiste n'est un artiste que grâce à son sens exquis du beau, — sens qui lui procure des jouissances enivrantes, mais qui en même temps implique, enferme un sens également exquis de toute difformité et de toute disproportion. Ainsi un tort, une injustice faite à un poète qui est vraiment un poète, l'exaspère à un degré qui apparaît, à un jugement ordinaire, en complète *disproportion* avec l'injustice commise. Les poètes voient l'injustice, *jamais* là où elle n'existe pas, mais fort souvent là où des yeux non poétiques n'en voient pas du tout. Ainsi la fameuse irritabilité poétique n'a pas de rapport avec le *tempérament*, compris dans le sens vulgaire, mais avec une clairvoyance plus qu'ordinaire relative au faux et à l'injuste. Cette clairvoyance n'est pas autre chose qu'un corollaire de la vive perception du vrai, de la justice, de la proportion, en un mot du beau. Mais il y a une chose bien claire, c'est que l'homme qui n'est pas (au jugement du commun) *irritabilis*, n'est pas poète du tout. »

Ainsi parle le poète lui-même, préparant une excellente et irréfutable apologie pour tous ceux de sa race. Cette sensibilité, Poe la portait dans les affaires littéraires, et l'extrême importance qu'il attachait aux choses de la poésie l'induisait souvent en un ton où, au jugement des faibles, la supériorité se faisait trop sentir. J'ai déjà remarqué, je crois, que plusieurs des préjugés qu'il avait à combattre, des idées fausses, des jugements vulgaires qui circulaient autour de lui, ont depuis longtemps infecté la presse française. Il ne sera donc pas inutile de rendre compte sommairement de quelques-unes de ses plus importantes opinions relatives à la composition poétique. Le parallélisme de l'erreur en rendra l'application tout à fait facile.

Mais, avant toute chose, je dois dire que la part étant faite au poète naturel, à l'innéité, Poe en faisait une à la science, au travail et à l'analyse, qui paraîtra exorbitante aux orgueilleux non érudits. Non seulement il a dépensé des efforts considérables pour soumettre à sa volonté le démon fugitif des minutes heureuses, pour rappeler à son gré ces sensations exquises, ces appétitions spirituelles, ces états de santé poétique, si rares et si précieux qu'on pourrait vraiment les considérer comme des grâces extérieures à l'homme et comme des visitations ; mais aussi il a soumis l'inspiration à la méthode, à l'analyse la plus sévère. Le choix des moyens ! il y revient sans cesse, il insiste avec une éloquence savante sur l'appropriation du moyen à l'effet, sur l'usage de la rime, sur le perfectionnement du refrain, sur l'adaptation du rythme au sentiment. Il affirmait que celui qui ne sait pas saisir l'intangible n'est pas poète ; que celui-là seul est poète qui est le maître de sa mémoire, le souverain des mots, le registre de ses propres sentiments toujours prêt à se laisser feuilleter. Tout pour le dénouement ! répète-t-il souvent. Un sonnet lui-même a besoin d'un plan, et la construction, l'armature, pour ainsi dire, est la plus importante garantie de la vie mystérieuse des œuvres de l'esprit.

Je recours naturellement à l'article intitulé : *the Poetic Principle*, et j'y trouve, dès le commencement, une vigoureuse protestation contre ce qu'on pourrait appeler, en matière de poésie, l'hérésie de la longueur ou de la dimension, — la valeur absurde attribuée aux gros poèmes. « Un long poème n'existe pas ; ce qu'on entend par un long poème est une parfaite contradiction de termes. » En effet, un poème ne mérite son titre qu'autant qu'il excite, qu'il enlève l'âme, et la valeur positive d'un poème est en raison de cette excitation, de cet *enlèvement* de l'âme. Mais, par nécessité psychologique, toutes les excitations sont fugitives et transitoires. Cet état singulier, dans lequel l'âme du lecteur a été, pour ainsi dire, tirée de force, ne durera certainement pas autant que la lecture de tel poème qui dépasse la ténacité d'enthousiasme dont la nature humaine est capable.

Voilà évidemment le poème épique condamné. Car un ouvrage de cette dimension ne peut être considéré comme poétique qu'en tant qu'on sacrifie la condition vitale de toute œuvre d'art, l'Unité ; — je ne veux pas parler de l'unité dans la conception, mais de l'unité dans l'impression, de la *totalité* de l'effet, comme je l'ai déjà dit quand j'ai eu à comparer le roman avec la nouvelle. Le poème épique nous apparaît donc, esthétiquement parlant, comme un paradoxe. Il est possible que les anciens âges aient produit des séries de poèmes lyriques, reliées postérieurement par les compilateurs en poèmes épiques ; mais toute *intention épique* résulte évidemment d'un sens imparfait de l'art. Le temps de ces anomalies artistiques est passé, et il est même fort douteux qu'un long poème ait jamais pu être vraiment populaire dans toute la force du terme.

Il faut ajouter qu'un poème trop court, celui qui ne fournit pas un *pabulum* suffisant à l'excitation créée, celui qui n'est pas égal à l'appétit naturel du lecteur, est aussi très défectueux. Quelque brillant et intense que soit l'effet, il n'est pas durable; la mémoire ne le retient pas; c'est comme un cachet qui, posé trop légèrement et trop à la hâte, n'a pas eu le temps d'imposer son image à la cire.

Mais il est une autre hérésie, qui, grâce à l'hypocrisie, à la lourdeur et à la bassesse des esprits, est bien plus redoutable et a des chances de durée plus grandes, — une erreur qui a la vie plus dure, — je veux parler de l'hérésie de l'*enseignement*, laquelle comprend comme corollaires inévitables l'hérésie de la *passion*, de la *vérité* et de la *morale*. Une foule de gens se figurent que le but de la poésie est un enseignement quelconque, qu'elle doit tantôt fortifier la conscience, tantôt enfin *démontrer* quoi que ce soit d'utile. Edgar Poe prétend que les Américains ont spécialement patronné cette idée hétérodoxe; hélas! il n'est pas besoin d'aller jusqu'à Boston pour rencontrer l'hérésie en question. Ici même, elle nous assiège, et tous les jours elle bat en brèche la véritable poésie. La poésie, pour peu qu'on veuille descendre en soi-même, interroger son âme, rappeler ses souvenirs d'enthousiasme, n'a pas d'autre but qu'elle-même; elle ne peut pas en avoir d'autre, et aucun poème ne sera si grand, si noble, si véritablement digne du nom de poème, que celui qui aura été écrit uniquement pour le plaisir d'écrire un poème.

Je ne veux pas dire que la poésie n'ennoblisse pas les mœurs, — qu'on me comprenne bien, — que son résultat final ne soit pas d'élever l'homme au-dessus du niveau des intérêts vulgaires; ce serait évidemment une absurdité. Je dis que, si le poète a poursuivi un but moral, il a diminué sa force poétique; et il n'est pas imprudent de parier que son œuvre sera mauvaise. La poésie ne peut pas, sous peine de mort ou de défaillance, s'assimiler à la science ou à la morale; elle n'a pas la Vérité pour objet, elle n'a qu'elle-même. Les modes de démonstration de vérité sont autres et sont ailleurs. La vérité n'a rien à faire avec les chansons. Tout ce qui fait le charme, la grâce, l'irrésistible d'une chanson, enlèverait à la vérité son autorité et son pouvoir. Froide, calme, impassible, l'humeur démonstrative repousse les diamants et les fleurs de la Muse ; elle est donc absolument l'inverse de l'humeur poétique.

L'intellect pur vise à la vérité, le goût nous montre la beauté, et le sens moral nous enseigne le devoir. Il est vrai que le sens du milieu a d'intimes connexions avec les deux extrêmes, et il n'est séparé du sens moral que par une si légère différence, qu'Aristote n'a pas hésité à ranger parmi les vertus quelques-unes de ses délicates opérations. Aussi, ce qui exaspère surtout l'homme de goût dans le spectacle du vice, c'est sa difformité, sa disproportion. Le vice porte atteinte au juste et au vrai, révolte l'intellect et la conscience ; mais, comme outrage à l'harmonie, comme dissonance, il blessera plus particulièrement certains esprits poétiques ; et je ne crois pas qu'il soit scandalisant de considérer toute infraction à la morale, au beau moral comme une espèce de faute contre le rythme et la prosodie universels.

C'est cet admirable, cet immortel instinct du beau qui nous fait considérer la terre et ses spectacles comme un aperçu, comme une correspondance du Ciel. La soif insatiable de tout ce qui est au-delà, et que révèle la vie, est la preuve la plus vivante de notre immortalité. C'est à la fois par la poésie et *à travers* la poésie, par et *à travers* la musique, que l'âme entrevoit les splendeurs situées derrière le tombeau ; et, quand un poème exquis amène les larmes au bord des yeux, ces larmes ne sont pas la preuve d'un excès de jouissance, elles sont bien plutôt le témoignage d'une mélancolie irritée, d'une postulation des nerfs, d'une nature exilée dans l'imparfait et qui voudrait s'emparer immédiatement, sur cette terre même, d'un paradis révélé.

Ainsi, le principe de la poésie est strictement et simplement l'aspiration humaine vers une beauté supérieure, et la manifestation de ce principe est dans un enthousiasme, une excitation de l'âme, — enthousiasme tout à fait indépendant de la passion qui est l'ivresse du cœur, et de la vérité qui est la pâture de la raison. Car la passion est *naturelle*, trop naturelle pour ne pas introduire un ton blessant, discordant, dans le domaine de la beauté pure, trop familière et trop violente pour ne pas scandaliser les purs désirs, les gracieuses mélancolies et les nobles désespoirs qui habitent les régions surnaturelles de la poésie.

Cette extraordinaire élévation, cette exquise délicatesse, cet accent d'immortalité qu'Edgar Poe exige de la Muse, loin de le rendre moins attentif aux pratiques d'exécution, l'ont poussé à aiguiser sans cesse son génie de praticien. Bien des gens, de ceux surtout qui ont lu le singulier poème intitulé *le Corbeau*, seraient scandalisés si j'analysais l'article où notre poète a ingénument en apparence, mais avec une légère impertinence que je ne puis blâmer, minutieusement expliqué le mode de construction qu'il a employé, l'adaptation du rythme, le choix d'un refrain, — le plus bref possible et le plus susceptible d'applications variées, et en même temps le plus représentatif de mélancolie et de désespoir, orné d'une rime la plus sonore de toutes (*nevermore*, jamais plus), — le choix d'un oiseau capable d'imiter la voix humaine, mais d'un oiseau — le corbeau — marqué dans l'imagination populaire d'un caractère funeste et fatal, — le choix du ton le plus poétique de tous, le ton mélancolique, — du sentiment le plus poétique, l'amour pour une morte, etc. « Et je ne placerai pas, dit-il, le héros de mon poème dans un milieu pauvre, parce que la pauvreté est triviale et contraire à l'idée de beauté. Sa mélancolie aura pour gîte une chambre magnifiquement et poétiquement meublée. » Le lecteur surprendra dans plusieurs des nouvelles de Poe des symptômes curieux de ce goût immodéré pour les belles formes, surtout pour les belles formes singulières, pour les milieux ornés et les somptuosités orientales.

J'ai dit que cet article me paraissait entaché d'une légère impertinence. Les partisans de l'inspiration quand même ne manqueraient pas d'y trouver un blasphème et une profanation ; mais je crois que c'est pour eux que l'article a été spécialement écrit. Autant certains écrivains affectent l'abandon, visant au chef-d'œuvre les yeux fermés, pleins de confiance dans le désordre, et attendant que les caractères jetés au plafond retombent en poèmes sur le parquet, autant Edgar Poe — l'un des hommes les plus inspirés que je connaisse — a mis d'affectation à cacher la spontanéité, à simuler le sang-froid et la délibération. « Je crois pouvoir me vanter — dit-il avec un orgueil amusant et que je ne trouve pas de mauvais goût — qu'aucun point de ma composition n'a été laissé au hasard, et que l'œuvre entière a marché pas à pas vers son but avec la précision et la logique rigoureuse d'un problème mathématique. » Il n'y a, dis-je, que les amateurs de hasard, les fatalistes de l'inspiration et les fanatiques du *vers blanc* qui puissent trouver bizarres ces *minuties*. Il n'y a pas de minuties en matière d'art.

A propos des vers blancs, j'ajouterai que Poe attachait une importance extrême à la rime, et que, dans l'analyse qu'il a faite du plaisir mathématique et musical que l'esprit tire de la rime, il a apporté autant de soin, autant de subtilité que dans tous les sujets se rapportant au métier poétique. De même qu'il avait démontré que le refrain est susceptible d'applications infiniment variées, il a aussi cherché à rajeunir, à redoubler le plaisir de la rime en y ajoutant cet élément inattendu, *l'étrangeté*, qui est comme le condiment indispensable de toute beauté. Il fait surtout un usage heureux des répétitions du même vers ou de plusieurs vers, retours obstinés de phrases qui simulent les obsessions de la mélancolie ou de l'idée fixe — du refrain pur et simple, mais amené en situation de plusieurs manières différentes — du refrain-variante qui joue l'indolence et la distraction — des rimes redoublées et triplées, et aussi d'un genre de rime qui introduit dans la poésie moderne, mais avec plus de précision et d'intention, les surprises du vers léonin.

Il est évident que la valeur de tous ces moyens ne peut être vérifiée que par l'application ; et une traduction de poésies aussi voulues, aussi concentrées, peut être un rêve caressant, mais ne peut être qu'un rêve. Poe a fait peu de poésies ; il a quelquefois exprimé le regret de ne pouvoir se livrer, non pas plus souvent, mais exclusivement à ce genre de travail qu'il considérait comme le plus noble. Mais sa poésie est toujours d'un puissant effet. Ce n'est pas l'effusion ardente de Byron, ce n'est pas la mélancolie molle, harmonieuse, distinguée de Tennyson, pour lequel il avait d'ailleurs, soit dit en passant, une admiration quasi fraternelle. C'est quelque chose de profond et de miroitant comme le rêve, de mystérieux et de parfait comme le cristal. Je n'ai pas besoin, je présume, d'ajouter que les critiques américains ont souvent dénigré cette poésie ; tout récemment, je trouvais dans un dictionnaire de biographies américaines, un article où elle était décrétée d'étrangeté, où on avouait qu'il était à craindre que cette muse à la toilette savante ne fît école dans le glorieux pays de la morale utile, et où enfin on regrettait que Poe n'eût pas appliqué ses talents à l'expression de vérités morales au lieu de les dépenser à la recherche d'un idéal bizarre et de prodiguer dans ses vers une volupté mystérieuse, il est vrai, mais sensuelle.

Nous connaissons cette loyale escrime. Les reproches que les mauvais critiques font aux bons poètes sont les mêmes dans tous les pays. En lisant cet article, il me semblait lire la traduction d'un de ces nombreux réquisitoires dressés par les critiques parisiens contre ceux de nos poètes qui sont le plus amoureux de perfection. Nos préférés sont faciles à deviner, et toute âme éprise de poésie pure me comprendra quand je dirai que, parmi notre race anti-poétique, Victor Hugo serait moins admiré s'il était parfait, et qu'il n'a pu se faire pardonner son génie lyrique qu'en introduisant de force et brutalement dans sa poésie ce qu'Edgar Poe considérait comme l'hérésie moderne capitale : l'enseignement.

XX

PRÉAMBULE DE
LA GENÈSE D'UN POÈME

(Revue française, 20 avril 1859.)

La poétique est faite, nous disait-on, et modelée d'après les poèmes. Voici un poète qui prétend que son poème a été composé d'après sa poétique. Il avait certes un grand génie et plus d'inspiration que qui que ce soit, si par inspiration on entend l'énergie, l'enthousiasme intellectuel, et la faculté de tenir ses facultés en éveil. Mais il aimait aussi le travail plus qu'aucun autre ; il répétait volontiers, lui, un original achevé, que l'originalité est chose d'apprentissage, ce qui ne veut pas dire une chose qui peut être transmise par l'enseignement. Le hasard et l'incompréhensible étaient ses deux grands ennemis. S'est-il fait, par une vanité étrange et amusante, beaucoup moins inspiré qu'il ne l'était naturellement ? A-t-il diminué la faculté gratuite qui était en lui pour faire la part plus belle à la volonté ? Je serais assez porté à le croire ; quoique cependant il faille ne pas oublier que son génie, si ardent et si agile qu'il fût, était passionnément épris d'analyse, de combinaisons et de calculs. Un de ses axiomes favoris était encore celui-ci : « Tout, dans un poème comme dans un roman, dans un sonnet comme dans une nouvelle, doit concourir au dénouement. Un bon auteur a déjà sa dernière ligne en vue quand il écrit la première. » Grâce à cette admirable méthode, le compositeur peut commencer son œuvre par la fin, et travailler, quand il lui plaît, à n'importe quelle partie. Les amateurs du *délire* seront peut-être révoltés par ces *cyniques* maximes; mais chacun en peut prendre ce qu'il voudra. Il sera toujours utile de leur montrer quels bénéfices l'art peut tirer de la délibération, et de faire voir aux gens du monde quel labeur exige cet objet de luxe qu'on nomme Poésie.

Après tout, un peu de charlatanerie est toujours permis au génie, et même ne lui messied pas. C'est, comme le fard sur les pommettes d'une femme naturellement belle, un assaisonnement nouveau pour l'esprit.

Poème singulier entre tous. Il roule sur un mot mystérieux et profond, terrible comme l'infini, que des milliers de bouches crispées ont répété depuis le commencement des âges, et que par une triviale habitude de désespoir plus d'un rêveur a écrit sur le coin de sa table pour essayer sa plume : *Jamais plus!* De cette idée, l'immensité, fécondée par la destruction, est remplie du haut en bas, et l'Humanité, non abrutie, accepte volontiers l'Enfer, pour échapper au désespoir irrémédiable contenu dans cette parole.

Dans le moulage de la prose appliquée à la poésie, il y a nécessairement une affreuse imperfection; mais le mal serait encore plus grand dans une singerie rimée. Le lecteur comprendra qu'il m'est impossible de lui donner une idée exacte de la sonorité profonde et lugubre, de la puissante monotonie de ces vers, dont les rimes larges et triplées sonnent comme un glas de mélancolie. C'est bien là le poème de l'insomnie du désespoir; rien n'y manque : ni la fièvre des idées, ni la violence des couleurs, ni le raisonnement maladif, ni la terreur radoteuse, ni même cette gaieté bizarre de la douleur qui la rend plus terrible. Ecoutez chanter dans votre mémoire les strophes les plus plaintives de Lamartine, les rythmes les plus magnifiques et les plus compliqués de Victor Hugo; mêlez-y le souvenir des tercets les plus subtils et les plus compréhensifs de Théophile Gautier, — de *Ténèbres*, par exemple, ce chapelet de redoutables concetti sur la mort et le néant, où la rime triplée s'adapte si bien à la mélancolie obsédante, — et vous obtiendrez peut-être une idée approximative des talents de Poe en tant que versificateur; je dis : en tant que versificateur, car il est superflu, je pense, de parler de son imagination.

Mais j'entends le lecteur qui murmure comme Alceste :
« Nous verrons bien ! » — Voici donc le poème :

[*suit la traduction du « Corbeau »*].

Maintenant, voyons la coulisse, l'atelier, le laboratoire, le mécanisme intérieur, selon qu'il vous plaira de qualifier la *Méthode de composition.*

[*suit la traduction de ce texte*].

XXI

AVIS DU TRADUCTEUR
(1865)

Aux sincères appréciateurs des talents d'Edgar Poe je dirai que je considère ma tâche comme finie, bien que j'eusse pris plaisir, pour leur plaire, à l'augmenter encore. Les deux séries des *Histoires Extraordinaires* et des *Nouvelles Histoires Extraordinaires* et les *Aventures d'Arthur Gordon Pym* suffisent pour présenter Edgar Poe sous ses divers aspects en tant que conteur visionnaire tantôt terrible, tantôt gracieux, alternativement railleur et tendre, toujours philosophe et analyste, amateur de la magie de l'absolue vraisemblance, auteur de la bouffonnerie la plus désintéressée. *Eurêka* leur a montré l'ambitieux et subtil dialecticien. Si ma tâche pouvait être continuée avec fruit dans un pays tel que la France, il me resterait à montrer Edgar Poe poète et Edgar Poe critique littéraire. Tout vrai amateur de poésie reconnaîtra que le premier de ces devoirs est presque impossible à remplir, et que ma très humble et très dévouée faculté de traducteur ne me permet pas de suppléer aux voluptés absentes du rythme et de la rime. A ceux qui savent beaucoup deviner, les fragments de poésie insérés dans les Nouvelles, tels que le *Ver vainqueur dans Ligeia*, le *Palais hanté* dans la *Chute de la maison Usher* et le poème si mystérieusement éloquent du *Corbeau*, suffiront pour leur faire entrevoir toutes les merveilles du pur poète.

Quant au second genre de talent, la critique, il est facile de comprendre que ce que je pouvais appeler les *Causeries du Lundi* d'Edgar Poe auraient peu de chance de plaire à ces

Parisiens légers, peu soucieux des querelles littéraires qui divisent un peuple jeune encore, et qui font, en littérature comme en politique, le Nord ennemi du Sud.

Pour conclure, je dirai aux Français amis inconnus d'Edgar Poe que je suis fier et heureux d'avoir introduit dans leur mémoire un genre de beauté nouveau; et aussi bien, pourquoi n'avouerais-je pas que ce qui a soutenu ma volonté, c'était le plaisir de leur présenter un homme qui me ressemblait un peu, par quelques points, c'est-à-dire une partie de moi-même ?

Un temps viendra prochainement, je suis autorisé à le croire, où MM. les éditeurs de l'édition populaire française des œuvres d'Edgar Poe sentiront la glorieuse nécessité de les produire sous une forme matérielle plus solide, plus digne des bibliothèques d'amateurs, et dans une édition où les fragments qui les composent seront classés plus analogiquement et d'une manière définitive.

IV. — FLAUBERT, GAUTIER, DIVERS

(1855-1859)

XXII

PHILIBERT ROUVIÈRE

(*Nouvelle Galerie des artistes dramatiques vivants* [plaquette], 1855.)

Voilà une vie agitée et tordue, comme ces arbres, — le grenadier, par exemple, — noueux, perplexes dans leur croissance, qui donnent des fruits compliqués et savoureux, et dont les orgueilleuses et rouges floraisons ont l'air de raconter l'histoire d'une sève longtemps comprimée. Il y a des gens par milliers qui, en littérature, adorent le style *coulant*, l'art qui s'épanche à l'abandon, presque à l'étourdie, sans méthode, mais sans fureurs et sans cascades. D'autres, — et généralement ce sont des littérateurs, — ne lisent avec plaisir que ce qui demande à être relu. Ils jouissent presque des douleurs de l'auteur. Car ces ouvrages médités, laborieux, tourmentés, contiennent la saveur toujours vive de la volonté qui les enfanta. Ils contiennent la grâce littéraire suprême, qui est l'énergie. Il en est de même de Rouvière; il a cette grâce suprême, décisive, — l'énergie, l'intensité dans le geste, dans la parole et dans le regard.

Philibert Rouvière a eu, comme je le faisais pressentir, une existence laborieuse et pleine de cahots. Il est né à Nîmes, en 1809. Ses parents, négociants aisés, lui firent faire toutes ses études. On destinait le jeune homme au notariat. Ainsi il eut, dès le principe, cet inestimable avantage d'une éducation libérale. Plus ou moins complète, cette éducation marque, pour ainsi dire, les gens; et beaucoup d'hommes, et des plus forts, qui en ont été privés, ont toujours senti en eux une espèce de lacune que les études de la maturité étaient impuissantes à combler. Pendant sa première jeunesse, son goût pour le théâtre s'était manifesté avec une ardeur si vivace, que sa mère, qui avait les préjugés d'une piété sévère, lui prédit avec désespoir qu'il monterait sur les planches. Cependant ce n'était pas dans les pompes condamnables du théâtre que Rouvière devait d'abord abîmer sa jeunesse. Il débuta par la peinture. Il se trouvait jeune, privé de ses parents, à la tête d'une petite fortune, et il profita de sa liberté pour entrer à l'atelier de Gros, en 1827. En 1830, il exposa un tableau dont le sujet était emprunté au spectacle émouvant de la révolution de Juillet; cet ouvrage était, je crois, intitulé *la Barricade*, et des artistes, élèves de Gros, m'en ont parlé honorablement. Rouvière a plus d'une fois depuis lors, dans les loisirs forcés que lui faisait sa vie aventureuse de comédien, utilisé son talent de peintre. Il a disséminé çà et là quelques bons portraits.

Mais la peinture n'avait fait qu'une diversion. Le goût diabolique du théâtre prit impérativement le dessus, et en 1837 il pria Joanny de l'entendre. Le vieux comédien le poussa vivement dans sa nouvelle voie, et Rouvière débuta au Théâtre-Français. Il fut quelque temps au Conservatoire; — on n'est pas déshonoré pour une pareille naïveté, et il nous est permis de sourire de ces amusantes indécisions d'un génie qui ne se connaîtra que plus tard. — Au Conservatoire, Rouvière devint si mauvais qu'il eut peur. Les professeurs orthopédistes-jurés, chargés d'enseigner la diction et la gesticulation traditionnelles, s'étonnaient de voir leur enseignement engendrer l'absurde. Torturé par l'école, Rouvière perdait toute sa grâce native, et n'acquérait aucune des *grâces* pédagogiques. Heureusement il fuit à temps cette maison dont l'atmosphère n'était pas faite pour ses poumons; il prit quelques leçons de Michelot (mais qu'est-ce que des leçons ? des axiomes, des préceptes d'hygiène, des vérités impudentes; le reste, *le reste*, c'est-à-dire tout, ne se démontre pas), et entra enfin à l'Odéon, en 1839, sous la direction de MM. d'Epagny et Lireux. Là, il joua Antiochus dans *Rodogune*, *le Roi Lear*, le *Macbeth* de Ducis. *Le Médecin de son honneur* fut l'occasion d'une création heureuse, singulière, et qui fit date dans la carrière de l'artiste. — Il marqua dans *le Duc d'Albe* et dans *le Vieux Consul;* et dans le Tirésias de l'*Antigone* traduite il montra une intelligence parfaite de ces types grandioses qui nous viennent de l'antiquité, de ces types synthétiques qui sont comme un défi à nos poétiques modernes contradictoires. Déjà, dans *le Médecin de son honneur*, il avait manifesté cette énergie soudaine, éruptive, qui caractérise une littérature tout à fait opposée, et il a pu dès lors concevoir sa pleine destinée; il a pu comprendre quelle intime connexion existait entre lui et la littérature romantique; car, sans manquer de respect à nos impitoyables classiques, je crois qu'un grand comédien comme Rouvière peut désirer d'autres langues à traduire, d'autres passions à mimer. Il portera ailleurs ses passions d'interprète, il s'enivrera d'une autre atmosphère, il rêvera, il désirera plus d'animalité et plus de spiritualité; il attendra, s'il le faut. Douloureuse solidarité! lacunes qui ne se correspondent pas! Tantôt le poète cherche son comédien, comme le peintre son graveur; tantôt le comédien soupire après son poète.

M. Bocage, homme économe et prudent, homme *égalitaire* d'ailleurs, se garda bien de rengager Rouvière; et ici commence l'abominable épopée du comédien errant. Rouvière courait et vagabondait; — la province et l'étranger, exaspérantes consolations pour celui qui rêve toujours de ses juges naturels, et qui attend comme des envoyés les types vivifiants des poètes!

Rouvière revint à Paris et joua sur le théâtre de Saint-Germain le *Hamlet* de MM. Dumas et Meurice. Dumas avait communiqué le manuscrit à Rouvière, et celui-ci s'était tellement passionné pour le rôle, qu'il proposa de monter l'ouvrage à Saint-Germain avec la petite troupe qui s'y trouvait. Ce fut un beau succès auquel assista toute la presse, et l'enthousiasme qu'il excita est constaté par un feuilleton de Jules Janin, de la fin de septembre 1846. Il appartenait dès lors à la troupe du Théâtre-Historique; tout le monde se rappelle avec quel éclat il joua le Charles IX dans *la Reine Margot*. On crut voir le vrai Charles IX; c'était une parfaite résurrection. Malgré la manière décisive dont il joua le terrible rôle de Hamlet au même théâtre, il ne fut pas rengagé, et ce fut seulement dix-huit mois plus tard qu'il créa avec beaucoup d'originalité le Fritz du *Comte Hermann*. Ces succès répétés, mais à des intervalles souvent lointains, ne faisaient cependant pas à l'artiste une position solide et durable; on eût dit que ses qualités lui nuisaient et que sa manière originale faisait de lui un homme embarrassant. A la Porte-Saint-Martin, où une malheureuse faillite l'empêcha d'accomplir un engagement de trois ans, il créa Masaniello dans *Salvator Rosa*. Dans ces derniers temps, Rouvière a reparu avec un éclat incomparable à la Gaîté, où il a joué le rôle de Mordaunt, et à l'Odéon, où *Hamlet* a été repris et où il a soulevé un enthousiasme sans pareil. Jamais peut-être il ne l'avait si bien joué ; enfin, sur le même théâtre, il vient de créer Favilla, où il a développé des qualités d'un ordre inaccoutumé, auxquelles on était loin de s'attendre, mais qu'avaient pu deviner ceux qui avaient fait de lui une étude particulière.

Maintenant que la position de Rouvière est faite, position excellente, basée à la fois sur des succès populaires et sur l'estime qu'il a inspirée aux littérateurs les plus difficiles (ce qui a été écrit de meilleur sur lui, c'est les feuilletons de Théophile Gautier dans *la Presse* et dans *le Moniteur*, et la nouvelle de Champfleury : *le Comédien Trianon*), il est bon et permis de parler de lui librement. Rouvière avait autrefois de grands défauts, défauts qui naissaient peut-être de l'abondance même de son énergie ; aujourd'hui ces défauts ont disparu. Rouvière n'était pas toujours maître de lui ; maintenant c'est un artiste plein de certitude. Ce qui caractérise plus particulièrement son talent, c'est une solennité subjuguante. Une grandeur poétique l'enveloppe. Sitôt qu'il est entré en scène, l'œil du spectateur s'attache à lui et ne veut plus le quitter. Sa diction mordante, accentuée, poussée par une emphase nécessaire ou brisée par une trivialité inévitable, enchaîne irrésistiblement l'attention. — On peut dire de lui, comme de la Clairon, qui était une toute petite femme, qu'il grandit à la scène ; et c'est la preuve d'un grand talent. — Il a des pétulances terribles, des aspirations lancées à toute volée, des ardeurs concentrées qui font rêver à tout ce qu'on raconte de Kean et de Lekain. Et bien que l'intensité du jeu et la projection redoutable de la volonté tiennent la plus grande part dans cette séduction, tout ce miracle s'accomplit sans effort. Il a, comme certaines substances chimiques, cette saveur qu'on appelle *sui generis*. De pareils artistes, si rares et si précieux, peuvent être quelquefois singuliers ; il leur est impossible d'être *mauvais*, c'est-à-dire qu'ils ne sauraient jamais déplaire.

Quelque prodigieux que Rouvière se soit montré dans l'indécis et contradictoire Hamlet, tour de force qui fera date dans l'histoire du théâtre, je l'ai toujours trouvé plus à son aise, plus *vrai* dans les personnages absolument tragiques ; le théâtre d'action, voilà son domaine. Dans Mordaunt, on peut dire qu'il illuminait véritablement tout le drame. Tout le reste pivotait autour de lui ; il avait l'air de la Vengeance expliquant l'Histoire. Quand Mordaunt rapporte à Cromwell sa cargaison de prisonniers voués à la mort, et qu'à la paternelle sollicitude de celui-ci qui lui recommande de se reposer avant de se charger d'une nouvelle mission, Rouvière répondait, en arrachant la lettre de la main du protecteur avec une légèreté sans pareille : *Je ne suis jamais fatigué, monsieur!* ces mots si simples traversaient l'âme comme une épée, et les applaudissements du public, qui est dans la confidence de Mordaunt et qui connaît la raison de son zèle, expiraient dans le frisson. Peut-être était-il encore plus singulièrement tragique, quand son oncle lui débitant la longue kyrielle des crimes de sa mère, il l'interrompait à chaque instant par un cri d'amour filial tout assoiffé de sang : *Monsieur, c'était ma mère!* Il fallait dire cela cinq ou six fois! et à chaque fois c'était neuf et c'était beau.

On était curieux de voir comment Rouvière exprimerait l'amour et la tendresse dans *Maître Favilla*. Il a été charmant. L'interprète des vengeances, le terrible Hamlet, est devenu le plus délicat, le plus affectueux des époux; il a orné l'amour conjugal d'une fleur de chevalerie exquise. Sa voix solennelle et distinguée vibrait comme celle d'un homme dont l'âme est ailleurs que dans les choses de ce monde; on eût dit qu'il planait dans un azur spirituel. Il y eut unanimité dans l'éloge. Seul, M. Janin, qui avait si bien loué le comédien il y a quelques années, voulut le rendre solidaire de la mauvaise humeur que lui causait la pièce. Où est le grand mal ? Si M. Janin tombait trop souvent dans la vérité, il la pourrait bien compromettre.

Insisterai-je sur cette qualité exquise du goût qui préside à l'arrangement des costumes de Rouvière, sur cet art avec lequel il se grime, non pas en miniaturiste et en fat, mais en véritable comédien dans lequel il y a toujours un peintre ? Ses costumes voltigent et entourent harmonieusement sa personnalité. C'est bien là une touche précieuse, un trait caractéristique qui marque l'artiste pour lequel il n'y a pas de petites choses.

Je lis dans un singulier philosophe quelques lignes qui me font rêver à l'art des grands acteurs :

« Quand je veux savoir jusqu'à quel point quelqu'un est circonspect ou stupide, jusqu'à quel point il est bon ou méchant, ou quelles sont actuellement ses pensées, je compose mon visage d'après le sien, aussi exactement que possible, et j'attends alors pour savoir quels pensers ou quels sentiments naîtront dans mon esprit ou dans mon cœur, comme pour s'appareiller et correspondre avec ma physionomie. »

Et quand le grand acteur, nourri de son rôle, habillé, grimé, se trouve en face de son miroir, horrible ou charmant, séduisant ou répulsif, et qu'il y contemple cette nouvelle personnalité qui doit devenir la sienne pendant quelques heures, il tire de cette analyse un nouveau parachèvement, une espèce de magnétisme de récurrence. Alors l'opération magique est terminée, le miracle de l'objectivité est accompli, et l'artiste peut prononcer son *Eurêka*. Type d'amour ou d'horreur, il peut entrer en scène.

Tel est Rouvière.

XXIII

HISTOIRE DE NEUILLY

PAR L'ABBÉ BELLANGER (1855)

(Posthume : publié par J. Crépet dans *Le Mercure de France*, 15 septembre 1935.)

Depuis ces dernières années, il s'est manifesté un excellent mouvement historique qu'on pourrait appeler mouvement provincial. C'est avec de petits livres d'histoire sincèrement et soigneusement rédigés, comme l'*Histoire de Neuilly et de ses châteaux par l'abbé Bellanger*, que se font les livres généraux. Si toutes les localités de France suivaient cet exemple, l'histoire générale ne serait plus qu'une question de mise en ordre, ou du moins, entre les mains d'un grand esprit, la besogne serait considérablement abrégée. — M. l'abbé Bellanger, dont la commune de Neuilly déplore actuellement la perte, prend l'histoire de cette localité depuis l'époque romaine jusqu'aux terribles journées de Février où le Château fut le théâtre et la proie des plus ignobles passions, l'orgie et la destruction. Neuilly fut, comme le dit le modeste historien, choisi par la providence ou la fatalité, quatre fois en soixante ans, comme théâtre de grands faits nationaux et décisifs. — Toute la série des personnes illustres qui ont fondé, embelli, habité, illustré Neuilly et ses châteaux passe sous les yeux du lecteur. Dans cette esquisse rapide, tous les personnages, même ceux trop séduisants pour la plume sévère d'un prêtre, défilent dans leur vraie attitude. Depuis sainte Isabelle, fondatrice du monastère de Longchamp, depuis la charmante reine Margot, d'érudite et romanesque mémoire, depuis Pascal et sa foudroyante conversion, jusqu'à l'Encyclopédie, dont l'idée germa au château même de Neuilly, jusqu'à Parmentier, l'ensemenceur de la plaine des Sablons, jusqu'à la princesse Pauline, au général Wellington, jusqu'au drame de la route de la Révolte, tous les faits qui ont illustré cette héroïque commune sont passés en revue avec une rapidité, une netteté, une honnêteté littéraire des plus remarquables. — Cet excellent petit livre se vend à la *Librairie nouvelle, boulevard des Italiens*, et chez Dentu, au Palais-Royal.

XXIV

LES LIAISONS DANGEREUSES

(C. 1856. Posthume, publié par E. Champion, 1903.)

I. BIOGRAPHIE

BIOGRAPHIE MICHAUD. — Pierre-Ambroise-François Choderlos de Laclos, né à Amiens en 1741.

A 19 ans, sous-lieutenant dans le corps royal du génie.
Capitaine en 1778, il construit un fort à l'île d'Aix.
Appréciation ridicule des *Liaisons dangereuses* par la *Biographie Michaud*, signée Beaulieu, édition 1819.

En 1789, secrétaire du duc d'Orléans. Voyage en Angleterre avec Philippe d'Orléans.

En 91, pétition provoquant la réunion du Champ de Mars.

Rentrée au service en 92, comme maréchal de camp.
Nommé gouverneur des Indes françaises, où il ne va pas.
A la chute de Philippe, enfermé à Picpus.
(Plans de réforme, expériences sur les projectiles.)
Arrêté de nouveau, relâché le 9 Thermidor.
Nommé secrétaire général de l'administration des hypothèques.

Il revient à ses expériences militaires et rentre au service, général de brigade d'artillerie. Campagnes du Rhin et d'Italie, mort à Tarente, 5 octobre 1803.

Homme vertueux, « bon fils, bon père, excellent époux ».
Poésies fugitives.
Lettre à l'Académie française en 1786 à l'occasion du prix proposé pour l'éloge de Vauban (1.440 millions).

FRANCE LITTÉRAIRE DE QUÉRARD. — La première édition des *Liaisons dangereuses* est de 1782.

Causes secrètes de la Révolution de 9 au 10 thermidor, par Vilate, ex-juré au tribunal révolutionnaire. Paris, 1795.

Continuation aux *Causes secrètes*, 1795.

LOUANDRE ET BOURQUELOT. — Il faut, disent-ils, ajouter à ses ouvrages *Le Vicomte de Barjac*.

Erreur, selon Quérard, qui rend cet ouvrage au marquis de Luchet.

HATIN. — 31 octobre an II de la Liberté, Laclos est autorisé à publier la correspondance de la Société des Amis de la Constitution, séante aux Jacobins.

Journal des Amis de la Constitution.

En 1791, Laclos quitte le journal, qui reste aux Feuillants.

II. NOTES

Ce livre, s'il brûle, ne peut brûler qu'à la manière de la glace.

Livre d'histoire.

Avertissement de l'éditeur et préface de l'auteur (sentiments feints et dissimulés).

— Lettres de mon père (badinages).

La Révolution a été faite par des voluptueux.

Nerciat (utilité de ses livres).

Au moment où la Révolution française éclata, la noblesse française était une race physiquement diminuée. (de Maistre.)

Les livres libertins commentent donc et expliquent la Révolution.

— Ne disons pas : *Autres mœurs que les nôtres*, disons : *Mœurs plus en honneur qu'aujourd'hui*.

Est-ce que la morale s'est relevée ? non, c'est que l'énergie du mal a baissé. — Et la niaiserie a pris la place de l'esprit.

La fouterie et la gloire de la fouterie étaient-elles plus immorales que cette manière moderne d'*adorer* et de mêler le saint au profane ?

On se donnait alors beaucoup de mal pour ce qu'on avouait être une bagatelle, et on ne se damnait pas plus qu'aujourd'hui.

Mais on se damnait moins bêtement, on ne se pipait pas.

GEORGE SAND.
Ordure et jérémiades.
En réalité, le satanisme a gagné, Satan s'est fait ingénu. Le mal se connaissant était moins affreux et plus près de la guérison que le mal s'ignorant. G. Sand inférieure à de Sade.

Ma sympathie pour le livre.
Ma mauvaise réputation.
Ma visite à Billaut.
Tous les livres sont immoraux.

Livre de moraliste aussi haut que les plus élevés, aussi profond que les plus profonds.

— A propos d'une phrase de Valmont (à retrouver) :
Le temps des Byron venait.
Car Byron était *préparé*, comme Michel-Ange.
Le grand homme n'est jamais aérolithe.
Chateaubriand devait bientôt crier à un monde qui n'avait pas le droit de s'étonner :
« Je fus toujours vertueux sans plaisir; j'eusse été criminel sans remords. »
Caractère sinistre et satanique.
Le satanisme badin.
Comment on faisait l'amour sous l'ancien régime.
Plus gaiement, il est vrai.
Ce n'était pas l'extase, comme aujourd'hui, c'était le délire.
C'était toujours le mensonge, mais on n'adorait pas son semblable. On *le trompait*, mais on *se trompait* moins soi-même.
Les mensonges étaient d'ailleurs assez bien soutenus quelquefois pour induire la comédie en tragédie.
— Ici comme dans la vie, la palme de la perversité reste à [la] femme.
(Saufeia.) Fœmina simplex dans sa petite maison.
Manœuvres de l'Amour.
Belleroche. Machines à plaisir.
Car Valmont est surtout un vaniteux. Il est d'ailleurs généreux, toutes les fois qu'il ne s'agit pas des femmes et de sa gloire.
— Le dénouement.
La petite vérole (grand châtiment).
La Ruine.

Caractère général sinistre.

La détestable humanité se fait un enfer préparatoire.

— L'amour de la guerre et la guerre de l'amour. La gloire. L'amour de la gloire. Valmont et la Merteuil en parlent sans cesse, la Merteuil moins.

L'amour du combat. La tactique, les règles, les méthodes. La gloire de la victoire.

La stratégie pour gagner un prix très frivole.

Beaucoup de sensualité. Très peu d'amour, excepté chez Mme de Tourvel.

— Puissance de l'analyse racinienne.

Gradation.

Transition.

Progression.

Talent rare aujourd'hui, excepté chez Stendhal, Sainte-Beuve et Balzac.

Livre essentiellement français.

Livre de sociabilité, terrible, mais sous le badin et le convenable.

Livre de sociabilité.

[Note manuscrite, non de la main de Baudelaire, mais en tête de laquelle Baudelaire a écrit : *Liaisons dangereuses*.] :

Cette défaveur surprendra peu les hommes qui pensent que la Révolution française a pour cause principale la dégradation morale de la noblesse.

M. de Saint-Pierre observe quelque part, dans ses *Etudes sur la Nature*, que si l'on compare la figure des nobles français à celles de leurs ancêtres, dont la peinture et la sculpture nous ont transmis les traits, on voit à l'évidence que ces races ont dégénéré.

Considérations sur la France, page 197 de l'édition sous la rubrique de Londres, 1797, in-8°.

III. INTRIGUE ET CARACTÈRES

INTRIGUE. — Comment vint la brouille entre Valmont et la Merteuil.

Pourquoi elle devait venir.

La Merteuil a tué la Tourvel.

Elle n'a plus rien à vouloir de Valmont.

Valmont est dupe. Il dit à sa mort qu'il regrette la Tourvel, et de l'avoir sacrifiée. Il ne l'a sacrifiée qu'à son Dieu, à sa vanité, à sa gloire, et la Merteuil le lui dit même crûment après avoir obtenu ce sacrifice.

C'est la brouille de ces deux scélérats qui amène les dénouements.

Les critiques faites sur le dénouement relatif à la Merteuil.

CARACTÈRES. — A propos de Mme de Rosemonde, retrouver le portrait des vieilles femmes, bonnes et tendres, fait par la Merteuil.

Cécile, type parfait de la détestable jeune fille, niaise et sensuelle.

Son portrait, par la Merteuil, qui excelle aux portraits.

(Elle ferait bien même celui de la Tourvel, si elle n'en était pas horriblement jalouse, comme d'une supériorité.) Lettre XXXVIII.

La jeune fille. La niaise, stupide et sensuelle. Tout près de l'ordure originelle.

La Merteuil. Tartuffe femelle, tartuffe de mœurs, tartuffe du XVIIIe siècle.

Toujours supérieure à Valmont et elle le prouve.

Son portrait par elle-même. Lettre LXXXI. Elle a d'ailleurs du bon sens et de l'esprit.

Valmont, ou la recherche du pouvoir par le Dandysme et la feinte de la dévotion. Don Juan.

La Présidente. (Seule appartenant à la bourgeoisie. Observation importante.) Type simple, grandiose, attendrissant. Admirable création. Une femme naturelle. Une Eve touchante. — La Merteuil, une Eve satanique.

D'Anceny, fatigant d'abord par la niaiserie, devient intéressant. Homme d'honneur, poète et beau diseur.

Madame de Rosemonde. — Vieux pastel, *charmant* portrait à barbes et à tabatière. Ce que la Merteuil dit des vieilles femmes.

CITATIONS POUR SERVIR AUX CARACTÈRES

Que me proposez-vous ? de séduire une jeune fille qui n'a rien vu, ne connaît rien... Vingt autres y peuvent réussir comme moi. Il n'en est pas ainsi de l'entreprise qui m'occupe ; son succès m'assure autant de gloire que de plaisir. L'Amour, qui prépare ma couronne, hésite lui-même entre le myrte et le laurier...
Lettre IV. — Valmont à Mme de Merteuil.

J'ai bien besoin d'avoir cette femme pour me sauver du ridicule d'en être amoureux... J'ai, dans ce moment, un sentiment de recon-

naissance pour les femmes faciles, qui me ramène naturellement à vos pieds.
>Lettre IV. — Valmont à Mme de Merteuil.

Conquérir est notre dessein ; il faut le suivre.
>Lettre IV. — Valmont à Mme de Merteuil.

(Note : car c'est aussi le dessein de Mme de Merteuil. Rivalité de gloire.)

Me voilà donc, depuis quatre jours, livré à une *passion forte*.
>Lettre IV. — Valmont à la Merteuil.

Rapprocher ce passage d'une note de Sainte-Beuve sur le goût de la passion dans l'Ecole Romantique.

Depuis sa plus grande jeunesse, jamais il n'a fait un pas ou dit une parole sans avoir un projet, et jamais il n'eut * [un projet qui ne fût malhonnête ou criminel].

Aussi, si Valmont était entraîné par des passions fougueuses [si, comme mille autres, il était séduit par les erreurs de son âge, en blâmant sa conduite, je plaindrais sa personne, et j'attendrais, en silence, le temps où un retour heureux lui rendrait l'estime des gens honnêtes].

Mais Valmont n'est pas cela... etc.
>Lettre IX. — Mme de Volanges à la Présidente de Tourvel.

Cet entier abandon de soi-même, ce délire de la volupté, où le plaisir *s'épure par son excès*, ces biens de l'amour ne sont pas connus d'elle... Votre présidente croira avoir tout fait pour vous en vous traitant comme son mari, et dans le tête-à-tête conjugal le plus tendre, on est toujours *deux*.
>Lettre V. — La Merteuil à Valmont.

(Source de la sensualité mystique et des sottises amoureuses du XIXe siècle.)

J'aurai cette femme. Je l'enlèverai au mari, *qui la profane* [G. Sand]. J'oserai la ravir au Dieu même qu'elle adore [Valmont satan, rival de Dieu]. Quel délice d'être tour à tour l'objet et le vainqueur de ses remords! Loin de moi l'idée de détruire les préjugés qui l'assiègent. Ils ajouteront à mon bonheur et à ma gloire. Qu'elle croie à la vertu, mais qu'elle me le sacrifie... Qu'alors, si j'y consens, elle me dise : « Je t'adore ! »
>Lettre VI. — Valmont à la Merteuil.

Après ces préparatifs, pendant que Victoire s'occupe des autres détails, je lis un chapitre du *Sopha*, une *lettre d'Héloïse*, et deux *contes* de La Fontaine, pour recorder les différents tons que je voulais prendre.
>Lettre X. — La Merteuil à Valmont.

---

* Entre crochets, additions d'E. Champion complétant les citations.

> Je suis indigné, je l'avoue, quand je songe que cet homme sans *raisonner*, sans se *donner* la *moindre peine*, en *suivant tout bêtement l'instinct de son cœur*, trouve une félicité à laquelle je ne puis atteindre. Oh! je la troublerai!
> Lettre XV. — Valmont à la Merteuil.

> J'avouerai ma faiblesse. Mes yeux se sont mouillés de larmes... J'ai été étonné du plaisir qu'on éprouve en faisant le bien...
> Lettre XXI. — Valmont à la Merteuil.

Don Juan devenant Tartuffe et charitable par intérêt. Cet aveu prouve à la fois l'hypocrisie de Valmont, sa haine de la vertu, et, en même temps, un reste de sensibilité par quoi il est inférieur à la Merteuil, chez qui tout ce qui est humain est calciné.

> J'oubliais de vous dire que, pour mettre tout à profit, j'ai demandé à ces beaux yeux de prier Dieu pour le succès de mes projets.
> Lettre XXI. — Valmont à la Merteuil.

(Impudence et raffinement d'impiété.)

> Elle est vraiment délicieuse... Cela n'a ni caractère, ni principes. Jugez combien [sa société sera douce et facile]... En vérité, je suis [presque jalouse de celui à qui ce plaisir est réservé].
> Lettre XXXVIII. — La Merteuil à Valmont.

(Excellent portrait de la Cécile.)

> Il est si sot encore qu'il n'en a pas seulement obtenu un baiser. Ce garçon-là fait pourtant de fort jolis vers! Mon Dieu! que ces gens d'esprit sont bêtes!
> Lettre XXXVIII. — La Merteuil à Valmont.

(Commencement du portrait de d'Anceny, qui attirera lui-même la Merteuil.)

> Je regrette de n'avoir pas le talent des filous... Mais nos parents ne songent à rien.
> Suite de la Lettre XL. — Valmont à la Merteuil.
> Elle veut que je sois *son ami*

(La malheureuse victime en est déjà là)...

> Et puis-je me venger moins d'une femme hautaine qui semble rougir d'avouer qu'elle adore ?
> Lettre LXX. — Valmont à la Merteuil.

A propos de la Vicomtesse :

Le parti le plus difficile ou le plus gai est toujours celui que je prends ; et je ne me reproche pas une bonne action, pourvu qu'elle m'exerce ou m'amuse.
Lettre LXXI. — Valmont à la Merteuil.

(Portrait de la Merteuil par elle-même.)

Que vos craintes me causent de pitié ! Combien elles me prouvent ma supériorité sur vous !... Etre orgueilleux et faible, il te sied bien de vouloir calculer mes moyens et juger de mes ressources !

(La femme qui veut toujours faire l'homme, signe de grande dépravation.)

. . . .

Imprudentes qui, dans leur amant actuel, ne savent pas voir leur ennemi futur... Je dis : mes principes... Je les ai créés, et je puis dire que je suis mon ouvrage.

Ressentais-je quelque chagrin... J'ai porté le zèle jusqu'à me causer des douleurs volontaires, pour chercher pendant ce temps l'expression du plaisir. *Je me suis travaillé* avec le même soin pour réprimer les symptômes d'une joie inattendue.

Je n'avais pas quinze ans, je possédais déjà les talents auxquels la plus grande partie de nos politiques doivent leur réputation, et [je ne me trouvais encore qu'aux premiers éléments de la science que je voulais acquérir].

La tête seule fermentait. Je ne désirais pas de jouir, *je voulais* SAVOIR.
Lettre LXXXI. — La Merteuil à Valmont.

(George Sand et autres.)
Encore une touche au portrait de la petite Volanges par la Merteuil :

Tandis que nous nous occuperions à former cette petite fille pour l'intrigue [nous n'en ferions qu'une femme facile]... Ces sortes de femmes ne sont absolument que des machines à plaisir.
Lettre CVI. — La Merteuil à Valmont.

Cette enfant est réellement séduisante ! Ce contraste de la candeur naïve avec le langage de l'effronterie ne laisse pas de faire de l'effet ; et, je ne sais pourquoi, il n'y a plus que les choses bizarres qui me plaisent.
Lettre CX. — Valmont à la Merteuil.

Valmont se glorifie et chante son futur triomphe.

Je la montrerai, dis-je, oubliant ses devoirs... Je ferai plus, je la quitterai... Voyez mon ouvrage et cherchez-en dans le siècle un second exemple!...
    Lettre CXV. — Valmont à la Merteuil.

(Citation *importante*.)
La note et l'annonce de la fin.
Champfleury.
Lui écrire.

XXV

MADAME BOVARY

PAR GUSTAVE FLAUBERT

(*L'Artiste*, 18 octobre 1857.)

I

En matière de critique, la situation de l'écrivain qui vient après tout le monde, de l'écrivain retardataire, comporte des avantages que n'avait pas l'écrivain prophète, celui qui annonce le succès, qui le commande, pour ainsi dire, avec l'autorité de l'audace et du dévouement.

M. Gustave Flaubert n'a plus besoin du dévouement, s'il est vrai qu'il en eut jamais besoin. Des artistes nombreux, et quelques-uns des plus fins et des plus accrédités, ont illustré et enguirlandé son excellent livre. Il ne reste donc plus à la critique qu'à indiquer quelques points de vue oubliés, et qu'à insister un peu plus vivement sur des traits et des lumières qui n'ont pas été, selon moi, suffisamment vantés et commentés. D'ailleurs, cette position de l'écrivain en retard, distancé par l'opinion, a, comme j'essayais de l'insinuer, un charme paradoxal. Plus libre, parce qu'il est seul comme un traînard, il a l'air de celui qui résume les débats, et, contraint d'éviter les véhémences de l'accusation et de la défense, il a ordre de se frayer une voie nouvelle, sans autre excitation que celle de l'amour du Beau et de la Justice.

II

Puisque j'ai prononcé ce mot splendide et terrible, la Justice, qu'il me soit permis, — comme aussi bien cela m'est agréable, — de remercier la magistrature française de l'éclatant exemple d'impartialité et de bon goût qu'elle a donné dans cette circonstance. Sollicitée par un zèle aveugle et trop véhément pour la morale, par un esprit qui se trompait de terrain, — placée en face d'un roman, œuvre d'un écrivain inconnu la veille, — un roman, et quel roman! le plus impartial, le plus loyal, — un champ, banal comme tous les champs, flagellé, trempé, comme la nature elle-même, par tous les vents et tous les orages, — la magistrature, dis-je, s'est montrée loyale et impartiale comme le livre qui était poussé devant elle en holocauste. Et mieux encore, disons, s'il est permis de conjecturer d'après les considérations qui accompagnèrent le jugement, que si les magistrats avaient découvert quelque chose de vraiment reprochable dans le livre, ils l'auraient néanmoins amnistié, en faveur et en reconnaissance de la BEAUTÉ dont il est revêtu. Ce souci remarquable de la Beauté, en des hommes dont les facultés ne sont mises en réquisition que pour le Juste et le Vrai, est un symptôme des plus touchants, comparé avec les convoitises ardentes de cette société qui a définitivement abjuré tout amour spirituel, et qui, négligeant *ses anciennes entrailles*, n'a plus cure que de ses viscères. En somme, on peut dire que cet arrêt, par sa haute tendance poétique, fut définitif; que gain de cause a été donné à la Muse, et que tous les écrivains, tous ceux du moins dignes de ce nom, ont été acquittés dans la personne de M. Gustave Flaubert.

Ne disons donc pas, comme tant d'autres l'affirment avec une légère et inconsciente mauvaise humeur, que le livre a dû son immense faveur au procès et à l'acquittement. Le livre, non tourmenté, aurait obtenu la même curiosité, il aurait créé le même étonnement, la même agitation. D'ailleurs les approbations de tous les lettrés lui appartenaient depuis longtemps. Déjà sous sa première forme, dans la *Revue de Paris*, où des coupures imprudentes en avaient détruit l'harmonie, il avait excité un ardent intérêt. La situation de Gustave Flaubert, brusquement illustre, était à la fois excellente et mauvaise; et de cette situation équivoque, dont son loyal et merveilleux talent a su triompher, je vais donner, tant bien que mal, les raisons diverses.

III

Excellente; — car depuis la disparition de Balzac, ce prodigieux météore qui couvrira notre pays d'un nuage de gloire, comme un orient bizarre et exceptionnel, comme une aurore polaire inondant le désert glacé de ses lumières féeriques, — toute curiosité, relativement au roman, s'était apaisée et endormie. D'étonnantes tentatives avaient été faites, il faut l'avouer. Depuis longtemps déjà, M. de Custine, célèbre, dans un monde de plus en plus raréfié, par *Aloys, le Monde comme il est* et *Ethel*, — M. de Custine, le créateur de la jeune fille laide, ce type tant jalousé par Balzac (voir le vrai *Mercadet*), avait livré au public *Romuald ou la Vocation*, œuvre d'une maladresse sublime, où des pages inimitables font à la fois condamner et absoudre des langueurs et des gaucheries. Mais M. de Custine est un sous-genre du génie, un génie dont le dandysme monte jusqu'à l'idéal de la négligence. Cette bonne foi de gentilhomme, cette ardeur romanesque, cette raillerie loyale, cette absolue et nonchalante personnalité, ne sont pas accessibles aux sens du grand troupeau, et ce précieux écrivain avait contre lui toute la mauvaise fortune que méritait son talent.

M. d'Aurevilly avait violemment attiré les yeux par *Une Vieille Maîtresse* et par l'*Ensorcelée*. Ce culte de la vérité, exprimé avec une effroyable ardeur, ne pouvait que déplaire à la foule. D'Aurevilly, vrai catholique, évoquant la passion pour la vaincre, chantant, pleurant et criant au milieu de l'orage, planté comme Ajax sur un rocher de désolation, et ayant toujours l'air de dire à son rival, — homme, foudre, dieu ou matière — : « Enlève-moi, ou je t'enlève! » ne pouvait pas non plus mordre sur une espèce assoupie dont les yeux sont fermés aux miracles de l'exception.

Champfleury, avec un esprit enfantin et charmant, s'était joué très heureusement dans le pittoresque, avait braqué un binocle poétique (plus poétique qu'il ne le croit lui-même) sur les accidents et les hasards burlesques ou touchants de la famille ou de la rue; mais, par originalité ou par faiblesse de vue, volontairement ou fatalement, il négligeait le lieu commun, le lieu de rencontre de la foule, le rendez-vous public de l'éloquence.

Plus récemment encore, M. Charles Barbara, âme rigoureuse et logique, âpre à la curée intellectuelle, a fait quelques efforts incontestablement distingués; il a cherché (tentation toujours irrésistible) à décrire, à élucider des situations de l'âme exceptionnelles, et à déduire les conséquences directes des positions fausses. Si je ne dis pas ici toute la sympathie que m'inspire l'auteur d'*Héloïse* et de *l'Assassinat du Pont-Rouge*, c'est parce qu'il n'entre qu'occasionnellement dans mon thème, à l'état de note historique.

Paul Féval, placé de l'autre côté de la sphère, esprit amoureux d'aventures, admirablement doué pour le grotesque et le terrible, a emboîté le pas, comme un héros tardif, derrière Frédéric Soulié et Eugène Sue. Mais les facultés si riches de l'auteur des *Mystères de Londres* et du *Bossu*, non plus que celles de tant d'esprits hors ligne, n'ont pas pu accomplir le léger et soudain miracle de cette pauvre petite provinciale adultère, dont toute l'histoire, sans imbroglio, se compose de tristesses, de dégoûts, de soupirs et de quelques pâmoisons fébriles arrachés à une vie barrée par le suicide.

Que ces écrivains, les uns tournés à la Dickens, les autres moulés à la Byron ou à la Bulwer, trop bien doués peut-être, trop méprisants, n'aient pas su, comme un simple Paul de Kock, forcer le seuil branlant de la Popularité, la seule des impudiques qui demande à être violée, ce n'est pas moi qui leur en ferai un crime, — non plus d'ailleurs qu'un éloge; de même je ne sais aucun gré à M. Gustave Flaubert d'avoir obtenu du premier coup ce que d'autres cherchent toute leur vie. Tout au plus y verrai-je un symptôme surérogatoire de puissance, et chercherai-je à définir les raisons qui ont fait mouvoir l'esprit de l'auteur dans un sens plutôt que dans un autre.

Mais j'ai dit aussi que cette situation du nouveau venu était mauvaise; hélas! pour une raison lugubrement simple. Depuis plusieurs années, la part d'intérêt que le public accorde aux choses spirituelles était singulièrement diminuée; son budget d'enthousiasme allait se rétrécissant toujours. Les dernières années de Louis-Philippe avaient vu les dernières explosions d'un esprit encore excitable par les jeux de l'imagination; mais le nouveau romancier se trouvait en face d'une société absolument usée, — pire qu'usée, — abrutie et goulue, n'ayant horreur que de la fiction, et d'amour que pour la possession.

Dans des conditions semblables, un esprit bien nourri, enthousiaste du beau, mais façonné à une forte escrime, jugeant à la fois le bon et le mauvais des circonstances, a dû se dire : « Quel est le moyen le plus sûr de remuer toutes ces vieilles âmes ? Elles ignorent en réalité ce qu'elles aimeraient ; elles n'ont un dégoût positif que du grand ; la passion naïve, ardente, l'abandon poétique les fait rougir et les blesse. — Soyons donc vulgaire dans le choix du sujet, puisque le choix d'un sujet trop grand est une impertinence pour le lecteur du XIXe siècle. Et aussi prenons bien garde à nous abandonner et à parler pour notre compte propre. Nous serons de glace en racontant des passions et des aventures où le commun du monde met ses chaleurs ; nous serons, comme dit l'école, objectif et impersonnel.

« Et aussi, comme nos oreilles ont été harassées dans ces derniers temps par des bavardages d'école puérils, comme nous avons entendu parler d'un certain procédé littéraire appelé *réalisme,* — injure dégoûtante jetée à la face de tous les analystes, mot vague et élastique qui signifie pour le vulgaire, non pas une méthode nouvelle de création, mais une description minutieuse des accessoires, — nous profiterons de la confusion des esprits et de l'ignorance universelle. Nous étendrons un style nerveux, pittoresque, subtil, exact, sur un canevas banal. Nous enfermerons les sentiments les plus chauds et les plus bouillants dans l'aventure la plus triviale. Les paroles les plus solennelles, les plus décisives, s'échapperont des bouches les plus sottes.

« Quel est le terrain de sottise, le milieu le plus stupide, le plus productif en absurdités, le plus abondant en imbéciles intolérants ?

« La province.

« Quels y sont les acteurs les plus insupportables ?

« Les petites gens qui s'agitent dans de petites fonctions dont l'exercice fausse leurs idées.

« Quelle est la donnée la plus usée, la plus prostituée, l'orgue de Barbarie le plus éreinté ?

« L'Adultère.

« Je n'ai pas besoin, s'est dit le poète, que mon *héroïne* soit une héroïne. Pourvu qu'elle soit suffisamment jolie, qu'elle ait des nerfs, de l'ambition, une aspiration irréfrénable vers un monde supérieur, elle sera intéressante. Le tour de force, d'ailleurs, sera plus noble, et notre pécheresse aura au moins ce mérite, — comparativement fort rare, — de se distinguer des fastueuses bavardes de l'époque qui nous a précédés.

« Je n'ai pas besoin de me préoccuper du style, de l'arrangement pittoresque, de la description des milieux ; je possède toutes ces qualités à une puissance surabondante ; je marcherai appuyé sur l'analyse et la logique, et je prouverai ainsi que tous les sujets sont indifféremment bons ou mauvais, selon la manière dont ils sont traités, et que les plus vulgaires peuvent devenir les meilleurs. »

Dès lors, *Madame Bovary*, — une gageure, une vraie gageure, un pari, comme toutes les œuvres d'art, — était créée.

Il ne restait plus à l'auteur, pour accomplir le tour de force dans son entier, que de se dépouiller (autant que possible) de son sexe et de se faire femme. Il en est résulté une merveille ; c'est que, malgré tout son zèle de comédien, il n'a pas pu ne pas infuser un sang viril dans les veines de sa créature, et que madame Bovary, pour ce qu'il y a en elle de plus énergique et de plus ambitieux, et aussi de plus rêveur, madame Bovary est restée un homme. Comme la Pallas armée, sortie du cerveau de Zeus, ce bizarre androgyne a gardé toutes les séductions d'une âme virile dans un charmant corps féminin.

IV

Plusieurs critiques avaient dit : cette œuvre, vraiment belle par la minutie et la vivacité des descriptions, ne contient pas un seul personnage qui représente la morale, qui parle la conscience de l'auteur. Où est-il, le personnage proverbial et légendaire, chargé d'expliquer la fable et de diriger l'intelligence du lecteur ? En d'autres termes, où est le réquisitoire ?

Absurdité ! Eternelle et incorrigible confusion des fonctions et des genres ! — Une véritable œuvre d'art n'a pas besoin de réquisitoire. La logique de l'œuvre suffit à toutes les postulations de la morale, et c'est au lecteur à tirer les conclusions de la conclusion.

Quant au personnage intime, profond, de la fable, incontestablement c'est la femme adultère ; elle seule, la victime déshonorée, possède toutes les grâces du héros. — Je disais tout à l'heure qu'elle était presque mâle, et que l'auteur l'avait ornée (inconscienciensement peut-être) de toutes les qualités viriles.

Qu'on examine attentivement :

1º L'imagination, faculté suprême et tyrannique, substituée au cœur, ou à ce qu'on appelle le cœur, d'où le raisonnement est d'ordinaire exclu, et qui domine généralement dans la femme comme dans l'animal ;

2º Energie soudaine d'action, rapidité de décision, fusion mystique du raisonnement et de la passion, qui caractérise les hommes créés pour agir ;

3º Goût immodéré de la séduction, de la domination et même de tous les moyens vulgaires de séduction, descendant jusqu'au charlatanisme du costume, des parfums et de la pommade, — le tout se résumant en deux mots : dandysme, amour exclusif de la domination.

Et pourtant madame Bovary se donne; emportée par les sophismes de son imagination, elle se donne magnifiquement, généreusement, d'une manière toute masculine, à des drôles qui ne sont pas ses égaux, exactement comme les poètes se livrent à des drôlesses.

Une nouvelle preuve de la qualité toute virile qui nourrit son sang artériel, c'est qu'en somme cette infortunée a moins souci des défectuosités extérieures visibles, des provincialismes aveuglants de son mari, que de cette absence totale de génie, de cette infériorité spirituelle bien constatée par la stupide opération du pied bot.

Et à ce sujet, relisez les pages qui contiennent cet épisode, si injustement traité de parasitique, tandis qu'il sert à mettre en vive lumière tout le caractère de la personne. — Une colère noire, depuis longtemps concentrée, éclate dans toute l'épouse Bovary; les portes claquent; le mari stupéfié, qui n'a su donner à sa romanesque femme aucune jouissance spirituelle, est relégué dans sa chambre; il est en pénitence, le coupable ignorant! et madame Bovary, la désespérée, s'écrie, comme une petite lady Macbeth accouplée à un capitaine insuffisant : « Ah! que ne suis-je *au moins* la femme d'un de ces vieux savants chauves et voûtés, dont les yeux abrités de lunettes vertes sont toujours braqués sur les archives de la science! je pourrais fièrement me balancer à son bras; je serais au moins la compagne d'un roi spirituel; mais la compagne de chaîne de cet imbécile qui ne sait pas redresser le pied d'un infirme! oh! »

Cette femme, en réalité, est très sublime dans son espèce, dans son petit milieu et en face de son petit horizon;

4º Même dans son éducation de couvent, je trouve la preuve du tempérament équivoque de madame Bovary.

Les bonnes sœurs ont remarqué dans cette jeune fille une aptitude étonnante à la vie, à profiter de la vie, à en conjecturer les jouissances; — voilà l'homme d'action!

Cependant la jeune fille s'enivrait délicieusement de la couleur des vitraux, des teintes orientales que les longues fenêtres ouvragées jetaient sur son paroissien de pensionnaire; elle se gorgeait de la musique solennelle des vêpres, et, par un paradoxe dont tout l'honneur appartient aux nerfs, elle substituait dans son âme au Dieu véritable le

Dieu de sa fantaisie, le Dieu de l'avenir et du hasard, un Dieu de vignette, avec éperons et moustaches ; — voilà le poète hystérique.

L'hystérie ! Pourquoi ce mystère physiologique ne ferait-il pas le fond et le tuf d'une œuvre littéraire, ce mystère que l'Académie de médecine n'a pas encore résolu, et qui, s'exprimant dans les femmes par la sensation d'une boule ascendante et asphyxiante (je ne parle que du symptôme principal), se traduit chez les hommes nerveux par toutes les impuissances et aussi par l'aptitude à tous les excès ?

V

En somme, cette femme est vraiment grande, elle est surtout pitoyable, et malgré la dureté systématique de l'auteur, qui a fait tous ses efforts pour être absent de son œuvre et pour jouer la fonction d'un montreur de marionnettes, toutes les femmes *intellectuelles* lui sauront gré d'avoir élevé la femelle à une si haute puissance, si loin de l'animal pur et si près de l'homme idéal, et de l'avoir fait participer à ce double caractère de calcul et de rêverie qui constitue l'être parfait.

On dit que madame Bovary est ridicule. En effet, la voilà, tantôt prenant pour un héros de Walter Scott une espèce de monsieur, — dirai-je même un gentilhomme campagnard ? — vêtu de gilets de chasse et de toilettes contrastées ! et maintenant, la voici amoureuse d'un petit clerc de notaire (qui ne sait même pas commettre une action dangereuse pour sa maîtresse), et finalement la pauvre épuisée, la bizarre Pasiphaé, reléguée dans l'étroite enceinte d'un village, poursuit l'idéal à travers les bastringues et les estaminets de la préfecture : — qu'importe ? disons-le, avouons-le, c'est un César à Carpentras ; elle poursuit l'Idéal !

Je ne dirai certainement pas comme le Lycanthrope d'insurrectionnelle mémoire, ce révolté qui a abdiqué : « En face de toutes les platitudes et de toutes les sottises du temps présent, ne nous reste-t-il pas le papier à cigarettes et l'adultère ? » mais j'affirmerai qu'après tout, tout compte fait, même avec des balances de précision, notre monde est bien dur pour avoir été engendré par le Christ, qu'il n'a guère qualité pour jeter la pierre à l'adultère ; et que quelques minotaurisés de plus ou de moins n'accéléreront pas la vitesse rotatoire des sphères et n'avanceront pas d'une seconde la destruction finale des univers. — Il est temps qu'un terme soit mis à l'hypocrisie de plus en plus contagieuse, et qu'il soit réputé ridicule pour des hommes et des femmes, pervertis jusqu'à la trivialité, de crier : haro! sur un malheureux auteur qui a daigné, avec une chasteté de rhéteur, jeter un voile de gloire sur des aventures de tables de nuit, toujours répugnantes et grotesques, quand la Poésie ne les caresse pas de sa clarté de veilleuse opaline.

Si je m'abandonnais sur cette pente analytique, je n'en finirais jamais avec *Madame Bovary;* ce livre, essentiellement suggestif, pourrait souffler un volume d'observations. Je me bornerai, pour le moment, à remarquer que plusieurs des épisodes les plus importants ont été primitivement ou négligés ou vitupérés par les critiques. Exemples : l'épisode de l'opération manquée du pied bot, et celui, si remarquable, si plein de désolation, si véritablement *moderne*, où la future adultère, — car elle n'est encore qu'au commencement du plan incliné, la malheureuse! — va demander secours à l'Eglise, à la divine Mère, à celle qui n'a pas d'excuses pour n'être pas toujours prête, à cette Pharmacie où nul n'a le droit de sommeiller! Le bon curé Bournisien, uniquement préoccupé des polissons du catéchisme qui font de la gymnastique à travers les stalles et les chaises de l'église, répond avec candeur : « Puisque vous êtes malade, madame, et puisque M. Bovary est médecin, *pourquoi n'allez-vous pas trouver votre mari ?* »

Quelle est la femme qui, devant cette insuffisance du curé, n'irait pas, folle amnistiée, plonger sa tête dans les eaux tourbillonnantes de l'adultère, — et quel est celui de nous qui, dans un âge plus naïf et dans des circonstances troublées, n'a pas fait forcément connaissance avec le prêtre incompétent?

VI

J'avais primitivement le projet, ayant deux livres du même auteur sous la main (*Madame Bovary* et *la Tentation de saint Antoine*, dont les fragments n'ont pas encore été rassemblés par la librairie), d'installer une sorte de parallèle entre les deux. Je voulais établir des équations et des correspondances. Il m'eût été facile de retrouver sous le tissu minutieux de *Madame Bovary*, les hautes facultés d'*ironie* et de *lyrisme* qui illuminent à outrance *la Tentation de saint Antoine*. Ici le poète ne s'était pas déguisé, et sa *Bovary*, tentée par tous les démons de l'illusion, de l'hérésie, par toutes les lubricités de la matière environnante, — son *saint Antoine* enfin, harassé par toutes les folies qui nous circonviennent, aurait apologisé mieux que sa toute petite fiction bourgeoise. — Dans cet ouvrage, dont malheureusement l'auteur ne nous a livré que des fragments, il y a des morceaux éblouissants ; je ne parle pas seulement du festin prodigieux de Nabuchodonosor, de la merveilleuse apparition de cette petite folle de reine de Saba, miniature dansant sur la rétine d'un ascète, de la charlatanesque et emphatique mise en scène d'Apollonius de Tyane suivi de son cornac, ou plutôt de son entreteneur, le millionnaire imbécile qu'il entraîne à travers le monde ; — je voudrais surtout attirer l'attention du lecteur sur cette faculté souffrante, souterraine et révoltée, qui traverse toute l'œuvre, ce filon ténébreux qui illumine, — ce que les Anglais appellent le *subcurrent*, — et qui sert de guide à travers ce capharnaüm pandémoniaque de la solitude.

Il m'eût été facile de montrer, comme je l'ai déjà dit, que M. Gustave Flaubert a volontairement voilé dans *Madame Bovary* les hautes facultés lyriques et ironiques manifestées sans réserve dans la *Tentation*, et que cette dernière œuvre, chambre secrète de son esprit, reste évidemment la plus intéressante pour les poètes et les philosophes.

Peut-être aurai-je un autre jour le plaisir d'accomplir cette besogne.

XXVI

LETTRE AU FIGARO

19 [13] juin 1858.

Monsieur,

Le Figaro du 6 juin contient un article *(Les Hommes de demain)* où je lis : « Le sieur Baudelaire aurait dit en entendant le nom de l'auteur des *Contemplations :* — Hugo ! qui ça, Hugo ? Est-ce qu'on connaît ça... Hugo ? »

M. Victor Hugo est si haut placé qu'il n'a aucun besoin de l'admiration d'un tel ou d'un tel ; mais un propos qui, dans la bouche du premier venu, serait une preuve de stupidité devient une monstruosité impossible dans la mienne.

Plus loin, l'auteur de l'article complète son insinuation : « Le sieur Baudelaire passe maintenant sa vie à dire du mal du romantisme et à vilipender les Jeunes-France. On devine le mobile de cette mauvaise action ; c'est l'orgueil du Jovard d'autrefois qui pousse le Baudelaire d'aujourd'hui à renier ses maîtres ; mais il suffisait de mettre son drapeau dans sa poche, quelle nécessité de cracher dessus ? »

Dans un français plus simple, cela veut dire : « M. Charles Baudelaire est un ingrat qui diffame les maîtres de sa jeunesse. » Il me semble que j'adoucis le passage en voulant le traduire.

Je crois, Monsieur, que l'auteur de cet article est un jeune homme qui ne sait pas encore bien distinguer ce qui est permis de ce qui ne l'est pas. Il prétend qu'il épie toutes mes actions ; avec une bien grande discrétion, sans doute, car je ne l'ai jamais vu.

L'énergie que *Le Figaro* met à me poursuivre pourrait donner à certaines personnes mal intentionnées, ou aussi mal renseignées sur votre caractère que votre rédacteur sur le mien, l'idée que ce journal espère trouver une grande indulgence dans la justice le jour où je prierais le tribunal qui m'a condamné de vouloir bien me protéger.

Remarquez bien que j'ai, en matière de critique (purement littéraire), des opinions si libérales que j'aime même la licence. Si donc votre journal trouve le moyen de pousser encore plus loin qu'il n'a fait sa critique à mon égard (pourvu qu'il ne dise pas que je suis une âme malhonnête), je saurai m'en réjouir comme un homme désintéressé.

Monsieur, je profite de l'occasion pour dire à vos lecteurs que toutes les plaisanteries sur ma ressemblance avec les écrivains d'une époque que personne n'a su remplacer m'ont inspiré une bien légitime vanité, et que mon cœur est plein de reconnaissance et d'amour pour les hommes illustres qui m'ont enveloppé de leur amitié et de leurs conseils, — ceux-là à qui, en somme, je dois tout, comme le fait si justement remarquer votre collaborateur.

Veuillez agréer, Monsieur, l'assurance de mes sentiments les plus distingués.

XXVII

LA DOUBLE VIE

PAR CHARLES ASSELINEAU

(*L'Artiste*, 9 janvier 1859.)

Onze petites nouvelles se présentent sous ce titre général : *la Double Vie*. Le sens du titre se dévoile heureusement après la lecture de quelques-uns des morceaux qui composent cet élégant et éloquent volume. Il y a un chapitre de Buffon qui est intitulé : *Homo duplex*, dont je ne me rappelle plus au juste le contenu, mais dont le titre bref, mystérieux, gros de pensées, m'a toujours précipité dans la rêverie, et qui maintenant encore, au moment où je veux vous donner une idée de l'esprit qui anime l'ouvrage de M. Asselineau, se présente brusquement à ma mémoire, et la provoque, et la confronte comme une idée fixe. Qui parmi nous n'est pas un *homo duplex* ? Je veux parler de ceux dont l'esprit a été dès l'enfance *touched with pensiveness* ; toujours double, action et intention, rêve et réalité ; toujours l'un nuisant à l'autre, l'un usurpant la part de l'autre. Ceux-ci font de lointains voyages au coin d'un foyer dont ils méconnaissent la douceur ; et ceux-là ingrats envers les aventures dont la Providence leur fait don, caressent le rêve d'une vie casanière, enfermée dans un espace de quelques mètres. L'intention laissée en route, le rêve oublié dans une auberge, le projet barré par l'obstacle, le malheur et l'infirmité jaillissant du succès comme les plantes vénéneuses d'une terre grasse et négligée, le regret mêlé d'ironie, le regard jeté en arrière comme celui d'un vagabond qui se recueille un instant, l'incessant mécanisme de la vie terrestre, taquinant et déchirant à chaque minute l'étoffe de la vie idéale : tels sont les principaux éléments de ce livre exquis qui, par son abandon, son négligé de bonne compagnie et sa sincérité suggestive, participe du monologue et de la lettre intime confiée à la boîte pour les contrées lointaines.

La plupart des morceaux qui en composent le total sont des échantillons du malheur humain mis en regard des bonheurs de la rêverie.

Ainsi *le Cabaret des Sabliers*, où deux jeunes gens vont régulièrement à quelques lieues de la ville pour se consoler des chagrins et des soucis qui la leur rendent intolérable, oubliant sur le paysage horizontal des rivières la vie tumultueuse des rues et l'angoisse confinée dans un domicile dévasté ; ainsi *l'Auberge* : un voyageur, un lettré, inspirant à son hôtesse une sympathie assez vive pour que celle-ci lui offre sa fille en mariage, et puis retournant brusquement vers le cercle où l'enferme sa fatalité. Le voyageur lettré a poussé d'abord, à cette offre généreuse et naïve, un éclat de rire inhumain, qui certes aurait scandalisé le bon Jean-Paul, toujours si angélique quoique si moqueur. Mais je présume bien que, remis dans sa route ou dans sa routine, le voyageur pensif et philosophe aura cuvé son mauvais rire et se sera dit, avec un peu de remords, un peu de regret et le soupir indolent du scepticisme, toujours tempéré d'un léger sourire : « Après tout, la brave aubergiste avait peut-être raison ; les éléments du bonheur humain sont moins nombreux et plus simples que ne l'enseignent le monde et sa doctrine perverse. » — Ainsi *les Promesses de Timothée*, abominable lutte du prometteur et de la dupe ; le prometteur, ce voleur d'une espèce particulière, y est fort convenablement flétri, je vous jure, et je sais beaucoup de gré à M. Asselineau de nous montrer à la fin sa dupe sauvée et réconciliée à la vie par un homme de mauvaise réputation. Il en est souvent ainsi, et le *Deus ex machina* des dénouements heureux est, plus souvent qu'on ne veut le reconnaître, un de ceux que le monde appelle des mauvais sujets, ou même des chenapans. *Mon cousin Don Quixote* est un morceau des plus remarquables et bien fait pour mettre en lumière les deux grandes qualités de l'auteur, qui sont le sentiment du beau moral et l'ironie qui naît du spectacle de l'injustice et de la sottise. Ce cousin, dont la tête bouillonne de projets d'éducation, de bonheur universel, dont le sang toujours jeune est allumé par un enthousiasme dévorant pour les Hellènes, ce despote de l'héroïsme qui veut mouler et moule sa famille à son image, est plus qu'intéressant; il est touchant; il enlève l'âme en lui faisant honte de sa lâcheté journalière. L'absence de niveau entre ce nouveau Don Quichotte et l'âme du siècle produit un effet certain de comique attendrissant, quoique, à vrai dire, le rire provoqué par une infirmité sublime soit presque la condamnation du rieur, et le Sancho universel, dont le maniaque magnanime est entouré, n'excite pas moins de mépris que le Sancho du roman. — Plus d'une vieille femme lira avec sourire, et peut-être avec larmes, *le Roman d'une dévote*, un amour de quinze ans, sans confidente, sans confidence, sans action, et toujours ignoré de celui qui en est l'objet, un pur monologue mental.

Le Mensonge représente sous une forme à la fois subtile et naturelle la préoccupation générale du livre, qui pourrait s'appeler : *De l'art d'échapper à la vie journalière*. Les seigneurs turcs commandent quelquefois à nos peintres des décors représentant des appartements ornés de meubles somptueux, et s'ouvrant sur des horizons fictifs. On expédie ainsi à ces singuliers rêveurs un magnifique salon sur toile, roulé comme un tableau ou une carte géographique. Ainsi fait le héros de *Mensonge* et c'est un héros bien moins rare qu'on le pourrait croire. Un mensonge perpétuel orne et habille sa vie. Il en résulte bien dans la pratique de la vie quotidienne quelques cahots et quelques accidents; mais il faut bien payer son bonheur. Un jour cependant, malgré tous les inconvénients de son délire volontaire et systématique, le bonheur, le vrai bonheur, s'offre à lui, voulant être accepté et ne se faisant pas prier; cependant il faudrait, pour le mériter, satisfaire à une toute petite condition, c'est-à-dire avouer un mensonge. Démolir une fiction, se démentir, détruire un échafaudage idéal, même au prix d'un bonheur positif, c'est là un sacrifice impossible pour notre rêveur! Il restera pauvre et seul, mais fidèle à lui-même, et s'obstinera à tirer de son cerveau toute la décoration de sa vie.

Un grand talent dans M. Asselineau, c'est de bien comprendre et de bien rendre la légitimité de l'absurde et de l'invraisemblable. Il saisit et il décalque, quelquefois avec une fidélité rigoureuse, les étranges raisonnements du rêve. Dans des passages de cette nature, sa façon sans façon, procès-verbal cru et net, atteint un grand effet poétique. Je citerai pour exemple quelques lignes tirées d'une petite nouvelle tout à fait singulière, *la Jambe*.

« Ce qu'il y a de surprenant dans la vie du rêve, ce n'est pas tant de se trouver transporté dans des régions fantastiques, où sont confondus tous les usages, contredites toutes les idées reçues ; où souvent même (ce qui est plus effrayant encore) l'impossible se mêle au réel. Ce qui me frappe encore bien davantage, c'est l'assentiment donné à ces contradictions, la facilité avec laquelle les plus monstrueux paralogismes sont acceptés comme choses toutes naturelles, de façon à faire croire à des facultés ou à des notions d'un ordre particulier, et étrangères à notre monde.

« Je rêve un jour que j'assiste dans la grande allée des Tuileries, au milieu d'une foule compacte, à l'exécution d'un général. Un silence respectueux et solennel règne dans l'assistance.

« Le général est apporté dans une malle. Il en sort bientôt, en grand uniforme, tête nue, et psalmodiant à voix basse un chant funèbre.

« Tout à coup un cheval de guerre, sellé et caparaçonné, est aperçu caracolant sur la terrasse à droite, du côté de la place Louis XV.

« Un gendarme s'approche du condamné et lui remet respectueusement un fusil tout armé : le général ajuste, tire, et le cheval tombe.

« Et la foule s'écoule, et moi-même je me retire, intérieurement bien convaincu que *c'était l'usage, lorsqu'un général était condamné à mort, que si son cheval venait à paraître sur le lieu de l'exécution et qu'il le tuât, le général était sauvé.* »

Hoffmann n'eût pas mieux défini, dans sa manière courante, la situation anormale d'un esprit.

Les deux morceaux principaux, *la Seconde Vie* et *l'Enfer du musicien*, sont fidèles à la pensée mère du volume. Croire que *vouloir, c'est pouvoir*, prendre au pied de la lettre l'hyperbole du proverbe, entraîne un rêveur, de déception en déception, jusqu'au suicide. Par une grâce spéciale d'outre-tombe, toutes les facultés, si ardemment enviées et voulues, lui sont accordées d'un seul coup, et, armé de tout le génie octroyé dans cette seconde naissance, il retourne sur la terre. Une seule douleur, un seul obstacle, n'avaient pas été prévus, qui lui rendent bientôt l'existence impossible et le contraignent à chercher de nouveau son refuge dans la mort : c'est tous les inconvénients, toutes les incommodités, tous les malentendus, résultant de la disproportion créée désormais entre lui et le monde terrestre. L'équilibre et l'équation sont détruits, et, comme un Ovide trop savant pour son ancienne patrie, il peut dire :

> Barbarus hic ego sum, quia non intelligor illis.

L'Enfer du musicien représente ce cas d'hallucination formidable où se trouverait un compositeur condamné à entendre simultanément toutes ses compositions exécutées, bien ou mal, sur tous les pianos du globe. Il fuit de ville en ville, poursuivant toujours le sommeil comme une terre promise, jusqu'à ce que, fou de désespoir, il passe dans l'autre hémisphère, où la nuit, occupant la place du jour, lui donne enfin quelque répit. Dans cette terre lointaine il a d'ailleurs trouvé l'amour, qui, comme une médecine énergique, remet chaque faculté à son rang, et pacifie tous ses organes troublés. « Le péché d'orgueil a été racheté par l'amour. »

L'analyse d'un livre est toujours une armature sans chair. Cependant, à un lecteur intelligent, cette analyse peut suffire pour lui faire deviner l'esprit de recherche qui anime le travail de M. Asselineau. On a souvent répété : *Le style, c'est l'homme;* mais ne pourrait-on pas dire avec une égale justesse : *Le choix des sujets, c'est l'homme ?* De la chair du livre, je puis dire qu'elle est bonne, douce, élastique au toucher ; mais l'âme intérieure est surtout ce qui mérite d'être étudié. Ce charmant petit livre, personnel, excessivement personnel, est comme un monologue d'hiver, murmuré par l'auteur, les pieds sur les chenets. Il a tous les charmes du monologue, l'air de confidence, la sincérité de la confidence, et jusqu'à cette négligence féminine qui fait partie de la sincérité. Affirmerez-vous que vous aimez toujours, que vous adorez sans répit ces livres dont la pensée, tendue à outrance, fait craindre à tout moment au lecteur qu'elle ne se rompe, et le remplit, pour ainsi dire, d'une trépidation nerveuse ? Celui-ci veut être lu comme il a été fait, en robe de chambre et les pieds sur les chenets. Heureux l'auteur qui ne craint pas de se montrer en négligé ! Et malgré l'humiliation éternelle que l'homme éprouve à se sentir confessé, heureux le lecteur pensif, *l'homo duplex*, qui, sachant reconnaître dans l'auteur son miroir, ne craint pas de s'écrier : *Thou art the man !* Voilà mon confesseur !

XXVIII

THÉOPHILE GAUTIER

(*L'Artiste*, 13 mars 1859 ; ensuite plaquette.)

> Quoique nous n'ayons donné à boire à aucune vieille, nous sommes dans la position de la jeune fille de Perrault ; nous ne pouvons ouvrir la bouche sans qu'il en tombe aussitôt des pièces d'or, des diamants, des rubis et des perles ; nous voudrions bien de temps en temps vomir un crapaud, une couleuvre et une souris rouge, ne fût-ce que pour varier ; mais cela n'est pas en notre pouvoir.
>
> Théophile Gautier, *Caprices et Zigzags*.

I

Je ne connais pas de sentiment plus embarrassant que l'admiration. Par la difficulté de s'exprimer convenablement, elle ressemble à l'amour. Où trouver des expressions assez fortement colorées, ou nuancées d'une manière assez délicate, pour répondre aux nécessités d'un sentiment exquis ? *Le respect humain est un fléau dans tous les ordres de choses*, dit un livre de philosophie qui se trouve par hasard sous mes yeux ; mais qu'on ne croie pas que l'ignoble respect humain soit l'origine de mon embarras : cette perplexité n'a d'autre source que la crainte de ne pas parler de mon sujet d'une manière suffisamment noble.

Il y a des biographies faciles à écrire ; celles, par exemple, des hommes dont la vie fourmille d'événements et d'aventures ; là, nous n'aurions qu'à enregistrer et à classer des faits avec leurs dates ; — mais, ici, rien de cette variété matérielle qui réduit la tâche de l'écrivain à celle d'un compilateur. Rien qu'une immensité spirituelle! La biographie d'un homme dont les aventures les plus dramatiques se jouent silencieusement sous la coupole de son cerveau, est un travail littéraire d'un ordre tout différent. Tel astre est né avec telles fonctions, et tel homme aussi. Chacun accomplit magnifiquement et humblement son rôle de prédestiné. Qui pourrait concevoir une biographie du soleil ? C'est une histoire qui, depuis que l'astre a donné signe de vie, est pleine de monotonie, de lumière et de grandeur.

Puisque je n'ai, en somme, qu'à écrire l'histoire d'une *idée fixe*, laquelle je saurai d'ailleurs définir et analyser, il importerait bien peu, à la rigueur, que j'apprisse ou que je n'apprisse pas à mes lecteurs que Théophile Gautier est né à Tarbes, en 1811. Depuis de longues années j'ai le bonheur d'être son ami, et j'ignore complètement s'il a dès l'enfance révélé ses futurs talents par des succès de collège, par ces couronnes puériles que souvent ne savent pas conquérir les *enfants sublimes*, et qu'en tout cas ils sont obligés de partager avec une foule de hideux niais, marqués par la fatalité. De ces petitesses, je ne sais absolument rien. Théophile Gautier lui-même n'en sait plus rien peut-être, et si par hasard il s'en souvient, je suis bien sûr qu'il ne lui serait pas agréable de voir remuer ce fatras de lycéen. Il n'y a pas d'homme qui pousse plus loin que lui la pudeur majestueuse du vrai homme de lettres, et qui ait plus d'horreur d'étaler tout ce qui n'est pas fait, préparé et mûri pour le public, pour l'édification des âmes amoureuses du Beau. N'attendez jamais de lui des *mémoires*, non plus que des *confidences*, non plus que des *souvenirs*, ni rien de ce qui n'est pas la sublime fonction.

Il est une considération qui augmente la joie que j'éprouve à rendre compte d'une *idée fixe*, c'est de parler enfin, et tout à mon aise, d'un homme *inconnu*. Tous ceux qui ont médité sur les méprises de l'histoire ou sur ses justices tardives, comprendront ce que signifie le mot *inconnu*, appliqué à Théophile Gautier. Il remplit, depuis bien des années, Paris et la province du bruit de ses feuilletons, c'est vrai; il est incontestable que maint lecteur, curieux de toutes les choses littéraires, attend impatiemment son jugement sur les ouvrages dramatiques de la dernière semaine; encore plus incontestable que ses comptes rendus des *Salons*, si calmes, si pleins de candeur et de majesté, sont des oracles pour tous les exilés qui ne peuvent juger et sentir par leurs propres yeux. Pour tous ces publics divers, Théophile Gautier est un critique incomparable et indispensable; et cependant il reste un homme *inconnu*. Je veux expliquer ma pensée.

Je vous suppose *interné* dans un salon *bourgeois* et prenant le café, après dîner, avec le *maître* de la maison, la *dame* de la maison et ses *demoiselles*. Détestable et risible argot auquel la plume devrait se soustraire, comme l'écrivain s'abstenir de ces énervantes fréquentations! Bientôt on causera musique, peinture peut-être, mais littérature infailliblement. Théophile Gautier à son tour sera mis sur le tapis; mais, après les couronnes banales qui lui seront décernées (« qu'il a d'esprit! qu'il est amusant! qu'il écrit bien, et que son *style est coulant!* » — le prix de *style coulant* est donné indistinctement à tous les écrivains connus, l'eau claire étant probablement le symbole le plus clair de beauté pour les gens qui ne font pas profession de méditer), si vous vous avisiez de faire remarquer que l'on omet son mérite principal, son incontestable et plus éblouissant mérite, enfin qu'on oublie de dire qu'il est un grand poète, vous verrez un vif étonnement se peindre sur tous les visages. « Sans aucun doute, il a le style très poétique », dira le plus subtil de la bande, ignorant qu'il s'agit de rythmes et de rimes. Tout ce monde-là a lu le feuilleton du lundi, mais personne, depuis tant d'années, n'a trouvé d'argent ni de loisir pour *Albertus*, *la Comédie de la Mort* et *España*. Cela est bien dur à avouer pour un Français, et si je ne parlais pas d'un écrivain placé assez haut pour assister tranquillement à toutes les injustices, j'aurais, je crois, préféré cacher cette infirmité de notre public. Mais cela est ainsi. Les éditions se sont cependant multipliées, facilement écoulées. Où sont-elles allées? dans quelles armoires se sont enfouis ces admirables échantillons de la plus pure Beauté française? Je l'ignore; sans doute dans quelque région mystérieuse située bien loin du faubourg Saint-Germain ou de la Chaussée-d'Antin, pour parler comme la géographie de MM. les *Chroniqueurs*. Je sais bien qu'il n'est pas un homme de lettres, pas un artiste un peu rêveur, dont la mémoire ne soit meublée et parée de ces merveilles; mais les gens du monde, ceux-là mêmes qui se sont enivrés ou ont feint de s'enivrer avec les *Méditations* et les *Harmonies*, ignorent ce nouveau trésor de jouissance et de beauté.

J'ai dit que c'était là un aveu bien cuisant pour un cœur français; mais il ne suffit pas de constater un fait, il faut tâcher de l'expliquer. Il est vrai que Lamartine et Victor Hugo ont joui plus longtemps d'un public plus curieux des jeux de la Muse que celui qui allait s'engourdissant déjà à l'époque où Théophile Gautier devenait définitivement un homme célèbre. Depuis lors, ce public a diminué graduellement la part légitime de temps consacrée aux plaisirs de l'esprit. Mais ce ne serait là qu'une explication insuffisante; car, pour laisser de côté le poète qui fait le sujet de cette étude, je m'aperçois que le public n'a glané avec soin dans les œuvres des poètes que les parties qui étaient *illustrées* (ou souillées) par une espèce de vignette politique, un condiment approprié à la nature de ses passions actuelles. Il a su l'*Ode à la Colonne*, l'*Ode à l'Arc de Triomphe*, mais il ignore les parties mystérieuses, ombreuses, les plus charmantes de Victor Hugo. Il a souvent récité les *ïambes* d'Auguste Barbier sur les Journées de Juillet, mais il n'a pas, avec le poète, versé son *pianto* sur l'Italie désolée, et il ne l'a pas suivi dans son voyage chez le *Lazare* du Nord.

Or le condiment que Théophile Gautier jette dans ses œuvres, qui, pour les amateurs de l'art, est du choix le plus exquis et du sel le plus ardent, n'a que peu ou point d'action sur le palais de la foule. Pour devenir tout à fait populaire, ne faut-il pas consentir à mériter de l'être, c'est-à-dire ne faut-il pas, par un petit côté secret, un presque rien qui fait tache, se montrer un peu populacier ? En littérature comme en morale, il y a danger, autant que gloire, à être délicat. L'aristocratie nous isole.

J'avouerai franchement que je ne suis pas de ceux qui voient là un mal bien regrettable, et que j'ai peut-être poussé trop loin la mauvaise humeur contre de pauvres *philistins*. Récriminer, faire de l'opposition, et même réclamer la justice, n'est-ce pas *s'emphilistiner* quelque peu ? On oublie à chaque instant qu'injurier une foule, c'est s'encanailler soi-même. Placés très haut, toute fatalité nous apparaît comme justice. Saluons donc, au contraire, avec tout le respect et l'enthousiasme qu'elle mérite, cette aristocratie qui fait solitude autour d'elle. Nous voyons d'ailleurs que telle faculté est plus ou moins estimée selon le siècle, et qu'il y a dans le cours des âges place pour de splendides revanches. On peut tout attendre de la bizarrerie humaine, même l'équité, bien qu'il soit vrai de dire que l'injustice lui est infiniment plus naturelle. Un écrivain politique ne disait-il pas l'autre jour que Théophile Gautier est *une réputation surfaite !*

II

Ma première entrevue avec cet écrivain, — que l'univers nous enviera, comme il nous envie Chateaubriand, Victor Hugo et Balzac, — est actuellement devant ma mémoire. Je m'étais présenté chez lui pour lui offrir un petit volume de vers de la part de deux amis absents. Je le trouvai, non pas aussi prestant qu'aujourd'hui, mais déjà majestueux, à l'aise et gracieux dans des vêtements flottants. Ce qui me frappa d'abord dans son accueil, ce fut l'absence totale de cette sécheresse, si pardonnable d'ailleurs, chez tous les hommes accoutumés par position à craindre les visiteurs. Pour caractériser cet abord, je me servirais volontiers du mot bonhomie, s'il n'était pas bien trivial; il ne pourrait servir dans ce cas qu'assaisonné et relevé, selon la recette racinienne, d'un bel adjectif tel que *asiatique* ou *oriental*, pour rendre un genre d'humeur tout à la fois simple, digne et moelleuse. Quant à la conversation (chose solennelle qu'une première conversation avec un homme illustre qui vous dépasse encore plus par le talent que par l'âge!), elle s'est également bien moulée dans le fond de mon esprit. Quand il me vit un volume de poésies à la main, sa noble figure s'illumina d'un joli sourire; il tendit le bras avec une sorte d'avidité enfantine; car c'est chose curieuse combien cet homme, qui sait tout exprimer et qui a plus que tout autre le droit d'être blasé à la curiosité facile et darde vivement son regard sur le *non-moi*. Après avoir rapidement feuilleté le volume, il me fit remarquer que les poètes en question se permettaient trop souvent des sonnets *libertins*, c'est-à-dire non orthodoxes et s'affranchissant volontiers de la règle de la quadruple rime. Il me demanda ensuite, avec un œil curieusement méfiant, et comme pour m'éprouver, si j'aimais à lire des dictionnaires. Il me dit cela d'ailleurs comme il dit toute chose, fort tranquillement, et du ton qu'un autre aurait pris pour s'informer si je préférais la lecture des voyages à celle des romans. Par bonheur, j'avais été pris très jeune de lexicomanie, et je vis que ma réponse me gagnait de l'estime. Ce fut justement à propos des dictionnaires qu'il ajouta « *que l'écrivain qui ne savait pas tout dire*, celui qu'une idée si étrange, si subtile qu'on la supposât, si imprévue, tombant comme une pierre de la lune, *prenait au dépourvu et sans matériel pour lui donner corps, n'était pas un écrivain* ». Nous causâmes ensuite de l'hygiène, des ménagements que l'homme de lettres doit à son corps et de sa sobriété obligée. Bien que pour illustrer la matière il ait tiré, je crois, quelques comparaisons de la vie des danseuses et des chevaux de course, la méthode dont il traita son thème (de la sobriété, comme preuve du respect dû à l'art et aux facultés poétiques) me fit penser à ce que disent les livres de piété sur la nécessité de respecter notre corps comme temple de Dieu. Nous nous entretînmes également de la grande fatuité du siècle et de la folie du progrès. J'ai retrouvé dans des livres qu'il a publiés depuis lors quelques-unes des formules qui servaient à résumer ses opinions; par exemple, celle-ci : « Il est trois choses qu'un civilisé ne saura jamais créer : un vase, une arme, un harnais. » Il va sans dire qu'il s'agit ici de beauté et non d'utilité. — Je lui parlai vivement de la puissance étonnante qu'il avait montrée dans le bouffon et le grotesque; mais à ce compliment il répliqua avec candeur qu'au fond il avait en horreur l'esprit et le rire, ce rire qui déforme la créature de Dieu! « Il est permis d'avoir quelquefois de l'*esprit*, comme au sage de faire une ribote, pour prouver aux sots qu'il pourrait être leur égal; mais cela n'est pas nécessaire. » — Ceux que cette opinion proférée par lui pourrait étonner n'ont pas remarqué que, comme son esprit est un miroir cosmopolite de beauté, où conséquemment le Moyen Age et la Renaissance se sont très légitimement et très magnifiquement reflétés, il s'est de très bonne heure appliqué à fréquenter les Grecs et la Beauté antique, au point de dérouter ceux de ses admirateurs qui ne possédaient pas la véritable clef de sa chambre spirituelle. On peut, pour cet objet, consulter *Mademoiselle de Maupin*, où la beauté grecque fut vigoureusement défendue en pleine exubérance romantique.

Tout cela fut dit avec netteté et décision, mais sans dictature, sans pédanterie, avec beaucoup de finesse, mais sans trop de quintessence. En écoutant cette éloquence de conversation, si loin du siècle et de son violent charabia, je ne pouvais m'empêcher de rêver à la lucidité antique, à je ne sais quel écho socratique, familièrement apporté sur l'aile d'un vent oriental. Je me retirai conquis par tant de noblesse et de douceur, subjugué par cette force spirituelle, à qui la force physique sert, pour ainsi dire, de symbole, comme pour *illustrer* encore la vraie doctrine et la confirmer par un nouvel argument.

Depuis cette petite fête de ma jeunesse, que d'années au plumage varié ont agité leurs ailes et pris leur vol vers le ciel avide! Cependant, à cette heure même, je n'y puis penser sans une certaine émotion. C'est là mon excellente excuse auprès de ceux qui ont pu me trouver bien osé et un peu *parvenu* de parler sans façon, au début de ce travail, de mon intimité avec un homme célèbre. Mais qu'on sache que si quelques-uns d'entre nous ont pris leurs aises avec Gautier, c'est parce qu'en le permettant il semblait le désirer. Il se complaît innocemment dans une affectueuse et familière paternité. C'est encore un trait de ressemblance avec ces braves gens illustres de l'antiquité, qui aimaient la société des jeunes, et qui promenaient avec eux leur solide conversation sous de riches verdures, au bord des fleuves, ou sous des architectures nobles et simples comme leur âme.

Ce portrait, esquissé d'une façon familière, aurait besoin du concours du graveur. Heureusement Théophile Gautier a rempli dans différents recueils des fonctions généralement relatives aux arts et au théâtre, qui ont fait de lui un des personnages de Paris les plus publiquement répandus. Presque tout le monde connaît ses cheveux longs et souples, son port noble et lent et son regard plein d'une rêverie féline.

III

Tout écrivain français, ardent pour la gloire de son pays, ne peut pas, sans fierté et sans regrets, reporter ses regards vers cette époque de crise féconde où la littérature romantique s'épanouissait avec tant de vigueur. Chateaubriand, toujours plein de force, mais comme couché à l'horizon, semblait un Athos qui contemple nonchalamment le mouvement de la plaine; Victor Hugo, Sainte-Beuve, Alfred de Vigny, avaient rajeuni, plus encore, avaient ressuscité la poésie française, morte depuis Corneille. Car André Chénier, avec sa molle antiquité à la Louis XVI, n'était pas un symptôme de rénovation assez vigoureuse, et Alfred de Musset, féminin et sans doctrine, aurait pu exister dans tous les temps et n'eût jamais été qu'un paresseux à effusions gracieuses. Alexandre Dumas produisait coup sur coup ses drames fougueux, où l'éruption volcanique était ménagée avec la dextérité d'un habile irrigateur. Quelle ardeur chez l'homme de lettres de ce temps, et quelle curiosité, quelle chaleur dans le public! *O splendeurs éclipsées, O soleil descendu derrière l'horizon!* —

Une seconde phase se produisit dans le mouvement littéraire moderne, qui nous donna Balzac, c'est-à-dire le vrai Balzac, Auguste Barbier et Théophile Gautier. Car nous devons remarquer que, bien que celui-ci n'ait été un littérateur décidément en vue qu'après la publication de *Mademoiselle de Maupin*, son premier recueil de poésies, bravement lancé en pleine révolution, date de 1830. Ce ne fut, je crois, qu'en 1832 qu'*Albertus* fut rejoint à ces poésies. Quelque vive et riche qu'eût été jusqu'alors la nouvelle sève littéraire, il faut avouer qu'un élément lui avait fait défaut, ou du moins ne s'y laissait observer que rarement, comme par exemple dans *Notre-Dame de Paris*, Victor Hugo faisant positivement exception par le nombre et l'ampleur de ses facultés ; je veux parler du rire et du sentiment du grotesque. *Les Jeunes-France* prouvèrent bientôt que l'école se complétait. Quelque léger que cet ouvrage puisse paraître à plusieurs, il renferme de grands mérites. Outre la *beauté du diable*, c'est-à-dire la grâce charmante et l'audace de la jeunesse, il contient le rire, et le meilleur rire. Evidemment, à une époque pleine de duperies, un auteur s'installait en pleine ironie et prouvait qu'il n'était pas dupe. Un vigoureux bon sens le sauvait des pastiches et des religions à la mode. Avec une nuance de plus, *une Larme du Diable* continuait ce filon de riche jovialité. *Mademoiselle de Maupin* servit à définir encore mieux sa position. Beaucoup de gens ont longtemps parlé de cet ouvrage comme répondant à de puériles passions, comme enchantant plutôt par le sujet que par la forme savante qui le distingue. Il faut vraiment que de certaines personnes regorgent de passion pour la pouvoir ainsi mettre partout. C'est la muscade qui leur sert à assaisonner tout ce qu'elles mangent. Par son style prodigieux, par sa beauté correcte et recherchée, pure et fleurie, ce livre était un véritable événement. C'est ainsi que le considérait Balzac, qui dès lors voulut connaître l'auteur. Avoir non seulement un style, mais encore un style particulier, était l'une des plus grandes ambitions, sinon la plus grande, de l'auteur de *la Peau de chagrin* et de *la Recherche de l'absolu*. Malgré les lourdeurs et les enchevêtrements de sa phrase, il a toujours été un connaisseur des plus fins et des plus difficiles. Avec *Mademoiselle de Maupin* apparaissait dans la littérature le Dilettantisme qui, par son caractère exquis et superlatif, est toujours la meilleure preuve des facultés indispensables en art. Ce roman, ce conte, ce tableau, cette rêverie continuée avec l'obstination d'un peintre, cette espèce d'hymne à la Beauté, avait surtout ce grand résultat d'établir définitivement la condition génératrice des œuvres d'art, c'est-à-dire l'amour exclusif du Beau, l'*Idée fixe*.

Les choses que j'ai à dire sur ce sujet (et je les dirai très brièvement) ont été très connues en d'autres temps. Et puis elles ont été obscurcies, définitivement oubliées. Des hérésies étranges se sont glissées dans la critique littéraire. Je ne sais quelle lourde nuée, venue de Genève, de Boston ou de l'enfer, a intercepté les beaux rayons du soleil de l'esthétique. La fameuse doctrine de l'indissolubilité du Beau, du Vrai et du Bien est une invention de la philosophaillerie moderne (étrange contagion, qui fait qu'en définissant la folie on en parle le jargon!). Les différents objets de la recherche spirituelle réclament des facultés qui leur sont éternellement appropriées; quelquefois tel objet n'en réclame qu'une, quelquefois toutes ensemble, ce qui ne peut être que fort rare, et encore jamais à une dose ou à un degré égal. Encore faut-il remarquer que plus un objet réclame de facultés, moins il est noble et pur, plus il est complexe, plus il contient de bâtardise. Le *Vrai* sert de base et de but aux sciences; il invoque surtout l'intellect pur. La pureté de style sera ici la bienvenue, mais la *beauté* de style peut y être considérée comme un élément de luxe. Le *Bien* est la base et le but des recherches morales. Le *Beau* est l'unique ambition, le but exclusif du Goût. Bien que le Vrai soit le but de l'histoire, il y a une Muse de l'histoire, pour exprimer que quelques-unes des qualités nécessaires à l'historien relèvent de la Muse. Le Roman est un de ces genres complexes où une part plus ou moins grande peut être faite tantôt au Vrai, tantôt au Beau. La part du Beau dans *Mademoiselle de Maupin* était excessive. L'auteur avait le droit de la faire telle. La visée de ce roman n'était pas d'exprimer les mœurs, non plus que les passions d'une époque, mais une passion unique, d'une nature toute spéciale, universelle et éternelle, sous l'impulsion de laquelle le livre entier court, pour ainsi dire, dans le même lit que la Poésie, mais sans toutefois se confondre absolument avec elle, privé qu'il est du double élément du rythme et de la rime. Ce but, cette visée, cette ambition, c'était de rendre, dans un style approprié, non pas la fureur de l'amour, mais la *beauté* de l'amour et la *beauté* des objets dignes d'amour, en un mot l'enthousiasme (bien différent de la passion) créé par la beauté. C'est vraiment, pour un esprit non entraîné par la mode de l'erreur, un sujet d'étonnement énorme que la confusion totale des genres et des facultés. Comme les différents métiers réclament différents outils, les différents objets de recherche spirituelle exigent leurs facultés correspondantes. — Il est permis quelquefois, je présume, de se citer soi-même, surtout pour éviter de se paraphraser. Je répéterai donc :

« ... Il est une autre hérésie... une erreur qui a la vie plus dure, je veux parler de l'*hérésie de l'enseignement*, laquelle comprend comme corollaires inévitables, les hérésies de la *passion*, de la *vérité* et de la *morale*. Une foule de gens se figurent que le but de la poésie est un enseignement quelconque, qu'elle doit tantôt fortifier la conscience, tantôt perfectionner les mœurs, tantôt enfin démontrer quoi que ce soit d'utile... La Poésie, pour peu qu'on veuille descendre en soi-même, interroger son âme, rappeler ses souvenirs d'enthousiasme, n'a pas d'autre but qu'Elle-même ; elle ne peut pas en avoir d'autre, et aucun poème ne sera si grand, si noble, si véritablement digne du nom de poème, que celui qui aura été écrit uniquement pour le plaisir d'écrire un poème.

« Je ne veux pas dire que la poésie n'ennoblisse pas les mœurs, — qu'on me comprenne bien, — que son résultat final ne soit pas d'élever l'homme au-dessus du niveau des intérêts vulgaires ; ce serait évidemment une absurdité. Je dis que si le poète a poursuivi un but moral, il a diminué sa force poétique ; et il n'est pas imprudent de parier que son œuvre sera mauvaise. La poésie ne peut pas, sous peine de mort ou de déchéance, s'assimiler à la science ou à la morale ; elle n'a pas la Vérité pour objet, elle n'a qu'Elle-même. Les modes de démonstration de vérité sont autres et sont ailleurs. La Vérité n'a rien à faire avec les chansons. Tout ce qui fait le charme, la grâce, l'irrésistible d'une chanson, enlèverait à la Vérité son autorité et son pouvoir. Froide, calme, impassible, l'humeur démonstrative repousse les diamants et les fleurs de la Muse ; elle est donc absolument l'inverse de l'humeur poétique.

« L'intellect pur vise à la Vérité, le Goût nous montre la Beauté, et le Sens Moral nous enseigne le Devoir. Il est vrai que le sens du milieu a d'intimes connexions avec les deux extrêmes, et il n'est séparé du Sens Moral que par une si légère différence, qu'Aristote n'a pas hésité à ranger parmi les vertus quelques-unes de ses délicates opérations. Aussi ce qui exaspère surtout l'homme de goût dans le spectacle du vice, c'est sa difformité, sa disproportion. Le vice porte atteinte au juste et au vrai, révolte l'intellect et la conscience; mais comme outrage à l'harmonie, comme dissonance, il blessera plus particulièrement de certains esprits poétiques; et je ne crois pas qu'il soit scandalisant de considérer toute infraction à la morale, au beau moral, comme une espèce de faute contre le rythme et la prosodie universels.

« C'est cet admirable, cet immortel instinct du Beau qui nous fait considérer la Terre et ses spectacles comme un aperçu, comme une *correspondance* du Ciel. La soif insatiable de tout ce qui est au-delà, et que révèle la vie, est la preuve la plus vivante de notre immortalité. C'est à la fois par la poésie et *à travers* la poésie, par et *à travers* la musique, que l'âme entrevoit les splendeurs situées derrière le tombeau; et quand un poème exquis amène les larmes au bord des yeux, ces larmes ne sont pas la preuve d'un excès de jouissance, elles sont bien plutôt le témoignage d'une mélancolie irritée, d'une postulation des nerfs, d'une nature exilée dans l'imparfait et qui voudrait s'emparer immédiatement, sur cette terre même, d'un paradis révélé.

« Ainsi le principe de la poésie est, strictement et simplement, l'aspiration humaine vers une Beauté supérieure, et la manifestation de ce principe est dans un enthousiasme, un enlèvement de l'âme; enthousiasme tout à fait indépendant de la passion, qui est l'ivresse du cœur*, et de la vérité, qui est la pâture de la raison. Car la passion est chose *naturelle*, trop naturelle même, pour ne pas introduire un ton blessant, discordant, dans le domaine de la Beauté pure; trop familière et trop violente pour ne pas scandaliser les purs Désirs, les gracieuses Mélancolies et les nobles Désespoirs qui habitent les régions surnaturelles de la Poésie. »

Et ailleurs je disais : « Dans un pays où l'idée d'utilité, la plus hostile du monde à l'idée de beauté, prime et domine toutes choses, le parfait critique sera le plus *honorable*, c'est-à-dire celui dont les tendances et les désirs se rapprocheront le plus des tendances et des désirs de son

---

* L'imitation de la passion, avec la recherche du Vrai et un peu celle du Beau (non pas du Bien), constitue l'amalgame dramatique; mais aussi c'est la passion qui recule le drame à un rang secondaire dans la hiérarchie du Beau. Si j'ai négligé la question de la noblesse plus ou moins grande des facultés, ç'a été pour n'être pas entraîné trop loin; mais la supposition qu'elles sont toutes égales ne nuit en rien à la théorie générale que j'essaye d'esquisser.

public, — celui qui, confondant les facultés et les genres de production, assignera à tous un but unique, — celui qui cherchera dans un livre de poésie les moyens de perfectionner la conscience. »

Depuis quelques années, en effet, une grande fureur d'honnêteté s'est emparée du théâtre, de la poésie, du roman et de la critique. Je laisse de côté la question de savoir quels bénéfices l'hypocrisie peut trouver dans cette confusion de fonctions, quelles consolations en peut tirer l'impuissance littéraire. Je me contente de noter et d'analyser l'erreur, la supposant désintéressée. Pendant l'époque désordonnée du romantisme, l'époque d'ardente effusion, on faisait souvent usage de cette formule : *La poésie du cœur !* On donnait ainsi plein droit à la passion ; on lui attribuait une sorte d'infaillibilité. Combien de contresens et de sophismes peut imposer à la langue française une erreur d'esthétique ! Le cœur contient la passion, le cœur contient le dévouement, le crime ; l'Imagination seule contient la poésie. Mais aujourd'hui l'erreur a pris un autre cours et de plus grandes proportions. Par exemple une femme, dans un moment de reconnaissance enthousiaste, dit à son mari, *avocat :*

O poète ! je t'aime !

Empiétement du sentiment sur le domaine de la raison ! Vrai raisonnement de femme qui ne sait pas approprier les mots à leur usage ! Or cela veut dire : « Tu es un honnête homme et un bon époux ; *donc* tu es poète, et bien plus poète que tous ceux qui se servent du mètre et de la rime pour exprimer des idées de beauté. J'affirmerai même, — continue bravement cette précieuse à l'inverse, — que tout honnête homme qui sait plaire à sa femme est un poète sublime. Bien plus, je déclare, dans mon infaillibilité bourgeoise, que quiconque fait admirablement bien les vers est beaucoup moins poète que tout honnête homme épris de son ménage ; car le talent de composer des vers parfaits nuit évidemment aux facultés de l'époux, *qui sont la base de toute poésie !* »

Mais que l'académicien qui a commis cette erreur, si flatteuse pour les avocats, se console. Il est en nombreuse et illustre compagnie ; car le vent du siècle est à la folie ; le baromètre de la raison moderne marque tempête. N'avons-nous pas vu récemment un écrivain illustre et des plus accrédités placer, aux applaudissements unanimes, toute poésie, non pas dans la Beauté, mais dans l'amour! dans l'amour vulgaire, domestique et garde-malade! et s'écrier dans sa haine de toute beauté : *Un bon tailleur vaut mieux que trois sculpteurs classiques!* et affirmer que si Raymond Lulle est devenu théologien, c'est que Dieu l'a puni d'avoir reculé devant le cancer qui dévorait le sein d'une dame, objet de ses galanteries! S'il l'eût véritablement aimée, ajoute-t-il, combien cette infirmité l'eût embellie à ses yeux! — Aussi est-il devenu *théologien!* Ma fois! c'est bien fait. — Le même auteur conseille au mari-providence de fouetter sa femme, quand elle vient, *suppliante*, réclamer le *soulagement de l'expiation*. Et quel châtiment nous permettra-t-il d'infliger à un vieillard sans majesté, fébrile et féminin, jouant à la poupée, tournant des madrigaux en l'honneur de la maladie, et se vautrant avec délices dans le linge sale de l'humanité ? Pour moi, je n'en connais qu'un : c'est un supplice qui marque profondément et pour l'éternité; car, comme le dit la chanson de nos pères, ces pères vigoureux qui savaient rire dans toutes les circonstances, même les plus définitives :

> *Le* ridicule *est plus tranchant*
> *Que le fer de la guillotine.*

Je sors de ce chemin de traverse où m'entraîne l'indignation, et je reviens au thème important. La sensibilité de cœur n'est pas absolument favorable au travail poétique. Une extrême sensibilité de cœur peut même nuire en ce cas. La sensibilité de l'imagination est d'une autre nature; elle sait choisir, juger, comparer, fuir ceci, rechercher cela, rapidement, spontanément. C'est de cette sensibilité, qui s'appelle généralement le *Goût*, que nous tirons la puissance d'éviter le *mal* et de chercher le *bien* en matière poétique. Quant à l'honnêteté de cœur, une politesse vulgaire nous commande de supposer que tous les hommes, *même les poètes*, la possèdent. Que le poète croie ou ne croie pas qu'il soit nécessaire de donner à ses travaux le fondement d'une vie pure et correcte, cela ne relève que de son confesseur ou des tribunaux; en quoi sa condition est absolument semblable à celle de tous ses concitoyens.

On voit que, dans les termes où j'ai posé la question, si nous limitons le sens du mot *écrivain* aux travaux qui ressortent de l'imagination, Théophile Gautier est l'écrivain par excellence; parce qu'il est l'esclave de son devoir, parce qu'il obéit sans cesse aux nécessités de sa fonction, parce que le goût du Beau est pour lui un *fatum*, parce qu'il a fait de son devoir une *idée fixe*. Avec son lumineux bon sens (je parle du bon sens du génie, et non pas du bon sens des petites gens), il a retrouvé tout de suite la grande voie. Chaque écrivain est plus ou moins marqué par sa faculté principale. Chateaubriand a chanté la gloire douloureuse de la mélancolie et de l'ennui. Victor Hugo, grand, terrible, immense comme une création mythique, cyclopéen, pour ainsi dire, représente les forces de la nature et leur lutte harmonieuse. Balzac, grand, terrible, complexe aussi, figure le monstre d'une civilisation, et toutes ses luttes, ses ambitions et ses fureurs. Gautier, c'est l'amour exclusif du Beau, avec toutes ses subdivisions, exprimé dans le langage le mieux approprié. Et remarquez que presque tous les écrivains importants, dans chaque siècle, ceux que nous appellerons des chefs d'emploi ou des capitaines, ont au-dessous d'eux des analogues, sinon des semblables, propres à les remplacer. Ainsi, quand une civilisation meurt, il suffit qu'un poème d'un genre particulier soit retrouvé pour donner l'idée des analogues disparus et permettre à l'esprit critique de rétablir sans lacune la chaîne de génération. Or, par son amour du Beau, amour immense, fécond, sans cesse rajeuni (mettez, par exemple, en parallèle les derniers feuilletons sur Pétersbourg et la Néva avec *Italia* ou *Tra los montes*), Théophile Gautier est un écrivain d'un mérite à la fois *nouveau* et unique. De celui-ci, on peut dire qu'il est, jusqu'à présent, sans *doublure*.

Pour parler dignement de l'outil qui sert si bien cette passion du Beau, je veux dire de son style, il me faudrait jouir de ressources pareilles, de cette connaissance de la langue qui n'est jamais en défaut, de ce magnifique dictionnaire dont les feuillets, remués par un souffle divin, s'ouvrent tout juste pour laisser jaillir le mot propre, le mot unique, enfin de ce sentiment de l'ordre qui met chaque trait et chaque touche à sa place naturelle et n'omet aucune nuance. Si l'on réfléchit qu'à cette merveilleuse faculté Gautier unit une immense intelligence innée de la *correspondance* et du symbolisme universels, ce répertoire de toute métaphore, on comprendra qu'il puisse sans cesse, sans fatigue comme sans faute, définir l'attitude mystérieuse que les objets de la création tiennent devant le regard de l'homme. Il y a dans le mot, dans le *verbe*, quelque chose de *sacré* qui nous défend d'en faire un jeu de hasard. Manier savamment une langue, c'est pratiquer une espèce de sorcellerie évocatoire. C'est alors que la couleur parle, comme une voix profonde et vibrante ; que les monuments se dressent et font saillie sur l'espace profond ; que les animaux et les plantes, représentants du laid et du mal, articulent leur grimace non équivoque ; que le parfum provoque la pensée et le souvenir correspondants ; que la passion murmure ou rugit son langage éternellement semblable. Il y a dans le style de Théophile Gautier une justesse qui ravit, qui étonne, et qui fait songer à ces miracles produits dans le jeu par une profonde science mathématique. Je me rappelle que, très jeune, quand je goûtai pour la première fois aux œuvres de notre poète, la sensation de la touche posée juste, du coup porté droit, me faisait tressaillir, et que l'admiration engendrait en moi une sorte de convulsion nerveuse. Peu à peu je m'accoutumai à la perfection, et je m'abandonnai au mouvement de ce beau style onduleux et brillanté, comme un homme monté sur un cheval sûr qui lui permet la rêverie, ou sur un navire assez solide pour défier les temps non prévus par la boussole, et qui peut contempler à loisir les magnifiques décors sans erreur que construit la nature dans ses heures de génie. C'est grâce à ces facultés innées, si précieusement cultivées, que Gautier a pu souvent (nous l'avons tous vu) s'asseoir à une table banale, dans un bureau de journal, et improviser, critique ou roman, quelque chose qui avait le caractère d'un fini irréprochable, et qui le lendemain provoquait chez les lecteurs autant de plaisir qu'avaient créé d'étonnement chez les compositeurs de l'imprimerie la rapidité de l'exécution et la beauté de l'écriture. Cette prestesse à résoudre tout problème de style et de composition ne fait-elle pas rêver à la sévère maxime qu'il avait une fois laissée tomber devant moi dans la conversation, et dont il s'est fait sans doute un constant devoir : « Tout homme qu'une idée, si subtile et si imprévue qu'on la suppose, prend en défaut, n'est pas un écrivain. L'inexprimable n'existe pas. »

IV

Ce souci permanent, involontaire à force d'être naturel, de la beauté et du pittoresque devait pousser l'auteur vers un genre de roman approprié à son tempérament. Le roman et la nouvelle ont un privilège de souplesse merveilleux. Ils s'adaptent à toutes les natures, enveloppent tous les sujets, et poursuivent à leur guise différents buts. Tantôt c'est la recherche de la passion, tantôt la recherche du vrai ; tel roman parle à la foule, tel autre à des initiés ; celui-ci retrace la vie des époques disparues, et celui-là des drames silencieux qui se jouent dans un seul cerveau. Le roman, qui tient une place si importante à côté du poème et de l'histoire, est un genre bâtard dont le domaine est vraiment sans limites. Comme beaucoup d'autres bâtards, c'est un enfant gâté de la fortune à qui tout réussit. Il ne subit d'autres inconvénients et ne connaît d'autres dangers que son infinie liberté. La nouvelle, plus resserrée, plus condensée, jouit des bénéfices éternels de la contrainte : son effet est plus intense ; et comme le temps consacré à la lecture d'une nouvelle est bien moindre que celui nécessaire à la digestion d'un roman, rien ne se perd de la totalité de l'effet.

L'esprit de Théophile Gautier, poétique, pittoresque, méditatif, devait aimer cette forme, la caresser, et l'habiller des différents costumes qui sont le plus à sa guise. Aussi a-t-il pleinement réussi dans les divers genres de nouvelle auxquels il s'est appliqué. Dans le grotesque et le bouffon, il est très puissant. C'est bien la gaieté solitaire d'un rêveur qui de temps à autre ouvre l'écluse à une effusion de jovialité comprimée, et garde toujours cette grâce *sui generis*, qui veut surtout plaire à soi-même. Mais là où il s'est le plus élevé, où il a montré le talent le plus sûr et le plus grave, c'est dans la nouvelle que j'appellerai la *nouvelle* poétique. On peut dire que parmi les innombrables formes de roman et de nouvelle qui ont occupé ou diverti l'esprit humain, la plus favorisée a été le roman de mœurs ; c'est celle qui convient le mieux à la foule. Comme Paris aime surtout à entendre parler de Paris, la foule se complaît dans les miroirs où elle se voit. Mais quand le roman de mœurs n'est pas relevé par le haut goût naturel de l'auteur, il risque fort d'être plat, et même, comme en matière d'art l'utilité peut se mesurer au degré de noblesse, tout à fait inutile. Si Balzac a fait de ce genre roturier une chose admirable, toujours curieuse et souvent sublime, c'est parce qu'il y a jeté tout son être. J'ai mainte fois été étonné que la grande gloire de Balzac fût de passer pour un observateur ; il m'avait toujours semblé que son principal mérite était d'être visionnaire, et visionnaire passionné. Tous ses personnages sont doués de l'ardeur vitale dont il était animé lui-même. Toutes ses fictions sont aussi profondément colorées que les rêves. Depuis le sommet de l'aristocratie jusqu'aux bas-fonds de la plèbe, tous les acteurs de sa *Comédie* sont plus âpres à la vie, plus actifs et rusés dans la lutte, plus patients dans le malheur, plus goulus dans la jouissance, plus angéliques dans le dévouement, que la comédie du vrai monde ne nous les montre. Bref, chacun, chez Balzac, même les portières, a du génie. Toutes les âmes sont des âmes chargées de volonté jusqu'à la gueule. C'est bien Balzac lui-même. Et comme tous les êtres du monde extérieur s'offraient à l'œil de son esprit avec un relief puissant et une grimace saisissante, il a fait se convulser ses figures ; il a noirci leurs ombres et illuminé leurs lumières. Son goût prodigieux du détail, qui tient à une ambition immodérée de tout voir, de tout faire voir, de tout deviner, de tout faire deviner, l'obligeait d'ailleurs à marquer avec plus de force les lignes principales, pour sauver la perspective de l'ensemble. Il me fait quelquefois penser à ces aquafortistes qui ne sont jamais contents de la morsure, et qui transforment en ravines les écorchures principales de la planche. De cette étonnante disposition naturelle sont résultées des merveilles. Mais cette disposition se définit généralement : les défauts de Balzac. Pour mieux parler, c'est justement là ses qualités. Mais qui peut se vanter d'être aussi heureusement doué, et de pouvoir appliquer une méthode qui lui permette de revêtir, à coup sûr, de lumière et de pourpre la pure trivialité ? Qui peut faire cela ? Or, qui ne fait pas cela, pour dire la vérité, ne fait pas grand-chose.

La muse de Théophile Gautier habite un monde plus éthéré. Elle s'inquiète peu, — trop peu, pensent quelques-uns, — de la manière dont M. Coquelet, M. Pipelet, ou M. Tout-le-monde emploie sa journée, et si madame Coquelet préfère les galanteries de l'huissier, son voisin, aux bonbons du droguiste, qui a été dans son temps un des plus enjoués danseurs de Tivoli. Ces mystères ne la tourmentent pas. Elle se complaît sur des hauteurs moins fréquentées que la rue des Lombards : elle aime les paysages terribles, rébarbatifs, ou ceux qui exhalent un charme monotone ; les rives bleues de l'Ionie ou les sables aveuglants du désert. Elle habite volontiers des appartements somptueusement ornés où circule la vapeur d'un parfum choisi. Ses personnages sont les dieux, les anges, le prêtre, le roi, l'amant, le riche, le pauvre, etc. Elle aime à ressusciter les villes défuntes, et à faire redire aux morts rajeunis leurs passions interrompues. Elle emprunte au poème, non pas le mètre et la rime, mais la pompe ou l'énergie concise de son langage. Se débarrassant ainsi du tracas ordinaire des réalités présentes, elle poursuit plus librement son rêve de Beauté ; mais aussi elle risquerait fort, si elle n'était pas si souple et si obéissante, et fille d'un maître qui sait douer de vie tout ce qu'il veut regarder, de n'être pas assez *visible et tangible*. Enfin, pour laisser de côté la métaphore, la nouvelle du genre poétique gagne immensément en dignité ; elle a un ton plus noble, plus général ; mais elle est sujette à un grand danger, c'est de perdre beaucoup du côté de la réalité, ou magie de la vraisemblance. Et cependant, qui ne se rappelle le festin du Pharaon, et la danse des esclaves, et le retour de l'armée triomphante, dans *le Roman de la Momie* ? L'imagination du lecteur se sent transportée dans le vrai ; elle respire le vrai ; elle s'enivre d'une seconde réalité créée par la sorcellerie de la Muse. Je n'ai pas choisi l'exemple ; j'ai pris celui qui s'est offert le premier à ma mémoire ; j'en aurais pu citer vingt.

Quand on feuillette les œuvres d'un maître puissant, toujours sûr de sa volonté et de sa main, il est difficile de choisir, tous les morceaux s'offrant à l'œil ou à la mémoire avec un égal caractère de précision et de fini. Cependant, je recommanderais volontiers, non seulement comme échantillon de l'art de bien dire, mais aussi de délicatesse mystérieuse (car le clavier du sentiment est chez notre poète beaucoup plus étendu qu'on ne le croit généralement), l'histoire si connue du *Roi Candaule*. Certes, il était difficile de choisir un thème plus usé, un drame à dénouement plus universellement prévu ; mais les vrais écrivains aiment ces difficultés. Tout le mérite (abstraction faite de la langue) gît donc dans l'interprétation. S'il est un sentiment vulgaire, usé, à la portée de toutes les femmes, certes, c'est la pudeur. Mais ici la pudeur a un caractère superlatif qui la fait ressembler à une religion ; c'est le culte de la femme pour elle-même ; c'est une pudeur archaïque, asiatique, participant de l'énormité du monde ancien, une véritable fleur de serre, harem ou gynécée. L'œil profane ne la souille pas moins que la bouche ou la main. Contemplation, c'est possession. Candaule a montré à son ami Gygès les beautés secrètes de l'épouse ; donc Candaule est coupable, il mourra. Gygès est désormais le seul époux possible pour une reine si jalouse d'elle-même. Mais Candaule n'a-t-il pas une excuse puissante ? n'est-il pas victime d'un sentiment aussi impérieux que bizarre, victime de l'impossibilité pour l'homme nerveux et artiste de porter, sans confident, le poids d'un immense bonheur ? Certainement, cette interprétation de l'histoire, cette analyse des sentiments qui ont engendré les faits, est bien supérieure à la fable de Platon, qui fait simplement de Gygès un berger, possesseur d'un talisman à l'aide duquel il lui devient facile de séduire l'épouse de son roi.

Ainsi va, dans son allure variée, cette muse bizarre, aux toilettes multiples, muse cosmopolite douée de la souplesse d'Alcibiade; quelquefois le front ceint de la mitre orientale, l'air grand et sacré, les bandelettes au vent; d'autres fois, se pavanant comme une reine de Saba en goguette, son petit parasol de cuivre à la main, sur l'éléphant de porcelaine qui décore les cheminées du siècle galant. Mais ce qu'elle aime surtout, c'est, debout sur les rivages parfumés de la mer Intérieure, nous raconter avec sa parole d'or « cette gloire qui fut la Grèce et cette grandeur qui fut Rome »; et alors elle est bien « la vraie Psyché qui revient de la vraie Terre-Sainte! »

Ce goût inné de la forme et de la perfection dans la forme devait nécessairement faire de Théophile Gautier un auteur critique tout à fait à part. Nul n'a mieux su que lui exprimer le bonheur que donne à l'imagination la vue d'un bel objet d'art, fût-il le plus désolé et le plus terrible qu'on puisse supposer. C'est un des privilèges prodigieux de l'Art que l'horrible, artistement exprimé, devienne beauté et que la *douleur* rythmée et cadencée remplisse l'esprit d'une *joie* calme. Comme critique, Théophile Gautier a connu, aimé, expliqué, dans ses *Salons* et dans ses admirables récits de voyages, le beau asiatique, le beau grec, le beau romain, le beau espagnol, le beau flamand, le beau hollandais et le beau anglais. Lorsque les œuvres de tous les artistes de l'Europe se rassemblèrent solennellement à l'avenue Montaigne, comme en une espèce de concile esthétique, qui donc parla le premier et qui parla le mieux de cette école anglaise, que les plus instruits parmi le public ne pouvaient guère juger que d'après quelques souvenirs de Reynolds et de Lawrence? Qui saisit tout de suite les mérites variés, essentiellement neufs, de Leslie, — des deux Hunt, l'un le naturaliste, l'autre le chef du préraphaélitisme, — de Maclise, l'audacieux compositeur, fougueux et sûr de lui-même, — de Millais, ce poète minutieux, — de J. Chalon, le peintre des fêtes d'après-midi dans les parcs, galant comme Watteau, rêveur comme Claude, — de Grant, cet héritier de Reynolds, — de Hook, le peintre aux *rêves vénitiens*, — de Landseer, dont les bêtes ont des yeux pleins de pensée; — de cet étrange Paton qui fait rêver à Fuseli et qui brode avec une patience d'un autre âge des conceptions panthéistiques, — de Cattermole, cet aquarelliste peintre d'histoire, — et de cet autre dont le nom m'échappe (Cockerell ou Kendall ?), un architecte songeur qui bâtit sur le papier des villes dont les ponts ont des éléphants pour piliers et laissent passer entre leurs jambes, toutes voiles dehors, des trois-mâts gigantesques ? Qui sut immédiatement britanniser son génie ? Qui trouva des mots propres à peindre ces fraîcheurs enchanteresses et ces profondeurs fuyantes de l'aquarelle anglaise ? Partout où il y a un produit artistique à décrire et à expliquer, Gautier est présent et toujours prêt.

Je suis convaincu que c'est grâce à ses feuilletons innombrables et à ses excellents récits de voyages, que tous les jeunes gens (ceux qui avaient le goût inné du beau) ont acquis l'éducation complémentaire qui leur manquait. Théophile Gautier leur a donné l'amour de la peinture, comme Victor Hugo leur avait conseillé le goût de l'archéologie. Ce travail permanent, continué avec tant de patience, était plus dur et plus méritant qu'il ne semble tout d'abord ; car souvenons-nous que la France, le public français, veux-je dire (si nous en exceptons quelques artistes et quelques écrivains), n'est pas artiste, naturellement artiste ; ce public-là est philosophe, moraliste, ingénieur, amateur de récits et d'anecdotes, tout ce qu'on voudra, mais jamais spontanément artiste. Il sent ou plutôt il juge successivement, analytiquement. D'autres peuples, plus favorisés, sentent tout de suite, tout à la fois, synthétiquement.

Où il ne faut voir que le beau, notre public ne cherche que le vrai. Quand il faut être peintre, le Français se fait homme de lettres. Un jour je vis au Salon de l'exposition annuelle deux soldats en contemplation perplexe devant un intérieur de cuisine : « Mais où donc est Napoléon ? » disait l'un (le livret s'était trompé de numéro, et la cuisine était marquée du chiffre appartenant légitimement à une bataille célèbre). « Imbécile ! dit l'autre, ne vois-tu pas qu'on prépare la soupe pour son retour ? » Et ils s'en allèrent contents du peintre et contents d'eux-mêmes. Telle est la France. Je racontais cette anecdote à un général qui y trouva un motif pour admirer la prodigieuse intelligence du soldat français. Il aurait dû dire : la prodigieuse intelligence de tous les Français en matière de peinture ! Ces soldats eux-mêmes, hommes de lettres !

v

Hélas! la France n'est guère poète non plus. Nous avons, tous tant que nous sommes, même les moins *chauvins*, su défendre la France à table d'hôte, sur des rivages lointains; mais ici, chez nous, en famille, sachons dire la vérité: la France n'est pas poète; elle éprouve même, pour tout dire, une horreur congéniale de la poésie. Parmi les écrivains qui se servent du vers, ceux qu'elle préférera toujours sont les plus prosaïques. Je crois vraiment, — pardonnez-moi, vrais amants de la Muse! — que j'ai manqué de courage au commencement de cette étude, en disant que, pour la France, le Beau n'était facilement digestible que relevé par le condiment politique. C'était le contraire qu'il fallait dire: quelque politique que soit le condiment, le Beau amène l'indigestion, ou plutôt l'estomac français le refuse immédiatement. Cela vient non seulement, je crois, de ce que la France a été providentiellement créée pour la recherche du Vrai préférablement à celle du Beau, mais aussi de ce que le caractère utopique, communiste, alchimique, de tous ses cerveaux, ne lui permet qu'une passion exclusive, celle des formules sociales. Ici, chacun veut ressembler à tout le monde, mais à condition que tout le monde lui ressemble. De cette tyrannie contradictoire résulte une lutte qui ne s'applique qu'aux formes sociales, enfin un niveau, une similarité générale. De là, la ruine et l'oppression de tout caractère original. Aussi ce n'est pas seulement dans l'ordre littéraire que les vrais poètes apparaissent comme des êtres fabuleux et étrangers; mais on peut dire que dans tous les genres d'invention le grand homme ici est un monstre. Tout au contraire, dans d'autres pays, l'originalité se produit touffue, abondante, comme le gazon sauvage. Là les mœurs le lui permettent.

Aimons donc nos poètes secrètement et en cachette. A l'étranger, nous aurons le droit de nous en vanter. Nos voisins disent: Shakespeare et Gœthe! nous pouvons leur répondre: Victor Hugo et Théophile Gautier! On trouvera peut-être surprenant que sur le genre qui fait le principal honneur de celui-ci, son principal titre à la gloire, je m'étende moins que je n'ai fait sur d'autres. Je ne puis certainement pas faire ici un cours complet de poétique et de prosodie. S'il existe dans notre langue des termes assez nombreux, assez subtils, pour expliquer une certaine poésie, saurais-je les trouver? Il en est des vers comme de quelques belles femmes en qui se sont fondues l'originalité et la correction; on ne les définit pas, on les *aime*. Théophile Gautier a continué *d'un côté* la grande école de la mélancolie créée par Chateaubriand. Sa mélancolie est même d'un caractère plus positif, plus charnel, et confinant quelquefois à la tristesse antique. Il y a des poèmes, dans la *Comédie de la Mort* et parmi ceux inspirés par le séjour en Espagne, où se révèlent le vertige et l'horreur du néant. Relisez, par exemple, les morceaux sur Zurbaran et Valdès-Léal; l'admirable paraphrase de la sentence inscrite sur le cadran de l'horloge d'Urrugne : *Vulnerant omnes, ultima necat;* enfin la prodigieuse symphonie qui s'appelle *Ténèbres.* Je dis symphonie, parce que ce poème me fait quelquefois penser à Beethoven. Il arrive même à ce poète, accusé de sensualité, de tomber en plein, tant sa mélancolie devient intense, dans la terreur catholique. *D'un autre côté*, il a introduit dans la poésie un élément nouveau, que j'appellerai la consolation par les arts, par tous les objets pittoresques qui réjouissent les yeux et amusent l'esprit. Dans ce sens, il a vraiment innové; il a fait dire au vers français plus qu'il n'avait dit jusqu'à présent; il a su l'agrémenter de mille détails faisant lumière et saillie et ne nuisant pas à la coupe de l'ensemble ou à la silhouette générale. Sa poésie, à la fois majestueuse et précieuse, marche magnifiquement, comme les personnes de cour en grande toilette. C'est, du reste, le caractère de la vraie poésie d'avoir le flot régulier, comme les grands fleuves qui s'approchent de la mer, leur mort et leur infini, et d'éviter la précipitation et la saccade. La poésie lyrique s'élance, mais toujours d'un mouvement élastique et ondulé. Tout ce qui est brusque et cassé lui déplaît, et elle le renvoie au drame ou au roman de mœurs. Le poète, dont nous aimons si passionnément le talent, connaît à fond ces grandes questions, et il l'a parfaitement prouvé en introduisant systématiquement et continuellement la majesté de l'alexandrin dans le vers octosyllabique *(Emaux et Camées)*. Là surtout apparaît tout le résultat qu'on peut obtenir par la fusion du double élément, peinture et musique, par la carrure de la mélodie, et par la pourpre régulière et symétrique d'une rime plus qu'exacte.

Rappellerai-je encore cette série de petits poèmes de quelques strophes, qui sont des intermèdes galants ou rêveurs et qui ressemblent, les uns à des sculptures, les autres à des fleurs, d'autres à des bijoux, mais tous revêtus d'une couleur plus fine ou plus brillante que les couleurs de la Chine et de l'Inde, et tous d'une coupe plus pure et plus décidée que des objets de marbre ou de cristal ? Quiconque aime la poésie les sait par cœur.

VI

J'ai essayé (ai-je vraiment réussi ?) d'exprimer l'admiration que m'inspirent les œuvres de Théophile Gautier, et de déduire les raisons qui légitiment cette admiration. Quelques-uns, même parmi les écrivains, peuvent ne pas partager mon opinion. Tout le monde prochainement l'adoptera. Devant le public, il n'est aujourd'hui qu'un ravissant esprit; devant la postérité, il sera un des maîtres écrivains, non seulement de la France, mais aussi de l'Europe. Par sa raillerie, sa gausserie, sa ferme décision de n'être jamais dupe, il est un peu Français; mais s'il était tout à fait Français, il ne serait pas poète.

Dirai-je quelques mots de ses mœurs, si pures et si affables, de sa serviabilité, de sa franchise quand il peut prendre ses franchises, quand il n'est pas en face du *philistin ennemi*, de sa ponctualité d'horloge dans l'accomplissement de tous ses devoirs ? A quoi bon ? Tous les écrivains ont pu, en mainte occasion, apprécier ces nobles qualités.

On reproche quelquefois à son esprit une lacune à l'endroit de la religion et de la politique. Je pourrais, si l'envie m'en prenait, écrire un nouvel article qui réfuterait victorieusement cette injuste erreur. Je sais, et cela me suffit, que les gens d'esprit me comprendront si je leur dis que le besoin d'ordre dont sa belle intelligence est imprégnée suffit pour le préserver de toute erreur en matière de politique et de religion, et qu'il possède, plus qu'aucun autre, le sentiment d'universelle hiérarchie écrite du haut en bas de la nature, à tous les degrés de l'infini. D'autres ont quelquefois parlé de sa froideur apparente, de son manque d'*humanité*. Il y a encore dans cette critique légèreté, irréflexion. Tout amoureux de l'humanité ne manque jamais, en de certaines matières qui prêtent à la déclamation philanthropique, de citer la fameuse parole :

Homo sum ; nihil humani a me alienum puto.

Un poète aurait le droit de répondre : « Je me suis imposé de si hauts devoirs, que *quidquid humani a me alienum puto*. Ma fonction est extra-humaine! » Mais sans abuser de sa prérogative, celui-ci pourrait simplement répliquer (moi qui connais son cœur si doux et si compatissant, je sais qu'il en a le droit) : « Vous me croyez froid, et vous ne voyez pas que je m'impose un calme artificiel que veulent sans cesse troubler votre laideur et votre barbarie, ô hommes de prose et de crime! Ce que vous appelez indifférence n'est que la résignation du désespoir; celui-là ne peut s'attendrir que bien rarement qui considère les méchants et les sots comme des incurables. C'est donc pour éviter le spectacle désolant de votre démence et de votre cruauté que mes regards restent obstinément tournés vers la Muse immaculée. »

C'est sans doute du même désespoir de persuader ou de corriger qui que ce soit, qui fait qu'en ces dernières années nous avons vu quelquefois Gautier faiblir, en apparence, et accorder par-ci par-là quelques paroles laudatives à monseigneur Progrès et à très puissante dame Industrie. En de pareilles occasions il ne faut pas trop vite le prendre au mot, et c'est bien le cas d'affirmer que *le mépris rend quelquefois l'âme trop bonne*. Car alors il garde pour lui sa pensée vraie, témoignant simplement par une légère concession (appréciable de ceux qui savent y voir clair dans le crépuscule) qu'il veut vivre en paix avec tout le monde, même avec l'Industrie et le Progrès, ces despotiques ennemis de toute poésie.

J'ai entendu plusieurs personnes exprimer le regret que Gautier n'ait jamais rempli de fonctions officielles. Il est certain qu'en beaucoup de choses, particulièrement dans l'ordre des beaux-arts, il aurait pu rendre à la France d'éminents services. Mais, tout pesé, cela vaut mieux ainsi. Si étendu que soit le génie d'un homme, si grande que soit sa bonne volonté, la fonction officielle le diminue toujours un peu; tantôt sa liberté s'en ressent, et tantôt même sa clairvoyance. Pour mon compte, j'aime mieux voir l'auteur de *la Comédie de la Mort*, d'*une Nuit de Cléopâtre*, de *la Morte amoureuse*, de *Tra los montes*, d'*Italia*, de *Caprices et Zigzags* et de tant de chefs-d'œuvre, rester ce qu'il a été jusqu'à présent : l'égal des plus grands dans le passé, un modèle pour ceux qui viendront, un diamant de plus en plus rare dans une époque ivre d'ignorance et de matière, c'est-à-dire UN PARFAIT HOMME DE LETTRES.

V. — RICHARD WAGNER

(1860-1861)

XXIX

LETTRE DE BAUDELAIRE A WAGNER

Vendredi 17 février 1860.

Monsieur,

Je me suis toujours figuré que si accoutumé à la gloire que fût un grand artiste, il n'était pas insensible à un compliment sincère, quand ce compliment était comme un cri de reconnaissance, et enfin que ce cri pouvait avoir une valeur d'un genre *singulier* quand il venait d'un Français, c'est-à-dire d'un homme peu fait pour l'enthousiasme et né dans un pays où l'on ne s'entend guère plus à la poésie et à la peinture qu'à la musique. Avant tout, je veux vous dire que je vous dois *la plus grande jouissance musicale que j'aie jamais éprouvée*. Je suis d'un âge où on ne s'amuse plus guère à écrire aux hommes célèbres, et j'aurais hésité longtemps encore à vous témoigner par lettre mon admiration si tous les jours mes yeux ne tombaient sur des articles indignes, ridicules, où on fait tous les efforts possibles pour diffamer votre génie. Vous n'êtes pas le premier homme, monsieur, à l'occasion duquel j'ai eu à souffrir et à rougir de mon pays. Enfin l'indignation m'a poussé à vous témoigner ma reconnaissance; je me suis dit : je veux être distingué de tous ces imbéciles.

La première fois que je suis allé aux Italiens pour entendre vos ouvrages, j'étais assez mal disposé, et même, je l'avouerai, plein de mauvais préjugés; mais je suis excusable; j'ai été si souvent dupe; j'ai entendu tant de musique de charlatans à grandes répétitions. Par vous j'ai été vaincu tout de suite. Ce que j'ai éprouvé est indescriptible, et si vous daignez ne pas rire, j'essaierai de vous le traduire.

D'abord il m'a semblé que je connaissais cette musique, et plus tard en y réfléchissant, j'ai compris d'où venait ce mirage ; il me semblait que cette musique était *la mienne*, et je la reconnaissais comme tout homme reconnaît les choses qu'il est destiné à aimer. Pour tout autre que pour un homme d'esprit, cette phrase serait immensément ridicule, surtout écrite par quelqu'un qui, comme moi, *ne sait pas la musique*, et dont toute l'éducation se borne à avoir entendu (avec grand plaisir, il est vrai) quelques beaux morceaux de Weber et de Beethoven.

Ensuite le caractère qui m'a principalement frappé, ç'a été la grandeur. Cela représente le grand, et cela pousse au grand. J'ai retrouvé partout dans vos ouvrages la solennité des grands bruits, des grands aspects de la Nature, et la solennité des grandes passions de l'homme. On se sent tout de suite enlevé et subjugué. L'un des morceaux les plus étranges et qui m'ont apporté une sensation musicale nouvelle est celui qui est destiné à peindre une extase religieuse. L'effet produit par l'*Introduction des invités* et par la *Fête nuptiale* est immense. J'ai senti toute la majesté d'une vie plus large que la nôtre. Autre chose encore : j'ai éprouvé souvent un sentiment d'une nature assez bizarre, c'est l'orgueil et la jouissance de comprendre, de me laisser pénétrer, envahir, volupté vraiment sensuelle, et qui ressemble à celle de monter dans l'air ou de rouler sur la mer. Et la musique en même temps respirait quelquefois l'orgueil de la vie. Généralement ces profondes harmonies me paraissaient ressembler à ces excitants qui accélèrent le pouls de l'imagination. Enfin, j'ai éprouvé aussi, et je vous supplie de ne pas rire, des sensations qui dérivent probablement de la tournure de mon esprit et de mes préoccupations fréquentes. Il y a partout quelque chose d'enlevé et d'enlevant, quelque chose aspirant à monter plus haut, quelque chose d'excessif et de superlatif. Par exemple, pour me servir de comparaisons empruntées à la peinture, je suppose devant mes yeux une vaste étendue d'un rouge sombre. Si ce rouge représente la passion, je la vois arriver graduellement, par toutes les transitions de rouge et de rose, à l'incandescence de la fournaise. Il semblerait difficile, impossible même d'arriver à quelque chose de plus ardent ; et cependant une dernière fusée vient tracer un sillon plus blanc sur le blanc qui lui sert de fond. Ce sera, si vous voulez, le cri suprême de l'âme montée à son paroxysme.

J'avais commencé à écrire quelques méditations sur les

morceaux de *Tannhäuser* et de *Lohengrin* que nous avons entendus ; mais j'ai reconnu l'impossibilité de tout dire.

Ainsi je pourrais continuer cette lettre interminablement. Si vous avez pu me lire, je vous en remercie. Il ne me reste plus à ajouter que quelques mots. Depuis le jour où j'ai entendu votre musique, je me dis sans cesse, surtout dans les mauvaises heures : *Si, au moins, je pouvais entendre ce soir un peu de Wagner*. Il y a sans doute d'autres hommes faits comme moi. En somme vous avez dû être satisfait du public dont l'instinct a été bien supérieur à la mauvaise science des journalistes. Pourquoi ne donneriez-vous pas quelques concerts encore en y ajoutant des morceaux nouveaux ? Vous nous avez fait connaître un avant-goût de jouissances nouvelles ; avez-vous le droit de nous priver du reste ? — Une fois encore, Monsieur, je vous remercie ; vous m'avez rappelé à moi-même et au grand, dans de mauvaises heures.

CH. BAUDELAIRE.

Je n'ajoute pas mon adresse, parce que vous croiriez peut-être que j'ai quelque chose à vous demander.

XXX

RICHARD WAGNER ET *TANNHAUSER*

A PARIS

(*Revue Européenne*, 1ᵉʳ avril 1861 ; puis plaquette.)

I

Remontons, s'il vous plaît, à treize mois en arrière, au commencement de la question, et qu'il me soit permis, dans cette appréciation, de parler souvent en mon nom personnel. Ce *Je*, accusé justement d'impertinence dans beaucoup de cas, implique cependant une grande modestie ; il enferme l'écrivain dans les limites les plus strictes de la sincérité. En réduisant sa tâche, il la rend plus facile. Enfin, il n'est pas nécessaire d'être un probabiliste bien consommé pour acquérir la certitude que cette sincérité trouvera des amis parmi les lecteurs impartiaux ; il y a évidemment quelques chances pour que le critique ingénu, en ne racontant que ses propres impressions, raconte aussi celles de quelques partisans inconnus.

Donc, il y a treize mois, ce fut une grande rumeur dans Paris. Un compositeur allemand, qui avait vécu longtemps chez nous, à notre insu, pauvre, inconnu, par de misérables besognes, mais que, depuis quinze ans déjà, le public allemand célébrait comme un homme de génie, revenait dans la ville, jadis témoin de ses jeunes misères, soumettre ses œuvres à notre jugement. Paris avait jusque-là peu entendu parler de Wagner ; on savait vaguement qu'au-delà du Rhin s'agitait la question d'une réforme dans le drame lyrique, et que Liszt avait adopté avec ardeur les opinions du réformateur. M. Fétis avait lancé contre lui une espèce de réquisitoire, et les personnes curieuses de feuilleter les numéros de la *Revue et Gazette musicale de Paris* pourront vérifier une fois de plus que les écrivains qui se vantent de professer les opinions les plus sages, les plus classiques, ne se piquent guère de sagesse ni de mesure, ni même de vulgaire politesse, dans la critique des opinions qui leur sont contraires. Les articles de M. Fétis ne sont guère qu'une diatribe affligeante ; mais l'exaspération du vieux dilettantiste servait seulement à prouver l'importance des œuvres qu'il vouait à l'anathème et au ridicule. D'ailleurs, depuis treize mois, pendant lesquels la curiosité publique ne s'est pas ralentie, Richard Wagner a essuyé bien d'autres injures. Il y a quelques années, au retour d'un voyage en Allemagne, Théophile Gautier, très ému par une représentation de *Tannhäuser*, avait cependant, dans *le Moniteur*, traduit ses impressions avec cette certitude plastique qui donne un charme irrésistible à tous ses écrits. Mais ces documents divers, tombant à de lointains intervalles, avaient glissé sur l'esprit de la foule.

Aussitôt que les affiches annoncèrent que Richard Wagner ferait entendre dans la salle des Italiens des fragments de ses compositions, un fait amusant se produisit, que nous avons déjà vu, et qui prouve le besoin instinctif, précipité, des Français, de prendre sur toute chose leur parti avant d'avoir délibéré ou examiné. Les uns annoncèrent des merveilles, et les autres se mirent à dénigrer à outrance des œuvres qu'ils n'avaient pas encore entendues. Encore aujourd'hui dure cette situation bouffonne, et l'on peut dire que jamais sujet inconnu ne fut tant discuté. Bref, les concerts de Wagner s'annonçaient comme une véritable bataille de doctrines, comme une de ces solennelles crises de l'art, une de ces mêlées où critiques, artistes et public ont coutume de jeter confusément toutes leurs passions ; crises heureuses qui dénotent la santé et la richesse dans la vie intellectuelle d'une nation, et que nous avions, pour ainsi dire, désapprises depuis les grands jours de Victor Hugo. J'emprunte les lignes suivantes au feuilleton de M. Berlioz (9 février 1860). « Le foyer du Théâtre-Italien était curieux à observer le soir du premier concert. C'étaient des fureurs, des cris, des discussions qui semblaient toujours sur le point de dégénérer en voies de fait. » Sans la présence du souverain, le même scandale aurait pu se produire, il y a quelques jours, à l'Opéra, surtout avec un public *plus vrai*. Je me souviens d'avoir vu, à la fin d'une des répétitions générales, un des critiques parisiens accrédités, planté prétentieusement devant le bureau du contrôle, faisant face à la foule au point d'en gêner l'issue, et s'exerçant à rire comme un maniaque, comme un de ces infortunés qui, dans les maisons de santé, sont appelés des *agités*. Ce pauvre homme, croyant son visage connu de toute la foule, avait l'air de dire : « Voyez comme je ris, moi, le célèbre S...! Ainsi ayez soin de conformer votre jugement au mien. » Dans le feuilleton auquel je faisais tout à l'heure allusion, M. Berlioz, qui montra cependant beaucoup moins de chaleur qu'on aurait pu en attendre de sa part, ajoutait : « Ce qui se débite alors de non-sens, d'absurdités et même de mensonges est vraiment prodigieux, et prouve avec évidence que, chez nous au moins, lorsqu'il s'agit d'apprécier une musique différente de celle qui court les rues, la passion, le parti pris prennent seuls la parole et empêchent le bon sens et le bon goût de parler. »

Wagner avait été audacieux : le programme de son concert ne comprenait ni solos d'instruments, ni chansons, ni aucune des exhibitions si chères à un public amoureux des virtuoses et de leurs tours de force. Rien que des morceaux d'ensemble, chœurs ou symphonies. La lutte fut violente, il est vrai; mais le public, étant abandonné à lui-même, prit feu à quelques-uns de ces irrésistibles morceaux dont la pensée était pour lui plus nettement exprimée, et la musique de Wagner triompha par sa propre force. L'ouverture de *Tannhäuser*, la marche pompeuse du deuxième acte, l'ouverture de *Lohengrin* particulièrement, la *musique de noces et l'épithalame* furent magnifiquement acclamés. Beaucoup de choses restaient obscures sans doute, mais les esprits impartiaux se disaient : « Puisque ces compositions sont faites pour la scène, il faut attendre; les choses non suffisamment définies seront expliquées par la plastique. » En attendant, il restait avéré que, comme symphoniste, comme artiste traduisant par les mille combinaisons du son les tumultes de l'âme humaine, Richard Wagner était à la hauteur de ce qu'il y a de plus élevé, aussi grand, certes, que les plus grands.

J'ai souvent entendu dire que la musique ne pouvait pas se vanter de traduire quoi que ce soit avec certitude, comme fait la parole ou la peinture. Cela est vrai dans une certaine proportion, mais n'est pas tout à fait vrai. Elle traduit à sa manière, et par les moyens qui lui sont propres. Dans la musique, comme dans la peinture et même dans la parole écrite, qui est cependant le plus positif des arts, il y a toujours une lacune complétée par l'imagination de l'auditeur.

Ce sont sans doute ces considérations qui ont poussé Wagner à considérer l'art dramatique, c'est-à-dire la réunion, la *coïncidence* de plusieurs arts, comme l'art par excellence, le plus synthétique et le plus parfait. Or, si nous écartons un instant le secours de la plastique, du décor, de l'incorporation des types rêvés dans des comédiens vivants, et même de la parole chantée, il reste encore incontestable que plus la musique est éloquente, plus la suggestion est rapide et juste, et plus il y a de chances pour que les hommes sensibles conçoivent des idées en rapport avec celles qui inspiraient l'artiste. Je prends tout de suite un exemple, la fameuse ouverture de *Lohengrin*, dont M. Berlioz a écrit un magnifique éloge en style technique ; mais je veux me contenter ici d'en vérifier la valeur par les suggestions qu'elle procure.

Je lis dans le programme distribué à cette époque au Théâtre-Italien :

Dès les premières mesures, l'âme du pieux solitaire qui attend le vase sacré *plonge dans les espaces infinis*. Il voit se former peu à peu une apparition étrange qui prend un corps, une figure. Cette apparition se précise davantage, et *la troupe miraculeuse des anges*, portant au milieu d'eux la coupe sacrée, passe devant lui. Le saint cortège approche ; le cœur de l'élu de Dieu s'exalte peu à peu ; il s'élargit, il se dilate ; d'ineffables aspirations s'éveillent en lui ; *il cède à une béatitude croissante*, en se trouvant toujours rapproché de *la lumineuse apparition*, et quand enfin le Saint-Graal lui-même apparaît au milieu du cortège sacré, *il s'abîme dans une adoration extatique, comme si le monde entier eût soudainement disparu*.

Cependant le Saint-Graal répand ses bénédictions sur le saint en prière et le consacre son chevalier. Puis *les flammes brûlantes adoucissent progressivement leur éclat* ; dans sa sainte allégresse, la troupe des anges, souriant à la terre qu'elle abandonne, regagne les célestes hauteurs. Elle a laissé le Saint-Graal à la garde des hommes purs, *dans le cœur desquels la divine liqueur s'est répandue*, et l'auguste troupe s'évanouit *dans les profondeurs de l'espace*, de la même manière qu'elle en était sortie.

Le lecteur comprendra tout à l'heure pourquoi je souligne ces passages. Je prends maintenant le livre de Liszt, et je l'ouvre à la page où l'imagination de l'illustre pianiste (qui est un artiste et un philosophe) traduit à sa manière le même morceau :

Cette introduction renferme et révèle *l'élément mystique*, toujours présent et toujours caché dans la pièce... Pour nous apprendre l'inénarrable puissance de ce secret, Wagner nous montre d'abord *la beauté ineffable du sanctuaire*, habité par un Dieu qui venge les opprimés et ne demande qu'*amour et foi* à ses fidèles. Il nous initie au Saint-Graal ; il fait miroiter à nos yeux le temple de bois incorruptible, aux murs odorants, aux portes d'*or*, aux solives d'*asbeste*, aux colonnes d'*opale*, aux parois de *cymophane*, dont les splendides portiques ne sont approchés que de ceux qui ont le cœur élevé et les mains pures. Il ne nous le fait point apercevoir dans son imposante et réelle structure, mais, comme ménageant nos faibles sens, il nous le montre d'abord reflété dans *quelque onde azurée* ou reproduit *par quelque nuage irisé.*

C'est au commencement une *large nappe dormante* de mélodie, *un éther vaporeux qui s'étend*, pour que le tableau sacré s'y dessine à nos yeux profanes ; effet exclusivement confié aux violons, divisés en huit pupitres différents, qui, après plusieurs mesures de sons harmoniques, continuent dans les plus hautes notes de leurs registres. Le motif est ensuite repris par les instruments à vent les plus doux ; les cors et les bassons, en s'y joignant, préparent l'entrée des trompettes et des trombones, qui répètent la mélodie pour la quatrième fois, *avec un éclat éblouissant de coloris*, comme si dans cet instant unique l'édifice saint *avait brillé* devant *nos regards aveuglés*, *dans toute sa magnificence lumineuse et radiante*. Mais *le vif étincellement*, amené par degrés à *cette intensité de rayonnement solaire*, s'éteint avec rapidité, comme une *lueur céleste*. La *transparente vapeur* des nuées se referme, la vision disparaît peu à peu dans le même encens *diapré* au milieu duquel elle est apparue, et le morceau se termine par les premières six mesures, devenues *plus éthérées encore*. Son caractère d'*idéale mysticité* est surtout rendu sensible par le *pianissimo* toujours conservé dans l'orchestre, et qu'interrompt à peine le court moment où les *cuivres* font *resplendir* les merveilleuses lignes du seul motif de cette introduction. Telle est l'image qui, à l'audition de ce sublime *adagio*, se présente d'abord à nos sens émus.

M'est-il permis à moi-même de raconter, de rendre avec des paroles la traduction inévitable que mon imagination fit du même morceau, lorsque je l'entendis pour la première fois, les yeux fermés, et que je me sentis pour ainsi dire enlevé de terre ? Je n'oserais certes pas parler avec complaisance de mes *rêveries*, s'il n'était pas utile de les joindre ici aux *rêveries* précédentes. Le lecteur sait quel but nous poursuivons : démontrer que la véritable musique suggère des idées analogues dans des cerveaux différents. D'ailleurs, il ne serait pas ridicule ici de raisonner *a priori*, sans analyse et sans comparaisons ; car ce qui serait vraiment surprenant, c'est que le son *ne pût pas* suggérer la couleur, que les couleurs *ne pussent pas* donner l'idée d'une mélodie, et que le son et la couleur fussent impropres à traduire des idées ; les choses s'étant toujours exprimées par une analogie réciproque, depuis le jour où Dieu a proféré le monde comme une complexe et indivisible totalité.

> La nature est un temple où de vivants piliers
> Laissent parfois sortir de confuses paroles ;
> L'homme y passe à travers des forêts de symboles
> Qui l'observent avec des regards familiers.
>
> Comme de longs échos qui de loin se confondent
> Dans une ténébreuse et profonde unité,
> Vaste comme la nuit et comme la clarté,
> Les parfums, les couleurs et les sons se répondent.

[*Correspondances*]

Je poursuis donc. Je me souviens que, dès les premières mesures, je subis une de ces impressions heureuses que presque tous les hommes imaginatifs ont connues, par le rêve, dans le sommeil. Je me sentis délivré *des liens de la pesanteur,* et je retrouvai par le souvenir l'extraordinaire *volupté* qui circule dans *les lieux hauts* (notons en passant que je ne connaissais pas le programme cité tout à l'heure). Ensuite je me peignis involontairement l'état délicieux d'un homme en proie à une grande rêverie dans une solitude absolue, mais une solitude avec *un immense horizon* et une *large lumière diffuse; l'immensité* sans autre décor qu'elle-même. Bientôt j'éprouvai la sensation d'une *clarté* plus vive, *d'une intensité de lumière* croissant avec une telle rapidité, que les nuances fournies par le dictionnaire ne suffiraient pas à exprimer *ce surcroît toujours renaissant d'ardeur et de blancheur.* Alors je conçus pleinement l'idée d'une âme se mouvant dans un milieu lumineux, d'une extase *faite de volupté et de connaissance,* et planant au-dessus et bien loin du monde naturel.

De ces trois traductions, vous pourriez noter facilement les différences. Wagner indique *une troupe d'anges qui apportent un vase sacré;* Liszt voit *un monument miraculeusement beau,* qui se reflète dans un mirage vaporeux. Ma rêverie est beaucoup moins illustrée d'objets matériels : elle est plus vague et plus abstraite. Mais l'important est ici de s'attacher aux ressemblances. Peu nombreuses, elles constitueraient encore une preuve suffisante; mais, par bonheur, elles sont nombreuses et saisissantes jusqu'au superflu. Dans les trois traductions nous trouvons la sensation de la *béatitude spirituelle et physique;* de *l'isolement;* de la contemplation de *quelque chose infiniment grand et infiniment beau;* d'une lumière intense qui réjouit *les yeux et l'âme jusqu'à la pâmoison;* et enfin la sensation de *l'espace étendu jusqu'aux dernières limites concevables.*

Aucun musicien n'excelle, comme Wagner, à *peindre* l'espace et la profondeur, matériels et spirituels. C'est une remarque que plusieurs esprits, et des meilleurs, n'ont pu s'empêcher de faire en plusieurs occasions. Il possède l'art de traduire, par des gradations subtiles, tout ce qu'il y a d'excessif, d'immense, d'ambitieux, dans l'homme spirituel et naturel. Il semble parfois, en écoutant cette musique ardente et despotique, qu'on retrouve peintes sur le fond des ténèbres, déchiré par la rêverie, les vertigineuses conceptions de l'opium.

A partir de ce moment, c'est-à-dire du premier concert, je fus possédé du désir d'entrer plus avant dans l'intelligence de ces œuvres singulières. J'avais subi (du moins cela m'apparaissait ainsi) une opération spirituelle, une révélation. Ma volupté avait été si forte et si terrible, que je ne pouvais m'empêcher d'y vouloir retourner sans cesse. Dans ce que j'avais éprouvé, il entrait sans doute beaucoup de ce que Weber et Beethoven m'avaient déjà fait connaître, mais aussi quelque chose de nouveau que j'étais impuissant à définir, et cette impuissance me causait une colère et une curiosité mêlées d'un bizarre délice. Pendant plusieurs jours, pendant longtemps, je me dis : « Où pourrai-je bien entendre ce soir de la musique de Wagner ? » Ceux de mes amis qui possédaient un piano furent plus d'une fois mes martyrs. Bientôt, comme il en est de toute nouveauté, des morceaux symphoniques de Wagner retentirent dans les casinos ouverts tous les soirs à une foule amoureuse de voluptés triviales. La majesté fulgurante de cette musique tombait là comme le tonnerre dans un mauvais lieu. Le bruit s'en répandit vite, et nous eûmes souvent le spectacle comique d'hommes graves et délicats subissant le contact des cohues malsaines, pour jouir, en attendant mieux, de la marche solennelle des *Invités au Wartburg* ou des majestueuses noces de *Lohengrin*.

Cependant, des répétitions fréquentes des mêmes phrases mélodiques, dans des morceaux tirés du même opéra, impliquaient des intentions mystérieuses et une méthode qui m'étaient inconnues. Je résolus de m'informer du pourquoi, et de transformer ma volupté en connaissance avant qu'une représentation scénique vînt me fournir une élucidation parfaite. J'interrogeai les amis et les ennemis. Je mâchai l'indigeste et abominable pamphlet de M. Fétis. Je lus le livre de Liszt, et enfin je me procurai, à défaut de *l'Art et la Révolution* et de *l'Œuvre d'art de l'avenir*, ouvrages non traduits, celui intitulé : *Opéra et Drame*, traduit en anglais.

II

Les plaisanteries françaises allaient toujours leur train, et le journalisme vulgaire opérait sans trêve ses gamineries professionnelles. Comme Wagner n'avait jamais cessé de répéter que la musique (dramatique) devait *parler* le sentiment, s'adapter au sentiment avec la même exactitude que la parole, mais évidemment d'une autre manière, c'est-à-dire exprimer la partie indéfinie du sentiment que la parole, trop positive, ne peut pas rendre (en quoi il ne disait rien qui ne fût accepté par tous les esprits sensés), une foule de gens, persuadés par les plaisants du feuilleton, s'imaginèrent que le maître attribuait à la musique la puissance d'exprimer la forme positive des choses, c'est-à-dire qu'il intervertissait les rôles et les fonctions. Il serait aussi inutile qu'ennuyeux de dénombrer tous les quolibets fondés sur cette fausseté, qui venant, tantôt de la malveillance, tantôt de l'ignorance, avaient pour résultat d'égarer à l'avance l'opinion du public. Mais, à Paris plus qu'ailleurs, il est impossible d'arrêter une plume qui se croit amusante. La curiosité générale étant attirée vers Wagner, engendra des articles et des brochures qui nous initièrent à sa vie, à ses longs efforts et à tous ses tourments. Parmi ces documents fort connus aujourd'hui, je ne veux extraire que ceux qui me paraissent plus propres à éclairer et à définir la nature et le caractère du maître. Celui qui a écrit que *l'homme qui n'a pas été, dès son berceau, doté par une fée de l'esprit de mécontentement de tout ce qui existe, n'arrivera jamais à la découverte du nouveau*, devait indubitablement trouver dans les conflits de la vie plus de douleurs que tout autre. C'est de cette facilité à souffrir, commune à tous les artistes et d'autant plus grande que leur instinct du juste et du beau est plus prononcé, que je tire l'explication des opinions révolutionnaires de Wagner. Aigri par tant de mécomptes, déçu par tant de rêves, il dut, à un certain moment, par suite d'une erreur excusable dans un esprit sensible et nerveux à l'excès, établir une complicité idéale entre la mauvaise musique et les mauvais gouvernements. Possédé du désir suprême de voir l'idéal dans l'art dominer définitivement la routine, il a pu (c'est une illusion essentiellement humaine) espérer que des révolutions dans l'ordre politique favoriseraient la cause de la révolution dans l'art. Le succès de Wagner lui-même a donné tort à ses prévisions et à ses espérances; car il a fallu en France l'ordre d'un *despote* pour faire exécuter l'œuvre d'un révolutionnaire. Ainsi nous avons déjà vu à Paris l'évolution romantique favorisée par la monarchie, pendant que les libéraux et les républicains restaient opiniâtrement attachés aux routines de la littérature dite classique.

Je vois, par les notes que lui-même il a fournies sur sa jeunesse, que, tout enfant, il vivait au sein du théâtre, fréquentait les coulisses et composait des comédies. La musique de Weber et, plus tard, celle de Beethoven, agirent sur son esprit avec une force irrésistible, et bientôt, les années et les études s'accumulant, il lui fut impossible de ne pas penser d'une manière double, poétiquement et musicalement, de ne pas entrevoir toute idée sous deux formes simultanées, l'un des deux arts commençant sa fonction là où s'arrêtent les limites de l'autre. L'instinct dramatique, qui occupait une si grande place dans ses facultés, devait le pousser à se révolter contre toutes les frivolités, les platitudes et les absurdités des pièces faites pour la musique. Ainsi la Providence, qui préside aux révolutions de l'art, mûrissait dans un jeune cerveau allemand le problème qui avait tant agité le dix-huitième siècle. Quiconque a lu avec attention la *Lettre sur la musique*, qui sert de préface à *Quatre poèmes d'opéras traduits en prose française*, ne peut conserver à cet égard aucun doute. Les noms de Gluck et de Méhul y sont cités souvent avec une sympathie passionnée. N'en déplaise à M. Fétis, qui veut absolument établir pour l'éternité la prédominance de la musique dans le drame lyrique, l'opinion d'esprits tels que Gluck, Diderot, Voltaire et Gœthe n'est pas à dédaigner. Si ces deux derniers ont démenti plus tard leurs théories de prédilection, ce n'a été chez eux qu'un acte de découragement et de désespoir. En feuilletant la *Lettre sur la musique*, je sentais revivre dans mon esprit, comme par un phénomène d'écho mnémonique, différents passages de Diderot qui affirment que la vraie musique dramatique ne peut pas être autre chose que le cri ou le soupir de la passion noté et rythmé. Les mêmes problèmes scientifiques, poétiques, artistiques, se reproduisent sans cesse à travers les âges, et Wagner ne se donne pas pour un inventeur mais simplement pour le confirmateur d'une ancienne idée qui sera sans doute plus d'une fois encore, alternativement vaincue et victorieuse. Toutes ces questions sont en vérité extrêmement simples, et il n'est pas peu surprenant de voir se révolter contre les théories de *la musique de l'avenir* (pour me servir d'une locution aussi inexacte qu'accréditée) ceux-là mêmes que nous avons entendus si souvent se plaindre des tortures infligées à tout esprit raisonnable par la routine du livret ordinaire d'opéra.

Dans cette même *Lettre sur la musique*, où l'auteur donne une analyse très brève et très limpide de ses trois anciens ouvrages, *l'Art et la Révolution*, *l'Œuvre d'art de l'avenir* et *Opéra et Drame*, nous trouvons une préoccupation très vive du théâtre grec, tout à fait naturelle, inévitable même chez un dramaturge musicien qui devait chercher dans le passé la légitimation de son dégoût du présent et des conseils secourables pour l'établissement des conditions nouvelles du drame lyrique. Dans sa lettre à Berlioz, il disait déjà, il y a plus d'un an :

> Je me demandai quelles devaient être les conditions de l'art pour qu'il pût inspirer au public un inviolable respect, et, afin de ne point m'aventurer trop dans l'examen de cette question, je fus chercher mon point de départ dans la Grèce ancienne. J'y rencontrai tout d'abord l'œuvre artistique par excellence, le *drame*, dans lequel l'idée, quelque profonde qu'elle soit, peut se manifester avec le plus de clarté et de la manière la plus universellement intelligible. Nous nous étonnons à bon droit aujourd'hui que trente mille Grecs aient pu suivre avec un intérêt soutenu la représentation des tragédies d'Eschyle ; mais si nous recherchons le moyen par lequel on obtenait de pareils résultats, nous trouvons que c'est par l'alliance de tous les arts concourant ensemble au même but, c'est-à-dire à la production de l'œuvre artistique la plus parfaite et la seule vraie. Ceci me conduisit à étudier les rapports des diverses branches de l'art entre elles, et, après avoir saisi la relation qui existe entre la *plastique* et la *mimique*, j'examinai celle qui se trouve entre la musique et la poésie : de cet examen jaillirent soudain des clartés qui dissipèrent complètement l'obscurité qui m'avait jusqu'alors inquiétée.
>
> Je reconnus, en effet, que précisément là où l'un de ces arts atteignait à des limites infranchissables, commençait aussitôt, avec la plus rigoureuse exactitude, la sphère d'action de l'autre ; que, conséquemment, par l'union intime de ces deux arts, on exprimerait avec la clarté la plus satisfaisante ce que ne pouvait exprimer chacun d'eux isolément ; que, par contraire, toute tentative de rendre avec les moyens de l'un d'eux ce qui ne saurait être rendu que par les deux ensemble, devait fatalement conduire à l'obscurité, à la confusion d'abord, et ensuite, à la dégénérescence et à la corruption de chaque art en particulier.

Et dans la préface de son dernier livre, il revient en ces termes sur le même sujet :

J'avais trouvé dans quelques rares créations d'artistes une base réelle où asseoir mon idéal dramatique et musical ; maintenant l'histoire m'offrait à son tour le modèle et le type des relations idéales du théâtre et de la vie publique telles que je les concevais. Je le trouvais, ce modèle, dans le théâtre de l'ancienne Athènes : là, le théâtre n'ouvrait son enceinte qu'à de certaines solennités où s'accomplissait une fête religieuse qu'accompagnaient les jouissances de l'art. Les hommes les plus distingués de l'Etat prenaient à ces solennités une part directe comme poètes ou directeurs ; ils paraissaient comme les prêtres aux yeux de la population assemblée de la cité et du pays, et cette population était remplie d'une si haute attente de la sublimité des œuvres qui allaient être représentées devant elle, que les poèmes les plus profonds, ceux d'un Eschyle et d'un Sophocle, pouvaient être proposés au peuple et assurés d'être parfaitement entendus.

Ce goût absolu, despotique, d'un idéal dramatique, où tout, depuis une déclamation notée et soulignée par la musique avec tant de soin qu'il est impossible au chanteur de s'en écarter en aucune syllabe, véritable arabesque de sons dessinée par la passion, jusqu'aux soins les plus minutieux, relatifs aux décors et à la mise en scène, où tous les détails, dis-je, doivent sans cesse concourir à une totalité d'effet, a fait la destinée de Wagner. C'était en lui comme une postulation perpétuelle. Depuis le jour où il s'est dégagé des vieilles routines du livret et où il a courageusement renié son *Rienzi*, opéra de jeunesse qui avait été honoré d'un grand succès, il a marché, sans dévier d'une ligne, vers cet impérieux idéal. C'est donc sans étonnement que j'ai trouvé dans ceux de ses ouvrages qui sont traduits, particulièrement dans *Tannhäuser*, *Lohengrin* et *le Vaisseau fantôme*, une méthode de construction excellente, un esprit d'ordre et de division qui rappelle l'architecture des tragédies antiques. Mais les phénomènes et les idées qui se produisent périodiquement à travers les âges empruntent toujours à chaque résurrection le caractère complémentaire de la variante et de la circonstance. La radieuse Vénus antique, l'Aphrodite née de la blanche écume, n'a pas impunément traversé les horrifiques ténèbres du moyen âge. Elle n'habite plus l'Olympe ni les rives d'un archipel parfumé. Elle est retirée au fond d'une caverne, magnifique, il est vrai, mais illuminée par des feux qui ne sont pas ceux du bienveillant Phœbus. En descendant sous terre, Vénus s'est rapprochée de l'enfer, et elle va sans doute, à de certaines solennités abominables, rendre régulièrement hommage à l'Archidémon, prince de la chair et seigneur du péché. De même, les poèmes de

Wagner, bien qu'ils révèlent un goût sincère et une parfaite intelligence de la beauté classique, participent aussi, dans une forte dose, de l'esprit romantique. S'ils font rêver à la majesté de Sophocle et d'Eschyle, ils contraignent en même temps l'esprit à se souvenir des *Mystères* de l'époque la plus plastiquement catholique. Ils ressemblent à ces grandes visions que le moyen âge étalait sur les murs de ses églises ou tissait dans ses magnifiques tapisseries. Ils ont un aspect général décidément légendaire : le *Tannhäuser*, légende; le *Lohengrin*, légende; légende, *le Vaisseau fantôme*. Et ce n'est pas seulement une propension naturelle à tout esprit poétique qui a conduit Wagner vers cette apparente spécialité; c'est un parti pris formel puisé dans l'étude des conditions les plus favorables du drame lyrique.

Lui-même, il a pris soin d'élucider la question dans ses livres. Tous les sujets, en effet, ne sont pas également propres à fournir un vaste drame doué d'un caractère d'universalité. Il y aurait évidemment un immense danger à traduire en fresque le délicieux et le plus parfait tableau de genre. C'est surtout dans le cœur universel de l'homme et dans l'histoire de ce cœur que le poète dramatique trouvera des tableaux universellement intelligibles. Pour construire en pleine liberté le drame idéal, il sera prudent d'éliminer toutes les difficultés qui pourraient naître de détails techniques, politiques ou même trop positivement historiques. Je laisse la parole au maître lui-même :

> Le seul tableau de la vie humaine qui soit appelé poétique est celui où les motifs qui n'ont de sens que pour l'intelligence abstraite font place aux mobiles purement humains qui gouvernent le cœur. Cette tendance (celle relative à l'invention du sujet poétique) est la loi souveraine qui préside à la forme et à la représentation poétique... L'arrangement rythmique et l'ornement (presque musical) de la rime sont pour le poète des moyens d'assurer au vers, à la phrase, une puissance qui captive comme par un charme et gouverne à son gré le sentiment. Essentielle au poète, cette tendance le conduit jusqu'à la limite de son art, limite que touche immédiatement la musique, et, par conséquent, l'œuvre la plus complète du poète devrait être celle qui, dans son dernier achèvement, serait une parfaite musique.
>
> De là, je me voyais nécessairement amené à désigner le *mythe* comme matière idéale du poète. Le mythe est le poème primitif et anonyme du peuple, et nous le retrouvons à toutes les époques repris, remanié sans cesse à nouveau par les grands poètes des périodes cultivées. Dans le mythe, en effet, les relations humaines dépouillent presque complètement leur forme conventionnelle et intelligible seulement à la raison abstraite ; elles montrent ce que la vie a de vraiment humain, d'éternellement compréhensible, et le montrent

sous cette forme concrète, exclusive de toute imitation, laquelle donne à tous les vrais mythes leur caractère individuel que vous reconnaissez au premier coup d'œil.

Et ailleurs, reprenant le même thème, il dit :

Je quittai une fois pour toutes le terrain de l'histoire et m'établis sur celui de la légende... Tout le détail nécessaire pour décrire et représenter le fait historique et ses accidents, tout le détail qu'exige, pour être parfaitement comprise, une époque spéciale et reculée de l'histoire, et que les auteurs contemporains de drames et de romans historiques déduisent, par cette raison, d'une manière si circonstanciée, je pouvais le laisser de côté... La légende, à quelque époque et à quelque nation qu'elle appartienne, a l'avantage de comprendre exclusivement ce que cette époque et cette nation ont de purement humain, et de le présenter sous une forme originale très saillante, et dès lors intelligible au premier coup d'œil. Une ballade, un refrain populaire, suffisent pour vous représenter en un instant ce caractère sous les traits les plus arrêtés et les plus frappants. Le caractère de la scène et le ton de la légende contribuent ensemble à jeter l'esprit dans cet état de *rêve* qui le porte bientôt jusqu'à la pleine *clairvoyance*, et l'esprit découvre alors un nouvel enchaînement des phénomènes du monde, que ses yeux ne pouvaient apercevoir dans l'état de veille ordinaire.

Comment Wagner ne comprendrait-il pas admirablement le caractère sacré, divin du mythe, lui qui est à la fois poète et critique ? J'ai entendu beaucoup de personnes tirer de l'étendue même de ses facultés et de sa haute intelligence critique une raison de défiance relativement à son génie musical, et je crois que l'occasion est ici propice pour réfuter une erreur très commune, dont la principale racine est peut-être le plus laid des sentiments humains, l'envie. « Un homme qui raisonne tant de son art ne peut pas produire naturellement de belles œuvres », disent quelques-uns qui dépouillent ainsi le génie de sa rationalité, et lui assignent une fonction purement instinctive et pour ainsi dire végétale. D'autres veulent considérer Wagner comme un théoricien qui n'aurait produit des opéras que pour vérifier *a posteriori* la valeur de ses propres théories. Non seulement ceci est parfaitement faux, puisque le maître a commencé tout jeune, comme on le sait, par produire des essais poétiques et musicaux d'une nature variée, et qu'il n'est arrivé que progressivement à se faire un idéal de drame lyrique, mais c'est même une chose absolument impossible. Ce serait un événement tout nouveau dans l'histoire des arts qu'un critique se faisant poète, un renversement de toutes les lois psychiques, une monstruosité ; au contraire, tous les grands poètes deviennent naturellement, fatalement, critiques. Je plains les poètes que guide le seul instinct ; je les crois incomplets. Dans la vie spirituelle des premiers, une crise se fait infailliblement, où ils veulent raisonner leur art, découvrir les lois obscures en vertu desquelles ils ont produit, et tirer de cette étude une série de préceptes dont le but divin est l'infaillibilité dans la production poétique. Il serait prodigieux qu'un critique devînt poète, et il est impossible qu'un poète ne contienne pas un critique. Le lecteur ne sera donc pas étonné que je considère le poète comme le meilleur de tous les critiques. Les gens qui reprochent au musicien Wagner d'avoir écrit des livres sur la philosophie de son art et qui en tirent le soupçon que sa musique n'est pas un produit naturel, spontané, devraient nier également que Vinci, Hogarth, Reynolds, aient pu faire de bonnes peintures, simplement parce qu'ils ont déduit et analysé les principes de leur art. Qui parle mieux de la peinture que notre grand Delacroix ? Diderot, Gœthe, Shakespeare, autant de producteurs, autant d'admirables critiques. La poésie a existé, s'est affirmée la première, et elle a engendré l'étude des règles. Telle est l'histoire incontestée du travail humain. Or, comme chacun est le diminutif de tout le monde, comme l'histoire d'un cerveau individuel représente en petit l'histoire du cerveau universel, il serait juste et naturel de supposer (à défaut des preuves qui existent) que l'élaboration des pensées de Wagner a été analogue au travail de l'humanité.

III

Tannhäuser représente la lutte des deux principes qui ont choisi le cœur humain pour principal champ de bataille, c'est-à-dire de la chair avec l'esprit, de l'enfer avec le ciel, de Satan avec Dieu. Et cette dualité est représentée tout de suite, par l'ouverture, avec une incomparable habileté. Que n'a-t-on pas déjà écrit sur ce morceau ? Cependant il est présumable qu'il fournira encore matière à bien des thèses et des commentaires éloquents ; car c'est le propre des œuvres vraiment artistiques d'être une source inépuisable de suggestions. L'ouverture, dis-je, résume donc la pensée du drame par deux chants, le chant religieux et le chant voluptueux, qui, pour me servir de l'expression de Liszt, « sont ici posés comme deux termes, et qui, dans le finale, trouvent leur équation ». Le *Chant des pèlerins* apparaît le premier, avec l'autorité de la loi suprême, comme marquant tout de suite le véritable sens de la vie, le but de l'universel pèlerinage, c'est-à-dire Dieu. Mais comme le sens intime de Dieu est bientôt noyé dans toute conscience par les concupiscences de la chair, le chant représentatif de la sainteté est peu à peu submergé par les soupirs de la volupté. La vraie, la terrible, l'universelle Vénus se dresse déjà dans toutes les imaginations. Et que celui qui n'a pas encore entendu la merveilleuse ouverture de *Tannhäuser* ne se figure pas ici un chant d'amoureux vulgaires, essayant de tuer le temps sous les tonnelles, les accents d'une troupe enivrée jetant à Dieu son défi dans la langue d'Horace. Il s'agit d'autre chose, à la fois plus vrai et plus sinistre. Langueurs, délices mêlées de fièvre et coupées d'angoisses, retours incessants vers une volupté qui promet d'éteindre, mais n'éteint jamais la soif; palpitations furieuses du cœur et des sens, ordres impérieux de la chair, tout le dictionnaire des onomatopées de l'amour se fait entendre ici. Enfin le thème religieux reprend peu à peu son empire, lentement, par gradations, et absorbe l'autre dans une victoire paisible, glorieuse comme celle de l'être irrésistible sur l'être maladif et désordonné, de saint Michel sur Lucifer.

Au commencement de cette étude, j'ai noté la puissance avec laquelle Wagner, dans l'ouverture de *Lohengrin*, avait exprimé les ardeurs de la mysticité, les appétitions de l'esprit vers le Dieu incommunicable. Dans l'ouverture de *Tannhäuser*, dans la lutte des deux principes contraires, il ne s'est pas montré moins subtil ni moins puissant. Où donc le maître a-t-il puisé ce chant furieux de la chair, cette connaissance absolue de la partie diabolique de l'homme ? Dès les premières mesures, les nerfs vibrent à l'unisson de la mélodie; toute chair qui se souvient se met à trembler. Tout cerveau bien conformé porte en lui deux infinis, le ciel et l'enfer, et dans toute image de l'un de ces infinis il reconnaît subitement la moitié de lui-même. Aux titillations sataniques d'un vague amour succèdent bientôt des entraînements, des éblouissements, des cris de victoire, des gémissements de gratitude, et puis des hurlements de férocité, des reproches de victimes et des hosannas impies de sacrificateurs, comme si la barbarie devait toujours prendre sa place dans le drame de l'amour, et la jouissance charnelle conduire, par une logique satanique inéluctable, aux délices du crime. Quand le thème religieux, faisant invasion à travers le mal déchaîné, vient peu à peu rétablir l'ordre et reprendre l'ascendant, quand il se dresse de nouveau avec toute sa solide beauté, au-dessus de ce chaos de voluptés agonisantes, toute l'âme éprouve comme un rafraîchissement, une béatitude de rédemption; sentiment ineffable qui se reproduira au commencement du deuxième tableau, quand Tannhäuser, échappé de la grotte de Vénus, se retrouvera dans la vie véritable, entre le son religieux des cloches natales, la chanson naïve du pâtre, l'hymne des pèlerins et la croix plantée sur la route, emblème de toutes ces croix qu'il faut traîner sur toutes les routes. Dans ce dernier cas, il y a une puissance de contraste qui agit irrésistiblement sur l'esprit et qui fait penser à la manière large et aisée de Shakespeare. Tout à l'heure nous étions dans les profondeurs de la terre (Vénus, comme nous l'avons dit, habite auprès de l'enfer), respirant une atmosphère parfumée, mais étouffante, éclairée par une lumière rose qui ne venait pas du soleil; nous étions semblables au chevalier Tannhäuser lui-même, qui, saturé de délices énervantes, *aspire à la douleur!* cri sublime que tous les critiques jurés admireraient dans Corneille, mais qu'aucun ne voudra peut-être voir dans Wagner. Enfin nous sommes replacés sur la terre; nous en aspirons l'air frais, nous en acceptons les joies avec reconnaissance, les douleurs avec humilité. La pauvre humanité est rendue à sa patrie.

Tout à l'heure, en essayant de décrire la partie voluptueuse de l'ouverture, je priais le lecteur de détourner sa pensée des hymmes vulgaires de l'amour, tels que les peut concevoir un galant en belle humeur; en effet, il n'y a ici rien de trivial; c'est plutôt le débordement d'une nature énergique, qui verse dans le mal toutes les forces dues à la culture du bien; c'est l'amour effréné, immense, chaotique, élevé jusqu'à la hauteur d'une contre-religion, d'une religion satanique. Ainsi, le compositeur, dans la traduction musicale, a échappé à cette vulgarité qui accompagne trop souvent la peinture du sentiment le plus *populaire*, — j'allais dire populacier, — et pour cela il lui a suffi de peindre l'excès dans le désir et dans l'énergie, l'ambition indomptable, immodérée, d'une âme sensible qui s'est trompée de voie. De même, dans la représentation plastique de l'idée, il s'est dégagé heureusement de la fastidieuse foule des victimes, des Elvires innombrables. L'idée pure, incarnée dans l'unique Vénus, parle bien plus haut et avec bien plus d'éloquence. Nous ne voyons pas ici un libertin ordinaire, *voltigeant de belle en belle*, mais l'homme général universel, vivant morganatiquement avec l'Idéal absolu de la volupté, avec la Reine de toutes les diablesses, de toutes les faunesses et de toutes les satyresses, reléguées sous terre depuis la mort du grand Pan, c'est-à-dire avec l'indestructible et irrésistible Vénus.

Une main mieux exercée que la mienne dans l'analyse des ouvrages lyriques présentera, ici même, au lecteur, un compte rendu technique et complet de cet étrange et méconnu *Tannhäuser* *; je dois donc me borner à des vues générales qui, pour rapides qu'elles soient, n'en sont pas moins utiles. D'ailleurs, n'est-il pas plus commode, pour certains esprits, de juger de la beauté d'un paysage en se plaçant sur une hauteur, qu'en parcourant successivement tous les sentiers qui le sillonnent ?

Je tiens seulement à faire observer, à la grande louange de Wagner, que, malgré l'importance très juste qu'il donne au poème dramatique, l'ouverture de *Tannhäuser*, comme celle de *Lohengrin*, est parfaitement intelligible, même à celui qui ne connaîtrait pas le livret ; et ensuite, que cette ouverture contient non seulement l'idée mère, la dualité psychique constituant le drame, mais encore les formules principales, nettement accentuées, destinées à peindre les sentiments généraux exprimés dans la suite de l'œuvre, ainsi que le démontrent les retours forcés de la mélodie diaboliquement voluptueuse et du motif religieux ou *Chant des pèlerins*, toutes les fois que l'action le demande. Quant à la grande marche du second acte, elle a conquis depuis longtemps le suffrage des esprits les plus rebelles, et l'on peut lui appliquer le même éloge qu'aux deux ouvertures dont j'ai parlé, à savoir d'exprimer de la manière la plus visible, la plus colorée, la plus représentative, ce qu'elle veut exprimer. Qui donc, en entendant ces accents si riches et si fiers, ce rythme pompeux élégamment cadencé, ces fanfares royales, pourrait se figurer autre chose qu'une pompe féodale, une défilade d'hommes héroïques, dans des vêtements éclatants, tous de haute stature, tous de grande volonté et de foi naïve,

---

* La première partie de cette étude a paru à la *Revue européenne*, où M. Perrin, ancien directeur de l'Opéra-Comique, dont les sympathies pour Wagner sont bien connues, est chargé de la critique musicale.

aussi magnifiques dans leurs plaisirs que terribles dans leurs guerres ?

Que dirons-nous du récit de Tannhäuser, de son voyage à Rome, où la beauté littéraire est si admirablement complétée et soutenue par la mélopée, que les deux éléments ne font plus qu'un inséparable tout ? On craignait la longueur de ce morceau, et cependant le récit contient, comme on l'a vu, une puissance dramatique invincible. La tristesse, l'accablement du pécheur pendant son rude voyage, son allégresse en voyant le suprême pontife qui délie les péchés, son désespoir quand celui-ci lui montre le caractère irréparable de son crime, et enfin le sentiment presque ineffable, tant il est terrible, de la joie dans la damnation; tout est dit, exprimé, traduit, par la parole et la musique, d'une manière si positive, qu'il est presque impossible de concevoir une autre manière de le dire. On comprend bien alors qu'un pareil malheur ne puisse être réparé que par un miracle et on excuse l'infortuné chevalier de chercher encore le sentier mystérieux qui conduit à la grotte, pour retrouver au moins les grâces de l'enfer auprès de sa diabolique épouse.

Le drame de *Lohengrin* porte, comme celui de *Tannhäuser*, le caractère sacré, mystérieux, et pourtant universellement intelligible de la légende. Une jeune princesse, accusée d'un crime abominable, du meurtre de son frère, ne possède aucun moyen de prouver son innocence. Sa cause sera jugée par le jugement de Dieu. Aucun chevalier présent ne descend pour elle sur le terrain; mais elle a confiance dans une vision singulière : un guerrier inconnu est venu la visiter en rêve. C'est ce chevalier-là qui prendra sa défense. En effet, au moment suprême et comme chacun la juge coupable, une nacelle approche du rivage, tirée par un cygne attelé d'une chaîne d'or. Lohengrin, chevalier du Saint-Graal, protecteur des innocents, défenseur des faibles, a entendu l'invocation du fond de la retraite merveilleuse où est précieusement conservée cette coupe divine, deux fois consacrée par la sainte Cène et par le sang de Notre-Seigneur, que Joseph d'Arimathie y recueillit tout ruisselant de sa plaie. Lohengrin, fils de Parcival, descend de la nacelle, revêtu d'une armure d'argent, le casque en tête, le bouclier sur l'épaule, une petite trompe d'or au côté, appuyé sur son épée. « Si je remporte pour toi la victoire, dit Lohengrin à Elsa, veux-tu que je sois ton époux ?... Elsa, si tu veux que je m'appelle ton époux..., il faut que tu me fasses une promesse : jamais tu ne m'interrogeras, jamais tu ne chercheras à savoir ni de quelles contrées j'arrive, ni quel est mon nom et ma nature. » Et Elsa : « Jamais, seigneur, tu n'entendras de moi cette question. » Et, comme Lohengrin répète solennellement la formule de la promesse, Elsa répond : « Mon bouclier, mon ange, mon sauveur! toi qui crois fermement à mon innocence, pourrait-il y avoir un doute plus criminel que de n'avoir pas foi en toi ? Comme tu me défends dans ma détresse, de même je garderai fidèlement la loi que tu m'imposes. » Et Lohengrin, la serrant dans ses bras, s'écrie : « Elsa, je t'aime! » Il y a là une beauté de dialogue comme il s'en trouve fréquemment dans les drames de Wagner, toute trempée de magie primitive, toute grandie par le sentiment idéal, et dont la solennité ne diminue en rien la grâce naturelle.

L'innocence d'Elsa est proclamée par la victoire de Lohengrin; la magicienne Ortrude et Frédéric, deux méchants intéressés à la condamnation d'Elsa, parviennent à exciter en elle la curiosité féminine, à flétrir sa joie par le doute, et l'obsèdent maintenant jusqu'à ce qu'elle viole son serment et exige de son époux l'aveu de son origine. Le doute a tué la foi, et la foi disparue emporte avec elle le bonheur. Lohengrin punit par la mort Frédéric d'un guet-apens que celui-ci lui a tendu, et devant le roi, les guerriers et le peuple assemblés, déclare enfin sa véritable origine : « ... Quiconque est choisi pour servir le Graal est aussitôt revêtu d'une puissance surnaturelle; même celui qui est envoyé par lui dans une terre lointaine, chargé de la mission de défendre le droit de la vertu, n'est pas dépouillé de sa force sacrée autant que reste inconnue sa qualité de chevalier du Graal; mais telle est la nature de cette vertu du Saint-Graal, que, dévoilée, elle fuit aussitôt les regards profanes; c'est pourquoi vous ne devez concevoir nul doute sur son chevalier; s'il est reconnu par vous, il lui faut vous quitter sur-le-champ. Ecoutez maintenant comment il récompense la question interdite! Je vous ai été envoyé par le Graal; mon père, Parcival, porte sa couronne; moi, son chevalier, j'ai nom Lohengrin. » Le cygne reparaît sur la rive pour remmener le chevalier vers sa miraculeuse patrie. La magicienne, dans l'infatuation de sa haine, dévoile que le cygne n'est autre que le frère d'Elsa, emprisonné par elle dans un enchantement. Lohengrin monte dans la nacelle après avoir adressé au Saint-Graal une fervente prière. Une colombe prend la place du cygne, et Godefroi, duc de Brabant, reparaît. Le chevalier est retourné vers le mont Salvat. Elsa qui a douté, Elsa qui a voulu savoir, examiner, contrôler, Elsa a perdu son bonheur. L'idéal est envolé.

Le lecteur a sans doute remarqué dans cette légende une frappante analogie avec le mythe de la Psyché antique, qui, elle aussi, fut victime de la démoniaque curiosité, et, ne voulant pas respecter l'incognito de son divin époux, perdit, en pénétrant le mystère, toute sa félicité. Elsa prête l'oreille à Ortrude, comme Eve au serpent. L'Eve éternelle tombe dans l'éternel piège. Les nations et les races se transmettent-elles des fables, comme les hommes se lèguent des héritages, des patrimoines ou des secrets scientifiques ? On serait tenté de le croire, tant est frappante l'analogie morale qui marque les mythes et les légendes éclos dans différentes contrées. Mais cette explication est trop simple pour séduire longtemps un esprit philosophique. L'allégorie créée par le peuple ne peut pas être comparée à ces semences qu'un cultivateur communique fraternellement à un autre qui les veut acclimater dans son pays. Rien de ce qui est éternel et universel n'a besoin d'être acclimaté. Cette analogie morale dont je parlais est comme l'estampille divine de toutes les fables populaires. Ce sera bien, si l'on veut, le signe d'une origine unique, la preuve d'une parenté irréfragable, mais à la condition que l'on ne cherche cette origine que dans le principe absolu et l'origine commune de tous les êtres. Tel mythe peut être considéré comme frère d'un autre, de la même façon que le nègre est dit le frère du blanc. Je ne nie pas, en de certains cas, la fraternité ni la filiation ; je crois seulement que dans beaucoup d'autres l'esprit pourrait être induit en erreur par la ressemblance des surfaces ou même par l'analogie morale, et que, pour reprendre notre métaphore végétale, le mythe est un arbre qui croît partout en tout climat, sous tout soleil, spontanément et sans boutures. Les religions et les poésies des quatre parties du monde nous fournissent sur ce sujet des preuves surabondantes. Comme le péché est partout, la rédemption est partout ; le mythe partout. Rien de plus cosmopolite que l'Eternel. Qu'on veuille bien me pardonner cette digression qui s'est ouverte devant moi avec une attraction irrésistible. Je reviens à l'auteur de *Lohengrin*.

On dirait que Wagner aime d'un amour de prédilection les pompes féodales, les assemblées homériques où gît une accumulation de force vitale, les foules enthousiasmées, réservoir d'électricité humaine, d'où le style héroïque jaillit avec une impétuosité naturelle. La musique de noces et l'épithalame de *Lohengrin* font un digne pendant à l'introduction des invités au Wartburg dans *Tannhäuser*, plus majestueux encore peut-être et plus véhément. Cependant le maître, toujours plein de goût et attentif aux nuances, n'a pas représenté ici la turbulence qu'en pareil cas manifesterait une foule roturière. Même à l'apogée de son plus violent tumulte, la musique n'exprime qu'un délire de gens accoutumés aux règles de l'étiquette; c'est une cour qui s'amuse, et son ivresse la plus vive garde encore le rythme de la décence. La joie clapoteuse de la foule alterne avec l'épithalame, doux, tendre et solennel; la tourmente de l'allégresse publique contraste à plusieurs reprises avec l'hymne discret et attendri qui célèbre l'union d'Elsa et de Lohengrin.

J'ai déjà parlé de certaines phrases mélodiques dont le retour assidu, dans différents morceaux tirés de la même œuvre, avait vivement intrigué mon oreille, lors du premier concert offert par Wagner dans la salle des Italiens. Nous avons observé que, dans *Tannhäuser*, la récurrence des deux thèmes principaux, le motif religieux et le chant de volupté, servait à réveiller l'attention du public et à le replacer dans un état analogue à la situation actuelle. Dans *Lohengrin*, ce système mnémonique est appliqué beaucoup plus minutieusement. Chaque personnage est, pour ainsi dire, blasonné par la mélodie qui représente son caractère moral et le rôle qu'il est appelé à jouer dans la fable. Ici je laisse humblement la parole à Liszt, dont, par occasion, je recommande le livre *(Lohengrin et Tannhäuser)* à tous les amateurs de l'art profond et raffiné, et qui sait, malgré cette langue un peu bizarre qu'il affecte, espèce d'idiome composé d'extraits de plusieurs langues, traduire avec un charme infini toute la rhétorique du maître :

Le spectateur, préparé et résigné à ne chercher *aucun de ces morceaux détachés qui, engrenés l'un après l'autre sur le fil de quelque intrigue, composent la substance de nos opéras habituels*, pourra trouver un singulier intérêt à suivre durant trois actes la combinaison profondément réfléchie, étonnamment habile et poétiquement intelligente, avec laquelle Wagner, *au moyen de plusieurs phrases principales*, a serré *un nœud mélodique* qui constitue tout son drame. Les replis que font ces phrases, en se liant et s'entrelaçant autour des paroles du poème, sont d'un effet émouvant au dernier point. Mais si, après en avoir été frappé et impressionné à la représentation, on veut encore se rendre mieux compte de ce qui a si vivement affecté, et étudier la partition de cette œuvre d'un genre si neuf, on reste étonné de toutes les intentions et nuances qu'elle renferme et qu'on ne saurait immédiatement saisir. Quels sont les drames et les épopées de grands poètes qu'il ne faille pas longtemps étudier pour se rendre maître de toute leur signification ?

Wagner, par un procédé qu'il applique d'une manière tout à fait imprévue, réussit à étendre l'empire et les prétentions de la musique. Peu content du pouvoir qu'elle exerce sur les cœurs en y réveillant toute la gamme des sentiments humains, il lui rend possible d'inciter nos idées, de s'adresser à notre pensée, de faire appel à notre réflexion, et la dote d'un sens moral et intellectuel... Il dessine mélodiquement le caractère de ses personnages et de leurs passions principales, et ces mélodies se font jour, *dans le chant ou dans l'accompagnement*, chaque fois que les passions et les sentiments qu'elles expriment sont mis en jeu. Cette persistance systématique est jointe à un art de distribution qui offrirait, par la finesse des aperçus psychologiques, poétiques et philosophiques dont il fait preuve, un intérêt de haute curiosité à ceux aussi pour qui les croches et doubles croches sont lettres mortes et purs hiéroglyphes. Wagner, forçant notre méditation et notre mémoire à un si constant exercice, arrache, par cela seul, l'action de la musique au domaine des vagues attendrissements et ajoute à ses charmes quelques-uns des plaisirs de l'esprit. Par cette méthode qui complique les faciles jouissances procurées par *une série de chants rarement apparentés entre eux*, il demande une singulière attention du public ; mais en même temps il prépare de plus parfaites émotions à ceux qui savent les goûter. Ses mélodies sont, en quelque sorte, *des personnifications d'idées ;* leur retour annonce celui des sentiments que les paroles qu'on prononce n'indiquent point explicitement ; c'est à elles que Wagner confie de nous révéler tous les secrets des cœurs. Il est des phrases, celle, par exemple, de la première scène du second acte, qui traversent l'opéra comme un serpent venimeux, s'enroulant autour des victimes et fuyant devant leurs saints défenseurs ; il en est, comme celle de l'introduction, qui ne reviennent que rarement, avec les suprêmes et divines révélations. Les situations ou les personnages de quelque importance sont tous musicalement exprimés par une mélodie qui en devient le constant symbole. Or, comme ces mélodies sont d'une rare beauté, nous dirons à ceux qui, dans l'examen d'une partition, se bornent à juger des rapports de croches et doubles croches entre elles, que même si la musique de cet opéra devait être privée de son beau texte, elle serait encore une production de premier ordre.

En effet, sans poésie, la musique de Wagner serait encore une œuvre poétique, étant douée de toutes les qualités qui constituent une poésie bien faite ; explicative par elle-même, tant toutes choses y sont bien unies, conjointes, réciproquement adaptées, et, s'il est permis de faire un barbarisme pour exprimer le superlatif d'une qualité, prudemment *concaténées*.

Le Vaisseau fantôme, ou *le Hollandais volant*, est l'histoire si populaire de ce Juif errant de l'Océan, pour qui cependant une condition de rédemption a été obtenue par un ange secourable : *Si le capitaine, qui mettra pied à terre tous les sept ans, y rencontre une femme fidèle, il sera sauvé.* L'infortuné, repoussé par la tempête à chaque fois qu'il voulait doubler un cap dangereux, s'était écrié une fois : « Je passerai cette infranchissable barrière, dussé-je lutter toute l'éternité! » Et l'éternité avait accepté le défi de l'audacieux navigateur. Depuis lors, le fatal navire s'était montré çà et là, dans différentes plages, courant sus à la tempête avec le désespoir d'un guerrier qui cherche la mort; mais toujours la tempête l'épargnait, et le pirate lui-même se sauvait devant lui en faisant le signe de la croix. Les premières paroles du Hollandais, après que son vaisseau est arrivé au mouillage, sont sinistres et solennelles : « Le terme est passé; il s'est encore écoulé sept années! La mer me jette à terre avec dégoût... Ah! orgueilleux Océan! dans peu de jours il te faudra me porter encore!... Nulle part une tombe! nulle part la mort! telle est ma terrible sentence de damnation... Jour du jugement, jour suprême, quand luiras-tu dans ma nuit ?... » A côté du terrible vaisseau un navire norvégien a jeté l'ancre; les deux capitaines lient connaissance, et le Hollandais demande au Norvégien « de lui accorder pour quelques jours l'abri de sa maison... de lui donner une nouvelle patrie ». Il lui offre des richesses énormes dont celui-ci s'éblouit, et enfin lui dit brusquement : « As-tu une fille ?... Qu'elle soit ma femme!... Jamais je n'atteindrai ma patrie. A quoi me sert donc d'amasser des richesses ? Laisse-toi convaincre, consens à cette alliance et prends tous mes trésors. » — « J'ai une fille, belle, pleine de fidélité, de tendresse, de dévouement pour moi. » — « Qu'elle conserve toujours à son père cette tendresse filiale, qu'elle lui soit fidèle; elle sera aussi fidèle à son époux. » — « Tu me donnes des joyaux, des perles inestimables; mais le joyau le plus précieux, c'est une femme fidèle. » — « C'est toi qui me le donnes ?... Verrai-je ta fille dès aujourd'hui ? »

Dans la chambre du Norvégien, plusieurs jeunes filles s'entretiennent du *Hollandais volant*, et Senta, possédée d'une idée fixe, les yeux toujours tendus vers un portrait mystérieux, chante la ballade qui retrace la damnation du navigateur : « Avez-vous rencontré en mer le navire à la voile rouge de sang, au mât noir ? A bord, l'homme pâle, le maître du vaisseau, veille sans relâche. Il vole et fuit, sans terme, sans relâche, sans repos. Un jour pourtant l'homme peut rencontrer la délivrance, s'il trouve sur terre une femme qui lui soit fidèle jusque dans la mort... Priez le ciel que bientôt une femme lui garde sa foi ! — Par un vent contraire, dans une tempête furieuse, il voulut autrefois doubler un cap ; il blasphéma dans sa folle audace : Je n'y renoncerais pas de l'éternité! Satan l'a entendu, il l'a pris au mot ! Et maintenant son arrêt est d'errer à travers la mer, sans relâche, sans repos !... Mais pour que l'infortuné puisse rencontrer encore la délivrance sur terre, un ange de Dieu lui annonce d'où peut lui venir le salut. Ah ! puisses-tu le trouver pâle navigateur ! Priez le ciel que bientôt une femme lui garde cette foi ! — Tous les sept ans, il jette l'ancre, et, pour chercher une femme, il descend à terre. Il a courtisé tous les sept ans, et jamais encore il n'a trouvé une femme fidèle... Les voiles au vent ! levez l'ancre ! Faux amour, faux serments ! Alerte ! en mer ! sans relâche, sans repos ! » Et tout d'un coup, sortant d'un abîme de rêverie, Senta inspirée s'écrie : « Que je sois celle qui te délivrera par sa fidélité ! Puisse l'ange de Dieu me montrer à toi ! C'est par moi que tu obtiendras ton salut ! » L'esprit de la jeune fille est attiré magnétiquement par le malheur ; son vrai fiancé, c'est le capitaine damné que l'amour seul peut racheter.

Enfin, le Hollandais paraît, présenté par le père de Senta ; il est bien l'homme du portrait, la figure légendaire suspendue au mur. Quand le Hollandais, semblable au terrible Melmoth qu'attendrit la destinée d'Immalée, sa victime, veut la détourner d'un dévouement trop périlleux, quand le damné plein de pitié repousse l'instrument du salut, quand, remontant en toute hâte, sur son navire, il la veut laisser au bonheur de la famille et de l'amour vulgaire, celle-ci résiste et s'obstine à le suivre : « Je te connais bien ! je connais ta destinée ! Je te connaissais lorsque je t'ai vu pour la première fois ! » Et lui, espérant l'épouvanter : « Interroge les mers de toutes les zones, interroge le navigateur qui a sillonné l'Océan dans tous les sens ; il connaît ce vaisseau, l'effroi des hommes pieux : on me nomme le *Hollandais volant* ! » Elle répond, poursuivant de son dévouement et de ses cris le navire qui s'éloigne : « Gloire à ton ange libérateur ! gloire à sa loi ! Regarde et vois si je te suis fidèle jusqu'à la mort ! » Et elle se précipite à la mer. Le navire s'engloutit. Deux formes aériennes s'élèvent au-dessus des flots : c'est le Hollandais et Senta transfigurés.

Aimer le malheureux pour son malheur est une idée trop grande pour tomber ailleurs que dans un cœur ingénu, et c'est certainement une très belle pensée que d'avoir suspendu le rachat d'un maudit à l'imagination passionnée d'une jeune fille. Tout le drame est traité d'une main sûre, avec une manière directe; chaque situation, abordée franchement; et le type de Senta porte en lui une grandeur surnaturelle et romanesque qui enchante et fait peur. La simplicité extrême du poème augmente l'intensité de l'effet. Chaque chose est à sa place, tout est bien ordonné et de juste dimension. L'ouverture, que nous avons entendue au concert du Théâtre-Italien, est lugubre et profonde comme l'Océan, le vent et les ténèbres.

Je suis contraint de resserrer les bornes de cette étude, et je crois que j'en ai dit assez (aujourd'hui du moins) pour faire comprendre à un lecteur non prévenu les tendances et la forme dramatique de Wagner. Outre *Rienzi, le Hollandais volant, Tannhäuser* et *Lohengrin,* il a composé *Tristan et Isolde,* et quatre autres opéras formant une tétralogie, dont le sujet est tiré des *Niebelungen,* sans compter ses nombreuses œuvres critiques. Tels sont les travaux de cet homme dont la personne et les ambitions idéales ont défrayé si longtemps la badauderie parisienne et dont la plaisanterie facile a fait journellement sa proie pendant plus d'un an.

IV

On peut toujours faire momentanément abstraction de la partie systématique que tout grand artiste volontaire introduit fatalement dans toutes ses œuvres; il reste, dans ce cas, à chercher et à vérifier par quelle qualité propre, personnelle, il se distingue des autres. Un artiste, un homme vraiment digne de ce grand nom, doit posséder quelque chose d'essentiellement *sui generis,* par la grâce de quoi il est *lui* et non un autre. A ce point de vue, les artistes peuvent être comparés à des saveurs variées, et le répertoire des métaphores humaines n'est peut-être pas assez vaste pour fournir la définition approximative de tous les artistes connus et de tous les artistes *possibles.* Nous avons déjà, je crois, noté deux hommes dans Richard Wagner, l'homme d'ordre et l'homme passionné. C'est de l'homme passionné, de l'homme de sentiment qu'il est ici question. Dans le moindre de ses morceaux il inscrit si ardemment sa personnalité, que cette recherche de sa qualité principale ne sera pas très difficile à faire. Dès le principe, une considération m'avait vivement frappé : c'est que dans la partie voluptueuse et orgiaque de l'ouverture de *Tannhäuser*, l'artiste avait mis autant de force, développé autant d'énergie que dans la peinture de la mysticité qui caractérise l'ouverture de *Lohengrin*. Même ambition dans l'une que dans l'autre, même escalade titanique et aussi mêmes raffinements et même subtilité. Ce qui me paraît donc avant tout marquer d'une manière inoubliable la musique de ce maître, c'est l'intensité nerveuse, la violence dans la passion et dans la volonté. Cette musique-là exprime avec la voix la plus suave ou la plus stridente tout ce qu'il y a de plus caché dans le cœur de l'homme. Une ambition idéale préside, il est vrai, à toutes ses compositions; mais si, par le choix de ses sujets et sa méthode dramatique, Wagner se rapproche de l'antiquité, par l'énergie passionnée de son expression il est actuellement le représentant le plus vrai de la nature moderne. Et toute la science, tous les efforts, toutes les combinaisons de ce riche esprit ne sont, à vrai dire, que les serviteurs très humbles et très zélés de cette irrésistible passion. Il en résulte, dans quelque sujet qu'il traite, une solennité d'accent superlative. Par cette passion il ajoute à chaque chose je ne sais quoi de surhumain; par cette passion il comprend tout et fait tout comprendre. Tout ce qu'impliquent les mots : *volonté, désir, concentration, intensité nerveuse, explosion,* se sent et se fait deviner dans ses œuvres. Je ne crois pas me faire illusion ni tromper personne en affirmant que je vois là les principales caractéristiques du phénomène que nous appelons *génie;* ou du moins, que dans l'analyse de tout ce que nous avons jusqu'ici légitimement appelé *génie* on retrouve lesdites caractéristiques. En matière d'art, j'avoue que je ne hais pas l'outrance; la modération ne m'a jamais semblé le signe d'une nature artistique vigoureuse. J'aime ces excès de santé, ces débordements de volonté qui s'inscrivent dans les œuvres comme le bitume enflammé dans le sol d'un volcan, et qui, dans la vie ordinaire, marquent souvent la phase, pleine de délices, succédant à une grande crise morale ou physique.

Quant à la réforme que le maître veut introduire dans l'application de la musique au drame, qu'en arrivera-t-il? Là-dessus, il est impossible de rien prophétiser de précis. D'une manière vague et générale, on peut dire, avec le Psalmiste, que, tôt ou tard, ceux qui ont été abaissés seront élevés, que ceux qui ont été élevés seront humiliés, mais rien de plus que ce qui est également applicable au train connu de toutes les affaires humaines. Nous avons vu bien des choses déclarées jadis absurdes, qui sont devenues plus tard des modèles adoptés par la foule. Tout le public actuel se souvient de l'énergique résistance où se heurtèrent, dans le commencement, les drames de Victor Hugo et les peintures d'Eugène Delacroix. D'ailleurs nous avons déjà fait observer que la querelle qui divise maintenant le public était une querelle oubliée et soudainement ravivée, et que Wagner lui-même avait trouvé dans le passé les premiers éléments de *la base pour asseoir son idéal*. Ce qui est bien certain, c'est que sa doctrine est faite pour rallier tous les gens d'esprit fatigués depuis longtemps des erreurs de l'Opéra, et il n'est pas étonnant que les hommes de lettres, en particulier, se soient montrés sympathiques pour un musicien qui se fait gloire d'être poète et dramaturge. De même les écrivains du dix-huitième siècle avaient acclamé les ouvrages de Gluck, et je ne puis m'empêcher de voir que les personnes qui manifestent le plus de répulsion pour les ouvrages de Wagner montrent aussi une antipathie décidée à l'égard de son précurseur.

Enfin le succès ou l'insuccès de *Tannhäuser* ne peut absolument rien prouver, ni même déterminer une quantité quelconque de chances favorables ou défavorables dans l'avenir. *Tannhäuser*, en supposant qu'il fût un ouvrage détestable, aurait pu *monter aux nues*. En le supposant parfait, il pourrait révolter. La question, dans le fait, la question de la réformation de l'opéra n'est pas vidée, et la bataille continuera; apaisée, elle recommencera. J'entendais dire récemment que si Wagner obtenait par son drame un éclatant succès, ce serait un accident purement individuel, et que sa méthode n'aurait aucune influence ultérieure sur les destinées et les transformations du drame lyrique. Je me crois autorisé, par l'étude du passé, c'est-à-dire de l'éternel, à préjuger l'absolu contraire, à savoir qu'un échec complet ne détruit en aucune façon la possibilité de tentatives nouvelles dans le même sens, et que dans un avenir très rapproché on pourrait bien voir non pas seulement des auteurs nouveaux, mais même des hommes anciennement accrédités, profiter, dans une mesure quelconque, des idées émises par Wagner, et passer heureusement à travers la brèche ouverte par lui. Dans quelle histoire a-t-on jamais lu que les grandes causes se perdaient en une seule partie ?

18 mars 1861.

ENCORE QUELQUES MOTS

« L'épreuve est faite ! La *musique de l'avenir* est enterrée ! » s'écrient avec joie tous les siffleurs et cabaleurs. « L'épreuve est faite ! » répètent tous les niais du feuilleton. Et tous les badauds leur répondent en chœur, et très innocemment : « L'épreuve est faite ! »

En effet, une épreuve a été faite, qui se renouvellera encore bien des milliers de fois avant la fin du monde ; c'est que, d'abord, toute œuvre grande et sérieuse ne peut pas se loger dans la mémoire humaine ni prendre sa place dans l'histoire sans de vives contestations ; ensuite, que dix personnes opiniâtres peuvent, à l'aide de sifflets aigus, dérouter des comédiens, vaincre la bienveillance du public, et pénétrer même de leurs protestations discordantes la voix immense d'un orchestre, cette voix fût-elle égale en puissance à celle de l'Océan. Enfin, un inconvénient des plus intéressants a été vérifié, c'est qu'un système de location qui permet de s'abonner à l'année crée une sorte d'aristocratie, laquelle peut, à un moment donné, pour un motif ou un intérêt quelconque, exclure le vaste public de toute participation au jugement d'une œuvre. Qu'on adopte dans d'autres théâtres, à la Comédie-Française, par exemple, ce même système de location, et nous verrons bientôt, là aussi, se produire les mêmes dangers et les mêmes scandales. Une société restreinte pourra enlever au public immense de Paris le droit d'apprécier un ouvrage dont le jugement appartient à tous.

Les gens qui se croient débarrassés de Wagner se sont réjouis beaucoup trop vite ; nous pouvons le leur affirmer. Je les engage vivement à célébrer moins haut un triomphe qui n'est pas des plus honorables d'ailleurs, et même à se munir de résignation pour l'avenir. En vérité, ils ne comprennent guère le jeu de bascule des affaires humaines, le flux et le reflux des passions. Ils ignorent aussi de quelle patience et de quelle opiniâtreté la Providence a toujours doué ceux qu'elle investit d'une fonction. Aujourd'hui la réaction est commencée ; elle a pris naissance le jour même où la malveillance, la sottise, la routine et l'envie coalisées ont essayé d'enterrer l'ouvrage. L'immensité de l'injustice a engendré mille sympathies, qui maintenant se montrent de tous côtés.

Aux personnes éloignées de Paris, que fascine et intimide cet amas monstrueux d'hommes et de pierres, l'aventure inattendue du drame de *Tannhäuser* doit apparaître comme une énigme. Il serait facile de l'expliquer par la coïncidence malheureuse de plusieurs causes, dont quelques-unes sont étrangères à l'art. Avouons tout de suite la raison principale, dominante : l'opéra de Wagner *est un ouvrage sérieux*, demandant une attention soutenue ; on conçoit tout ce que cette condition implique de chances défavorables dans un pays où l'ancienne tragédie réussissait surtout par les facilités qu'elle offrait à la distraction. En Italie, on prend des sorbets et l'on fait des cancans dans les intervalles du drame où la mode ne commande pas les applaudissements ; en France, on joue aux cartes. « Vous êtes un impertinent, vous qui voulez me contraindre à prêter à votre œuvre une attention continue », s'écrie l'abonné récalcitrant, « je veux que vous me fournissiez un plaisir digestif plutôt qu'une occasion d'exercer mon intelligence. » A cette cause principale, il faut en ajouter d'autres qui sont aujourd'hui connues de tout le monde, à Paris du moins. L'ordre impérial, qui fait tant d'honneur au prince, et dont on peut le remercier sincèrement, je crois, sans être accusé de courtisanerie, a ameuté contre l'artiste beaucoup d'envieux et beaucoup de ces badauds qui croient toujours faire acte d'indépendance en aboyant à l'unisson. Le décret qui venait de rendre quelques libertés au journal et à la parole ouvrait carrière à une turbulence naturelle, longtemps comprimée, qui s'est jetée, comme un animal fou, sur le premier passant venu. Ce passant, c'était le *Tannhäuser*, autorisé par le chef de l'Etat et protégé ouvertement par la femme d'un ambassadeur étranger. Quelle admirable occasion ! Toute une salle française s'est amusée pendant plusieurs heures de la douleur de cette femme, et, chose moins connue, Mme Wagner elle-même a été insultée pendant une des représentations. Prodigieux triomphe !

Une mise en scène plus qu'insuffisante, faite par un ancien vaudevilliste (vous figurez-vous *les Burgraves* mis en scène par M. Clairville ?) ; une exécution molle et incorrecte de la part de l'orchestre ; un ténor allemand, sur qui on fondait les principales espérances, et qui se met à chanter faux avec une assiduité déplorable ; une Vénus endormie, habillée d'un paquet de chiffons blancs, et qui n'avait pas plus l'air de descendre de l'Olympe que d'être née de l'imagination chatoyante d'un artiste du moyen âge ; toutes les places livrées, pour deux représentations, à une foule de personnes hostiles ou, du moins, indifférentes à toute aspiration idéale, toutes ces choses doivent être également prises en considération. Seuls (et l'occasion naturelle s'offre ici de les remercier), mademoiselle Sax et Morelli ont fait tête à l'orage. Il ne serait pas convenable de ne louer que leur talent; il faut aussi vanter leur bravoure. Ils ont résisté à la déroute; ils sont restés, sans broncher un instant, fidèles au compositeur. Morelli, avec l'admirable souplesse italienne, s'est conformé humblement au style et au goût de l'auteur, et les personnes qui ont eu souvent le loisir de l'étudier disent que cette docilité lui a profité, et qu'il n'a jamais paru dans un aussi beau jour que sous le personnage de Wolfram. Mais que dirons-nous de M. Niemann, de ses faiblesses, de ses pâmoisons, de ses mauvaises humeurs d'enfant gâté, nous qui avons assisté à des tempêtes théâtrales, où des hommes tels que Frédérick et Rouvière, et Bignon lui-même, quoique moins autorisé par la célébrité, bravaient ouvertement l'erreur du public, jouaient avec d'autant plus de zèle qu'il se montrait plus injuste, et faisaient constamment cause commune avec l'auteur ? — Enfin, la question du ballet, élevée à la hauteur d'une question vitale et agitée pendant plusieurs mois, n'a pas peu contribué à l'émeute. « Un opéra sans ballet! qu'est-ce que cela ? » disait la routine. « Qu'est-ce que cela ? » disaient les entreteneurs de filles. « Prenez garde! » disait lui-même à l'auteur le ministre alarmé. On a fait manœuvrer sur la scène, en manière de consolation, des régiments prussiens en jupes courtes, avec les gestes mécaniques d'une école militaire; et une partie du public disait, voyant toutes ces jambes et illusionné par une mauvaise mise en scène : « Voilà un mauvais ballet et une musique qui n'est pas faite pour la danse. » Le bon sens répondait : « Ce n'est pas un ballet; mais ce devrait être une bacchanale, une orgie, comme l'indique la musique, et comme ont su quelquefois en représenter la Porte-Saint-Martin, l'Ambigu, l'Odéon, et même des théâtres inférieurs, mais comme n'en peut pas figurer l'Opéra, qui ne sait rien faire du tout. » Ainsi, ce n'est pas une raison littéraire, mais simplement l'inhabileté des machinistes, qui a nécessité la suppression de tout un tableau (la nouvelle apparition de Vénus).

Que les hommes qui peuvent se donner le luxe d'une maîtresse parmi les danseuses de l'Opéra désirent qu'on mette le plus souvent possible en lumière les talents et les beautés de leur emplette, c'est là certes un sentiment presque paternel que tout le monde comprend et excuse facilement ; mais que ces mêmes hommes, sans se soucier de la curiosité publique et des plaisirs d'autrui, rendent impossible l'exécution d'un ouvrage qui leur déplaît parce qu'il ne satisfait pas aux exigences de leur protectorat, voilà ce qui est intolérable. Gardez votre harem et conservez-en religieusement les traditions ; mais faites-nous donner un théâtre où ceux qui ne pensent pas comme vous pourront trouver d'autres plaisirs mieux accommodés à leur goût. Ainsi nous serons débarrassés de vous et vous de nous, et chacun sera content.

On espérait arracher à ces enragés leur victime en la présentant au public un dimanche, c'est-à-dire un jour où les abonnés et le Jockey-Club abandonnent volontiers la salle à une foule qui profite de la place libre et du loisir. Mais ils avaient fait ce raisonnement assez juste : « Si nous permettons que le succès ait lieu aujourd'hui, l'administration en tirera un prétexte suffisant pour nous imposer l'ouvrage pendant trente jours. » Et ils sont revenus à la charge, armés de toutes pièces, c'est-à-dire des instruments homicides confectionnés à l'avance. Le public, le public entier, a lutté pendant deux actes, et dans sa bienveillance, doublée par l'indignation, il applaudissait non seulement les beautés irrésistibles, mais même les passages qui l'étonnaient et le déroutaient, soit qu'ils fussent obscurcis par une exécution trouble, soit qu'ils eussent besoin, pour être appréciés, d'un impossible recueillement. Mais ces tempêtes de colère et d'enthousiasme amenaient immédiatement une réaction non moins violente et beaucoup moins fatigante pour les opposants. Alors ce même public, espérant que l'émeute lui saurait gré de sa mansuétude, se taisait, voulant avant toute chose connaître et juger. Mais les *quelques* sifflets ont *courageusement* persisté, *sans motif et sans interruption ;* l'admirable récit du voyage à Rome n'a pas été entendu (chanté même ? je n'en sais rien) et tout le troisième acte a été submergé dans le tumulte.

Dans la presse, aucune résistance, aucune protestation, excepté celle de M. Franck Marie, dans *la Patrie*. M. Berlioz a évité de dire son avis ; courage négatif. Remercions-le de n'avoir pas ajouté à l'injure universelle. Et puis alors, un immense tourbillon d'imitation a entraîné toutes les plumes, a fait délirer toutes les langues, semblable à ce singulier esprit qui fait dans les foules des miracles alternatifs de bravoure et de couardise ; le courage collectif et la lâcheté collective; l'enthousiasme français et la panique gauloise.

Le *Tannhäuser* n'avait même pas été entendu.

Aussi, de tous côtés, abondent maintenant les plaintes; chacun voudrait voir l'ouvrage de Wagner, et chacun crie à la tyrannie. Mais l'administration a baissé la tête devant quelques conspirateurs, et on rend l'argent déjà déposé pour les représentations suivantes. Ainsi, spectacle inouï, s'il en peut exister toutefois de plus scandaleux que celui auquel nous avons assisté, nous voyons aujourd'hui une direction vaincue, qui, malgré les encouragements du public, renonce à continuer des représentations des plus fructueuses.

Il paraît d'ailleurs que l'accident se propage, et que le public n'est plus considéré comme le juge suprême en fait de représentations scéniques. Au moment même où j'écris ces lignes, j'apprends qu'un beau drame, admirablement construit et écrit dans un excellent style, va disparaître, au bout de quelques jours, d'une autre scène où il s'était produit avec l'éclat et malgré les efforts d'une certaine caste impuissante, qui s'appelait jadis la classe lettrée, et qui est aujourd'hui inférieure en esprit et en délicatesse à un public de port de mer. En vérité, l'auteur est bien fou qui a pu croire que ces gens prendraient feu pour une chose aussi impalpable, aussi gazéiforme que l'*honneur*. Tout au plus sont-ils bons à l'*enterrer*.

Quelles sont les raisons mystérieuses de cette expulsion? Le succès gênerait-il les opérations futures du directeur? D'inintelligibles considérations officielles auraient-elles forcé sa bonne volonté, violenté ses intérêts? Ou bien faut-il supposer quelque chose de monstrueux, c'est-à-dire qu'un directeur peut feindre, pour se faire valoir, de désirer de bons drames, et, ayant enfin atteint son but, retourne bien vite à son véritable goût, qui est celui des imbéciles, évidemment le plus productif? Ce qui est encore plus inexplicable, c'est la faiblesse des critiques (dont quelques-uns sont poètes), qui caressent leur principal ennemi, et qui, si parfois, dans un accès de bravoure passagère, ils blâment son mercantilisme, n'en persistent pas moins, en une foule de cas, à encourager son commerce par toutes les complaisances.

Pendant tout ce tumulte et devant les déplorables facéties du feuilleton, dont je rougissais, comme un homme délicat d'une saleté commise devant lui, une idée cruelle m'obsédait. Je me souviens que, malgré que j'aie toujours soigneusement étouffé dans mon cœur ce patriotisme exagéré dont les fumées peuvent obscurcir le cerveau, il m'est arrivé, sur des plages lointaines, à des tables d'hôte composées des éléments humains les plus divers, de souffrir horriblement quand j'entendais des voix (équitables ou injustes, qu'importe?) ridiculiser la France. Tout le sentiment filial, philosophiquement comprimé, faisait alors explosion. Quand un déplorable académicien s'est avisé d'introduire, il y a quelques années, dans son discours de réception, une appréciation du génie de Shakespeare, qu'il appelait familièrement le vieux *Williams*, ou le bon *Williams*, — appréciation digne en vérité d'un concierge de la Comédie-Française, — j'ai senti en frissonnant le dommage que ce pédant sans orthographe allait faire à mon pays. En effet, pendant plusieurs jours, tous les journaux anglais se sont amusés de nous, et de la manière la plus navrante. Les littérateurs français, à les entendre, ne savaient pas même l'orthographe du nom de Shakespeare; ils ne comprenaient rien à son génie, et la France abêtie ne connaissait que deux auteurs, Ponsard et Alexandre Dumas fils, *les poètes favoris du nouvel Empire*, ajoutait l'*Illustrated London News*. Notez que la haine politique combinait son élément avec le patriotisme littéraire outragé.

Or, pendant les scandales soulevés par l'ouvrage de Wagner, je me disais : « Qu'est-ce que l'Europe va penser de nous, et en Allemagne que dira-t-on de Paris ? Voilà une poignée de tapageurs qui nous déshonorent collectivement! » Mais non, cela ne sera pas. Je crois, je sais, je jure que parmi les littérateurs, les artistes et même parmi les gens du monde, il y a encore bon nombre de personnes bien élevées, douées de justice, et dont l'esprit est toujours libéralement ouvert aux nouveautés qui leur sont offertes. L'Allemagne aurait tort de croire que Paris n'est peuplé que de polissons qui se mouchent avec les doigts, à cette fin de les essuyer sur le dos d'un grand homme qui passe. Une pareille supposition ne serait pas d'une totale impartialité. De tous les côtés, comme je l'ai dit, la réaction s'éveille; des témoignages de sympathie des plus inattendus sont venus encourager l'auteur à persister dans sa destinée. Si les choses continuent ainsi, il est présumable que beaucoup de regrets pourront être prochainement consolés, et que *Tannhäuser* reparaîtra, mais dans un lieu où les abonnés de l'Opéra ne seront pas intéressés à le poursuivre.

Enfin l'idée est lancée, la trouée est faite, c'est l'important. Plus d'un compositeur français voudra profiter des idées salutaires émises par Wagner. Si peu de temps que l'ouvrage ait paru devant le public, l'ordre de l'Empereur, auquel nous devons de l'avoir entendu, a apporté un grand secours à l'esprit français, esprit logique amoureux d'ordre, qui reprendra facilement la suite de ses évolutions. Sous la République et le premier Empire, la musique s'était élevée à une hauteur qui en fit, à défaut de la littérature découragée, une des gloires de ces temps. Le chef du second Empire n'a-t-il été que curieux d'entendre l'œuvre d'un homme dont on parlait chez nos voisins, ou une pensée plus patriotique et plus compréhensive l'excitait-elle ? En tout cas, sa simple curiosité nous aura été profitable à tous.

8 avril 1861.

VI. — RÉFLEXIONS SUR QUELQUES-UNS DE MES CONTEMPORAINS

(Titre de Baudelaire)

XXXI

VICTOR HUGO

(*Revue fantaisiste*, 15 juin 1861)

I

Depuis bien des années déjà Victor Hugo n'est plus parmi nous. Je me souviens d'un temps où sa figure était une des plus rencontrées parmi la foule; et bien des fois je me suis demandé, en le voyant si souvent apparaître dans la turbulence des fêtes ou dans le silence des lieux solitaires, comment il pouvait concilier les nécessités de son travail assidu avec ce goût sublime, mais dangereux, des promenades et des rêveries. Cette apparente contradiction est évidemment le résultat d'une existence bien réglée et d'une forte constitution spirituelle qui lui permet de travailler en marchant, ou plutôt de ne pouvoir marcher qu'en travaillant. Sans cesse, en tous lieux, sous la lumière du soleil, dans les flots de la foule, dans les sanctuaires de l'art, le long des bibliothèques poudreuses exposées au vent, Victor Hugo, pensif et calme, avait l'air de dire à la nature extérieure : « Entre bien dans mes yeux pour que je me souvienne de toi. »

A l'époque dont je parle, époque où il exerçait une vraie dictature dans les choses littéraires, je le rencontrai quelquefois dans la compagnie d'Edouard Ourliac, par qui je connus aussi Pétrus Borel et Gérard de Nerval. Il m'apparut comme un homme très doux, très puissant, toujours maître de lui-même, et appuyé sur une sagesse abrégée, faite de quelques axiomes irréfutables. Depuis longtemps déjà il avait montré, non pas seulement dans ses livres, mais aussi dans la parure de son existence personnelle, un grand goût pour les monuments du passé, pour les meubles pittoresques, les porcelaines, les gravures, et pour tout le mystérieux et brillant décor de la vie ancienne. Le critique dont l'œil négligerait ce détail, ne serait pas un vrai critique; car non seulement ce goût du beau et même du bizarre, exprimé par la plastique, confirme le caractère littéraire de Victor Hugo; non seulement il confirmait sa doctrine littéraire révolutionnaire, ou plutôt rénovatrice, mais encore il apparaissait comme complément indispensable d'un caractère poétique universel. Que Pascal, enflammé par l'ascétisme, s'obstine désormais à vivre entre quatre murs nus avec des chaises de paille; qu'un curé de Saint-Roch (je ne me rappelle plus lequel) envoie, au grand scandale des prélats amoureux du *comfort*, tout son mobilier à l'hôtel des ventes, c'est bien, c'est beau et grand. Mais si je vois un homme de lettres, non opprimé par la misère, négliger ce qui fait la joie des yeux et l'amusement de l'imagination, je suis tenté de croire que c'est un homme de lettres fort incomplet, pour ne pas dire pis.

Quand aujourd'hui nous parcourons les poésies récentes de Victor Hugo, nous voyons que tel il était, tel il est resté; un promeneur pensif, un homme solitaire mais enthousiaste de la vie, un esprit rêveur et interrogateur. Mais ce n'est plus dans les environs boisés et fleuris de la grande ville, sur les quais accidentés de la Seine, dans les promenades fourmillantes d'enfants, qu'il fait errer ses pieds et ses yeux. Comme Démosthène, il converse avec les flots et le vent; autrefois, il rôdait solitaire dans des lieux bouillonnant de vie humaine; aujourd'hui, il marche dans des solitudes peuplées par sa pensée. Ainsi est-il peut-être encore plus grand et plus singulier. Les couleurs de ses rêveries se sont teintées en solennité, et sa voix s'est approfondie en rivalisant avec celle de l'Océan. Mais là-bas comme ici, toujours il nous apparaît comme la statue de la Méditation qui marche.

II

Dans les temps, déjà si lointains, dont je parlais, temps heureux où les littérateurs étaient, les uns pour les autres, une société que les survivants regrettent et dont ils ne trouveront plus l'analogue, Victor Hugo représentait celui vers qui chacun se tourne pour demander le mot d'ordre. Jamais royauté ne fut plus légitime, plus naturelle, plus acclamée par la reconnaissance, plus confirmée par l'impuissance de la rébellion. Quand on se figure ce qu'était la poésie française avant qu'il apparût, et quel rajeunissement elle a subi depuis qu'il est venu ; quand on imagine ce peu qu'elle eût été s'il n'était pas venu ; combien de sentiments mystérieux et profonds, qui ont été exprimés, seraient restés muets ; combien d'intelligences il a accouchées, combien d'hommes qui ont rayonné par lui seraient restés obscurs, il est impossible de ne pas le considérer comme un de ces esprits rares et providentiels qui opèrent, dans l'ordre littéraire, le salut de tous, comme d'autres dans l'ordre moral et d'autres dans l'ordre politique. Le mouvement créé par Victor Hugo se continue encore sous nos yeux. Qu'il ait été puissamment secondé, personne ne le nie ; mais si aujourd'hui des hommes mûrs, des jeunes gens, des femmes du monde ont le sentiment de la bonne poésie, de la poésie profondément rythmée et vivement colorée, si le goût public s'est haussé vers des jouissances qu'il avait oubliées, c'est à Victor Hugo qu'on le doit. C'est encore son instigation puissante qui, par la main des architectes érudits et enthousiastes, répare nos cathédrales et consolide nos vieux souvenirs de pierre. Il ne coûtera à personne d'avouer tout cela, excepté à ceux pour qui la justice n'est pas une volupté.

Je ne puis parler ici de ses facultés poétiques que d'une manière abrégée. Sans doute, en plusieurs points, je ne ferai que résumer beaucoup d'excellentes choses qui ont été dites ; peut-être aurai-je le bonheur de les accentuer plus vivement.

Victor Hugo était, dès le principe, l'homme le mieux doué, le plus visiblement élu pour exprimer par la poésie ce que j'appellerai le *mystère de la vie*. La nature qui pose devant nous, de quelque côté que nous nous tournions, et qui nous enveloppe comme un mystère, se présente sous plusieurs états simultanés dont chacun, selon qu'il est plus intelligible, plus sensible pour nous, se reflète plus vivement dans nos cœurs : forme, attitude et mouvement, lumière et couleur, son et harmonie. La musique des vers de Victor Hugo s'adapte aux profondes harmonies de la nature ; sculpteur, il découpe dans ses strophes la forme inoubliable des choses ; peintre, il les illumine de leur couleur propre. Et, comme si elles venaient directement de la nature, les trois impressions pénètrent simultanément le cerveau du lecteur. De cette triple impression résulte la *morale des choses*. Aucun artiste n'est plus universel que lui, plus apte à se mettre en contact avec les forces de la vie universelle, plus disposé à prendre sans cesse un bain de nature. Non seulement il exprime nettement, il traduit littéralement la lettre nette et claire ; mais il exprime, avec l'*obscurité indispensable*, ce qui est obscur et confusément révélé. Ses œuvres abondent en traits extraordinaires de ce genre, que nous pourrions appeler des tours de force si nous ne savions pas qu'ils lui sont essentiellement naturels. Le vers de Victor Hugo sait traduire pour l'âme humaine non seulement les plaisirs les plus directs qu'elle tire de la nature visible, mais encore les sensations les plus fugitives, les plus compliquées, les plus morales (je dis exprès sensations morales) qui nous sont transmises par l'être visible, par la nature inanimée, ou dite inanimée ; non seulement, la figure d'un être extérieur à l'homme, végétal ou minéral, mais aussi sa physionomie, son regard, sa tristesse, sa douceur, sa joie éclatante, sa haine répulsive, son enchantement ou son horreur ; enfin, en d'autres termes, tout ce qu'il y a d'humain dans n'importe quoi, et aussi tout ce qu'il y a de divin, de sacré ou de diabolique.

Ceux qui ne sont pas poètes ne comprennent pas ces choses. Fourier est venu un jour, trop pompeusement, nous révéler les mystères de l'*analogie*. Je ne nie pas la valeur de quelques-unes de ses minutieuses découvertes, bien que je croie que son cerveau était trop épris d'exactitude matérielle pour ne pas commettre d'erreurs et pour atteindre d'emblée la certitude morale de l'intuition. Il aurait pu tout aussi précieusement nous révéler tous les excellents poètes dans lesquels l'humanité lisante fait son éducation aussi bien que dans la contemplation de la nature. D'ailleurs Swedenborg, qui possédait une âme bien plus grande, nous avait déjà enseigné que *le ciel est un très grand homme;* que tout, forme, mouvement, nombre, couleur, parfum, dans le *spirituel* comme dans le *naturel*, est significatif, réciproque, converse, *correspondant*. Lavater, limitant au visage de l'homme la démonstration de l'universelle vérité, nous avait traduit le sens spirituel du contour, de la forme, de la dimension. Si nous étendons la démonstration (non seulement nous en avons le droit, mais il nous serait infiniment difficile de faire autrement), nous arrivons à cette vérité que tout est hiéroglyphique, et nous savons que les symboles ne sont obscurs que d'une manière relative, c'est-à-dire selon la pureté, la bonne volonté ou la clairvoyance native des âmes. Or qu'est-ce qu'un poète (je prends le mot dans son acception la plus large), si ce n'est un traducteur, un déchiffreur ? Chez les excellents poètes, il n'y a pas de métaphore, de comparaison ou d'épithète qui ne soit d'une adaptation mathématiquement exacte dans la circonstance actuelle, parce que ces comparaisons, ces métaphores et ces épithètes sont puisées dans l'inépuisable fonds de l'*universelle analogie*, et qu'elles ne peuvent être puisées ailleurs. Maintenant, je demanderai si l'on trouvera, en cherchant minutieusement, non pas dans notre histoire seulement, mais dans l'histoire de tous les peuples, beaucoup de poètes qui soient, comme Victor Hugo, un si magnifique répertoire d'analogies humaines et divines. Je vois dans la Bible un prophète à qui Dieu ordonne de manger un livre. J'ignore dans quel monde Victor Hugo a mangé préalablement le dictionnaire de la langue qu'il était appelé à parler; mais je vois que le lexique français, en sortant de sa bouche, est devenu un monde, un univers coloré, mélodieux et mouvant. Par suite de quelles circonstances historiques, fatalités philosophiques, conjonctions sidérales, cet homme est-il né parmi nous, je n'en sais rien, et je ne crois pas qu'il soit de mon devoir de l'examiner ici. Peut-être est-ce simplement parce que l'Allemagne avait eu Gœthe, et l'Angleterre Shakespeare et Byron, que Victor Hugo était légitimement dû à la France. Je vois, par l'histoire des peuples, que chacun à son tour est appelé à conquérir le monde; peut-être en est-il de la domination poétique comme du règne de l'épée.

De cette faculté d'absorption de la vie extérieure, unique par son ampleur, et de cette autre faculté puissante de méditation est résulté, dans Victor Hugo, un caractère poétique très particulier, interrogatif, mystérieux et, comme la nature, immense et minutieux, calme et agité. Voltaire ne voyait de mystère en rien ou qu'en bien peu de choses. Mais Victor Hugo ne tranche pas le nœud gordien des choses avec la pétulance militaire de Voltaire; ses sens subtils lui révèlent des abîmes; il voit le mystère partout. Et, de fait, où n'est-il pas ? De là dérive ce sentiment d'effroi qui pénètre plusieurs de ses plus beaux poèmes; de là ces turbulences, ces accumulations, ces écroulements de vers, ces masses d'images orageuses, emportées avec la vitesse d'un chaos qui fuit; de là ces répétitions fréquentes de mots, tous destinés à exprimer les ténèbres captivantes ou l'énigmatique physionomie du mystère.

III

Ainsi Victor Hugo possède non seulement la grandeur, mais l'universalité. Que son répertoire est varié! et, quoique toujours *un* et compact, comme il est multiforme! Je ne sais si parmi les amateurs de peintures beaucoup me ressemblent, mais je ne puis me défendre d'une vive mauvaise humeur lorsque j'entends parler d'un paysagiste (si parfait qu'il soit), d'un peintre d'animaux ou d'un peintre de fleurs, avec la même emphase qu'on mettrait à louer un peintre universel (c'est-à-dire un vrai peintre), tel que Rubens, Véronèse, Vélasquez ou Delacroix. Il me paraît en effet que celui qui ne sait pas tout peindre ne peut pas être appelé peintre. Les hommes illustres que je viens de citer expriment parfaitement tout ce qu'expriment chacun des spécialistes, et, de plus, ils possèdent une imagination et une faculté créatrice qui parle vivement à l'esprit de tous les hommes. Sitôt que vous voulez me donner l'idée d'un parfait artiste, mon esprit ne s'arrête pas à la perfection dans un genre de sujets, mais il conçoit immédiatement la nécessité de la perfection dans tous les genres. Il en est de même dans la littérature en général et dans la poésie en particulier. Celui qui n'est pas capable de tout peindre, les palais et les masures, les sentiments de tendresse et ceux de cruauté, les affections limitées de la famille et la charité universelle, la grâce du végétal et les miracles de l'architecture, tout ce qu'il y a de plus doux et tout ce qui existe de plus horrible, le sens intime et la beauté extérieure de chaque religion, la physionomie morale et physique de chaque nation, tout enfin, depuis le visible jusqu'à l'invisible, depuis le ciel jusqu'à l'enfer, celui-là, dis-je, n'est vraiment pas poète dans l'immense étendue du mot et selon le cœur de Dieu. Vous dites de l'un : c'est un poète d'*intérieurs*, ou de famille; de l'autre, c'est un poète de l'amour, et de l'autre, c'est un poète de la gloire. Mais de quel droit limitez-vous ainsi la portée des talents de chacun ? Voulez-vous affirmer que celui qui a chanté la gloire était, *par cela même*, inapte à célébrer l'amour ? Vous infirmez ainsi le sens universel du mot *poésie*. Si vous ne voulez pas simplement faire entendre que des circonstances, qui ne viennent pas du poète, l'ont, *jusqu'à présent*, confiné dans une spécialité, je croirai toujours que vous parlez d'un pauvre poète, d'un poète incomplet, si habile qu'il soit dans *son* genre.

Ah! avec Victor Hugo nous n'avons pas à tracer ces distinctions, car c'est un génie sans frontières. Ici nous sommes éblouis, enchantés et enveloppés comme par la vie elle-même. La transparence de l'atmosphère, la coupole du ciel, la figure de l'arbre, le regard de l'animal, la silhouette de la maison sont peints en ses livres par le pinceau du paysagiste consommé. En tout il met la palpitation de la vie. S'il peint la mer, aucune *marine* n'égalera les siennes. Les navires qui en rayent la surface ou qui en traversent les bouillonnements auront, plus que tous ceux de tout autre peintre, cette physionomie de lutteurs passionnés, ce caractère de volonté et d'animalité qui se dégage si mystérieusement d'un appareil géométrique et mécanique de bois, de fer, de cordes et de toile; animal monstrueux créé par l'homme, auquel le vent et le flot ajoutent la beauté d'une démarche.

Quant à l'amour, à la guerre, aux joies de la famille, aux tristesses du pauvre, aux magnificences nationales, à tout ce qui est plus particulièrement l'homme, et qui forme le domaine du peintre de genre et du peintre d'histoire, qu'avons-nous vu de plus riche et de plus concret que les poésies lyriques de Victor Hugo ? Ce serait sans doute ici le cas, si l'espace le permettait, d'analyser l'atmosphère morale qui plane et circule dans ses poèmes, laquelle participe très sensiblement du tempérament propre de l'auteur. Elle me paraît porter un caractère très manifeste d'amour égal pour ce qui est très fort comme pour ce qui est très faible, et l'attraction exercée sur le poète par ces deux extrêmes tire sa raison d'une origine unique, qui est la force même, la vigueur originelle dont il est doué. La force l'enchante et l'enivre; il va vers elle comme vers une parente : attraction fraternelle. Ainsi est-il emporté irrésistiblement vers tout symbole de l'infini, la mer, le ciel; vers tous les représentants anciens de la force, géants homériques ou bibliques, paladins, chevaliers; vers les bêtes énormes et redoutables. Il caresse en se jouant ce qui ferait peur à des mains débiles; il se meut dans l'immense, sans vertige. En revanche, mais par une tendance différente dont la source est pourtant la même, le poète se montre toujours l'ami attendri de tout ce qui est faible, solitaire, contristé; de tout ce qui est orphelin : attraction paternelle. Le fort qui devine un frère dans tout ce qui est fort, voit ses enfants dans tout ce qui a besoin d'être protégé ou consolé. C'est de la force même et de la certitude qu'elle donne à celui qui la possède que dérive l'esprit de justice et de charité. Ainsi se produisent sans cesse, dans les poèmes de Victor Hugo, ces accents d'amour pour les femmes tombées, pour les pauvres gens broyés dans les engrenages de nos sociétés, pour les animaux martyrs de notre gloutonnerie et de notre despotisme. Peu de personnes ont remarqué le charme et l'enchantement que la bonté ajoute à la force et qui se fait voir si fréquemment dans les œuvres de notre poète. Un sourire et une larme dans le visage d'un colosse, c'est une originalité presque divine. Même dans ces petits poèmes consacrés à l'amour sensuel, dans ces strophes d'une mélancolie si voluptueuse et si mélodieuse, on entend, comme l'accompagnement permanent d'un orchestre, la voix profonde de la charité. Sous l'amant, on sent un père et un protecteur. Il ne s'agit pas ici de cette morale prêcheuse qui, par son air de pédanterie, par son ton didactique, peut gâter les plus beaux morceaux de poésie, mais d'une morale inspirée qui se glisse, invisible, dans la matière poétique, comme les fluides impondérables dans toute la machine du monde. La morale n'entre pas dans cet art à titre de but ; elle s'y mêle et s'y confond comme dans la vie elle-même. Le poète est moraliste sans le vouloir, par abondance et plénitude de nature.

IV

L'excessif, l'immense, sont le domaine naturel de Victor Hugo ; il s'y meut comme dans son atmosphère natale. Le génie qu'il a de tout temps déployé dans la peinture de *toute la monstruosité* qui enveloppe l'homme est vraiment prodigieux. Mais c'est surtout dans ces dernières années qu'il a subi l'influence métaphysique qui s'exhale de toutes ces choses ; curiosité d'un Œdipe obsédé par d'innombrables Sphinx. Cependant qui ne se souvient de *la Pente de la rêverie*, déjà si vieille de date ? Une grande partie de ses œuvres récentes semble le développement aussi régulier qu'énorme de la faculté qui a présidé à la génération de ce poème enivrant. On dirait que dès lors l'interrogation s'est dressée avec plus de fréquence devant le poète rêveur, et qu'à ses yeux tous les côtés de la nature se sont incessamment hérissés de problèmes. Comment le père *un* a-t-il pu engendrer la dualité et s'est-il enfin métamorphosé en une population innombrable de nombres ? Mystère ! La totalité infinie des nombres doit-elle ou peut-elle se concentrer de nouveau dans l'unité originelle ? Mystère ! La contemplation suggestive du ciel occupe une place immense et dominante dans les derniers ouvrages du poète. Quel que soit le sujet traité, le ciel le domine et le surplombe comme une coupole immuable d'où plane le mystère avec la lumière, où le mystère scintille, où le mystère invite la rêverie curieuse, d'où le mystère repousse la pensée découragée. Ah ! malgré Newton et malgré Laplace, la certitude astronomique n'est pas, aujourd'hui même, si grande que la rêverie ne puisse se loger dans les vastes lacunes non encore explorées par la science moderne. Très légitimement, le poète laisse errer sa pensée dans un dédale enivrant de conjectures. Il n'est pas un problème agité ou attaqué, dans n'importe quel temps ou par n'importe quelle philosophie, qui ne soit venu réclamer fatalement sa place dans les œuvres du poète. Le monde des astres et le monde des âmes sont-ils finis ou infinis ? L'éclosion des êtres est-elle permanente dans l'immensité comme dans la petitesse ? Ce que nous sommes tentés de prendre pour la multiplication infinie des êtres ne serait-il qu'un mouvement de circulation ramenant ces mêmes êtres à la vie vers des époques et dans des conditions marquées par une loi suprême et omnicompréhensive ? La matière et le mouvement ne seraient-ils que la respiration et l'aspiration d'un Dieu qui, tour à tour, profère des mondes à la vie et les rappelle dans son sein ? Tout ce qui est multiple deviendra-t-il un, et de nouveaux univers, jaillissant de la pensée de Celui dont l'unique bonheur et l'unique fonction sont de produire sans cesse, viendront-ils un jour remplacer notre univers et tous ceux que nous voyons suspendus autour de nous ? Et la conjecture sur l'appropriation morale, sur la destination de tous ces mondes, nos voisins inconnus, ne prend-elle pas aussi naturellement sa place dans les immenses domaines de la poésie ? Germinations, éclosions, floraisons, éruptions successives simultanées, lentes ou soudaines, progressives ou complètes, d'astres, d'étoiles, de soleils, de constellations, êtes-vous simplement les formes de la vie de Dieu, ou des habitations préparées par sa bonté ou sa justice à des âmes qu'il veut éduquer et rapprocher progressivement de lui-même ? Mondes éternellement étudiés, à jamais inconnus peut-être, oh ! dites, avez-vous des destinations de paradis, d'enfers, de purgatoires, de cachots, de villas, de palais, etc. ?... Que des systèmes et des groupes nouveaux, affectant des formes inattendues, adoptant des combinaisons imprévues, subissant des lois non enregistrées, imitant tous les caprices providentiels d'une géométrie trop vaste et trop compliquée pour le compas humain, puissent jaillir des limbes de l'avenir ; qu'y aurait-il, dans cette pensée, de si *exorbitant*, de si monstrueux, et qui sortît des limites légitimes de la conjecture poétique ? Je m'attache à ce mot *conjecture*, qui sert à définir, passablement, le caractère extra-scientifique de toute poésie. Entre les mains d'un autre poète que Victor Hugo, de pareils thèmes et de pareils sujets auraient pu trop facilement adopter la forme didactique, qui est la plus grande ennemie de la véritable poésie. Raconter en vers les lois *connues*, selon lesquelles se meut un monde moral ou sidéral, c'est décrire ce qui est découvert et ce qui tombe tout entier sous le télescope ou le compas de la science, c'est se réduire aux devoirs de la science et empiéter sur ses fonctions, et c'est embarrasser son langage traditionnel de l'ornement superflu, et dangereux ici, de la rime ; mais s'abandonner à toutes les rêveries suggérées par le spectacle infini de la vie sur la terre et dans les cieux, est le droit légitime du premier venu, conséquemment du poète, à qui il est accordé alors de traduire, dans un langage magnifique, autre que la prose et la musique, les conjectures éternelles de la curieuse humanité. En décrivant ce qui est, le poète se dégrade et descend au rang de professeur ; en racontant le possible, il reste fidèle à sa fonction ; il est une âme collective qui interroge, qui pleure, qui espère, et qui devine quelquefois.

V

Une nouvelle preuve du même goût infaillible se manifeste dans le dernier ouvrage dont Victor Hugo nous ait octroyé la jouissance, je veux dire *la Légende des siècles*. Excepté à l'aurore de la vie des nations, où la poésie est à la fois l'expression de leur âme et le répertoire de leurs connaissances, l'histoire mise en vers est une dérogation aux lois qui gouvernent les deux genres, l'histoire et la poésie ; c'est un outrage aux deux Muses. Dans les périodes extrêmement cultivées il se fait, dans le monde spirituel, une division du travail qui fortifie et perfectionne chaque partie ; et celui qui alors tente de créer le poème épique, tel que le comprenaient les nations plus jeunes, risque de diminuer l'effet magique de la poésie, ne fût-ce que par la longueur insupportable de l'œuvre, et en même temps d'enlever à l'histoire une partie de la sagesse et de la sévérité qu'exigent d'elle les nations âgées. Il n'en résulte la plupart du temps qu'un fastidieux ridicule. Malgré tous les honorables efforts d'un philosophe français, qui a cru qu'on pouvait subitement, sans une grâce ancienne et sans longues études, mettre le vers au service d'une thèse poétique, Napoléon est encore aujourd'hui trop historique pour être fait légende. Il n'est pas plus permis que possible à l'homme, même à l'homme de génie, de reculer ainsi les siècles artificiellement. Une pareille idée ne pouvait tomber que dans l'esprit d'un philosophe, d'un professeur, c'est-à-dire d'un homme absent de la vie. Quand Victor Hugo, dans ses premières poésies, essaye de nous montrer Napoléon comme un personnage légendaire, il est encore un Parisien qui parle, un contemporain ému et rêveur ; il évoque la légende *possible* de l'avenir ; il ne la réduit pas d'autorité à l'état de passé.

Or, pour en revenir à *la Légende des siècles*, Victor Hugo a créé le seul poème épique qui pût être créé par un homme de son temps pour des lecteurs de son temps. D'abord les poèmes qui constituent l'ouvrage sont généralement courts, et même la brièveté de quelques-uns n'est pas moins extraordinaire que leur énergie. Ceci est déjà une considération importante, qui témoigne d'une connaissance absolue de tout le possible de la poésie moderne. Ensuite, voulant créer le poème épique moderne, c'est-à-dire le poème tirant son origine ou plutôt son prétexte de l'histoire, il s'est bien gardé d'emprunter à l'histoire autre chose que ce qu'elle peut légitimement et fructueusement prêter à la poésie : je veux dire la légende, le mythe, la fable, qui sont comme des concentrations de vie nationale, comme des réservoirs profonds où dorment le sang et les larmes des peuples. Enfin il n'a pas chanté plus particulièrement telle ou telle nation, la passion de tel ou tel siècle ; il est monté tout de suite à une de ces hauteurs philosophiques d'où le poète peut considérer toutes les évolutions de l'humanité avec un regard également curieux, courroucé ou attendri. Avec quelle majesté il a fait défiler les siècles devant nous, comme des fantômes qui sortiraient d'un mur ; avec quelle autorité il les a fait se mouvoir, chacun doué de son parfait costume, de son vrai visage, de sa sincère allure, nous l'avons tous vu. Avec quel art sublime et subtil, avec quelle familiarité terrible ce prestidigitateur a fait parler et gesticuler les Siècles, il ne me serait pas impossible de l'expliquer ; mais ce que je tiens surtout à faire observer, c'est que cet art ne pouvait se mouvoir à l'aise que dans le milieu légendaire, et que c'est (abstraction faite du talent du magicien) le choix du terrain qui facilitait les évolutions du spectacle.

Du fond de son exil, vers lequel nos regards et nos oreilles sont tendus, le poète chéri et vénéré nous annonce de nouveaux poèmes. Dans ces derniers temps il nous a prouvé que, pour vraiment limité qu'il soit, le domaine de la poésie n'en est pas moins, par le droit du génie, presque illimité. Dans quel ordre de choses, par quels nouveaux moyens renouvellera-t-il sa preuve ? Est-ce à la bouffonnerie, par exemple (je tire au hasard), à la gaieté immortelle, à la joie, au surnaturel, au féerique et au merveilleux, doués par lui de ce caractère immense, superlatif, dont il sait douer toutes choses, qu'il voudra désormais emprunter des enchantements inconnus ? Il n'est pas permis à la critique de le dire ; mais ce qu'elle peut affirmer sans crainte de faillir, parce qu'elle en a déjà vu les preuves successives, c'est qu'il est un de ces mortels si rares, plus rares encore dans l'ordre littéraire que dans tout autre, qui tirent une nouvelle force des années et qui vont, par un miracle incessamment répété, se rajeunissant et se renforçant jusqu'au tombeau.

XXXII

MARCELINE DESBORDES-VALMORE

(*Revue fantaisiste*, 1ᵉʳ juillet 1861.)

Plus d'une fois un de vos amis, comme vous lui faisiez confidence d'un de vos goûts ou d'une de vos passions, ne vous a-t-il pas dit : « Voilà qui est singulier ! car cela est en complet désaccord avec toutes vos autres passions et avec votre doctrine » ? Et vous répondiez : « C'est possible, mais c'est ainsi. J'aime cela ; je l'aime, probablement à cause même de la violente contradiction qu'y trouve tout mon être. »

Tel est mon cas vis-à-vis de Mme Desbordes-Valmore. Si le cri, si le soupir naturel d'une âme d'élite, si l'ambition désespérée du cœur, si les facultés soudaines, irréfléchies, si tout ce qui est gratuit et vient de Dieu, suffisent à faire le grand poète, Marceline Valmore est et sera toujours un grand poète. Il est vrai que si vous prenez le temps de remarquer tout ce qui lui manque de ce qui peut s'acquérir par le travail, sa grandeur se trouvera singulièrement diminuée ; mais au moment même où vous vous sentirez le plus impatienté et désolé par la négligence, par le cahot, par le trouble, que vous prenez, vous, homme réfléchi et toujours responsable, pour un parti pris de paresse, une beauté soudaine, inattendue, non égalable, se dresse, et vous voilà enlevé irrésistiblement au fond du ciel poétique. Jamais aucun poète ne fut plus naturel ; aucun ne fut jamais moins artificiel. Personne n'a pu imiter ce charme, parce qu'il est tout original et natif.

Si jamais homme désira pour sa femme ou sa fille les dons et les honneurs de la Muse, il n'a pu les désirer d'une autre nature que ceux qui furent accordés à Mme Valmore.

Parmi le personnel assez nombreux des femmes qui se sont de nos jours jetées dans le travail littéraire, il en est bien peu dont les ouvrages n'aient été, sinon une désolation pour leur famille, pour leur amant même (car les hommes les moins pudiques aiment la pudeur dans l'objet aimé), au moins entachés d'un de ces ridicules masculins qui prennent dans la femme les proportions d'une monstruosité. Nous avons connu la femme-auteur philanthrope, la prêtresse systématique de l'amour, la poétesse républicaine, la poétesse de l'avenir, fouriériste ou saint-simonienne ; et nos yeux, amoureux du beau, n'ont jamais pu s'accoutumer à toutes ces laideurs compassées, à toutes ces scélératesses impies (il y a même des poétesses de l'impiété), à tous ces sacrilèges pastiches de l'esprit mâle.

Mme Desbordes-Valmore fut femme, fut toujours femme et ne fut absolument que femme ; mais elle fut à un degré extraordinaire l'expression poétique de toutes les beautés naturelles de la femme. Qu'elle chante les langueurs du désir dans la jeune fille, la désolation morne d'une Ariane abandonnée ou les chauds enthousiasmes de la charité maternelle, son chant garde toujours l'accent délicieux de la femme ; pas d'emprunt, pas d'ornement factice, rien que *l'éternel féminin*, comme dit le poète allemand. C'est donc dans sa sincérité même que Mme Valmore a trouvé sa récompense, c'est-à-dire une gloire que nous croyons aussi solide que celle des artistes parfaits. Cette torche qu'elle agite à nos yeux pour éclairer les mystérieux bocages du sentiment, ou qu'elle pose, pour le raviver, sur notre plus intime souvenir, amoureux ou filial, cette torche, elle l'a allumée au plus profond de son propre cœur. Victor Hugo a exprimé magnifiquement, comme tout ce qu'il exprime, les beautés et les enchantements de la vie de famille ; mais seulement dans les poésies de l'ardente Marceline vous trouverez cette chaleur de couvée maternelle, dont quelques-uns, parmi les fils de la femme, moins ingrats que les autres, ont gardé le délicieux souvenir. Si je ne craignais pas qu'une comparaison trop animale fût prise pour un manque de respect envers cette adorable femme, je dirais que je trouve en elle la grâce, l'inquiétude, la souplesse et la violence de la femelle, chatte ou lionne, amoureuse de ses petits.

On a dit que Mme Valmore, dont les premières poésies datent déjà de fort loin (1818), avait été de notre temps rapidement oubliée. Oubliée par qui, je vous prie ? Par ceux-là qui, ne sentant rien, ne peuvent se souvenir de rien.

Elle a les grandes et vigoureuses qualités qui s'imposent à la mémoire, les trouées profondes faites à l'improviste dans le cœur, les explosions magiques de la passion. Aucun auteur ne cueille plus facilement la formule unique du sentiment, le sublime qui s'ignore. Comme les soins les plus simples et les plus faciles sont un obstacle invincible à cette plume fougueuse et inconsciente, en revanche ce qui est pour toute autre l'objet d'une laborieuse recherche vient naturellement s'offrir à elle ; c'est une perpétuelle trouvaille. Elle trace des merveilles avec l'insouciance qui préside aux billets destinés à la boîte aux lettres. Ame charitable et passionnée, comme elle se définit bien, mais toujours involontairement, dans ce vers :

Tant que l'on peut donner, on ne peut pas mourir !

Ame trop sensible, sur qui les aspérités de la vie laissaient une empreinte ineffaçable, à elle surtout, désireuse du Léthé, il était permis de s'écrier :

Mais si de la mémoire on ne doit pas guérir,
A quoi sert, ô mon âme, à quoi sert de mourir ?

Certes, personne n'eut plus qu'elle le droit d'écrire en tête d'un récent volume :

Prisonnière en ce livre une âme est renfermée.

Au moment où la mort est venue pour la retirer de ce monde où elle savait si bien souffrir, et la porter vers le ciel dont elle désirait si ardemment les paisibles joies, Mme Desbordes-Valmore, prêtresse infatigable de la Muse et qui ne savait pas se taire, parce qu'elle était toujours pleine de cris et de chants qui voulaient s'épancher, préparait encore un volume, dont les épreuves venaient une à une s'étaler sur le lit de douleur qu'elle ne quittait plus depuis deux ans. Ceux qui l'aidaient pieusement dans cette préparation de ses adieux m'ont dit que nous y trouverions tout l'éclat d'une vitalité qui ne se sentait jamais si bien vivre que dans la douleur. Hélas ! ce livre sera une couronne posthume à ajouter à toutes celles déjà si brillantes, dont doit être parée une de nos tombes les plus fleuries.

Je me suis toujours plu à chercher dans la nature extérieure et visible des exemples et des métaphores qui me servissent à caractériser les jouissances et les impressions d'un ordre spirituel. Je rêve à ce que me faisait éprouver la poésie de Mme Valmore quand je la parcourus avec ces yeux de l'adolescence qui sont, chez les hommes nerveux, à la fois si ardents et si clairvoyants. Cette poésie m'apparaît comme un jardin; mais ce n'est pas la solennité grandiose de Versailles; ce n'est pas non plus le pittoresque vaste et théâtral de la savante Italie, qui connaît si bien l'art d'*édifier des jardins (œdificat hortos);* pas même, non, pas même *la Vallée des Flûtes* ou *le Ténare* de notre vieux Jean-Paul. C'est un simple jardin anglais, romantique et romanesque. Des massifs de fleurs y représentent les abondantes expressions du sentiment. Des étangs, limpides et immobiles, qui réfléchissent toutes choses s'appuyant à l'envers sur la voûte renversée des cieux, figurent la profonde résignation toute parsemée de souvenirs. Rien ne manque à ce charmant jardin d'un autre âge, ni quelques ruines gothiques se cachant dans un lieu agreste, ni le mausolée inconnu qui, au détour d'une allée, surprend notre âme et lui recommande de penser à l'éternité. Des allées sinueuses et ombragées aboutissent à des horizons subits. Ainsi la pensée du poète, après avoir suivi de capricieux méandres, débouche sur les vastes perspectives du passé ou de l'avenir; mais ces ciels sont trop vastes pour être généralement purs, et la température du climat trop chaude pour n'y pas amasser des orages. Le promeneur, en contemplant ces étendues voilées de deuil, sent monter à ses yeux les pleurs de l'hystérie, *hysterical tears.* Les fleurs se penchent vaincues, et les oiseaux ne parlent qu'à voix basse. Après un éclair précurseur, un coup de tonnerre a retenti : c'est l'explosion lyrique; enfin un déluge inévitable de larmes rend à toutes ces choses, prostrées, souffrantes et découragées, la fraîcheur et la solidité d'une nouvelle jeunesse!

XXXIII

AUGUSTE BARBIER

(*Revue fantaisiste*, 15 juillet 1861.)

Si je disais que le but d'Auguste Barbier a été la recherche du beau, sa recherche exclusive et primordiale, je crois qu'il se fâcherait, et visiblement il en aurait le droit. Quelque magnifiques que soient ses vers, le *vers* en lui-même n'a pas été son amour principal. Il s'était évidemment assigné un but qu'il croit d'une nature beaucoup plus noble et plus haute. Je n'ai ni assez d'autorité ni assez d'éloquence pour le détromper; mais je profiterai de l'occasion qui s'offre pour traiter une fois de plus cette fastidieuse question de l'alliance du Bien avec le Beau, qui n'est devenue obscure et douteuse que par l'affaiblissement des esprits.

Je suis d'autant plus à l'aise que, d'un côté, la gloire de ce poète est faite et que la postérité ne l'oubliera pas, et que, de l'autre, j'ai moi-même pour ses talents une admiration immense et de vieille date. Il a fait des vers superbes; il est naturellement éloquent; son âme a des bondissements qui enlèvent le lecteur. Sa langue, vigoureuse et pittoresque, a presque le charme du latin. Elle jette des lueurs sublimes. Ses premières compositions sont restées dans toutes les mémoires. Sa gloire est des plus méritées. Tout cela est incontestable.

Mais l'origine de cette gloire n'est pas *pure;* car elle est née de *l'occasion*. La poésie se suffit à elle-même. Elle est éternelle et ne doit jamais avoir besoin d'un secours extérieur. Or une partie de la gloire d'Auguste Barbier lui vient des circonstances au milieu desquelles il jeta ses premières poésies. Ce qui les fait admirables, c'est le mouvement lyrique qui les anime, et non pas, comme il le croit sans doute, les pensées honnêtes qu'elles sont chargées d'exprimer. *Facit indignatio versum,* nous dit un poète antique, qui, si grand qu'il soit, était intéressé à le dire; cela est vrai; mais il est bien certain aussi que le vers fait par simple amour du vers a, pour être beau, quelques chances de plus que le vers fait par *indignation*. Le monde est plein de gens très indignés qui cependant ne feront jamais de beaux vers. Ainsi, nous constatons dès le commencement que, si Auguste Barbier a été grand poète, c'est parce qu'il possédait les facultés ou une partie des facultés qui font le grand poète, et non parce qu'il exprimait la pensée indignée des honnêtes gens.

Il y a en effet dans l'erreur publique une confusion très facile à débrouiller. Tel poème est beau et honnête; mais il n'est pas beau *parce qu'*il est honnête. Tel autre, beau et déshonnête; mais sa beauté ne lui vient pas de son immoralité, ou plutôt, pour parler nettement, ce qui est beau n'est pas plus honnête que déshonnête. Il arrive le plus souvent, je le sais, que la poésie vraiment belle emporte les âmes vers un monde céleste; la beauté est une qualité si forte qu'elle ne peut qu'ennoblir les âmes; mais cette beauté est une chose tout à fait inconditionnelle, et il y a beaucoup à parier que si vous voulez, vous poète, vous imposer à l'avance un but moral, vous diminuerez considérablement votre puissance poétique.

Il en est de la condition de moralité imposée aux œuvres d'art comme de cette autre condition non moins ridicule que quelques-uns veulent leur faire subir, à savoir d'exprimer des pensées ou des *idées* tirées d'un monde étranger à l'art, des *idées* scientifiques, des *idées* politiques, etc. Tel est le point de départ des esprits faux, ou du moins des esprits qui, n'étant pas absolument poétiques, veulent raisonner poésie. L'idée, disent-ils, est la chose la plus importante (ils devraient dire : l'idée et la forme sont deux êtres en un); naturellement, fatalement, ils se disent bientôt : Puisque l'idée est la chose importante par excellence, la forme, moins importante, peut être négligée sans danger. Le résultat est l'anéantissement de la poésie.

Or, chez Auguste Barbier, naturellement poète, et grand poète, le souci perpétuel et exclusif d'exprimer des pensées honnêtes ou utiles a amené peu à peu un léger mépris de la correction, du poli et du fini, qui suffirait à lui seul pour constituer une décadence.

Dans *la Tentation* (son premier poème, supprimé dans les éditions postérieures de ses *Iambes*), il avait montré tout de suite une grandeur, une majesté d'allure, qui est sa vraie distinction, et qui ne l'a jamais abandonné, même dans les moments où il s'est montré le plus infidèle à l'idée poétique pure. Cette grandeur naturelle, cette éloquence lyrique, se manifestèrent d'une manière éclatante dans toutes les poésies *adaptées* à la révolution de 1830 et aux troubles spirituels ou sociaux qui la suivirent. Mais ces poésies, je le répète, étaient *adaptées* à des circonstances, et, si belles qu'elles soient, elles sont marquées du misérable caractère de la circonstance et de la mode. *Mon vers, rude et grossier, est honnête homme au fond*, s'écrie le poète; mais était-ce bien comme poète qu'il ramassait dans la conversation bourgeoise les lieux communs de morale niaise? Ou était-ce comme honnête homme qu'il voulait rappeler sur notre scène la *Melpomène à la blanche tunique* (qu'est-ce que Melpomène a à faire avec l'honnêteté?) et en expulser les drames de Victor Hugo et d'Alexandre Dumas? J'ai remarqué (je le dis sans rire) que les personnes trop amoureuses d'utilité et de morale négligent volontiers la grammaire, absolument comme les personnes passionnées. C'est une chose douloureuse de voir un poète aussi bien doué supprimer les articles et les adjectifs possessifs, quand ces monosyllabes ou ces dissyllabes le gênent, et employer un mot dans un sens contraire à l'usage parce que ce mot a le nombre de syllabes qui lui convient. Je ne crois pas, en pareil cas, à l'impuissance; j'accuse plutôt l'indolence naturelle des inspirés. Dans ses chants sur la décadence de l'Italie et sur les misères de l'Angleterre et de l'Irlande *(Il Pianto* et *Lazare)*, il y a, comme toujours, je le répète, des accents sublimes; mais la même affectation d'utilité et de morale vient gâter les plus nobles impressions. Si je ne craignais pas de calomnier un homme si digne de respect à tous égards, je dirais que cela ressemble un peu à une grimace. Se figure-t-on une *Muse qui grimace*? Et puis ici se présente un nouveau défaut, une nouvelle affectation, non pas celle de la rime négligée ou de la suppression des articles : je veux parler d'une certaine solennité plate ou d'une certaine platitude solennelle qui nous était jadis donnée pour une majestueuse et pénétrante simplicité. Il y a des modes en littérature comme en peinture, comme dans le vêtement; il fut un temps où dans la poésie, dans la peinture, le *naïf* était l'objet d'une grande recherche, une espèce nouvelle de préciosité. La platitude devenait une gloire, et je me souviens qu'Edouard Ourliac me citait en riant, comme modèle du genre, ce vers de sa composition :

> Les cloches du couvent de Sainte-Madeleine
> ....

On en trouvera beaucoup de semblables dans les poésies de Brizeux, et je ne serais pas étonné que l'amitié d'Antony Deschamps et de Brizeux ait servi à incliner Auguste Barbier vers cette grimace dantesque.

A travers tout son œuvre nous retrouvons les mêmes défauts et les mêmes qualités. Tout a l'air soudain, spontané; le trait vigoureux, à la manière latine, jaillit sans cesse à travers les défaillances et les maladresses. Je n'ai pas besoin, je présume, de faire observer que *Pot-de-vin*, *Erostrate*, *Chants civils et religieux*, sont des œuvres dont chacune a un but moral. Je saute par-dessus un petit volume d'*Odelettes* qui n'est qu'un affligeant effort vers la grâce antique, et j'arrive à *Rimes héroïques*. Ici, pour tout dire, apparaît et éclate toute la folie du siècle dans son inconsciente nudité. Sous prétexte de faire des sonnets en l'honneur des grands hommes, le poète a chanté le paratonnerre et la machine à tisser. On devine jusqu'à quel prodigieux ridicule cette confusion d'idées et de fonctions pourrait nous entraîner. Un de mes amis a travaillé à un poème anonyme sur l'invention d'un dentiste; aussi bien les vers auraient pu être bons et l'auteur plein de conviction. Cependant qui oserait dire que, même en ce cas, c'eût été de la poésie ? J'avoue que, quand je vois de pareilles dilapidations de rythmes et de rimes, j'éprouve une tristesse d'autant plus grande que le poète est plus grand; et je crois, à en juger par de nombreux symptômes, qu'on pourrait aujourd'hui, sans faire rire personne, affirmer la plus monstrueuse, la plus ridicule et la plus insoutenable des erreurs, à savoir que *le but de la poésie est de répandre les lumières parmi le peuple, et, à l'aide de la rime et du nombre, de fixer plus facilement les découvertes scientifiques dans la mémoire des hommes.*

Si le lecteur m'a suivi attentivement, il ne sera pas étonné que je résume ainsi cet article, où j'ai mis encore plus de douleur que de raillerie : *Auguste Barbier est un grand poète, et justement il passera toujours pour tel. Mais il a été un grand poète malgré lui, pour ainsi dire; il a essayé de gâter par une idée fausse de la poésie de superbes facultés poétiques; très heureusement ces facultés étaient assez fortes pour résister même au poète qui les voulait diminuer.*

XXXIV

THÉOPHILE GAUTIER

(*Revue fantaisiste*, 15 juillet 1861.)

Le cri du sentiment est toujours absurde; mais il est sublime, parce qu'il est absurde. *Quia absurdum!*

> Que faut-il au républicain ?
> Du cœur, du fer, un peu de pain!
> Du cœur pour se venger,
> Du fer pour l'étranger,
> Et du pain pour ses frères!

Voilà ce que dit *la Carmagnole;* voilà le cri absurde et sublime.

Désirez-vous, dans un autre ordre de sentiments, l'analogue exact ? Ouvrez Théophile Gautier : l'amante courageuse et ivre de son amour veut enlever l'amant, lâche, indécis, qui résiste et objecte que le désert est sans ombrage et sans eau, et la fuite pleine de dangers. Sur quel ton répond-elle ? Sur le ton absolu du sentiment :

> Mes cils te feront de l'ombre!
> Ensemble nous dormirons
> Sous mes cheveux, tente sombre.
> Fuyons! Fuyons!

> Sous le bonheur mon cœur ploie!
> Si l'eau manque aux stations,
> Bois les larmes de ma joie!
> Fuyons! Fuyons!

Il serait facile de trouver dans le même poète d'autres exemples de la même qualité :

> J'ai demandé la vie à l'amour qui la donne !
> Mais vainement ....

s'écrie don Juan, que le poète, dans le pays des âmes, prie de lui expliquer l'énigme de la vie.

Or j'ai voulu tout d'abord prouver que Théophile Gautier possédait, tout aussi bien que s'il n'était pas un parfait artiste, cette fameuse qualité que les badauds de la critique s'obstinent à lui refuser : le sentiment. Que de fois il a exprimé, et avec quelle magie de langage ! ce qu'il y a de plus délicat dans la tendresse et dans la mélancolie ! Peu de personnes ont daigné étudier ces fleurs merveilleuses, je ne sais trop pourquoi, et je n'y vois pas d'autre motif que la répugnance native des Français pour la perfection. Parmi les innombrables préjugés dont la France est si fière, notons cette idée qui court les rues, et qui naturellement est écrite en tête des préceptes de la critique vulgaire, à savoir qu'un ouvrage *trop bien* écrit *doit* manquer de sentiment. Le sentiment, par sa nature populaire et familière, attire exclusivement la foule, que ses précepteurs habituels éloignent autant que possible des ouvrages bien écrits. Aussi bien avouons tout de suite que Théophile Gautier, feuilletoniste très accrédité, est mal connu comme romancier, mal apprécié comme conteur de voyages et presque *inconnu* comme poète, surtout si l'on veut mettre en balance la mince popularité de ses poésies avec leurs brillants et immenses mérites.

Victor Hugo, dans une de ses odes, nous représente Paris à l'état de ville morte, et dans ce rêve lugubre et plein de grandeur, dans cet amas de ruines douteuses lavées par une eau *qui se brisait à tous les ponts sonores, rendue* maintenant *aux joncs murmurants et penchés*, il aperçoit encore trois monuments d'une nature plus solide, plus indestructible, qui suffisent à raconter notre histoire. Figurez-vous, je vous prie, la langue française à l'état de langue morte. Dans les écoles des nations nouvelles, on enseigne la langue d'un peuple qui fut grand, du peuple français. Dans quels auteurs supposez-vous que les professeurs, les linguistes d'alors, puiseront la connaissance des principes et des grâces de la langue française ? Sera-ce, je vous prie, dans les capharnaüms du sentiment ou de ce que vous appelez le sentiment ? Mais ces productions, qui sont vos préférées, seront, grâce à leur incorrection, les moins intelligibles et les moins traduisibles ; car il n'y a rien qui soit plus obscur que l'erreur et le désordre. Si dans ces époques, situées moins loin peut-être que ne l'imagine l'orgueil moderne, les poésies de Théophile Gautier sont retrouvées par quelque savant amoureux de beauté, je devine, je comprends, je vois sa joie. Voilà donc la vraie langue française ! la langue des grands esprits et des esprits raffinés ! Avec quel délice son œil se promènera dans tous ces poèmes si purs et si précieusement ornés ! Comme toutes les ressources de notre belle langue, incomplètement connues, seront devinées et appréciées ! Et que de gloire pour le traducteur intelligent qui voudra lutter contre ce grand poète, immortalité embaumée dans des décombres plus soigneux que la mémoire de ses contemporains ! Vivant, il avait souffert de l'ingratitude des siens ; il a attendu longtemps ; mais enfin le voilà récompensé. Des commentateurs clairvoyants établissent le lien littéraire qui nous unit au XVIe siècle. L'histoire des générations s'illumine. Victor Hugo est enseigné et paraphrasé dans les universités ; mais aucun lettré n'ignore que l'étude de ses resplendissantes poésies doit être complétée par l'étude des poésies de Gautier. Quelques-uns observent même que pendant que le majestueux poète était entraîné par des enthousiasmes quelquefois peu propices à son art, le poète précieux, plus fidèle, plus concentré, n'en est jamais sorti. D'autres s'aperçoivent qu'il a même ajouté des forces à la poésie française, qu'il en a agrandi le répertoire et augmenté le dictionnaire, sans jamais manquer aux règles les plus sévères de la langue que sa naissance lui commandait de parler.

Heureux homme ! homme digne d'envie ! il n'a aimé que le Beau ; il n'a cherché que le Beau ; et quand un objet grotesque ou hideux s'est offert à ses yeux, il a su encore en extraire une mystérieuse et symbolique beauté ! Homme doué d'une faculté unique, puissante comme la Fatalité, il a exprimé, sans fatigue, sans effort, toutes les attitudes, tous les regards, toutes les couleurs qu'adopte la nature, ainsi que le sens intime contenu dans tous les objets qui s'offrent à la contemplation de l'œil humain.

Sa gloire est double et une en même temps. Pour lui l'idée et l'expression ne sont pas deux choses contradictoires qu'on ne peut accorder que par un grand effort ou par de lâches concessions. A lui seul peut-être il appartient de dire sans emphase : *Il n'y a pas d'idées inexprimables !* Si, pour arracher à l'avenir la justice due à Théophile Gautier, j'ai supposé la France disparue, c'est parce que je sais que l'esprit humain, quand il consent à sortir du présent, conçoit mieux l'idée de justice. Tel le voyageur, en s'élevant, comprend mieux la topographie du pays qui l'environne. Je ne veux pas crier, comme les prophètes cruels : Ces temps sont proches! Je n'appelle aucun désastre, même pour donner la gloire à mes amis. J'ai construit une fable pour faciliter la démonstration aux esprits faibles ou aveugles. Car parmi les vivants clairvoyants, qui ne comprend qu'on citera un jour Théophile Gautier, comme on cite La Bruyère, Buffon, Chateaubriand, c'est-à-dire comme un des maîtres les plus sûrs et les plus rares en matière de langue et de style ?

XXXV

PÉTRUS BOREL

(*Revue fantaisiste*, 15 juillet 1861.)

Il y a des noms qui deviennent proverbes et adjectifs. Quand un petit journal veut, en 1859, exprimer tout le dégoût et le mépris que lui inspire une poésie ou un roman d'un caractère sombre et outré, il lance le mot : *Pétrus Borel!* et tout est dit. Le jugement est prononcé, l'auteur est foudroyé.

Pétrus Borel, ou Champavert le Lycanthrope, auteur de *Rhapsodies*, de *Contes immoraux* et de *Madame Putiphar*, fut une des étoiles du sombre ciel romantique. Etoile oubliée ou éteinte, qui s'en souvient aujourd'hui, et qui la connaît assez pour prendre le droit d'en parler si délibérément ? « *Moi* », dirai-je volontiers, comme Médée, « *moi, dis-je, et c'est assez!* » Edouard Ourliac, son camarade, riait de lui sans se gêner; mais Ourliac était un petit Voltaire de hameau, à qui tout excès répugnait, surtout l'excès de l'amour de l'art. Théophile Gautier, seul, dont le large esprit se réjouit dans l'universalité des choses, et qui, le voulût-il fermement, ne pourrait pas négliger quoi que ce soit d'intéressant, de subtil ou de pittoresque, souriait avec plaisir aux bizarres élucubrations du Lycanthrope.

Lycanthrope bien nommé! Homme-loup ou loup-garou, quelle fée ou quel démon le jeta dans les forêts lugubres de la mélancolie ? Quel méchant esprit se pencha sur son berceau et lui dit : *Je te défends de plaire?* Il y a dans le monde spirituel quelque chose de mystérieux qui s'appelle le *Guignon*, et nul de nous n'a le droit de discuter avec la

Fatalité. C'est la déesse qui s'explique le moins, et qui possède, plus que tous les papes et les lamas, le privilège de l'infaillibilité. Je me suis demandé bien souvent comment et pourquoi un homme tel que Pétrus Borel, qui avait montré un talent véritablement épique dans plusieurs scènes de sa *Madame Putiphar* (particulièrement dans les scènes du début, où est peinte l'ivrognerie sauvage et septentrionale du père de l'héroïne; dans celle où le cheval favori rapporte à la mère, jadis violée, mais toujours pleine de la haine de son déshonneur, le cadavre de son bien-aimé fils, du pauvre Vengeance, le courageux adolescent tombé au premier choc, et qu'elle avait si soigneusement éduqué pour la vengeance; enfin, dans la peinture des hideurs et des tortures du cachot, qui monte jusqu'à la vigueur de Maturin); je me suis demandé, dis-je, comment le poète qui a produit l'étrange poème, d'une sonorité si éclatante et d'une couleur presque primitive à force d'intensité, qui sert de préface à *Madame Putiphar*, avait pu aussi en maint endroit montrer tant de maladresse, buter dans tant de heurts et de cahots, tomber au fond de tant de *guignons*. Je n'ai pas d'explication positive à donner; je ne puis indiquer que des symptômes, symptômes d'une nature morbide, amoureuse de la contradiction pour la contradiction, et toujours prête à remonter tous les courants, sans en calculer la force, non plus que sa force propre. Tous les hommes, ou presque tous, penchent leur écriture vers la droite; Pétrus Borel couchait absolument la sienne à gauche, si bien que tous les caractères, d'une physionomie fort soignée d'ailleurs, ressemblaient à des files de fantassins renversés par la mitraille. De plus, il avait le travail si douloureux, que la moindre lettre, la plus banale, une invitation, un envoi d'argent, lui coûtait deux ou trois heures d'une méditation excédante, sans compter les ratures et les repentirs. Enfin, la bizarre orthographe qui se pavane dans *Madame Putiphar*, comme un soigneux outrage fait aux habitudes de l'œil public, est un trait qui complète cette physionomie grimaçante. Ce n'est certes pas une orthographe mondaine dans le sens des cuisinières de Voltaire et du sieur Erdan, mais, au contraire, une orthographe plus que pittoresque et profitant de toute occasion pour rappeler fastueusement l'étymologie. Je ne peux me figurer, sans une sympathique douleur, toutes les fatigantes batailles que, pour réaliser son rêve typographique, l'auteur a dû livrer aux compositeurs chargés d'imprimer son manuscrit. Ainsi, non seulement il aimait à violer les habitudes morales du lecteur, mais encore à contrarier et à taquiner son œil par l'expression graphique.

Plus d'une personne se demandera sans doute pourquoi nous faisons une place dans notre galerie à un esprit que nous jugeons nous-même si incomplet. C'est non seulement parce que cet esprit si lourd, si criard, si incomplet qu'il soit, a parfois envoyé vers le ciel une note éclatante et juste, mais aussi parce que dans l'histoire de notre siècle il a joué un rôle non sans importance. Sa spécialité fut la *Lycanthropie*. Sans Pétrus Borel, il y aurait une lacune dans le Romantisme. Dans la première phase de notre révolution littéraire, l'imagination poétique se tourna surtout vers le passé; elle adopta souvent le ton mélodieux et attendri des regrets. Plus tard, la mélancolie prit un accent plus décidé, plus sauvage et plus terrestre. Un républicanisme misanthropique fit alliance avec la nouvelle école, et Pétrus Borel fut l'expression la plus outrecuidante et la plus paradoxale de l'esprit des *Bousingots*, ou du *Bousingo;* car l'hésitation est toujours permise dans la manière d'orthographier ces mots qui sont les produits de la mode et de la circonstance. Cet esprit à la fois littéraire et républicain, à l'inverse de la passion démocratique et bourgeoise qui nous a plus tard si cruellement opprimés, était agité à la fois par une haine aristocratique sans limites, sans restrictions, sans pitié, contre les rois et contre la bourgeoisie, et d'une sympathie générale pour tout ce qui en art représentait l'excès dans la couleur et dans la forme, pour tout ce qui était à la fois intense, pessimiste et byronien; dilettantisme d'une nature singulière, et que peuvent seules expliquer les haïssables circonstances où était enfermée une jeunesse ennuyée et turbulente. Si la Restauration s'était régulièrement développée dans la gloire, le Romantisme ne se serait pas séparé de la royauté; et cette secte nouvelle, qui professait un égal mépris pour l'opposition politique modérée, pour la peinture de Delaroche ou la poésie de Delavigne, et pour le roi qui présidait au développement du *juste-milieu*, n'aurait pas trouvé de raisons d'exister.

Pour moi, j'avoue sincèrement, quand même j'y sentirais un ridicule, que j'ai toujours eu quelque sympathie pour ce malheureux écrivain dont le génie manqué, plein d'ambition et de maladresse, n'a su produire que des ébauches minutieuses, des éclairs orageux, des figures dont quelque chose de trop bizarre, dans l'accoutrement ou dans la voix, altère la native grandeur. Il a, en somme, une couleur à lui, une saveur *sui generis* ; n'eût-il que le charme de la volonté, c'est déjà beaucoup ! mais il aimait férocement les lettres, et aujourd'hui nous sommes encombrés de jolis et souples écrivains tout prêts à vendre la Muse pour le champ du potier.

Comme nous achevions, l'an passé, d'écrire ces notes, trop sévères peut-être, nous avons appris que le poète venait de mourir en Algérie, où il s'était retiré, loin des affaires littéraires, découragé ou méprisant, avant d'avoir livré au public un *Tabarin* annoncé depuis longtemps.

XXXVI

GUSTAVE LE VAVASSEUR

(*Revue fantaisiste*, 1ᵉʳ août 1861.)

Il y a bien des années que je n'ai vu Gustave Le Vavasseur, mais ma pensée se porte toujours avec jouissance vers l'époque où je le fréquentais assidûment. Je me souviens que, plus d'une fois, en pénétrant chez lui, le matin, je le surpris presque nu, se tenant dangereusement en équilibre sur un échafaudage de chaises. Il essayait de répéter les tours que nous avions vu accomplir la veille par des gens dont c'est la profession. Le poète m'avoua qu'il se sentait jaloux de tous les exploits de force et d'adresse, et qu'il avait quelquefois connu le bonheur de se prouver à lui-même qu'il n'était pas incapable *d'en faire autant*. Mais, après cet aveu, croyez bien que je ne trouvai pas du tout que le poète en fût ridicule ou diminué; je l'aurais plutôt loué pour sa franchise et pour sa fidélité à sa propre nature; d'ailleurs, je me souvins que beaucoup d'hommes, d'une nature aussi rare et élevée que la sienne, avaient éprouvé des jalousies semblables à l'égard du toréro, du comédien et de tous ceux qui, faisant de leur personne une glorieuse pâture publique, soulèvent l'enthousiasme du cirque et du théâtre.

Gustave Le Vavasseur a toujours aimé passionnément les tours de force. Une difficulté a pour lui toutes les séductions d'une nymphe. L'obstacle le ravit; la pointe et le jeu de mots l'enivrent; il n'y a pas de musique qui lui soit plus agréable que celle de la rime triplée, quadruplée, multipliée. Il est *naïvement compliqué*. Je n'ai jamais vu d'homme si pompeusement et si franchement Normand.

Aussi Pierre Corneille, Brébeuf, Cyrano, lui inspirent plus de respect et de tendresse qu'à tout autre qui serait moins amateur du subtil, du contourné, de la pointe faisant résumé et éclatant comme une fleur pyrotechnique. Qu'on se figure, unies à ce goût candidement bizarre, une rare distinction de cœur et d'esprit et une instruction aussi solide qu'étendue, on pourra peut-être attraper la ressemblance de ce poète qui a passé parmi nous, et qui, depuis longtemps réfugié dans son pays, apporte sans aucun doute dans ses nouvelles et graves fonctions le même zèle ardent et minutieux qu'il mettait jadis à élaborer ses brillantes strophes, d'une sonorité et d'un reflet si métalliques. *Vire et les Virois* sont un petit chef-d'œuvre et le plus parfait échantillon de cet esprit précieux, rappelant les ruses compliquées de l'escrime, mais n'excluant pas, comme aucuns pourraient le croire, la rêverie et le balancement de la mélodie. Car, il faut le répéter, Le Vavasseur est une intelligence très étendue, et, n'oublions pas ceci, un des plus délicats et des plus exercés causeurs que nous ayons connus, dans un temps et un pays où la causerie peut être comparée aux arts disparus. Toute bondissante qu'elle est, sa conversation n'est pas moins solide, nourrissante, suggestive, et la souplesse de son esprit, dont il peut être aussi fier que de celle de son corps, lui permet de tout comprendre, de tout apprécier, de tout sentir, même ce qui a l'air, à première vue, le plus éloigné de sa nature.

XXXVII

THÉODORE DE BANVILLE

(*Revue fantaisiste*, 1er août 1861.)

Théodore de Banville fut célèbre tout jeune. *Les Cariatides* datent de 1841. Je me souviens qu'on feuilletait avec étonnement ce volume où tant de richesses, un peu confuses, un peu mêlées, se trouvent amoncelées. On se répétait l'âge de l'auteur, et peu de personnes consentaient à admettre une si étonnante précocité. Paris n'était pas alors ce qu'il est aujourd'hui; un tohu-bohu, un capharnaüm, une Babel peuplée d'imbéciles et d'inutiles, peu délicats sur les manières de tuer le temps, et absolument rebelles aux jouissances littéraires. Dans ce temps-là, le *tout Paris* se composait de cette élite d'hommes chargés de façonner l'opinion des autres, et qui, quand un poète vient à naître, en sont toujours avertis les premiers. Ceux-là saluèrent naturellement l'auteur des *Cariatides* comme un homme qui avait une longue carrière à fournir. Théodore de Banville apparaissait comme un de ces esprits marqués, pour qui la poésie est la langue la plus facile à parler, et dont la pensée se coule d'elle-même dans un rythme.

Celles de ses qualités qui se montraient le plus vivement à l'œil étaient l'abondance et l'éclat; mais les nombreuses et involontaires imitations, la variété même du ton, selon que le jeune poète subissait l'influence de tel ou tel de ses prédécesseurs, ne servirent pas peu à détourner l'esprit du lecteur de la faculté principale de l'auteur, de celle qui devait plus tard être sa grande originalité, sa gloire, sa marque de fabrique, je veux parler de la certitude dans l'expression lyrique. Je ne nie pas, remarquez-le bien, que *les Cariatides* ne contiennent quelques-uns de ces admirables morceaux que le poète pourrait être fier de signer même aujourd'hui ; je veux seulement noter que l'ensemble de l'œuvre, avec son éclat et sa variété, ne révélait pas d'emblée la nature particulière de l'auteur, soit que cette nature ne fût pas encore assez *faite*, soit que le poète fût encore placé sous le charme fascinateur de tous les poètes de la grande époque.

Mais dans *les Stalactites* (1843-1845) la pensée apparaît plus claire et plus définie ; l'objet de la recherche se fait mieux deviner. La couleur, moins prodiguée, brille cependant d'une lumière plus vive, et le contour de chaque objet découpe une silhouette plus arrêtée. *Les Stalactites* forment, dans le grandissement du poète, une phase particulière où l'on dirait qu'il a voulu réagir contre sa primitive faculté d'expansion, trop prodigue, trop indisciplinée. Plusieurs des meilleurs morceaux qui composent ce volume sont très courts et affectent les élégances contenues de la poterie antique. Toutefois ce n'est que plus tard, après s'être joué dans mille difficultés, dans mille gymnastiques que les vrais amoureux de la Muse peuvent seuls apprécier à leur juste valeur, que le poète, réunissant dans un accord parfait l'exubérance de sa nature primitive et l'expérience de sa maturité, produira, l'une servant l'autre, des poèmes d'une habileté consommée et d'un charme *sui generis*, tels que *la Malédiction de Vénus*, *l'Ange mélancolique*, et surtout certaines stances sublimes qui ne portent pas de titre, mais qu'on trouvera dans le sixième livre de ses poésies complètes, stances dignes de Ronsard par leur audace, leur élasticité et leur ampleur, et dont le début même est plein de grandiloquence et annonce des bondissements surhumains d'orgueil et de joie :

> Vous en qui je salue une nouvelle aurore,
> Vous tous qui m'aimerez,
> Jeunes hommes des temps qui ne sont pas encore,
> O bataillons sacrés !

Mais quel est ce charme mystérieux dont le poète s'est reconnu lui-même possesseur et qu'il a augmenté jusqu'à en faire une qualité permanente ? Si nous ne pouvons le définir exactement, peut-être trouverons-nous quelques mots pour le décrire, peut-être saurons-nous découvrir d'où il tire en partie son origine.

J'ai dit, je ne sais plus où : « La poésie de Banville

représente les belles heures de la vie, c'est-à-dire les heures où l'on se sent heureux de penser et de vivre. »

Je lis dans un critique : « Pour deviner l'âme d'un poète, ou du moins sa principale préoccupation, cherchons dans ses œuvres quel est le mot ou quels sont les mots qui s'y représentent avec le plus de fréquence. Le mot traduira l'obsession. »

Si, quand j'ai dit : « Le talent de Banville représente les belles heures de la vie », mes sensations ne m'ont pas trompé (ce qui, d'ailleurs, sera tout à l'heure vérifié), et si je trouve dans ses œuvres un mot qui, par sa fréquente répétition, semble dénoncer un penchant naturel et un dessein déterminé, j'aurai le droit de conclure que ce mot peut servir à caractériser, mieux que tout autre, la nature de son talent, en même temps que les sensations contenues *dans les heures de la vie où l'on se sent le mieux vivre*.

Ce mot, c'est le mot *lyre*, qui comporte évidemment pour l'auteur un sens prodigieusement compréhensif. La *lyre* exprime en effet cet état presque surnaturel, cette intensité de vie où l'âme *chante*, où elle est *contrainte de chanter*, comme l'arbre, l'oiseau et la mer. Par un raisonnement, qui a peut-être le tort de rappeler les méthodes mathématiques, j'arrive donc à conclure que, la poésie de Banville suggérant d'abord l'idée des *belles heures*, puis présentant assidûment aux yeux le mot *lyre*, et la *Lyre* étant expressément chargée de traduire les *belles heures*, l'ardente vitalité spirituelle, l'homme hyperbolique, en un mot, le talent de Banville est essentiellement, décidément et volontairement lyrique.

Il y a, en effet, une manière lyrique de sentir. Les hommes les plus disgraciés de la nature, ceux à qui la fortune donne le moins de loisir, ont connu quelquefois ces sortes d'impressions, si riches que l'âme en est comme illuminée, si vives qu'elle en est comme soulevée. Tout l'être intérieur, dans ces merveilleux instants, s'élance en l'air par trop de légèreté et de dilatation, comme pour atteindre une région plus haute.

Il existe donc aussi nécessairement une manière lyrique de parler, et un monde lyrique, une atmosphère lyrique, des paysages, des hommes, des femmes, des animaux qui tous participent du caractère affectionné par la Lyre.

Tout d'abord constatons que l'hyperbole et l'apostrophe sont des formes de langage qui lui sont non seulement des plus agréables, mais aussi des plus nécessaires, puisque ces formes dérivent naturellement d'un état exagéré de la vitalité. Ensuite, nous observons que tout mode lyrique de notre âme nous contraint à considérer les choses non pas sous leur aspect particulier, exceptionnel, mais dans les traits principaux, généraux, universels. La lyre fuit volontiers tous les détails dont le roman se régale. L'âme lyrique fait des enjambées vastes comme des synthèses; l'esprit du romancier se délecte dans l'analyse. C'est cette considération qui sert à nous expliquer quelle commodité et quelle beauté le poète trouve dans les mythologies et dans les allégories. La mythologie est un dictionnaire d'hiéroglyphes vivants, hiéroglyphes connus de tout le monde. Ici, le paysage est revêtu, comme les figures, d'une magie hyperbolique; il devient *décor*. La femme est non seulement un être d'une beauté suprême, comparable à celle d'Eve ou de Vénus; non seulement, pour exprimer la pureté de ses yeux, le poète empruntera des comparaisons à tous les objets limpides, éclatants, transparents, à tous les meilleurs réflecteurs et à toutes les plus belles cristallisations de la nature (notons en passant la prédilection de Banville, dans ce cas, pour les pierres précieuses), mais encore faudra-t-il doter la femme d'un genre de beauté tel que l'esprit ne peut le concevoir que comme existant dans un monde supérieur. Or, je me souviens qu'en trois ou quatre endroits de ses poésies, notre poète, voulant orner des femmes d'une beauté non comparable et non égalable, dit qu'elles ont des *têtes d'enfant*. C'est là une espèce de trait de génie particulièrement lyrique, c'est-à-dire amoureux du surhumain. Il est évident que cette expression contient implicitement cette pensée, que le plus beau des visages humains est celui dont l'usage de la vie, passion, colère, péché, angoisse, souci, n'a jamais terni la clarté ni ridé la surface. Tout poète lyrique, en vertu de sa nature, opère fatalement un retour vers l'Eden perdu. Tout, hommes, paysages, palais, dans le monde lyrique, est pour ainsi dire *apothéosé*. Or, par suite de l'infaillible logique de la nature, le mot *apothéose* est un de ceux qui se présentent irrésistiblement sous la plume du poète quand il a à décrire (et croyez qu'il n'y prend pas un mince plaisir) un mélange de gloire et de lumière. Et, si le poète lyrique trouve occasion de parler de lui-même, il ne se peindra pas penché sur une table, barbouillant une page blanche d'horribles petits signes noirs, se battant contre la phrase rebelle ou luttant contre l'inintelligence du correcteur d'épreuves, non plus que dans une chambre pauvre, triste ou en désordre; non plus que, s'il veut apparaître comme mort, il ne se montrera pourrissant sous le linge, dans une caisse de bois. Ce serait mentir. Horreur! Ce serait contredire la vraie *réalité*, c'est-à-dire sa propre nature. Le poète mort ne trouve pas de trop bons serviteurs dans les nymphes, les houris et les anges. Il ne peut se reposer que dans de verdoyants Elysées, ou dans des palais plus beaux et plus profonds que les architectures de vapeur bâties par les soleils couchants.

> Mais moi, *vêtu de pourpre, en d'éternelles fêtes,*
> Dont je prendrai ma part,
> Je boirai le nectar au séjour des poètes,
> A côté de Ronsard.
>
> Là, dans ces lieux, *où tout a des splendeurs divines;*
> Ondes, lumière, accords,
> Nos yeux s'enivreront de formes féminines
> *Plus belles que des corps;*
>
> Et tous les deux, parmi des spectacles *féeriques*
> Qui dureront toujours,
> Nous nous raconterons nos batailles *lyriques*
> Et nos belles amours.

J'aime cela; je trouve dans cet amour du luxe poussé audelà du tombeau un signe confirmatif de grandeur. Je suis touché des merveilles et des magnificences que le poète décrète en faveur de quiconque touche la lyre. Je suis heureux de voir poser ainsi, sans ambages, sans modestie, sans ménagements, l'absolue divinisation du poète, et je jugerais même poète de mauvais goût celui-là qui, dans cette circonstance, ne serait pas de mon avis. Mais j'avoue que pour oser cette *Déclaration des droits* du poète, il faut être absolument lyrique, et peu de gens ont le *droit* de l'oser.

Mais enfin, direz-vous, si lyrique que soit le poète, peut-il donc ne jamais descendre des régions éthéréennes, ne jamais sentir le courant de la vie ambiante, ne jamais voir le spectacle de la vie, la grotesquerie perpétuelle de la bête humaine, la nauséabonde niaiserie de la femme, etc.?... etc.?... Mais si vraiment! le poète sait descendre dans la vie; mais croyez que s'il y consent, ce n'est pas sans but, et qu'il saura tirer profit de son voyage. De la laideur et de la sottise il fera naître un nouveau genre d'enchantements. Mais ici encore sa bouffonnerie conservera quelque chose d'hyperbolique; l'excès en détruira l'amertume, et la satire, par un miracle résultant de la nature même du poète, se déchargera de toute sa haine dans une explosion de gaieté, innocente à force d'être carnavalesque.

Même dans la poésie idéale, la Muse peut, sans déroger, frayer avec les vivants. Elle saura ramasser partout une nouvelle parure. Un oripeau moderne peut ajouter une grâce exquise, un mordant nouveau (un piquant, comme on disait autrefois) à sa beauté de déesse. Phèdre en paniers a ravi les esprits les plus délicats de l'Europe ; à plus forte raison, Vénus, qui est immortelle, peut bien, quand elle veut visiter Paris, faire descendre son char dans les bosquets du Luxembourg. D'où tirez-vous le soupçon que cet *anachronisme* est une infraction aux règles que le poète s'est imposées, à ce que nous pouvons appeler ses *convictions* lyriques ? Car peut-on commettre un anachronisme dans l'éternel ?

Pour dire tout ce que nous croyons la vérité, Théodore de Banville doit être considéré comme un original de l'espèce la plus élevée. En effet, si l'on jette un coup d'œil général sur la poésie contemporaine et sur ses meilleurs représentants, il est facile de voir qu'elle est arrivée à un état mixte, d'une nature très complexe ; le génie plastique, le sens philosophique, l'enthousiasme lyrique, l'esprit humoristique, s'y combinent et s'y mêlent suivant des dosages infiniment variés. La poésie moderne tient à la fois de la peinture, de la musique, de la statuaire, de l'art arabesque, de la philosophie railleuse, de l'esprit analytique, et, si heureusement, si habilement agencée qu'elle soit, elle se présente avec les signes visibles d'une subtilité empruntée à divers arts. Aucuns y pourraient voir peut-être des symptômes de dépravation. Mais c'est là une question que je ne veux pas élucider en ce lieu. Banville seul, je l'ai déjà dit, est purement, naturellement et volontairement lyrique. Il est retourné aux moyens anciens d'expression poétique, les trouvant sans doute tout à fait suffisants et parfaitement adaptés à son but.

Mais ce que je dis du choix des moyens s'applique avec non moins de justesse au choix des sujets, au thème considéré en lui-même. Jusque vers un point assez avancé des temps modernes, l'art, poésie et musique surtout, n'a eu pour but que d'enchanter l'esprit en lui présentant des tableaux de béatitude, faisant contraste avec l'horrible vie de contention et de lutte dans laquelle nous sommes plongés.

Beethoven a commencé à remuer les mondes de mélancolie et de désespoir incurable amassés comme des nuages dans le ciel intérieur de l'homme. Maturin dans le roman, Byron dans la poésie, Poe dans la poésie et dans le roman analytique, l'un malgré sa prolixité et son verbiage, si détestablement imités par Alfred de Musset ; l'autre, malgré son irritante concision, ont admirablement exprimé la partie blasphématoire de la passion ; ils ont projeté des rayons splendides, éblouissants, sur le Lucifer latent qui est installé dans tout cœur humain. Je veux dire que l'art moderne a une tendance essentiellement démoniaque. Et il semble que cette part infernale de l'homme, que l'homme prend plaisir à s'expliquer à lui-même, augmente journellement, comme si le Diable s'amusait à la grossir par des procédés artificiels, à l'instar des engraisseurs, empâtant patiemment le genre humain dans ses basses-cours pour se préparer une nourriture plus succulente.

Mais Théodore de Banville refuse de se pencher sur ces marécages de sang, sur ces abîmes de boue. Comme l'art antique, il n'exprime que ce qui est beau, joyeux, noble, grand, rythmique. Aussi, dans ses œuvres, vous n'entendrez pas les dissonances, les discordances des musiques du sabbat, non plus que les glapissements de l'ironie, cette vengeance du vaincu. Dans ses vers, tout a un air de fête et d'innocence, même la volupté. Sa poésie n'est pas seulement un regret, une nostalgie, elle est même un retour très volontaire vers l'état paradisiaque. A ce point de vue, nous pouvons donc le considérer comme un original de la nature la plus courageuse. En pleine atmosphère satanique ou romantique, au milieu d'un concert d'imprécations, il a l'audace de chanter la bonté des dieux et d'être un parfait *classique*. Je veux que ce mot soit entendu ici dans le sens le plus noble, dans le sens vraiment historique.

XXXVIII

PIERRE DUPONT

(*Revue fantaisiste*, 15 août 1861.)

Après 1848 Pierre Dupont a été une grande gloire. Les amateurs de la littérature sévère et soignée trouvèrent peut-être que cette gloire était trop grande ; mais aujourd'hui ils sont trop bien vengés, car voici maintenant que Pierre Dupont est négligé plus qu'il ne convient.

En 1843, 44 et 45, une immense, interminable nuée, qui ne venait pas d'Egypte, s'abattit sur Paris. Cette nuée vomit les néo-classiques, qui certes valaient bien plusieurs légions de sauterelles. Le public était tellement las de Victor Hugo, de ses infatigables facultés, de ses indestructibles beautés, tellement irrité de l'entendre toujours appeler *le juste*, qu'il avait depuis quelque temps décidé, dans son âme collective, d'accepter pour idole le premier soliveau qui lui tomberait sur la tête. C'est toujours une belle histoire à raconter que la conspiration de toutes les sottises en faveur d'une médiocrité ; mais en vérité, il y a des cas où, si véridique qu'on soit, il faut renoncer à être cru.

Cette nouvelle infatuation des Français pour la sottise classique menaçait de durer longtemps ; heureusement des symptômes vigoureux de résistance se faisaient voir de temps à autre. Déjà Théodore de Banville avait, mais vainement, produit les *Cariatides ;* toutes les beautés qui y sont contenues étaient de la nature de celles que le public devait momentanément repousser, puisqu'elles étaient l'écho mélodieux de la puissante voix qu'on voulait étouffer.

Pierre Dupont nous apporta alors son petit secours, et ce secours si modeste fut d'un effet immense. J'en appelle à tous ceux de nos amis qui, dès ce temps, s'étaient voués à l'étude des lettres et se sentaient affligés par l'hérésie renouvelée, et je crois qu'ils avoueront, comme moi, que Pierre Dupont fut une distraction excellente. Il fut une véritable digue qui servit à détourner le torrent, en attendant qu'il tarît et s'épuisât de lui-même.

Notre poète jusque-là était resté indécis, non pas dans ses sympathies, mais dans sa manière d'écrire. Il avait publié quelques poèmes d'un goût sage, modéré, sentant les bonnes études, mais d'un style bâtard et qui n'avait pas de visées beaucoup plus hautes que celui de Casimir Delavigne. Tout d'un coup, il fut frappé d'une illumination. Il se souvint de ses émotions d'enfance, de la poésie latente de l'enfance, jadis si souvent provoquée par ce que nous pouvons appeler la poésie anonyme, la chanson, non pas celle du soi-disant homme de lettres courbé sur un bureau officiel et utilisant ses loisirs de bureaucrate, mais la chanson du premier venu, du laboureur, du maçon, du roulier, du matelot. L'album des *Paysans* était écrit dans un style net et décidé, frais, pittoresque, cru, et la phrase était enlevée, comme un cavalier par son cheval, par des airs d'un goût naïf, faciles à retenir et composés par le poète lui-même. On se souvient de ce succès. Il fut très grand, il fut universel. Les hommes de lettres (je parle des vrais) y trouvèrent leur pâture. Le monde ne fut pas insensible à cette grâce rustique. Mais le grand secours que la Muse en tira fut de ramener l'esprit du public vers la vraie poésie, qui est, à ce qu'il paraît, plus incommode et plus difficile à aimer que la routine et les vieilles modes. La bucolique était retrouvée; comme la fausse bucolique de Florian, elle avait ses grâces, mais elle possédait surtout un accent pénétrant, profond, tiré du sujet lui-même et tournant vite à la mélancolie. La grâce y était naturelle, et non plaquée par le procédé artificiel dont usaient au dix-huitième siècle les peintres et les littérateurs. Quelques crudités même servaient à rendre plus visibles les délicatesses des rudes personnages dont ces poésies racontaient la joie ou la douleur. Qu'un paysan avoue sans honte que la mort de sa femme l'affligerait moins que la mort de ses bœufs, je n'en suis pas plus choqué que de voir les saltimbanques dépenser plus de soins paternels, câlins, charitables, pour leurs chevaux que pour leurs enfants. Sous l'horrible idiotisme du métier il y a la poésie du métier; Pierre Dupont a su la trouver, et souvent il l'a exprimée d'une manière éclatante.

En 1846 ou 47 (je crois plutôt que c'est en 46) Pierre Dupont, dans une de nos longues flâneries (heureuses flâneries d'un temps où nous n'écrivions pas encore, l'œil fixé sur une pendule, délices d'une jeunesse prodigue, ô mon cher Pierre, vous en souvenez-vous?), me parla d'un petit poème qu'il venait de composer et sur la valeur duquel son esprit était très indécis. Il me chanta, de cette voix si charmante qu'il possédait alors, le magnifique *Chant des Ouvriers*. Il était vraiment très incertain, ne sachant trop que penser de son œuvre; il ne m'en voudra pas de publier ce détail, assez comique d'ailleurs. Le fait que c'était pour lui une veine nouvelle; je dis *pour lui*, parce qu'un esprit plus exercé que n'était le sien à suivre ses propres évolutions, aurait pu deviner, d'après l'Album *les Paysans*, qu'il serait bientôt entraîné à chanter les douleurs et les jouissances de tous les pauvres.

Si rhéteur qu'il faille être, si rhéteur que je sois et si fier que je sois de l'être, pourquoi rougirais-je d'avouer que je fus profondément ému?

> Mal vêtus, logés dans des trous,
> Sous les combles, dans les décombres,
> Nous vivons parmi les hiboux
> Et les larrons amis des ombres.
> Cependant notre sang vermeil
> Coule impétueux dans nos veines;
> Nous nous plairions au grand soleil
> Et sous les rameaux verts des chênes!

Je sais que les ouvrages de Pierre Dupont ne sont pas d'un goût fini et parfait; mais il a l'instinct, sinon le sentiment raisonné de la beauté parfaite. En voici bien un exemple: quoi de plus commun, de plus trivial que le regard de la pauvreté jeté sur la richesse, sa voisine? mais ici le sentiment se complique d'orgueil poétique, de volupté entrevue dont on se sent digne; c'est un véritable trait de génie. Quel long soupir! quelle aspiration! *Nous aussi, nous comprenons la beauté des palais et des parcs! Nous aussi nous devinons l'art d'être heureux!*

Ce chant était-il un de ces atomes volatils qui flottent dans l'air et dont l'agglomération devient orage, tempête, événement? Etait-ce un de ces symptômes précurseurs tels que les hommes clairvoyants les virent alors en assez grand nombre dans l'atmosphère intellectuelle de la France? Je ne sais; toujours est-il que peu de temps après, très peu de temps après, cet hymne retentissant s'adaptait admirablement à une révolution générale dans la politique et dans les applications de la politique. Il devenait, presque immédiatement, le cri de ralliement des classes déshéritées.

Le mouvement de cette révolution a emporté jour à jour l'esprit du poète. Tous les événements ont fait écho dans ses vers. Mais je dois faire observer que si l'instrument de Pierre Dupont est d'une nature plus noble que celui de Béranger, ce n'est cependant pas un de ces clairons guerriers comme les nations en veulent entendre dans la minute qui précède les grandes batailles. Il ne ressemble pas à

> ... Ces trompes, ces cymbales,
> Qui soûlent de leurs sons le plus morne soldat,
> Et le jettent, joyeux, sous la grêle des balles,
> Lui versant dans le cœur la rage du combat. *

Pierre Dupont est une âme tendre, portée à l'utopie, et en cela même vraiment bucolique. Tout en lui tourne à l'amour, et la guerre, comme il la conçoit, n'est qu'une manière de préparer l'universelle réconciliation :

> Le glaive brisera le glaive,
> Et du combat naîtra l'amour!

L'amour est plus fort que la guerre, dit-il encore dans le *Chant des Ouvriers*.

Il y a dans son esprit une certaine force qui implique toujours la bonté; et sa nature, peu propre à se résigner aux lois éternelles de la destruction, ne veut accepter que les idées consolantes où elle peut trouver des éléments qui lui soient analogues. L'instinct (un instinct fort noble que le sien!) domine en lui la faculté du raisonnement. Le maniement des abstractions lui répugne, et il partage avec les femmes ce singulier privilège que toutes ses qualités poétiques comme ses défauts lui viennent du sentiment.

C'est à cette grâce, à cette tendresse féminine, que Pierre Dupont est redevable de ses meilleurs chants. Par grand bonheur, l'activité révolutionnaire, qui emportait à cette époque presque tous les esprits, n'avait pas absolument détourné le sien de sa voie *naturelle*. Personne n'a dit, en termes plus doux et plus pénétrants, les petites joies et les grandes douleurs des petites gens. Le recueil de ses chansons représente tout un petit monde où l'homme fait entendre plus de soupirs que de cris de gaieté, et où la

---

* Pétrus Borel. Préface en vers de *Madame Putiphar*.

nature, dont notre poète sent admirablement l'immortelle fraîcheur, semble avoir mission de consoler, d'apaiser, de dorloter le pauvre et l'abandonné.

Tout ce qui appartient à la classe des sentiments doux et tendres est exprimé par lui avec un accent rajeuni, renouvelé par la sincérité du sentiment. Mais au sentiment de la tendresse, de la charité universelle, il ajoute un genre d'esprit contemplatif qui jusque-là était resté étranger à la chanson française. La contemplation de l'immortelle beauté des choses se mêle sans cesse, dans ses petits poèmes, au chagrin causé par la sottise et la pauvreté de l'homme. Il possède, sans s'en douter, un certain *turn of pensiveness*, qui le rapproche des meilleurs poètes didactiques anglais. La galanterie elle-même (car il y a de la galanterie, et même d'une espèce raffinée, dans ce chantre des rusticités) porte dans ses vers un caractère pensif et attendri. Dans mainte composition il a montré, par des accents plutôt soudains que savamment modulés, combien il était sensible à la grâce éternelle qui coule des lèvres et du regard de la femme :

> La nature a filé sa grâce
> Du plus pur fil de ses fuseaux !

Et ailleurs, négligeant révolutions et guerres sociales, le poète chante, avec un accent délicat et voluptueux :

> Avant que tes beaux yeux soient clos
> Par le sommeil jaloux, ma belle,
> Descendons jusqu'au bord des flots,
> Et détachons notre nacelle.
>
> L'air tiède, la molle clarté
> De ces étoiles qui se baignent,
> Le bruit des rames qui se plaignent ;
> Tout respire la volupté.
>   O mon amante !
>   O mon désir !
>   Sachons cueillir
>   L'heure charmante !
>
> De parfums comme de lueurs
> La nacelle amoureuse est pleine ;
> On dirait un bouquet de fleurs
> Qui s'effeuille dans ton haleine ;
> Tes yeux, par la lune pâlis,
> Semblent emplis de violettes ;
> Tes lèvres sont des cassolettes,
> Ton corps embaume comme un lis !

> Vois-tu l'axe de l'univers,
> L'étoile polaire immuable ?
> Autour, les astres dans les airs
> Tourbillonnent comme du sable.
> Quel calme! que les cieux sont grands,
> Et quel harmonieux murmure!
> Ma main dedans ta chevelure
> A senti des frissons errants!
>
> Lettres plus nombreuses encor
> Que tout l'alphabet de la Chine,
> O grands hiéroglyphes d'or,
> Je vous déchiffre et vous devine!
> La nuit, plus belle que le jour,
> Ecrit dans sa langue immortelle
> Le mot que notre bouche épelle,
> Le nom infini de l'Amour!
>
> > O mon amante!
> > O mon désir!
> > Sachons cueillir
> > L'heure charmante!

Grâce à une opération d'esprit toute particulière aux amoureux quand ils sont poètes, ou aux poètes quand ils sont amoureux, la femme s'embellit de toutes les grâces du paysage, et le paysage profite occasionnellement des grâces que la femme aimée verse à son insu sur le ciel, sur la terre et sur les flots. C'est encore un de ces traits fréquents qui caractérisent la manière de Pierre Dupont, quand il se jette avec confiance dans les milieux qui lui sont favorables et quand il s'abandonne, sans préoccupation des choses qu'il ne peut pas dire vraiment *siennes*, au libre développement de sa nature.

J'aurais voulu m'étendre plus longuement sur les qualités de Pierre Dupont, qui, malgré un penchant trop vif vers les catégories et les divisions didactiques, — lesquelles ne sont souvent, en poésie, qu'un signe de paresse, le développement lyrique naturel devant contenir tout l'élément didactique et descriptif suffisant, — malgré de nombreuses négligences de langage et un *lâché* dans la forme vraiment inconcevables, est et restera un de nos plus précieux poètes. J'ai entendu dire à beaucoup de personnes, fort compétentes d'ailleurs, que le fini, le précieux, la perfection enfin, les rebutaient et les empêchaient d'avoir, pour ainsi dire, *confiance* dans le poète. Cette opinion (singulière pour moi) est fort propre à incliner l'esprit à la résignation relativement aux incompatibilités correspondantes dans l'esprit des poètes et dans le tempérament des lecteurs. Aussi bien, jouissons de nos poètes, à la condition toutefois qu'ils possèdent les qualités les plus nobles, les qualités indispensables, et prenons-les tels que Dieu les a faits et nous les donne, puisqu'on nous affirme que telle qualité ne s'augmente que par le sacrifice plus ou moins complet de telle autre.

Je suis contraint d'abréger. Pour achever en quelques mots, Pierre Dupont appartient à cette aristocratie naturelle des esprits qui doivent infiniment plus à la nature qu'à l'art, et qui, comme deux autres grands poètes, Auguste Barbier et madame Desbordes-Valmore, ne trouvent que par la spontanéité de leur âme l'expression, le chant, le cri, destinés à se graver éternellement dans toutes les mémoires.

XXXIX

LECONTE DE LISLE

(*Revue fantaisiste*, 15 août 1861.)

Je me suis souvent demandé, sans pouvoir me répondre, pourquoi les créoles n'apportaient, en général, dans les travaux littéraires, aucune originalité, aucune force de conception ou d'expression. On dirait des âmes de femmes, faites uniquement pour contempler et pour jouir. La fragilité même, la gracilité de leurs formes physiques, leurs yeux de velours qui regardent sans examiner, l'étroitesse singulière de leurs fronts, emphatiquement hauts, tout ce qu'il y a souvent en eux de charmant les dénonce comme des ennemis du travail et de la pensée. De la langueur, de la gentillesse, une faculté naturelle d'imitation qu'ils partagent d'ailleurs avec les nègres, et qui donne presque toujours à un poète créole, quelle que soit sa distinction, un certain air provincial, voilà ce que nous avons pu observer généralement dans les meilleurs d'entre eux.

M. Leconte de Lisle est la première et l'unique exception que j'ai rencontrée. En supposant qu'on en puisse trouver d'autres, il restera, à coup sûr, la plus étonnante et la plus vigoureuse. Si des descriptions, trop bien faites, trop enivrantes, pour n'avoir pas été moulées sur des souvenirs d'enfance, ne révélaient pas de temps en temps à l'œil du critique l'origine du poète, il serait impossible de découvrir qu'il a reçu le jour dans une de ces îles volcaniques et parfumées, où l'âme humaine, mollement bercée par toutes les voluptés de l'atmosphère, désapprend chaque jour l'exercice de la pensée. Sa personnalité physique même est un démenti donné à l'idée habituelle que l'esprit se fait d'un créole. Un front puissant, une tête ample et large, des yeux clairs et froids, fournissent tout d'abord l'image de la force. Au-dessous de ces traits dominants, les premiers qui se laissent apercevoir, badine une bouche souriante animée d'une incessante ironie. Enfin, pour compléter le démenti au spirituel comme au physique, sa conversation, solide et sérieuse, est toujours, à chaque instant, assaisonnée par cette raillerie qui confirme la force. Ainsi non seulement il est érudit, non seulement il a médité, non seulement il a cet œil poétique qui sait extraire le caractère poétique de toutes choses, mais encore il a de l'esprit, qualité rare chez les poètes ; de l'esprit dans le sens populaire et dans le sens le plus élevé du mot. Si cette faculté de raillerie et de bouffonnerie n'apparaît pas (distinctement, veux-je dire) dans ses ouvrages poétiques, c'est parce qu'elle veut se cacher, parce qu'elle a compris que c'était son devoir de se cacher. Leconte de Lisle, étant un vrai poète, sérieux et méditatif, a horreur de la confusion des genres, et il sait que l'art n'obtient ses effets les plus puissants que par des sacrifices proportionnés à la rareté de son but.

Je cherche à définir la place que tient dans notre siècle ce poète tranquille et vigoureux, l'un de nos plus chers et de nos plus précieux. Le caractère distinctif de sa poésie est un sentiment d'aristocratie intellectuelle, qui suffirait, à lui seul, pour expliquer l'impopularité de l'auteur, si, d'un autre côté, nous ne savions pas que l'impopularité, en France, s'attache à tout ce qui tend vers n'importe quel genre de perfection. Par son goût inné pour la philosophie et par sa faculté de description pittoresque, il s'élève bien au-dessus de ces mélancolies de salon, de ces fabricants d'albums et de keepsakes où tout, philosophie et poésie, est ajusté au sentiment des demoiselles. Autant vaudrait mettre les fadeurs d'Ary Scheffer ou les banales images de nos missels en parallèle avec les robustes figures de Cornélius. Le seul poète auquel on pourrait, sans absurdité, comparer Leconte de Lisle est Théophile Gautier. Ces deux esprits se plaisent également dans le voyage ; ces deux imaginations sont naturellement cosmopolites. Tous deux ils aiment à changer d'atmosphère et à habiller leur pensée des modes variables que le temps éparpille dans l'éternité. Mais Théophile Gautier donne au détail un relief plus vif et une couleur plus allumée, tandis que Leconte de Lisle s'attache surtout à l'armature philosophique. Tous deux ils aiment l'Orient et le désert ; tous deux ils admirent le repos comme un principe de beauté. Tous deux ils inondent leur poésie d'une lumière passionnée, plus pétillante chez Théophile Gautier, plus reposée chez Leconte de Lisle. Tous deux sont également indifférents à toutes les piperies humaines et savent, sans effort, n'être jamais dupes. Il y a encore un autre homme, mais dans un ordre différent, que l'on peut nommer à côté de Leconte de Lisle, c'est Ernest Renan. Malgré la diversité qui les sépare, tous les esprits clairvoyants sentiront cette comparaison. Dans le poète comme dans le philosophe, je trouve cette ardente mais impartiale curiosité des religions, et ce même esprit d'amour universel, non pour l'humanité prise en elle-même, mais pour les différentes formes dont l'homme a, suivant les âges et les climats, revêtu la beauté et la vérité. Chez l'un non plus que chez l'autre, jamais d'absurde impiété. Peindre en beaux vers, d'une nature lumineuse et tranquille, les manières diverses suivant lesquelles l'homme a, jusqu'à présent, adoré Dieu et cherché le beau, tel a été, autant qu'on en peut juger par son recueil le plus complet, le but que Leconte de Lisle a assigné à sa poésie.

Son premier pèlerinage fut pour la Grèce; et tout d'abord ses poèmes, écho de la beauté classique, furent remarqués par les connaisseurs. Plus tard, il montra une série d'imitations latines, dont, pour ma part, je fais infiniment plus de cas. Mais pour être tout à fait juste, je dois avouer que peut-être bien le goût du sujet emporte ici mon jugement, et que ma prédilection naturelle pour Rome m'empêche de sentir tout ce que je devrais goûter dans la lecture de ses poésies grecques.

Peu à peu, son humeur voyageuse l'entraîna vers des mondes de beauté plus mystérieux. La part qu'il a faite aux religions asiatiques est énorme, et c'est là qu'il a versé à flots majestueux son dégoût naturel pour les choses transitoires, pour le badinage de la vie, et son amour infini pour l'immuable, pour l'éternel, pour le *divin Néant*. D'autres fois, avec une soudaineté de caprice apparent, il émigrait vers les neiges de la Scandinavie et nous racontait les divinités boréales, culbutées et dissipées comme des brumes par le rayonnant enfant de la Judée. Mais quelles que soient la majesté d'allures et la solidité de raison que Leconte de Lisle a développées dans ces sujets si divers, ce que je préfère parmi ses œuvres, c'est un certain filon tout nouveau qui est bien à lui et qui n'est qu'à lui. Les pièces de cette classe sont rares, et c'est peut-être parce que ce genre était son genre le plus naturel, qu'il l'a plus négligé. Je veux parler des poèmes, où, sans préoccupation de la religion et des formes sucessives de la pensée humaine, le poète a décrit la beauté, telle qu'elle posait pour son œil original et individuel : les forces imposantes, écrasantes de la nature; la majesté de l'animal dans sa course ou dans son repos; la grâce de la femme dans les climats favorisés du soleil, enfin la divine sérénité du désert ou la redoutable magnificence de l'Océan. Là, Leconte de Lisle est un maître et un grand maître. Là, la poésie triomphante n'a plus d'autre but qu'elle-même. Les vrais amateurs savent que je veux parler de pièces telles que *les Hurleurs, les Eléphants, le Sommeil du condor*, etc., telles surtout que *le Manchy*, qui est un chef-d'œuvre hors ligne, une véritable évocation, où brillent, avec toutes leurs grâces mystérieuses, la beauté et la magie tropicales, dont aucune beauté méridionale, grecque, italienne ou espagnole, ne peut donner l'analogue.

J'ai peu de choses à ajouter. Leconte de Lisle possède le gouvernement de son idée; mais ce ne serait presque rien s'il ne possédait aussi le maniement de son outil. Sa langue est toujours noble, décidée, forte, sans notes criardes, sans fausses pudeurs; son vocabulaire, très étendu; ses accouplements de mots sont toujours distingués et cadrent nettement avec la nature de son esprit. Il joue du rythme avec ampleur et certitude, et son instrument a le ton doux mais large et profond de l'alto. Ses rimes, exactes sans trop de coquetterie, remplissent la condition de beauté voulue et répondent régulièrement à cet amour contradictoire et mystérieux de l'esprit humain pour la surprise et la symétrie.

Quant à cette impopularité dont je parlais au commencement, je crois être l'écho de la pensée du poète lui-même en affirmant qu'elle ne lui cause aucune tristesse, et que le contraire n'ajouterait rien à son contentement. Il lui suffit d'être populaire parmi ceux qui sont dignes eux-mêmes de lui plaire. Il appartient d'ailleurs à cette famille d'esprits qui ont pour tout ce qui n'est pas supérieur un mépris si tranquille qu'il ne daigne même pas s'exprimer.

XL

HÉGÉSIPPE MOREAU

(Posthume : *L'Art romantique*, 1868.)

La même raison qui fait une destinée malheureuse en fait une heureuse. Gérard de Nerval tirera du vagabondage, qui fut si longtemps sa grande jouissance, une mélancolie à qui le suicide apparaîtra finalement comme seul terme et seule guérison possibles. Edgar Poe, qui était un grand génie, se couchera dans le ruisseau, vaincu par l'ivresse. De longs hurlements, d'implacables malédictions, suivront ces deux morts. Chacun voudra se dispenser de la pitié et répétera le jugement précipité de l'égoïsme : pourquoi plaindre ceux qui méritent de souffrir ? D'ailleurs le siècle considère volontiers le malheureux comme un impertinent. Mais si ce malheureux unit l'esprit à la misère, s'il est, comme Gérard, doué d'une intelligence brillante, active, lumineuse, prompte à s'instruire; s'il est, comme Poe, un vaste génie, profond comme le ciel et comme l'enfer, oh! alors, l'impertinence du malheur devient intolérable. Ne dirait-on pas que le génie est un reproche et une insulte pour la foule! Mais s'il n'y a dans le malheureux ni génie ni savoir, si l'on ne peut trouver en lui rien de supérieur, rien d'impertinent, rien qui empêche la foule de se mettre de niveau avec lui et de le traiter conséquemment de pair à compagnon, dans ce cas-là constatons que le malheur et même le vice peuvent devenir une immense source de gloire.

Gérard a fait des livres nombreux, voyages ou nouvelles, tous marqués par le goût. Poe a produit au moins soixante-douze nouvelles, dont une aussi longue qu'un roman;

des poèmes exquis d'un style prodigieusement original et parfaitement correct, au moins huit cents pages de mélanges critiques, et enfin un livre de haute philosophie. Tous les deux, Poe et Gérard, étaient, en somme, malgré le vice de leur conduite, d'excellents hommes de lettres, dans l'acception la plus large et la plus délicate du mot, se courbant humblement sous la loi inévitable, travaillant, il est vrai, à leurs heures, à leur guise, selon une méthode plus ou moins mystérieuse, mais actifs, industrieux, utilisant leurs rêveries ou leurs méditations; bref, exerçant allégrement leur profession.

Hégésippe Moreau, qui, comme eux, fut un Arabe nomade dans un monde civilisé, est presque le contraire d'un homme de lettres. Son bagage n'est pas lourd, mais la légèreté même de ce bagage lui a permis d'arriver plus vite à la gloire. Quelques chansons, quelques poèmes d'un goût moitié classique, moitié romantique, n'épouvantent pas les mémoires paresseuses. Enfin, pour lui tout a tourné à bien; jamais fortune spirituelle ne fut plus heureuse. Sa misère lui a été comptée pour du travail, le désordre de sa vie pour génie incompris. Il s'est promené, et il a chanté quand l'envie de chanter l'a pris. Nous connaissons ces théories, fautrices de paresse, qui, basées uniquement sur des métaphores, permettent au poète de se considérer comme un oiseau bavard, léger, irresponsable, insaisissable, et transportant son domicile d'une branche à l'autre. Hégésippe Moreau fut un enfant gâté qui ne méritait pas de l'être. Mais il faut expliquer cette merveilleuse fortune, et avant de parler des facultés séduisantes qui ont permis de croire un instant qu'il deviendrait un véritable poète, je tiens à montrer le fragile, mais immense échafaudage de sa trop grande popularité.

De cet échafaudage, chaque fainéant et chaque vagabond est un poteau. De cette conspiration, tout mauvais sujet sans talent est naturellement complice. S'il s'agissait d'un véritable grand homme, son génie servirait à diminuer la pitié pour ses malheurs, tandis que maint homme médiocre peut prétendre, sans trop de ridicule, à s'élever aussi haut qu'Hégésippe Moreau, et, s'il est malheureux, se trouve naturellement intéressé à prouver, par l'exemple de celui-ci, que tous les malheureux sont poètes. Avais-je tort de dire que l'échafaudage est immense ? Il est planté dans le plein cœur de la médiocrité; il est bâti avec la vanité du malheur : matériaux inépuisables !

J'ai dit vanité du malheur. Il fut un temps où parmi les

poètes il était de mode de se plaindre, non plus de douleurs mystérieuses, vagues, difficiles à définir, espèce de maladie congéniale de la poésie, mais de belles et bonnes souffrances bien déterminées, de la pauvreté, par exemple; on disait orgueilleusement : J'ai faim et j'ai froid! Il y avait de l'honneur à mettre ces saletés-là en vers. Aucune pudeur n'avertissait le rimeur que, mensonge pour mensonge, il ferait meilleur pour lui de se présenter au public comme un homme enivré d'une richesse asiatique et vivant dans un monde de luxe et de beauté. Hégésippe donna dans ce grand travers antipoétique. Il parla de lui-même beaucoup, et pleura beaucoup sur lui-même. Il singea plus d'une fois les attitudes fatales des Antony et des Didier, mais il y joignit ce qu'il croyait une grâce de plus, le regard courroucé et grognon du démocrate. Lui, gâté par la nature, il faut bien l'avouer, mais qui travaillait fort peu à perfectionner ses dons, il se jeta tout d'abord dans la foule de ceux qui s'écrient sans cesse : O marâtre nature! et qui reprochent à la société de leur avoir *volé leur part*. Il se fit de lui-même un certain personnage idéal, damné, mais innocent, voué dès sa naissance à des souffrances imméritées.

> *Un ogre,* ayant flairé la chair qui vient de naître,
> M'emporta, *vagissant,* dans *sa robe de prêtre,*
> Et je grandis, *captif,* parmi ces écoliers,
> *Noirs frelons* que Montrouge essaime par milliers.

Faut-il que cet *ogre* (un ecclésiastique) soit vraiment dénaturé pour emporter ainsi le petit Hégésippe *vagissant* dans *sa robe de prêtre,* dans sa puante et répulsive robe de prêtre (soutane)! Cruel voleur d'enfants! Le mot *ogre* implique un goût déterminé pour la chair crue; pourquoi, d'ailleurs, aurait-il *flairé la chair?* et cependant nous voyons par le vers suivant que le jeune Hégésippe n'a pas été mangé puisqu'au contraire il grandit (*captif,* il est vrai) comme cinq cents autres condisciples que l'ogre n'a pas mangés non plus, et à qui il enseignait le latin, ce qui permettra au martyr Hégésippe d'écrire sa langue un peu moins mal que tous ceux qui n'ont pas eu le malheur d'être enlevés par *un ogre.* Vous avez sans doute reconnu la tragique *robe de prêtre,* vieille défroque volée dans le vestiaire de Claude Frollo et de Lamennais. C'est là la touche romantique comme la sentait Hégésippe Moreau; voici maintenant la note démocratique : *Noirs frelons!* Sentez-vous bien toute la profondeur de ce mot ? Frelon fait antithèse à abeille, insecte plus intéressant parce qu'il est de naissance laborieux et utile, comme le jeune Hégésippe, pauvre petite abeille enfermée chez les frelons. Vous voyez qu'en fait de sentiments démocratiques il n'est guère plus délicat qu'en fait d'expressions romantiques, et qu'il entend la chose à la manière des maçons qui traitent les curés de fainéants et de propres à rien.

Ces quatre malheureux vers résument très clairement la note morale dans les poésies d'Hégésippe Moreau. Un poncif romantique, collé, non pas amalgamé, à un poncif dramatique. Tout en lui n'est que poncifs réunis et voiturés ensemble. Tout cela ne fait pas une société, c'est-à-dire un tout, mais quelque chose comme une cargaison d'omnibus. Victor Hugo, Alfred de Musset, Barbier et Barthélemy lui fournissent tour à tour leur contingent. Il emprunte à Boileau sa forme symétrique, sèche, dure, mais éclatante. Il nous ramène l'antique périphrase de Delille, vieille prétentieuse inutile, qui se pavane fort singulièrement au milieu des images dévergondées et crues de l'école de 1830. De temps en temps il s'égaye et s'enivre classiquement, selon la méthode usitée au Caveau, ou bien découpe les sentiments lyriques en couplets, à la manière de Béranger et de Désaugiers ; il réussit presque aussi bien qu'eux l'ode à compartiments. Voyez, par exemple, *les Deux Amours*. Un homme se livre à l'amour banal, la mémoire encore pleine d'un amour idéal. Ce n'est pas le sentiment, le sujet, que je blâme ; bien que fort commun il est d'une nature profonde et poétique. Mais il est traité d'une manière antihumaine. Les deux amours alternent, comme des bergers de Virgile, avec une symétrie mathématique désolante. C'est là le grand malheur de Moreau. Quelque sujet et quelque genre qu'il traite, il est élève de quelqu'un. A une forme empruntée il n'ajoute d'original que le mauvais ton, si toutefois une chose aussi universelle que le mauvais ton peut être dite originale. Quoique toujours écolier, il est pédant, et même, dans les sentiments qui sont les mieux faits pour échapper à la pédanterie, il apporte je ne sais quelles habitudes de Sorbonne et de quartier latin. Ce n'est pas la volupté de l'épicurien, c'est plutôt la sensualité claustrale, échauffée, du cuistre, sensualité de prison et de dortoir. Ses badinages amoureux ont la grossièreté d'un collégien en vacances. *Lieux communs de morale lubrique*, rogatons du dernier siècle qu'il réchauffe et qu'il débite avec la naïveté scélérate d'un enfant ou d'un gamin.

Un enfant! c'est bien le mot, et c'est de ce mot et de tout le sens qu'il implique que je tirerai tout ce que j'ai à dire d'élogieux sur son compte. Aucuns trouveront sans doute, même en supposant qu'ils pensent comme moi, que je suis allé bien loin dans le blâme, que j'en ai outré l'expression. Après tout, c'est possible; et quand cela serait, je n'y verrais pas grand mal et ne me trouverais pas si coupable. Action, réaction, faveur, cruauté, se rendent alternativement nécessaires. Il faut bien rétablir l'équilibre. C'est la loi, et la loi est bien faite. Que l'on songe bien qu'il s'agit ici d'un homme dont on a voulu faire le prince des poètes dans le pays qui a donné naissance à Ronsard, à Victor Hugo, à Théophile Gautier, et que récemment on annonçait à grand bruit une souscription pour lui élever un monument, comme s'il était question d'un de ces hommes prodigieux dont la tombe négligée fait tache sur l'histoire d'un peuple. Avons-nous affaire à une de ces volontés aux prises avec l'adversité, telles que Soulié et Balzac, à un homme chargé de grands devoirs, les acceptant humblement et se débattant sans trêve contre le monstre grossissant de l'usure? Moreau n'aimait pas la douleur; il ne la reconnaissait pas comme un bienfait et il n'en devinait pas l'aristocratique beauté! D'ailleurs il n'a pas connu ces enfers-là. Pour qu'on puisse exiger de nous tant de pitié, tant de tendresse, il faudrait que le personnage fût lui-même tendre et compatissant. A-t-il connu les tortures d'un cœur inassouvi, les douloureuses pâmoisons d'une âme aimante et méconnue? Non. Il appartenait à la classe de ces voyageurs qui se contentent à peu de frais, et à qui suffisent le pain, le vin, le fromage *et la première venue*.

Mais il fut *un enfant*, toujours effronté, souvent gracieux, quelquefois charmant. Il a la souplesse et l'imprévu de l'enfance. Il y a dans la jeunesse littéraire, comme dans la jeunesse physique, une certaine beauté du diable qui fait pardonner bien des imperfections. Ici nous trouvons pis que des imperfections, mais aussi nous sommes quelquefois charmés par mieux que la beauté du diable. Malgré cet amas de pastiches auxquels, enfant et écolier comme il le fut toujours, Moreau ne put pas se soustraire, nous trouvons quelquefois l'accent de vérité jaillissante, l'accent soudain, natif, qu'on ne peut confondre avec aucun autre accent. Il possède véritablement la grâce, le don gratuit; lui, si sottement impie, lui, le perroquet si niais des badauds de la démocratie, il aurait dû mille fois rendre grâces pour cette grâce à laquelle il doit tout, sa célébrité et le pardon de tous ses vices littéraires.

Quand nous découvrons dans ce paquet d'emprunts, dans ce fouillis de plagiats vagues et involontaires, dans cette pétarade d'esprit bureaucratique ou scolaire, une de ces merveilles inattendues dont nous parlions tout à l'heure, nous éprouvons quelque chose qui ressemble à un immense regret. Il est certain que l'écrivain qui a trouvé dans une de ses bonnes heures *la Voulzie* et la chanson de *la Ferme et la Fermière*, pouvait légitimement aspirer à de meilleures destinées. Puisque Moreau a pu, sans étude, sans travail, malgré de mauvaises fréquentations, sans aucun souci de rappeler à volonté les heures favorisées, être quelquefois si franchement, si simplement, si gracieusement original, combien ne l'eût-il pas été davantage et plus souvent s'il avait accepté la règle, la loi du travail, s'il avait mûri, morigéné et aiguillonné son propre talent! Il serait devenu, tout porte à le croire, un remarquable homme de lettres. Mais il est vrai qu'il ne serait pas l'idole des fainéants et le dieu des cabarets. C'est sans doute une *gloire* que rien ne saurait compenser, pas même la vraie gloire.

VII. — DERNIÈRE GERBE

(1861-1866)

XLI

LES MARTYRS RIDICULES

PAR LÉON CLADEL

(*Revue fantaisiste*, 15 octobre 1861.)

Un de mes amis, qui est en même temps mon éditeur, me pria de lire ce livre, affirmant que j'y trouverais plaisir. Je n'y consentis qu'avec une excessive répugnance; car on m'avait dit que l'auteur était un jeune homme, et la Jeunesse, dans le temps présent, m'inspire, par ses défauts nouveaux, une défiance déjà bien suffisamment légitimée par ceux qui la distinguèrent en tout temps. J'éprouve, au contact de la Jeunesse, la même sensation de malaise qu'à la rencontre d'un camarade de collège oublié, devenu boursier, et que les vingt ou trente années intermédiaires n'empêchent pas de me tutoyer ou de me frapper sur le ventre. Bref, je me sens en mauvaise compagnie.

Cependant l'ami en question avait deviné juste; quelque chose lui avait plu, qui devait m'exciter moi-même; ce n'était certes pas la première fois que je me trompais; mais je crois bien que ce fut la première où j'éprouvai tant de plaisir à m'être trompé.

Il y a dans la *gentry* parisienne quatre jeunesses distinctes. L'une, riche, bête, oisive, n'adorant pas d'autres divinités que la paillardise et la goinfrerie, ces muses du vieillard sans honneur : celle-là ne nous concerne en rien. L'autre, bête, sans autre souci que l'argent, troisième divinité du vieillard : celle-ci, destinée à faire fortune, ne nous intéresse pas davantage. Passons encore. Il y a une troisième espèce de jeunes gens qui *aspirent à faire le bonheur du peuple*, et qui ont étudié la théologie et la politique dans le journal *le Siècle ;* c'est généralement de petits avocats, qui réussiront, comme tant d'autres, à se grimer pour la tribune, à singer le Robespierre et à *déclamer*, eux aussi, des choses *graves*, mais avec moins de pureté que lui, sans aucun doute; car la grammaire sera bientôt une chose aussi oubliée que la raison, et, au train dont nous marchons vers les ténèbres, il y a lieu d'espérer qu'en l'an 1900 nous serons plongés dans le noir absolu.

Le règne de Louis-Philippe, vers sa fin, fournissait déjà de nombreux échantillons de lourde jeunesse épicurienne et de jeunesse agioteuse. La troisième catégorie, la bande des politiques est née de l'espérance de voir se renouveler les *miracles* de Février.

Quant à la quatrième, bien que je l'aie vue naître, j'ignore comment elle est née. D'elle-même, sans doute, spontanément, comme les infiniment petits dans une carafe d'eau putride, la grande carafe française. C'est la jeunesse littéraire, la jeunesse *réaliste*, se livrant, au sortir de l'enfance, à l'art *réalistique* (à des choses nouvelles il faut des mots nouveaux!). Ce qui la caractérise nettement, c'est une haine décidée, native, des musées et des bibliothèques. Cependant, elle a ses classiques, particulièrement Henri Murger et Alfred de Musset. Elle ignore avec quelle amère gausserie Murger parlait de la *Bohème;* et quant à *l'autre*, ce n'est pas dans ses nobles attitudes qu'elle s'appliquera à l'imiter, mais dans ses crises de fatuité, dans ses fanfaronnades de paresse, à l'heure où, avec des dandinements de commis voyageur, un cigare au bec, il s'échappe d'un dîner à l'ambassade pour aller à la maison de jeu, ou au salon de conversation. De son absolue confiance dans le génie et l'inspiration, elle tire le droit de ne se soumettre à aucune gymnastique. Elle ignore que le génie (si toutefois on peut appeler ainsi le germe indéfinissable du grand homme) doit, comme le saltimbanque apprenti, risquer de se rompre mille fois les os en secret avant de danser devant le public; que l'inspiration, en un mot, n'est que la récompense de l'exercice quotidien. Elle a de mauvaises mœurs, de sottes amours, autant de fatuité que de paresse, et elle découpe sa vie sur le patron de certains romans, comme les filles entretenues s'appliquaient, il y a vingt ans, à ressembler aux images de Gavarni, qui, lui, n'a peut-être jamais mis les pieds dans un bastringue. Ainsi l'homme d'esprit moule le peuple, et le visionnaire crée la réalité. J'ai connu quelques malheureux qu'avait grisés Ferragus XXIII, et qui projetaient sérieusement de former une coalition secrète pour se partager, comme une horde se partage un empire conquis, toutes les fonctions et les richesses de la société moderne.

C'est cette lamentable petite caste que M. Léon Cladel a voulu peindre; avec quelle rancuneuse énergie, le lecteur le verra. Le titre m'avait vivement intrigué par sa construction antithétique, et peu à peu, en m'enfonçant dans les mœurs du livre, j'en appréciai la vive signification. Je vis défiler les *martyrs* de la sottise, de la fatuité, de la débauche, de la paresse juchée sur l'espérance, des amourettes prétentieuses, de la sagesse égoïstique, etc.; tous *ridicules*, mais véritablement *martyrs*, car ils souffrent pour l'amour de leurs vices et s'y sacrifient avec une extraordinaire bonne foi. Je compris alors pourquoi il m'avait été prédit que l'ouvrage me séduirait; je rencontrais un de ces livres satiriques, un de ces livres *pince-sans-rire,* dont le comique se fait d'autant mieux comprendre qu'il est toujours accompagné de l'emphase inséparable des passions.

Toute cette mauvaise société, avec ses habitudes viles, ses mœurs aventureuses, ses inguérissables illusions, a déjà été peinte par le pinceau si vif de Murger; mais le même sujet, mis au concours, peut fournir plusieurs tableaux également remarquables à des titres divers. Murger badine en racontant des choses souvent tristes. M. Cladel à qui la drôlerie, non plus que la tristesse, ne manque pas, raconte avec une solennité *artistique* des faits déplorablement comiques. Murger glisse et fuit rapidement devant des tableaux dont la contemplation persistante chagrinerait trop son tendre esprit. M. Cladel insiste avec fureur; il ne veut pas omettre un détail, ni oublier une confidence; il ouvre la plaie pour la mieux montrer, la referme, en pince les lèvres livides, et en fait jaillir un sang jaune et pâle. Il manie le péché en curieux, le tourne, le retourne, examine complaisamment les circonstances, et déploie dans l'analyse du mal la consciencieuse ardeur d'un casuiste. Alpinien, le principal *martyr*, ne se ménage pas; aussi prompt à caresser ses vices qu'à les maudire, il offre, dans sa perpétuelle oscillation, l'instructif spectacle de l'incurable maladie voilée sous le repentir périodique. C'est un auto-confesseur qui s'absout et se glorifie des pénitences qu'il s'inflige, en attendant qu'il gagne, par de nouvelles sottises, l'honneur et le droit de se condamner de nouveau. J'espère que quelques-uns du siècle sauront s'y reconnaître avec plaisir.

La disproportion du ton avec le sujet, disproportion qui

n'est sensible que pour le sage désintéressé, est un moyen de comique dont la puissance saute à l'œil; je suis même étonné qu'il ne soit pas employé plus souvent par les peintres de mœurs et les écrivains satiriques, surtout dans les matières concernant l'Amour, véritable magasin de comique peu exploité. Si grand que soit un être, et si nul qu'il soit relativement à l'infini, le pathos et l'emphase lui sont permis et nécessaires : l'Humanité est comme une colonie de ces éphémères de l'Hypanis, dont on a écrit de si jolies fables; et les fourmis elles-mêmes, pour leurs affaires politiques, peuvent emboucher la trompette de Corneille, proportionnée à leur bouche. Quant aux insectes amoureux, je ne crois pas que les figures de rhétorique dont ils se servent pour gémir leurs passions soient mesquines; toutes les mansardes entendent tous les soirs des tirades tragiques dont la Comédie-Française ne pourra jamais bénéficier. La pénétration psychique de M. Cladel est très grande, c'est là sa forte qualité; son art, minutieux et brutal, turbulent et enfiévré, se restreindra plus tard, sans nul doute, dans une forme plus sévère et plus froide, qui mettra ses qualités morales en plus vive lumière, plus à nu. Il y a des cas où, par suite de cette exubérance, on ne peut plus discerner la qualité du défaut, ce qui serait excellent si l'amalgame était complet; mais malheureusement, en même temps que sa clairvoyance s'exerce avec volupté, sa sensibilité, furieuse d'avoir été refoulée, fait une subite et indiscrète explosion. Ainsi, dans un des meilleurs passages du livre, il nous montre un brave homme, un officier plein d'honneur et d'esprit, mais vieux avant l'âge, et livré par d'affaiblissants chagrins et par la fausse hygiène de l'ivrognerie aux gouailleries d'une bande d'estaminet. Le lecteur est instruit de l'ancienne grandeur morale de Pipabs, et ce même lecteur souffrira lui-même du martyre de cet ancien brave, minaudant, gambadant, rampant, déclamant, marivaudant, pour obtenir de ces jeunes bourreaux... quoi ? l'aumône d'un dernier verre d'absinthe. Tout à coup l'indignation de l'auteur se projette d'une manière stentorienne, par la bouche d'un des personnages, qui fait justice immédiate de ces divertissements de rapins. Le discours est très éloquent et très enlevant; malheureusement la note personnelle de l'auteur, sa simplicité révoltée, n'est pas assez voilée. Le poète, sous son masque, se laisse encore voir. Le suprême de l'art eût consisté à rester glacial et fermé, et à laisser au lecteur tout le mérite de l'indignation. L'effet d'horreur en eût été augmenté. Que la morale officielle trouve ici son profit, c'est incontestable; mais l'art y perd, et avec l'art vrai, la vraie morale : la suffisante, ne perd jamais rien.

Les personnages de M. Cladel ne reculent devant aucun aveu; ils s'étalent avec une instructive nudité. Les femmes, une à qui sa douceur animale, sa nullité peut-être, donne, aux yeux de son amant ensorcelé, un faux air de sphinx; une autre, modiste prétentieuse, qui a fouaillé son imagination avec toutes les orties de George Sand, se font des révérences d'un autre monde et se traitent de *madame!* gros comme le bras. Deux amants tuent leur soirée aux Variétés et assistent à *la Vie de Bohème;* s'en retournant vers leur taudis, ils se querelleront dans le style de la pièce; mieux encore, chacun, oubliant sa propre personnalité, ou plutôt la confondant avec le personnage qui lui plaît davantage, se laissera interpeller sous le nom du personnage en question; et ni l'un ni l'autre ne s'apercevra du travestissement. Voilà Murger (pauvre ombre!) transformé en truchement, en dictionnaire de langue *bohème*, en *Parfait secrétaire des amants* de l'an *de grâce* 1861. Je ne crois pas qu'après une pareille citation on puisse me contester la puissance sinistrement caricaturale de M. Cladel. Un exemple encore : Alpinien, le *martyr* en premier de cette cohorte de *martyrs ridicules* (il faut toujours en revenir au titre), s'avise un jour, pour se distraire des chagrins intolérables que lui ont faits ses mauvaises mœurs, sa fainéantise et sa rêverie vagabonde, d'entreprendre le plus étrange pèlerinage dont il puisse être fait mention dans les folles religions inventées par les solitaires oisifs et impuissants. L'amour, c'est-à-dire le libertinage, la débauche élevée à l'état de contre-religion, ne lui ayant pas payé les récompenses espérées, Alpinien court la gloire, et errant dans les cimetières, il implore les images des grands hommes défunts; il baise leurs bustes, les suppliant de lui livrer leur secret, le grand secret : « Comment faire pour devenir aussi grand que vous ? » Les statues, si elles étaient bonnes conseillères, pourraient répondre : « Il faut rester chez toi, méditer et barbouiller beaucoup de papier! » Mais ce moyen si simple n'est pas à la portée d'un rêveur hystérique. La superstition lui paraît plus naturelle. En vérité, cette invention si tristement gaie fait penser au nouveau calendrier des saints de l'école *positiviste*.

La superstition! ai-je dit. Elle joue un grand rôle dans la tragédie solitaire et interne du pauvre Alpinien, et ce n'est pas sans un délicieux et douloureux attendrissement qu'on voit par instant son esprit harassé, — où la superstition la plus puérile, symbolisant obscurément, comme dans le cerveau des nations, l'universelle vérité, s'amalgame avec les sentiments religieux les plus purs, — se retourner vers les salutaires impressions de l'enfance, vers la vierge Marie, vers le chant fortifiant des cloches, vers le crépuscule consolant de l'Eglise, vers la famille, vers sa mère; — la mère, ce giron toujours ouvert pour les *fruits-secs*, les prodigues et les ambitieux maladroits! On peut espérer qu'à partir de ce moment Alpinien est à moitié sauvé; il ne lui manque plus que de devenir un homme d'action, un homme de devoir, au jour le jour.

Beaucoup de gens croient que la satire est faite avec des larmes, des larmes étincelantes et cristallisées. En ce cas, bénies soient les larmes qui fournissent l'occasion du rire, si délicieux et si rare, et dont l'éclat démontre d'ailleurs la parfaite santé de l'auteur!

Quant à la moralité du livre, elle en jaillit naturellement comme la chaleur de certains mélanges chimiques. Il est permis de soûler les ilotes pour guérir de l'ivrognerie les gentilshommes.

Et quant au succès, question sur laquelle on ne peut rien présager, je dirai simplement que je le désire, parce qu'il serait possible que l'auteur en reçût une excitation nouvelle, mais que ce succès, si facile d'ailleurs à confondre avec une vogue momentanée, ne diminuerait en rien tout le bien que le livre me fait conjecturer de l'âme et du talent qui l'ont produit de concert.

XLII

UNE RÉFORME A L'ACADÉMIE

(*Revue anecdotique*, janvier 1862.)

Le grand article de M. Sainte-Beuve sur les *prochaines élections de l'Académie* a été un véritable événement. Il eût été fort intéressant pour un profane, un nouveau *Diable boiteux*, d'assister à la séance académique du jeudi qui a suivi la publication de ce curieux manifeste. M. Sainte-Beuve attire sur lui toutes les rancunes de ce parti politique, doctrinaire, orléaniste, aujourd'hui religieux par esprit d'opposition, disons simplement : hypocrite, qui veut remplir l'Institut de ses créatures préférées et transformer le sanctuaire des Muses en un parlement de mécontents ; « les hommes d'État sans ouvrage », comme les appelle dédaigneusement un autre académicien qui, bien qu'il soit d'assez bonne naissance, est, littérairement parlant, le fils de ses œuvres. La puissance des intrigants date de loin ; car Charles Nodier, il y a déjà longtemps, s'adressant à celui auquel nous faisons allusion, le suppliait de se présenter et de prêter à ses amis l'autorité de son nom pour déjouer la conspiration du parti doctrinaire, « de ces politiques qui viennent honteusement voler un fauteuil dû à quelque pauvre homme de lettres ».

M. Sainte-Beuve, qui, dans tout son courageux article, ne cache pas trop la mauvaise humeur d'un vieil homme de lettres contre les princes, les grands seigneurs et les politiquailleurs, ne lâche cependant qu'à la fin l'écluse à toute sa bile concentrée : « Etre menacé de ne plus sortir d'une même nuance et bientôt *d'une même famille*, être destiné, si l'on vit encore vingt ans, à voir se vérifier ce mot de M. Dupin : « Dans vingt ans, vous aurez encore à l'Académie un discours doctrinaire »; et cela, quand tout change et marche autour de nous; — je n'y tiens plus, et *je ne suis pas le seul;* plus d'un de mes confrères est comme moi; *c'est étouffant, à la longue, c'est suffocant!*

« Et voilà pourquoi j'ai dit à tout le monde bien des choses que j'aurais mieux aimé pouvoir développer à l'intérieur devant quelques-uns. J'ai fait mon rapport au Public. »

Et ailleurs : « *Quelqu'un* qui s'amuse à compter sur ses doigts ces sortes de choses a remarqué que si M. Dufaure avait consenti à la douce violence qu'on voulait lui faire, il eût été le dix-septième ministre de Louis-Philippe dans l'Institut, et le neuvième dans l'Académie française. »

Tout l'article est un chef-d'œuvre plein de bonne humeur, de gaieté, de sagesse, de bon sens et d'ironie. Ceux qui ont l'honneur de connaître intimement l'auteur de *Joseph Delorme* et de *Volupté* savent apprécier en lui une faculté dont le public n'a pas la jouissance, nous voulons dire une conversation dont l'éloquence capricieuse, ardente, subtile, mais toujours raisonnable, n'a pas d'analogue, même chez les plus renommés causeurs. Eh bien! toute cette éloquence familière est contenue ici. Rien n'y manque, ni l'appréciation ironique des fausses célébrités, ni l'accent profond, convaincu, d'un écrivain qui voudrait relever l'honneur de la compagnie à laquelle il appartient. Tout y est, même l'*utopie*. M. Sainte-Beuve, pour chasser des élections *le vague*, si naturellement *cher aux grands seigneurs*, désire que l'Académie française, assimilée aux autres Académies, soit divisée en sections correspondant aux divers mérites littéraires : langue, théâtre, poésie, histoire, éloquence, roman (ce genre si moderne, si varié, auquel l'Académie a jusqu'ici accordé si peu de place), etc. Ainsi, dit-il, il sera possible de discuter, de vérifier les titres et de faire comprendre au public la légitimité d'un choix.

Hélas! dans la très raisonnable utopie de M. Sainte-Beuve, il y a une vaste lacune, c'est la fameuse section du *vague*, et il est fort à craindre que ce volontaire oubli rende à tout jamais la réforme impraticable.

Le poète-journaliste nous donne, chemin faisant, dans son appréciation des mérites de quelques candidats les détails les plus plaisants. Nous apprenons, par exemple, que M. Cuvillier-Fleury, un critique « ingénieux à la sueur de son front, qui veut tout voir, même la littérature, par la lucarne de l'orléanisme, et qu'il ne faut jamais défier de

faire une gaucherie, car il en fait même sans en être prié »,
ne manque jamais de dire en parlant de ses titres : « Le
meilleur de mes ouvrages est en Angleterre. » Pouah! quelle
odeur d'antichambre et de pédagogie! Voulant louer
M. Thiers, il l'a appelé un jour « un Marco-Saint-Hilaire
éloquent ». Admirable pavé d'ours! « Il compte bien avoir
pour lui, en se présentant, ses collaborateurs du *Journal
des Débats* qui sont membres de l'Académie, et plusieurs
autres amis politiques. Les *Débats*, l'Angleterre et la
France, c'est beaucoup. Il a des chances. »

M. Sainte-Beuve ne se montre favorable ou indulgent
que pour les hommes de lettres. Ainsi, il rend, en passant,
justice à Léon Gozlan. « Il est de ceux qui gagneraient le
plus à une discussion et à une conversation sur les titres;
il n'est pas assez connu de l'Académie. » L'auteur invite
M. Alexandre Dumas fils à se présenter. On devine que
cette nouvelle candidature déchargerait sa conscience
d'un grand embarras. Même invitation est adressée à
M. Jules Favre, pour la succession Lacordaire. Il faut
bien, pour peu qu'on soit de bonne foi, à quelque parti
qu'on appartienne, confesser que M. Jules Favre est le
grand orateur du temps, et que ses discours sont *les seuls
qui se fassent lire avec plaisir.* — M. Charles Baudelaire,
dont plus d'un académicien a eu à épeler le nom barbare
et inconnu, est plutôt chatouillé qu'égratigné : « M. Baudelaire a trouvé le moyen de se bâtir, à l'extrémité d'une
langue de terre réputée inhabitable, et par-delà les confins
du monde romantique connu, un kiosque bizarre, fort
orné, fort tourmenté, mais coquet et mystérieux... Ce
singulier kiosque, fait en marqueterie, d'une originalité
concertée et composite, qui depuis quelque temps attire
les regards à la pointe extrême du Kamtchatka romantique,
j'appelle cela la *Folie Baudelaire*. L'auteur est content
d'avoir fait quelque chose d'impossible. » On dirait que
M. Sainte-Beuve a voulu venger M. Baudelaire des gens
qui le peignent sous les traits d'un loup-garou malfamé
et mal peigné; car, un peu plus loin, il le présente, paternellement et familièrement, comme « un gentil garçon,
fin de langage et tout à fait classique de formes ».

L'odyssée de l'infortuné M. de Carné, éternel candidat,
qui « erre maintenant comme une ombre aux confins des
deux élections », est un morceau de haute et succulente
ironie.

Mais où la bouffonnerie éclate dans toute sa magistrale
ampleur, c'est à propos de la plus bouffonne et abracada-

brante candidature qui fut jamais inventée, de mémoire d'Académie. « Le soleil est levé, retirez-vous, étoiles ! »

Quel est donc ce candidat dont la rayonnante renommée fait pâlir toutes les autres, comme le visage de Chloé, avant même qu'elle se débarbouille, efface les splendeurs de l'aurore ? Ah ! il faut bien vous le dire, car vous ne le devineriez jamais : M. le prince de Broglie, fils de M. le duc de Broglie, académicien. Le général Philippe de Ségur a pu s'asseoir à côté de son père, le vieux comte de Ségur ; mais le général était nourri de Tacite et avait écrit *l'Histoire de la Grande-Armée*, qui est un superbe livre. Quant à M. le prince, c'est un porphyrogénète, purement et simplement. « *Lui aussi, il s'est donné la peine de naître*... Il aura jugé, dans sa conscience scrupuleuse, qu'il se devait à un éloge public du père Lacordaire, et il se dévoue. »

Quelqu'un qui a connu, il y a vingt-deux ou vingt-trois ans, ce petit bonhomme de décadence nous affirme qu'aux écoles il avait acquis une telle vélocité de plume qu'il pouvait suivre la parole et représenter à son professeur sa leçon intégrale, stricte, avec toutes les répétitions et négligences inséparables. Si le professeur avait lâché étourdiment quelque faute, il la retrouvait soigneusement reproduite par le manuscrit du petit prince. Quelle obéissance ! et quelle habileté !

Et depuis lors, qu'a-t-il fait, ce candidat ? Toujours la même chose. Homme, il répète la leçon de ses professeurs actuels. C'est un parfait perroquet que ne saurait imiter Vaucanson lui-même.

L'article de M. Sainte-Beuve devait donner l'éveil à la presse. En effet, deux nouveaux articles sur le même sujet viennent de paraître, l'un de M. Nefftzer, l'autre de M. Texier. La conclusion de ce dernier est que tous les littérateurs de quelque mérite doivent oublier l'Académie et la laisser mourir dans l'oubli. *Finis Poloniæ*. Mais les hommes tels que MM. Mérimée, Sainte-Beuve, de Vigny, qui voudraient relever l'honneur de la compagnie à laquelle ils appartiennent, ne peuvent encourager une résolution aussi désespérée.

XLIII

PAUL DE MOLÈNES

(*Revue anecdotique*, mars 1862.)

Monsieur Paul de Molènes, un de nos plus charmants et délicats romanciers, vient de mourir d'une chute de cheval, dans un manège. M. Paul de Molènes était entré dans l'armée après le licenciement de la garde mobile; il était de ceux que ne pouvaient même pas rebuter la perte de son grade et la dure condition de simple soldat, tant était vif et irrésistible en lui le goût de la vie militaire, goût qui datait de son enfance, et qui profita, pour se satisfaire, d'une révolution imprévue. Certes, voilà un vigoureux trait d'originalité chez un littérateur. Qu'un ancien militaire devienne littérateur dans l'oisiveté d'une vieillesse songeuse, cela n'a rien d'absolument surprenant; mais qu'un jeune écrivain, ayant déjà savouré l'excitation des succès, se jette dans un corps révolutionnaire par pur amour de l'épée et de la guerre, voilà quelque chose qui est plus vif, plus singulier, et, disons-le, plus suggestif.

Jamais auteur ne se dévoila plus candidement dans ses ouvrages que M. de Molènes. Il a eu le grand mérite, dans un temps où la philosophie se met uniquement au service de l'égoïsme, de décrire, souvent même de démontrer l'utilité, la beauté, la moralité de la guerre. *La guerre pour la guerre !* eût-il dit volontiers, comme d'autres disent : *l'art pour l'art !* convaincu qu'il était que toutes les vertus se retrouvent dans la discipline, dans le sacrifice et dans le goût divin de la mort!

M. de Molènes appartenait, dans l'ordre de la littérature, à la classe des raffinés et des dandys; il en avait toutes les grandeurs natives, et quant aux légers travers, aux tics amusants que cette grandeur implique souvent, il les portait légèrement et avec plus de franchise qu'aucun autre. Tout en lui, même le défaut, devenait grâce et ornement.

Certainement, il n'avait pas une réputation égale à son mérite. L'*Histoire de la Garde mobile*, l'*Etude sur le colonel La Tour du Pin*, les *Commentaires d'un Soldat sur le siège de Sébastopol*, sont des morceaux dignes de vivre dans la mémoire des poètes. Mais on lui rendra justice plus tard; car il faut que toute justice se fasse.

Celui qui avait échappé heureusement à tous les dangers de la Crimée et de la Lombardie, et qui est mort victime d'une brute stupide et indocile, dans l'enceinte banale d'un manège, avait été promu récemment au grade de chef d'escadron. Peu de temps auparavant, il avait épousé une femme charmante, près de laquelle il se sentait si heureux que, lorsqu'on lui demandait où il allait habiter, en quelle garnison il allait être confiné, il répondait, faisant allusion aux présentes voluptés de son âme : « En quel lieu de la terre je suis ou je vais, je ne saurais vous le dire, puisque je suis en paradis ! »

L'auteur qui écrit ces lignes a longtemps connu M. de Molènes; il l'a beaucoup aimé autant qu'admiré, et il se flatte d'avoir su lui inspirer quelque affection. Il serait heureux que ce témoignage de sympathie et d'admiration pût distraire pendant quelques secondes les yeux de sa malheureuse veuve.

Nous rassemblons ici les titres de ses principaux ouvrages :

Mémoires d'un Gentilhomme du siècle dernier (primitivement : *Mémoires du Baron de Valpéri*).

La Folie de l'épée (titre caractéristique).

Histoires sentimentales et militaires (titre représentant bien le double tempérament de l'auteur, aussi amoureux de la vie qu'insouciant de la mort).

Histoires intimes.

Commentaires d'un Soldat (Sébastopol et la guerre d'Italie).

Chroniques contemporaines.

Caractères et Récits du temps.

Aventures du Temps passé.

L'Enfant et l'Amant.

XLIV

LES MISÉRABLES

PAR VICTOR HUGO

(*Le Boulevard*, 20 avril 1862.)

I

Il y a quelques mois, j'écrivais, à propos du grand poète, le plus vigoureux et le plus populaire de la France, les lignes suivantes, qui devaient trouver, en un espace de temps très bref, une application plus évidente encore que *les Contemplations* et *la Légende des siècles* :

Ce serait, sans doute, ici le cas, si l'espace le permettait, d'analyser l'atmosphère morale qui plane et circule dans ses poèmes, laquelle participe très sensiblement du tempérament propre de l'auteur. Elle me paraît porter un caractère très manifeste d'amour égal pour ce qui est très fort comme pour ce qui est très faible, et l'attraction exercée sur le poète par ces deux extrêmes dérive d'une source unique, qui est la force même, la vigueur originelle dont il est doué. La force l'enchante et l'enivre ; il va vers elle comme vers une parente : attraction fraternelle. Ainsi est-il irrésistiblement emporté vers tout symbole de l'infini, la mer, le ciel ; vers tous les représentants anciens de la force, géants homériques ou bibliques, paladins, chevaliers ; vers les bêtes énormes et redoutables. Il caresse en se jouant ce qui ferait peur à des mains débiles ; il se meut dans l'immense, sans vertige. En revanche, mais par une tendance différente dont l'origine est pourtant la même, le poète se montre toujours l'*ami attendri de tout ce qui est faible, solitaire, contristé ; de tout ce qui est orphelin : attraction paternelle.* Le fort devine un frère dans tout ce qui est fort, *mais voit ses enfants dans tout ce qui a besoin d'être protégé ou consolé.* C'est de la force même, et de la certitude qu'elle donne à celui qui la possède, que dérive l'es-

prit de justice et de charité. Ainsi se produisent sans cesse dans les poèmes de Victor Hugo *ces accents d'amour pour les femmes tombées, pour les pauvres gens broyés dans les engrenages de nos sociétés,* pour les animaux martyrs de notre gloutonnerie et de notre despotisme. Peu de personnes ont remarqué le charme et l'enchantement que la bonté ajoute à la force, et qui se fait voir si fréquemment dans les œuvres de notre poète. Un sourire et une larme dans le visage d'un colosse, c'est une originalité presque divine. Même dans ces petits poèmes consacrés à l'amour sensuel, dans ces strophes d'une mélancolie si voluptueuse et si mélodieuse, on entend, *comme l'accompagnement d'un orchestre, la voix profonde de la charité.* Sous l'amant, on sent un père et un protecteur. Il ne s'agit pas ici de cette morale prêcheuse qui, par son air de pédanterie, par son ton didactique, peut gâter les plus beaux morceaux de poésie, mais d'une morale inspirée qui se glisse, invisible, dans la matière poétique, comme les fluides impondérables dans toute la machine du monde. La morale n'entre pas dans cet art *à titre de but.* Elle s'y mêle et s'y confond comme dans la vie elle-même. Le poète est moraliste sans le vouloir, *par abondance et plénitude de nature.*

Il y a ici une seule ligne qu'il faut changer; car dans *les Misérables* la morale entre directement *à titre de but,* ainsi qu'il ressort d'ailleurs de l'aveu même du poète, placé, en manière de préface, à la tête du livre :

Tant qu'il existera, par le fait des lois et des mœurs, une damnation sociale créant artificiellement, en pleine civilisation, des enfers, et compliquant d'une fatalité humaine la destinée qui est divine,... tant qu'il y aura sur la terre ignorance et misère, des livres de la nature de celui-ci pourront ne pas être inutiles.

« Tant que...! » Hélas! autant dire TOUJOURS! Mais ce n'est pas ici le lieu d'analyser de telles questions. Nous voulons simplement rendre justice au merveilleux talent avec lequel le poète s'empare de l'attention publique et la courbe, comme la tête récalcitrante d'un écolier paresseux, vers les gouffres prodigieux de la misère sociale.

II

Le poète, dans son exubérante jeunesse, peut prendre surtout plaisir à chanter les pompes de la vie; car tout ce que la vie contient de splendide et de riche attire particulièrement le regard de la jeunesse. L'âge mûr, au contraire, se tourne avec inquiétude et curiosité vers les problèmes et les mystères. Il y a quelque chose de si absolument étrange dans cette tache noire que fait la pauvreté sur le soleil de la richesse, ou, si l'on veut, dans cette tache splendide de la richesse sur les immenses ténèbres de la misère, qu'il faudrait qu'un poète, qu'un philosophe, qu'un littérateur fût bien parfaitement monstrueux pour ne pas s'en trouver parfois ému et intrigué jusqu'à l'angoisse. Certainement, ce littérateur-là n'existe pas; il ne peut pas exister. Donc tout ce qui divise celui-ci d'avec celui-là, l'unique divergence, c'est de savoir si l'œuvre d'art doit n'avoir d'autre but que *l'art*, si l'art ne doit exprimer d'adoration que pour *lui-même,* ou si un but, plus noble ou moins noble, inférieur ou supérieur, peut lui être imposé.

C'est surtout, dis-je, dans leur pleine maturité que les poètes sentent leur cerveau s'éprendre de certains problèmes d'une nature sinistre et obscure, gouffres bizarres qui les attirent. Cependant, on se tromperait fort si l'on rangeait Victor Hugo dans la classe des créateurs qui ont attendu si longtemps pour plonger un regard inquisiteur dans toutes ces questions intéressant au plus haut point la conscience universelle. Dès le principe, disons-le, dès les débuts de son éclatante vie littéraire, nous trouvons en lui cette préoccupation des faibles, des proscrits et des maudits. L'idée de justice s'est trahie, de bonne heure, dans ses œuvres, par le goût de la réhabilitation. *Oh! n'insultez jamais une femme qui tombe! Un bal à l'hôtel de ville, Marion de Lorme, Ruy Blas, le Roi s'amuse,* sont des poèmes qui témoignent suffisamment de cette tendance déjà ancienne, nous dirons presque de cette obsession.

III

Est-il bien nécessaire de faire l'analyse matérielle des *Misérables,* ou plutôt de la première partie des *Misérables?* L'ouvrage est actuellement dans toutes les mains, et chacun en connaît la fable et la contexture. Il me paraît plus important d'observer la méthode dont l'auteur s'est servi pour mettre en lumière les vérités dont il s'est fait le serviteur.

Ce livre est un livre de charité, c'est-à-dire un livre fait pour exciter, pour provoquer l'esprit de charité; c'est un livre interrogant, posant des cas de complexité sociale, d'une nature terrible et navrante, disant à la conscience du lecteur : « Eh bien ? Qu'en pensez-vous ? Que concluez-vous ? »

Quant à la forme littéraire du livre, poème d'ailleurs plutôt que roman, nous en trouvons un symptôme précurseur dans la préface de *Marie Tudor*, ce qui nous fournit une nouvelle preuve de la fixité des idées morales et littéraires chez l'illustre auteur :

... L'écueil du vrai, c'est le petit ; l'écueil du grand, c'est le faux... Admirable toute-puissance du poète ! Il fait des choses plus hautes que nous, qui vivent comme nous. Hamlet, par exemple, est aussi vrai qu'aucun de nous, et plus grand. Hamlet est colossal, et pourtant réel. C'est que Hamlet, ce n'est pas vous, ce n'est pas moi, c'est nous tous. Hamlet, ce n'est pas un homme, c'est l'Homme.

Dégager perpétuellement le grand à travers le vrai, le vrai à travers le grand, tel est donc, selon l'auteur de ce drame, le but du poète au théâtre. Et ces deux mots, *grand* et *vrai*, renferment tout. La vérité contient la moralité, le grand contient le beau.

Il est bien évident que l'auteur a voulu, dans *les Misérables*, créer des abstractions vivantes, des figures idéales dont chacune, représentant un des types principaux nécessaires au développement de sa thèse, fût élevée jusqu'à une hauteur épique. C'est un roman construit en manière de poème, et où chaque personnage n'est *exception* que par la manière hyperbolique dont il représente une *généralité*. La manière dont Victor Hugo a conçu et bâti ce roman, et dont il a jeté dans une indéfinissable fusion, pour en faire un nouveau métal corinthien, les riches éléments consacrés généralement à des œuvres spéciales (le sens lyrique, le sens épique, le sens philosophique), confirme une fois de plus la fatalité qui l'entraîna, plus jeune, à transformer l'ancienne ode et l'ancienne tragédie, jusqu'au point, c'est-à-dire jusqu'aux poèmes et aux drames que nous connaissons.

Donc Monseigneur Bienvenu, c'est la charité hyperbolique, c'est la foi perpétuelle dans le sacrifice de soi-même, c'est la confiance absolue dans la Charité prise comme le plus parfait moyen d'enseignement. Il y a dans la peinture de ce type des notes et des touches d'une délicatesse admirable. On voit que l'auteur s'est complu dans le parachèvement de ce modèle angélique. Monseigneur Bienvenu donne tout, n'a rien à lui, et ne connaît pas d'autre plaisir que de se sacrifier lui-même, toujours, sans repos, sans regret, aux pauvres, aux faibles et même aux coupables. Courbé humblement devant le dogme, mais ne s'exerçant pas à le pénétrer, il s'est voué spécialement à la pratique de l'Evangile. « Plutôt gallican qu'ultramontain », d'ailleurs homme de beau monde, et doué comme Socrate de la puissance de l'ironie et du bon mot. J'ai entendu raconter que, sous un des règnes précédents, un certain curé de Saint-Roch, très prodigue de son bien pour les pauvres, et pris un matin au dépourvu par des demandes nouvelles, avait subitement envoyé à l'hôtel des ventes tout son mobilier, ses tableaux et son argenterie. Ce trait est juste dans le caractère de Monseigneur Bienvenu. Mais on ajoute, pour continuer l'histoire du curé de Saint-Roch, que le bruit de cette action, toute simple selon le cœur de l'homme de Dieu, mais trop belle selon la morale du monde, se répandit, alla jusqu'au roi, et que finalement ce curé compromettant fut mandé à l'archevêché pour y être doucement grondé. Car ce genre d'héroïsme pouvait être considéré comme un blâme indirect de tous les curés trop faibles pour se hausser jusque-là.

Valjean, c'est la brute naïve, innocente; c'est le prolétaire ignorant, coupable d'une faute que nous absoudrions tous sans aucun doute (le vol d'un pain), mais qui, punie légalement, le jette dans l'école du Mal, c'est-à-dire au Bagne. Là, son esprit se forme et s'affirme dans les lourdes méditations de l'esclavage. Finalement il en sort, subtil, redoutable et dangereux. Il a payé l'hospitalité de l'évêque par un vol nouveau; mais celui-ci le sauve par un beau mensonge, convaincu que le Pardon et la Charité sont les seules lumières qui puissent dissiper toutes les ténèbres. En effet, l'illumination de cette conscience se fait, mais pas assez vite pour que la bête routinière, qui est encore dans l'homme, ne l'entraîne dans une nouvelle rechute. Valjean (maintenant M. Madeleine) est devenu honnête, riche et puissant. Il a enrichi, civilisé presque, une commune, pauvre avant lui, dont il est maire. Il s'est fait un admirable manteau de respectabilité; il est couvert et cuirassé de bonnes œuvres. Mais un jour sinistre arrive où il apprend qu'un faux Valjean, un sosie inepte, abject, va être condamné à sa place. Que faire ? Est-il bien certain que la loi intérieure, la Conscience, lui ordonne de démolir lui-même en se dénonçant, tout ce pénible et glorieux échafaudage de sa vie nouvelle ? « La lumière que tout homme en naissant apporte en ce monde » est-elle suffisante pour éclairer ces ténèbres complexes ? M. Madeleine sort vainqueur, mais après quelles épouvantables luttes! de cette mer d'angoisses, et redevient Valjean par amour du Vrai et du Juste. Le chapitre où est retracé, minutieusement, lentement, analytiquement, avec ses hésitations, ses restrictions, ses paradoxes, ses fausses consolations, ses tricheries désespérées, cette dispute de l'homme contre lui-même *(Tempête sous un crâne)*, contient des pages qui peuvent enorgueillir à jamais non seulement la littérature française, mais même la littérature de l'Humanité pensante. Il est glorieux pour l'Homme Rationnel que ces pages aient été écrites ! Il faudrait chercher beaucoup, et longtemps, et très longtemps, pour trouver dans un autre livre des pages égales à celle-ci, où est exposée, d'une manière si tragique, toute l'épouvantable Casuistique inscrite, dès le Commencement, dans le cœur de l'Homme Universel.

Il y a dans cette galerie de douleurs et de drames funestes une figure horrible, répugnante, c'est le gendarme, le garde-chiourme, la justice stricte, inexorable, la justice qui ne sait pas commenter, la loi non interprétée, l'intelligence sauvage (peut-on appeler cela une intelligence ?) qui n'a jamais compris les circonstances atténuantes, en un mot la Lettre sans l'Esprit ; c'est l'abominable Javert. J'ai entendu quelques personnes, sensées d'ailleurs, qui, à propos de ce Javert, disaient : « Après tout, c'est un honnête homme ; et il a sa grandeur propre. » C'est bien le cas de dire comme De Maistre : « Je ne sais pas ce que c'est qu'un honnête homme ! » Pour moi, je le confesse, au risque de passer pour un coupable (« ceux qui tremblent se sentent coupables », disait ce fou de Robespierre), Javert m'apparaît comme un monstre incorrigible, affamé de justice comme la bête féroce l'est de chair sanglante, bref, comme l'Ennemi absolu.

Et puis je voudrais ici suggérer une petite critique. Si énormes, si décidées de galbe et de geste que soient les figures idéales d'un poème, nous devons supposer que, comme les figures réelles de la vie, elles ont pris commencement. Je sais que l'homme peut apporter plus que de la ferveur dans toutes les professions. Il devient chien de chasse et chien de combat dans toutes les fonctions. C'est là certainement une beauté, tirant son origine de la passion. On peut donc être agent de police *avec enthousiasme;* mais entre-t-on dans la police *par enthousiasme ?* et n'est-ce pas là, au contraire, une de ces professions où l'on ne peut entrer que sous la pression de certaines circonstances et pour des raisons tout à fait étrangères au fanatisme ?

Il n'est pas nécessaire, je présume, de raconter et d'expliquer toutes les beautés tendres, navrantes, que

Victor Hugo a répandues sur le personange de Fantine, la grisette déchue, la femme moderne, placée entre la fatalité du travail improductif et la fatalité de la prostitution légale. Nous savons de vieille date s'il est habile à exprimer le cri de la passion dans l'abîme, les gémissements et les pleurs furieux de la lionne-mère privée de ses petits! Ici, par une liaison toute naturelle, nous sommes amenés à reconnaître une fois de plus avec quelle sûreté et aussi quelle légèreté de main ce peintre robuste, ce créateur de colosses, colore les joues de l'enfance, en allume les yeux, en décrit le geste pétulant et naïf. On dirait Michel-Ange se complaisant à rivaliser avec Lawrence ou Vélasquez.

IV

Les Misérables sont donc un livre de charité, un étourdissant rappel à l'ordre d'une société trop amoureuse d'elle-même et trop peu soucieuse de l'immortelle loi de fraternité; un plaidoyer pour les *misérables* (ceux qui *souffrent* de la misère et que la misère *déshonore*), proféré par la bouche la plus éloquente de ce temps. Malgré tout ce qu'il peut y avoir de tricherie volontaire ou d'inconsciente partialité dans la manière dont, aux yeux de la stricte philosophie, les termes du problème sont posés, nous pensons, exactement comme l'auteur, que *des livres de cette nature ne sont jamais inutiles*.

Victor Hugo est pour l'Homme, et cependant il n'est pas contre Dieu. Il a confiance en Dieu, et pourtant il n'est pas contre l'Homme.

Il repousse le délire de l'Athéisme en révolte, et cependant il n'approuve pas les gloutonneries sanguinaires des Molochs et des Teutatès.

Il croit que l'Homme est né bon, et cependant, même devant ses désastres permanents, il n'accuse pas la férocité et la malice de Dieu.

Je crois que pour ceux même qui trouvent dans la doctrine orthodoxe, dans la pure théorie Catholique, une explication, sinon complète, du moins plus compréhensive de tous les mystères inquiétants de la vie, le nouveau livre de Victor Hugo doit être le *Bienvenu* (comme l'évêque dont il raconte la victorieuse charité); le livre à applaudir, le livre à remercier. N'est-il pas utile que de temps à autre le poète, le philosophe, prennent un peu le Bonheur égoïste aux cheveux, et lui disent, en lui secouant le mufle dans le sang et l'ordure : « Vois ton œuvre et bois ton œuvre ? »

Hélas ! du Péché Originel, même après tant de progrès depuis si longtemps promis, il restera toujours bien assez de traces pour en constater l'immémoriale réalité !

XLV

L'ESPRIT ET LE STYLE

DE M. VILLEMAIN

(Posthume : publié dans *Le Mercure de France*, 1ᵉʳ mars 1907.)

> *Ventosa isthæc et enormis loquacitas.*
> Des mots, des mots, des mots!
> La littérature mène à tout, pourvu qu'on la
> quitte à temps. (Paroles de traître.)

DÉBUT

J'aspire à la douleur. — J'ai voulu lire Villemain. — Deux sortes d'écrivains, les dévoués et les traîtres. — Portrait du vrai critique. — Métaphysique. — Imagination.

Villemain n'écrivant que sur des thèmes connus et possédés de tout le monde, nous n'avons pas à rendre compte de ce qu'il appelle ses œuvres. Prenons simplement les thèmes qui nous sont plus familiers et plus chers, et voyons s'il les a rajeunis, sinon par l'esprit philosophique, au moins par la nouveauté d'expressions pittoresques.

CONCLUSION

Villemain, auteur aussi inconnu que consacré. Chaque écrivain représente quelque chose plus particulièrement : Chateaubriand ceci, Balzac cela, Byron cela, Hugo cela; — Villemain représente l'inutilité affairée et hargneuse comme celle de Thersite. Sa phrase est bourrée d'inutilités; il ignore l'art d'écrire une phrase, comme l'art de construire un livre. Obscurité résultant de la diffusion et de la profusion.

S'il était modeste, ... — mais puisqu'il fait le méchant... Anecdotes à citer.

HABITUDES D'ESPRIT

« On les a parodiés depuis » (les mouvements populaires). — (Page 477. *Tribune.*)

La révolution de 1830 fut donc bonne, celle de Février mauvaise (!).

Citer le mot de Sainte-Beuve, profond dans son scepticisme. Il dit, avec une légèreté digne de la chose, en parlant de 1848 : « ... »

Ce qui implique que toutes les révolutions se valent et ne servent qu'à montrer l'opiniâtre légèreté de l'humanité.

Chez Villemain, allusions perpétuelles d'un homme d'Etat sans ouvrage.

C'est sans doute depuis qu'il ne peut plus être ministre qu'il est devenu si fervent chrétien.

Il veut toujours montrer qu'il est bien instruit de toute l'histoire de toutes les familles. Ragots, cancans, habitudes emphatiques de laquais parlant de ses anciens maîtres et les trahissant quelquefois. La vile habitude d'écouter aux portes.

Il parle quelque part avec attendrissement des « opulentes fonctions ».

Goût de servilité jusque dans l'usage immodéré des capitales : « L'Etat, le Ministre, etc., etc. »

Toute la famille d'un grand fonctionnaire est sainte et jamais la femme, le fils, le gendre ne sont cités sans quelque apposition favorable, servant à la fois à témoigner du culte de l'auteur et à arrondir la phrase.

Véritables habitudes d'un maître de pension qui craint d'offenser les parents.

Contraste, plus apparent que réel, entre l'attitude hautaine de Villemain dans la vie et son attitude d'historien, qui est celle d'un chef de bureau devant une Excellence.

Citateur automate qui a appris pour le plaisir de citer, mais ne comprend pas ce qu'il récite.

Raison *profonde* de la haine de Villemain contre Chateaubriand, le grand seigneur assez grand pour être cynique. (Articles du petit de Broglie.) La haine d'un homme *médiocre* est toujours une haine *immense*.

PINDARE

(*Essais sur le génie de Pindare et sur le génie lyrique.*)
Encore les tiroirs, les armoires, les cartons, les distributions de prix, l'herbier, les collections d'un écolier qui ramasse des coquilles d'huîtres pour faire le naturaliste. Rien, absolument rien, pour *la poésie lyrique anonyme*, et cela dans un Essai sur la poésie lyrique !

Il a pensé à Longfellow, mais il a omis Byron, Barbier et Tennyson, sans doute parce qu'un professeur lui inspire toujours plus de tendresse qu'un poète.

Pindare, dictionnaire, compendium, non de l'esprit lyrique, mais des auteurs lyriques connus de lui, Villemain.

VILLEMAIN HISTORIEN

Narbonne, Chateaubriand, prétextes pour raconter l'histoire du temps, c'est-à-dire pour satisfaire ses rancunes. Petite méthode, en somme; méthode d'impuissant cherchant une originalité.

Les discours à la Tite-Live. Napoléon au Kremlin devient aussi bavard et prétentieux que Villemain.

Villemain se console de ne pas avoir fait de tragédies. Habitudes de tragédies. Discours interminables à la place d'une conversation. Dialogues en tirades, et puis toujours des *confidents*. Lui-même confident de Decazes et de Narbonne, comme Narbonne de Napoléon.

(Voir la fameuse anecdote de trente pages sur la terrasse de Saint-Germain. L'anecdote du général Foy à la Sorbonne et chez Villemain. Bonnes phrases à extraire. Villemain lui montre *ses versions*.)

ANALYSE RAPIDE DE L'ŒUVRE DE VILLEMAIN

Cours de littérature. — Banal compendium digne d'un professeur de rhétorique. Les merveilleuses parenthèses du sténographe : « Applaudissements. Emotion. Applaudissements réitérés. Rires dans l'auditoire. » — Sa manière de juger Joseph de Maistre et Xavier de Maistre. Le professeur servile, au lieu de rendre justice philosophique à Joseph de Maistre, fait sa cour à l'insipide jeunesse du quartier latin. (Cependant la parole l'obligeait alors à un style presque simple.)

Lascaris. Cromwell. — Nous serons généreux, nous ne ferons que citer et passer.

Souvenirs contemporains. Les Cent-Jours. Monsieur de Narbonne. — Villemain a une manie vile : c'est de s'appliquer à faire voir qu'il a connu des gens importants.

Que dirons-nous du *Choix d'études?* Fastidieuses distributions de prix et rapports en style de préfecture sur les concours de l'Académie française.

Voir ce que vaut son *Lucain*.

La Tribune française, c'est, dans une insupportable phraséologie, le compte rendu des *Mémoires d'Outre-Tombe*, assaisonné d'un commentaire de haine et de médiocrité.

SA HAINE CONTRE CHATEAUBRIAND

C'est bien la jugeote d'un pédagogue, incapable d'apprécier le grand gentilhomme des décadences, qui veut retourner à la vie sauvage.

A propos des débuts de Chateaubriand au régiment, il lui reproche son goût de la parure. Il lui reproche l'inceste comme source du génie. Eh! que m'importe à moi la source, si je jouis du génie!

Il lui reproche plus tard la mort de sa sœur Lucile. Il lui reproche partout son manque de sensibilité. Un Chateaubriand n'a pas la même forme de sensibilité qu'un Villemain. Quelle peut être la sensibilité du Secrétaire perpétuel?

(Retrouver la fameuse apostrophe à propos de la mort de Mme de Beaumont.)

Le sédentaire maître d'école trouve singulier que le voyageur se soit habillé en sauvage et en coureur des bois. Il lui reproche son duel de célébrité avec Napoléon. Eh bien! n'était-ce pas là aussi une des passions de Balzac? Napoléon est un substantif qui signifie domination, et, règne pour règne, quelques-uns peuvent préférer celui de Chateaubriand à celui de Napoléon.

(Revoir le passage sur le rajeunissement littéraire. Grande digression à effet, qui ne contient rien de neuf et ne se rattache à rien de ce qui précède ni à rien de ce qui suit.

Comme échantillon de détestable narration, véritable amphigouri, revoir *la Mort du duc de Berry*.

Revoir la fameuse citation relative à la cuistrerie, qui lui inspire tant d'humeur.)

RELATIVEMENT A SON TON EN PARLANT DE CHATEAUBRIAND

Les Villemain ne comprendront jamais que les Chateaubriand ont droit à des immunités et à des indulgences auxquelles tous les Villemain de l'humanité ne pourront jamais aspirer.

Villemain critique surtout Chateaubriand pour ses étourderies et son *mauvais esprit* de conduite, critique digne d'un pied-plat qui ne cherche dans les lettres que le moyen de parvenir. (Voir l'épigraphe.)

Esprit d'employé et de bureaucrate, morale de domestique.

Pour taper sur le ventre d'un colosse, il faut pouvoir s'y hausser.

Villemain, mandragore difforme s'ébréchant les dents sur un tombeau.

Toujours criard, affairé sans pensées, toujours mécontent, toujours délateur, il a mérité le surnom de *Thersite de la littérature*.

Les *Mémoires d'Outre-Tombe* et *la Tribune française* lus ensemble et compulsés page à page forment une harmonie à la fois grandiose et drolatique. Sous la voix de Chateaubriand, pareille à la voix des grandes eaux, on entend l'éternel grognement en sourdine du cuistre envieux et impuissant.

Le propre des sots est d'être incapables d'admiration et de n'avoir pas de déférence pour le mérite, surtout quand il est pauvre. *(Anecdote du numéro 30.)*

Villemain est si parfaitement incapable d'admiration que lui, qui est à mille pieds au-dessous de La Harpe, appelle M. Joubert *le plus ingénieux des amateurs plutôt que véritable artiste.*

Si l'on veut une autre preuve de la justesse d'esprit de Villemain et de sa conscience dans l'examen des livres, je raconterai *l'anecdote de l'arbre Thibétain.*

HABITUDES DE STYLE ET MÉTHODE DE PENSÉE

Villemain obscur, pourquoi ? Parce qu'il ne pense pas.

Horreur congénitale de la clarté, dont le signe visible est son amour du style allusionnel.

La phrase de Villemain, comme celle de tous les bavards

qui ne pensent pas (ou des bavards intéressés à dissimuler leur pensée, avoués, boursiers, hommes d'affaires, mondains), commence par une chose, continue par plusieurs autres, et finit par une qui n'a pas plus de rapport avec les précédentes que celles-ci entre elles. D'où ténèbres. Loi du désordre.

Sa phrase est faite par agrégation, comme une ville résultat des siècles, et toute phrase doit être en soi un monument bien coordonné, l'ensemble de tous ces monuments formant la ville qui est le Livre.

(Chercher des échantillons au crayon rouge dans les cinq volumes qui me restent.)

Phraséologie toujours vague; les mots tombent, tombent de cette plume pluvieuse, comme la salive des lèvres d'un gâteux bavard; phraséologie bourbeuse, clapoteuse, sans issue, sans lumière, marécage obscur où le lecteur impatienté se noie.

Style de fonctionnaire, formule de préfet, amphigouri de maire, rondeur de maître de pension.

Toute son œuvre, distribution de prix.

Division du monde spirituel et des talents spirituels en catégories qui ne peuvent être qu'arbitraires, puisqu'il n'a pas d'esprit philosophique.

ÉCHANTILLONS
DE STYLE ACADÉMIQUE ET INCORRECT

A propos des Chénier : « J'en jure par le cœur de leur mère. »

Dans *La Tribune française,*

Page 158 : « Dans les jardins de l'Alhambra. » *Page 154 :* « L'ambassadeur lui remit... »

Décidément, c'est un Delille en prose. Il aime la forme habillée comme les vieillards.

(Dans le récit de la mort du duc de Berry, retrouver la phrase impayable sur les deux filles naturelles du duc.)
Les deux disgraciés de l'Empire s'étaient communiqué une protestation plus vive dans le cœur de la femme qui, plus faible, se sentait plus opprimée.

A propos de Lucien ne trouvant pas dans les épreuves du *Génie du christianisme* ce qu'il y cherchait, le chapitre des *Rois athées*, Villemain dit : « *Le reste le souciait peu...* »

« *Les landes préludant aux savanes...* » Sans doute à propos de René, qui n'est pas encore voyageur.

« Les molles voluptés d'un climat enchanteur. »

« J'enfonçais dans les sillons de ma jeune mémoire... »

« Dans ma mémoire de tout jeune homme, malléable et colorée, comme une lame de daguerréotype sous les rayons du jour... » *(Les Cent-Jours.)*

(Si la mémoire est malléable, la lame ne l'est pas, et la lame ne peut être colorée qu'après l'action des rayons.)

« La circonspection prudente... » (Bel adjectif, — et bien d'autres exemples. Pourquoi pas la prudence circonspecte ?)

« Au milieu des salons d'un élégant hôtel du faubourg Saint-Honoré... »

« La Bédoyère, le jeune et infortuné colonel... » (Style du théâtre de Madame.)

« *Un des plus hommes de bien* de l'Empire, le comte Mollien... » (Jolie préciosité. *Homme de bien* est-il substantif ou adjectif ?)

« L'arrivée de Napoléon au galop d'une rapide calèche... » (Style automatique, style Vaucanson.)

Exemple de légèreté académique. — Page 304 du *Cours de Littérature française* (1830). — A propos du xve siècle, il dit : « ... avec la naïveté de ce temps... », et page 307, il dit : « Souvenons-nous des habitudes du moyen âge, temps de corruption bien plus que d'innocence... »

Exemple de style académique consistant à dire difficilement les choses simples et faciles à dire : « Beaumarchais... préludant *(quel amour des préludes !)* par le *malin éclat* du scandale privé à la toute-puissance des grands scandales politiques... Beaumarchais, l'auteur *du Figaro*, et en même temps, par une des singularités de sa vie, reçu dans la *confiance familière* et *l'intimité musicale des pieuses* filles de Louis XV... » *(Monsieur de Narbonne.)*

(*Pieuses* a pour but de montrer que Villemain sait l'histoire ; le reste de la phrase veut dire qu'avant d'être célèbre par des comédies et par ses mémoires, Beaumarchais donnait aux filles du Roi des leçons de clavecin.)

A travers tout cela, une pluie germanique de capitales digne d'un petit fonctionnaire d'un grand-duché.

Bon style académique encore : « Quelquefois aussi sous la *garde savante* de M. de Humboldt *(ce qui veut dire sans doute que M. de Humboldt était un garde du corps très savant)*, elle (Mme de Duras) s'avançait, *royalisme à part (son royalisme ne s'avançait donc pas avec elle)*, jusqu'à l'Observatoire, pour écouter la brillante parole et les

belles expositions astronomiques de M. Arago... »
(M. de Feletz.)

(Cette phrase prouve qu'il y a une astronomie républicaine vers laquelle ne s'avançait pas le royalisme de Mme de Duras.)

ÉCHANTILLONS DE STYLE ALLUSIONNEL

« Souvent, dix années plus tard, à une époque heureuse de Paix et de Liberté politiques *(capitales très constitutionnelles)*, dans cet hôtel du faubourg Saint-Honoré, *élégante demeure,* aujourd'hui disparue en juste expiation d'un funeste souvenir domestique, j'ai entendu le général Sébastiani... » *(Monsieur de Narbonne.)*

(Jolie allusion à un assassinat commis par un Pair de France libertin sur sa fastidieuse épouse, pour parler le charabia Villemain.)

« Les peintures d'un éloquent témoin n'avaient pas encore popularisé ce grand souvenir. » *(Ney en Russie, à propos de son procès.)* Pourquoi ne pas dire tout simplement : « Le livre de M. de Ségur n'avait pas encore paru » ?

« La royale Orpheline de 93... » Cela veut dire la duchesse d'Angoulême.

« Une plume fine et délicate... » Devinez. C'est M. le duc de Noailles ; on nous en instruit dans une note, ce qui d'ailleurs était nécessaire.

« Une illustre compagnie... » En note, avec renvoi : « L'Académie française. »

Et, s'il parle de lui-même, croyez qu'il en parlera en style allusionnel ; il ne peut pas moins faire que de se jeter un peu d'amphigouri dans le visage. *(Voir la phrase par laquelle il se désigne dans l'affaire Decazes.)* — *(Voir la phrase sur Victor Hugo, à propos de Jersey,* écrite dans ce style académique allusionnel dont toute la finesse consiste à fournir au lecteur le plaisir de deviner ce qui est évident.)

SUPPLÉMENT A LA CONCLUSION

Il est comique involontairement et solennel en même temps, comme les animaux : singes, chiens et perroquets. Il participe des trois.

Villemain, chrétien depuis qu'il ne peut plus être

ministre, ne s'élèvera jamais jusqu'à la charité (Amour, Admiration).

La lecture de Villemain, Sahara d'ennui, avec des oasis d'horreur qui sont les explosions de son odieux caractère!

Villemain, ministre de l'Instruction publique, a bien su prouver son horreur pour les lettres et les littérateurs.

Extrait de la *Biographie pittoresque des Quarante*, par le *portier de la Maison*.

« Quel est ce loup-garou, à la chevelure en désordre, à la démarche incertaine, aux vêtements négligés ? C'est le dernier des nôtres par ordre alphabétique, mais non pas par rang de mérite, c'est M. VILLEMAIN. Son *Histoire de Cromwell* donnait plus que des espérances. Son roman de *Lascaris* ne les a pas réalisées. Il y a deux hommes dans notre professeur, l'écrivain et le pensionnaire du Gouvernement. Quand le premier dit : *marchons*, le second lui crie : *arrêtons-nous;* quand le premier enfante une pensée généreuse, le second se laisse affilier à la confrérie des bonnes lettres. Où cette funeste condescendance s'arrêtera-t-elle ? Il y a si près du Collège de France à Montrouge ! Il est si difficile de se passer de place, lorsque depuis longtemps, on en remplit une... et puis M. l'Abbé, Madame la marquise, son excellence, les truffes, le champagne, les décorations, les réceptions, les dévotions, les affiliations... Et voilà ce que c'est. »

Hélas ! voilà tout ce que c'est.

VIEILLE ÉPIGRAMME

Quelle est la main la plus vile
De Martainville ou de Villemain ?
Quelle est la plus vile main
De Villemain ou de Martainville ?

CITATIONS

A PROPOS DE LUCAIN

... Son génie, qu'une mort funeste devait arrêter si vite, n'eut que le temps de montrer de la grandeur, sans naturel et sans vérité : car le goût de la simplicité appartient rarement à la jeunesse, et dans les arts, le naturel est presque toujours le fruit de l'étude et de la maturité.

Plusieurs conjurés furent arrêtés et mis à la torture : ils révélèrent leurs complices. Seule la Courtisane Epicharis fut invincible à la douleur, montrant ce que, dans la faiblesse de son sexe et dans la honte de sa vie, un sentiment généreux, l'horreur du crime, pouvait donner de force et de dignité morale.

... Le titre de sa gloire, l'essai et tout ensemble le trophée de son génie, c'est *la Pharsale*, ouvrage que des beautés supérieures ont protégé contre d'énormes défauts. Stace, qui, nous l'avons dit, a célébré la muse jeune et brillante de Lucain et sa mort prématurée, n'hésite point à placer *la Pharsale* au-dessus des *Métamorphoses* d'Ovide, et presque à côté de Virgile. Quintilien, juge plus éclairé, reconnaît dans Lucain un génie hardi, élevé, et l'admet au rang des orateurs plutôt que des poètes : distinction que lui inspiraient le nombre et l'éclat des discours semés dans le récit de Lucain, et où sont exagérés trop souvent les défauts mêmes attachés à sa manière...

Les écrivains français l'ont jugé diversement. Corneille l'a aimé jusqu'à l'enthousiasme. Boileau l'approuvait peu, et lui imputait à la fois ses propres défauts et ceux de Brébeuf, son emphatique interprète.

En dépit des hyperboles et des raisonnements de Marmontel, *la Pharsale* ne saurait être mise au rang des belles productions de la muse épique. Le jugement des siècles est sans appel.

RAPPORTS ACADÉMIQUES

Ce qu'il y a d'amusant (mot bizarre à propos de Villemain) dans les rapports académiques, c'est l'étonnante conformité du style baveux, melliflue, avec les noms des concurrents récompensés et le choix des sujets. On y trouve *l'Algérie ou la civilisation conquérante, la Colonie de Mettray, la Découverte de la vapeur,* sujets lyriques proposés par l'Académie et d'une nature essentiellement excitante.

On y trouve aussi des phrases de cette nature : « Ce livre est une bonne œuvre pour les âmes », à propos d'un roman composé par un ministre protestant. Pouah !

On rencontre, parmi les couronnés, le nom de ce pauvre M. Caro, qui ne prendra jamais, je l'espère, pour épigraphe de ses compositions académiques ce mot de saint Jean : « *Et verbum caro factum est* », car lui et le verbe me semblent passablement brouillés.

On se heurte à des phrases comme celle-ci, qui représente bien une des maladies de M. Villemain, laquelle consiste à accoupler des mots qui jurent; quand il ne fait pas de pléonasmes, il commet des désaccords : « Cette profusion de gloire (celle de l'industrie et des arts) n'est jamais applicable dans le domaine sévère et difficile des lettres. »

CITATIONS

Que, devant cette force du nombre et de l'enthousiasme, un Roi opiniâtre et faible, un Ministère coupable et troublé n'aient su ni agir, ni céder à temps ; qu'un Maréchal, malheureux à la guerre et dans la politique, funeste par ses défections et ses services, n'ait pu rien sauver du désastre, même avec une Garde si dévouée et si brave, mais de bonne heure affaiblie par l'abandon d'un régiment de ligne ; ce sont là des spectacles instructifs pour tous. On les a parodiés depuis. Une émeute non repoussée, une marée montante de cette tourbe d'une grande ville a tout renversé devant elle, comme l'avait fait, dix-huit ans auparavant, le mouvement d'un peuple blessé dans ses droits. Mais, le premier exemple avait offert un caractère particulier, qui en fit la grandeur. C'était un sentiment d'honneur public soulevé contre la trahison du Pouvoir. (*Tribune moderne*, page 477.)

Bien des années après, il a peint encore ce printemps de la Bretagne sauvage et fleurie, avec une grâce qu'on ne peut ni oublier, ni contrefaire. Nul doute que dès lors, aux instincts énergiques de naissance, à la liberté et à la rudesse des premiers ans, aux émotions sévères et tendres de la famille, aux sombres sourcils du père, aux éclairs de tendresse de la mère, aux sourires de la plus jeune sœur, ne vinssent se mêler, chez cet enfant, les vives images de la nature, le frémissement des bois, après celui des flots, et l'horizon désert et diapré de mille couleurs de ces landes bretonnes préludant aux savanes de l'Amérique. (*Tribune moderne*, page 9.)

Mais, faut-il attribuer à ces études, un peu rompues et capricieuses, l'avantage dont triomphe quelque part l'illustre écrivain, pour s'élever au-dessus même de sa gloire la plus chère et se séparer entièrement de ceux qu'il efface ? « Tout cela, joint à mon genre d'éducation, dit-il, à une vie de soldat et de voyageur, fait que je n'ai pas senti mon pédant, que je n'ai jamais eu l'air hébété ou suffisant, la gaucherie, les habitudes crasseuses des hommes de lettres d'autrefois, encore moins la morgue, l'assurance, l'envie et la vanité fanfaronne des nouveaux auteurs. »

C'est beaucoup se ménager, en maltraitant tout le monde. (*Tribune moderne*, page 11.)

Un chapitre des *Mémoires*, non moins expressif et non moins vrai que bien des pages du roman de *René*, a gravé pour l'avenir cet intérieur de famille un peu semblable aux voûtes souterraines du vieux château sombre et glacial où fermentait, à son insu, l'âme du poète, dans la solitude et l'inaction, entre une mère distraite de la tendresse par la piété, fatiguée d'un joug conjugal, que cette piété n'allégeait pas, une sœur trop tendre, ou trop aimée, mais dont la destinée semblait toujours être de ne trouver ni le bonheur du monde, ni la paix dans la retraite, et enfin ce père, dont la sévérité, la hauteur tyrannique et le froid silence s'accroissaient avec les années. (*Tribune moderne*, page 14.)

Lui-même, dans ses *Mémoires*, a peint de quelques traits, avec une brièveté *rapide* et *digne*, ce que ce tableau domestique offrait de plus touchant et de plus délicat. Sa réserve, cette fois, était comme une expiation de ce que son talent d'artiste avait voulu laisser trop entrevoir, dans la création originale de René. Ce ne fut pas seulement la malignité des contemporains, ce fut l'orgueil du peintre qui permit cette profane allusion. Sous la fatalité de ce nom de René que l'auteur se donne comme *à son héros*, et en souvenir de cet éclat de regard, de ce feu de génie, que la sœur, trop émue, admirait dans son frère, une indiscrète rumeur a longtemps redit que le premier *chef-d'œuvre littéraire* de M. de Chateaubriand avait été la confidence d'un funeste et premier amour.

L'admiration pour le génie, le respect de la morale aiment à lire un autre récit tout irréprochable du sentiment du jeune poète. (*Tribune moderne*, page 15).

Vingt-cinq ans plus tard, toujours très philosophe, il [M. de Pommereul] fut préposé en chef à l'inquisition impériale sur les livres ; on sait avec quelle minutieuse et rude tyrannie ! (*Tribune moderne*, page 24.)

Viens de bonne heure, tu feras le mien.

Mêlé d'ailleurs à des *hommes de lettres, ou de parti*, qui prisaient peu les *Vœux d'un Solitaire* et la philanthropie candide de l'auteur, M. de Chateaubriand étudia plus Bernardin de Saint-Pierre qu'il ne l'a loué, et peut-être, dans sa lutte avec ce rare modèle, devait-il, par là même, ne pas échapper au danger d'exagérer ce qu'on imite et de trop prodiguer les couleurs qu'on emprunte. (*Tribune moderne*, page 37.)

J'allais d'arbre en arbre, a-t-il raconté, me disant : « Ici, plus de chemins, plus de villes, plus de monarchies, plus de rois, plus d'hommes et, pour essayer si j'étais rétabli dans mes droits originels, je me livrais à des actes de volonté, qui faisaient enrager mon guide, lequel, dans son âme, me croyait fou. » Je ne sais, mais je crains bien que dans ce sentiment si vif des droits originels et dans ces actes de volonté sans nom, il n'y eût surtout une réminiscence des rêveries anti-sociales de Rousseau et de quelques pages d'*Emile*. Le grand écrivain n'était encore que copiste. (*Tribune moderne*, page 53.)

Il touche d'abord à l'île de Guernesey, puis à Jersey, dans cet ancien refuge où devait, de nos jours, s'arrêter un autre proscrit, d'un rare et puissant esprit poétique, qu'il employa trop peut-être à évoquer dans ses vers le prestige oppresseur, sous lequel il fut accablé. (*Tribune moderne*, page 62.)

Ce fut après un an des agitations de Paris, sous la *Constituante*, que, vers janvier 1791, M. de Chateaubriand, sa résolution bien prise et quelques ressources d'argent recueillies, entreprit son lointain voyage. Une telle pensée ainsi persistante était sans doute un signe de puissance de volonté dans le jeune homme, dont elle développa le génie ; mais, peut-être trouvera-t-on plus d'orgueil que de vérité dans le souvenir que lui-même avait gardé de ce premier effort et dans l'interprétation qu'il lui donnait, quarante ans plus tard : « J'étais alors, dit-il, dans ses *Mémoires*, en se reportant à 1791, ainsi que Bonaparte, un mince sous-lieutenant tout à fait inconnu. Nous partions l'un et l'autre de l'obscurité, à la même époque, moi, pour chercher ma renommée dans la solitude, lui, sa gloire, parmi les hommes. »

Ce contraste est-il vrai ? Ce parallèle n'est-il pas bien ambitieux ? Dans la solitude, vous cherchiez, vous aussi, la gloire parmi les hommes. Seulement, quel que soit l'éclat du talent littéraire, cet antagonisme de deux noms dans un siècle, ce duel de célébrité, affiché plus d'une fois, étonnera quelque peu l'avenir. Tite-Live ne se mettait pas en concurrence avec les grands capitaines de son *Histoire*. (*Tribune moderne*, page 37.)

Nous le disons avec regret, bien que M. de Fontanes ait été le premier ami et peut-être le seul ami du grand écrivain, plus jeune que lui de quinze années, il nous semble qu'il n'a pas obtenu en retour un souvenir assez affectueux, ni même assez juste. « M. de Fontanes, dit M. de Chateaubriand, a été, avec Chénier, le dernier écrivain de l'école classique de la branche aînée. » Et aussitôt après : « Si quelque chose pouvait être antipathique à M. de Fontanes, c'était ma manière d'écrire. En moi commençait, avec l'école dite romantique, une révolution dans la littérature française. Toutefois, mon ami, au lieu de se révolter contre ma barbarie, se passionna pour elle. Il comprenait une langue qu'il ne parlait pas. »

De quel Chénier s'occupe ici M. de Chateaubriand ? Ce n'est pas sans doute de Joseph Chénier. Le choix serait peu fondé ; la forme classique de Joseph Chénier, sa poésie, sa langue n'ont pas la pureté sévère et la grâce élégante de M. de Fontanes, et, par là même, le goût de Chénier était implacable, non seulement pour les défauts, mais pour les beautés de l'auteur d'*Atala*. Que s'il s'agit, au contraire, d'André Chénier, une des admirations de jeunesse qu'avait gardées M. de Fontanes, bien que lui-même fût un imitateur plus timide de l'antiquité, nous n'hésitons pas à dire que l'auteur de *la Chartreuse*, du *Jour des Morts*, des vers sur *l'Eucharistie*, offre quelques traits en commun avec l'originalité plus neuve et plus hardie de l'élégie sur *le Jeune malade* et des stances à Mlle de Coigny. Mais alors, il ne fallait pas s'étonner que *de ce* fonds même d'imagination et d'harmonie, M. de Fontanes fut bien disposé en faveur de cette prose brillante et colorée, qu'André Chénier aussi aurait couronnée de louanges et de fleurs, sans y reconnaître pourtant la pureté de ses anciens Hellènes.

M. de Chateaubriand se vante ici, à tort, de sa barbarie, et, à tort aussi, remercie son ami de s'être passionné pour elle. Personne, et nos souvenirs en sont témoins, n'avait plus vive impatience que M. de Fontanes de certaines affectations barbares ou non qui déparent *Atala* et *René*, mais les beautés le ravissaient, et c'est ainsi qu'il faut aimer et qu'il faut juger. (*Tribune moderne*, page 73.)

Mais... quand M. de Fontanes, causeur aussi vif, aussi aventureux qu'il était pur écrivain, quand M. de Fontanes, l'imagination pleine de Virgile et de Milton, et adorant Bossuet, comme on adore un grand poète, errait avec son ami plus jeune dans les bois voisins de la Tamise, *dînait solitairement* dans quelque auberge de *Chelsea* et *qu'ils revenaient* tous deux, avec de longues causeries, à leur modeste demeure... (*Tribune moderne*, page 74.)

Ainsi Fontanes mangeait seul.

Ce qu'il (Lucien) dut chercher dans les épreuves, c'était le chapitre sur les rois athées, compris dans l'édition commencée à Londres, et dont rien ne se retrouve, dans celle de Paris ; c'était tout ce qui pouvait, de loin ou de près, servir ou contrarier la politique consulaire, en France et en Europe, le reste le souciait peu... (*Tribune moderne*, page 92.)

Un docte prélat...

En note : le cardinal Fesch.
J'ignore s'il était docte, mais ceci est un nouvel exemple de l'amour de la périphrase.

Il avait vu, non sans une émotion de gloire, les honneurs funèbres d'Alfieri et le corps du grand poète exposé dans son cercueil.

Qu'est-ce qu'une émotion de gloire ?

Il avait visité récemment, à Coppet, Madame de Staël, dont l'exil *commençait déjà, pour s'aggraver plus tard*. Les deux disgraciés de l'Empire s'étaient communiqué une protestation plus vive dans le cœur de la femme, qui plus faible se sentait plus opprimée. Pour lui, il blâmait presque Madame de Staël de souffrir si amèrement le malheur d'une opulente retraite, sans autre peine que la privation de ce mouvement des salons de Paris, dont, pour sa part, il se passait volontiers. (*Tribune moderne*, page 145.)

Derrière ce premier cercle, autour du mourant, s'approchait un autre rang de spectateurs silencieux et troublés et, dans le nombre, immobile sur sa jambe de bois, pendant toute cette nuit, le ministre de la Guerre, le brave Latour-Maubourg, cet invalide des batailles de Leipzig, noblement mêlé à des braves de la Vendée. (*Tribune moderne*, page 258.)

Il [Charles X] avait accueilli et béni, au pied de son lit de mort, deux jeunes filles nées en Angleterre d'une de ces liaisons de plaisir, qui avait occupé son exil. (*Tribune moderne*, page 259.)

Je ne puis oublier cette lugubre matinée du 14 février 1820, le bruit sinistre qui m'en vint, avec le réveil, mon triste empressement à voir le Ministre dont j'étais, dans un poste assez considérable, un des moindres auxiliaires. (*Tribune moderne*, page 260.)

Ce sujet [la vie de Rancé] n'a pas été rempli, malgré les conditions mêmes de génie, de satiété mélancolique, d'âge et de solitude, qui semblaient le mieux y répondre. On peut réserver seulement quelques pages charmantes, *qu'une spirituelle et sévère critique a justement louées*. (*Tribune moderne*, page 546.)

Impossible de deviner. Nouvel exemple de périphrase.

La même main, cependant, continuait alors, ou corrigeait les *Mémoires d'Outre-Tombe*, et y jetait quelques-uns de ces tons excessifs et faux qu'on voudrait en retrancher. (*Tribune moderne*, page 549.)

Une perte inattendue lui enlevait alors Mme de Chateaubriand. (*Tribune moderne*, page 552.)

Le cercueil fut porté par quelques marins à l'extrémité du *grand Bey*...

Il prend une île pour un Turc.

... Un nom cher à la science et aux lettres, M. Ampère, érudit voyageur, poète par le cœur et la pensée, proféra de nobles paroles sur l'homme illustre dont il était élève et l'ami.

Un nom qui profère des paroles.

Une voix digne et pure [*en note* : *M. le duc de Noailles*] a prononcé son éloge, au nom de la société polie [*ce qui ne veut pas dire la société lettrée*], dans une Compagnie savante.

Sans doute l'Académie française.

Un maître éloquent de la jeunesse...

En note : M. Saint-Marc Girardin.

Hérédia vit la cataracte du Niagara, cette pyramide vivante du désert, alors entourée de bois immenses. (*Essais sur le Génie de Pindare*, page 580.)

Il revint à Mexico, fut d'abord avocat, puis élevé aux honneurs de la magistrature. Marié et devenu père de famille, l'orageuse instabilité de l'Orient Américain l'épouvanta d'autant plus... (*Essais sur le Génie de Pindare*, page 585.)

LES CENT-JOURS

Le but de l'ouvrage *les Cents-Jours* est, comme tous les autres ouvrages de M. Villemain, d'abord de montrer qu'il a connu des gens importants, de leur faire prononcer de longs discours à la Tite-Live, prenant toujours le dialogue pour une série de dissertations académiques, et enfin l'éternelle glorification du régime parlementaire.

Par exemple, le discours du maréchal Ney à la Chambre des Pairs, à propos duquel M. Villemain nous avertit que *le Moniteur* n'en donne qu'un compte rendu tronqué et altéré, très long discours, ma foi ! Le jeune Villemain l'avait-il sténographié, où l'avait-il si bien enfoncé dans les sillons de sa jeune mémoire qu'il l'ait conservé jusqu'en 1855 ?

> On sortit des tribunes, pendant la remise de la séance. Je courus au jardin du Luxembourg, dans le coin le plus reculé, méditer avec moi-même ce que je venais d'entendre, et, le cœur tout ému, j'enfonçai dans les sillons de ma jeune mémoire ces paroles de deuil héroïque et de colère injuste peut-être, que j'avais senties amères comme la mort. (Journée du 22 juin 1815 *Les Cent-Jours*, page 315.)

A propos du discours de Manuel à la Chambre des Représentants, discours inspiré par Fouché, dont *il habitait familièrement l'Hôtel*, au lieu de dire : Sa voix insinuante, M. Villemain dit : *L'insinuation de sa voix.* (Page 386.)

DESTITUTION DE CHATEAUBRIAND

Ce que Villemain appelle une anecdote littéraire; à ce sujet, nous allons voir comment il raconte une anecdote. L'anecdote a quinze pages. Mme de Duras croit à l'union durable de Villèle et de Chateaubriand.

> A Saint-Germain, dans une maison élégante, sur le niveau de cette terrasse *qui découvre* un si riant paysage, le salon d'une femme respectée de tous, et l'amie célèbre de Mme de Staël et d'un homme de génie parvenu au pouvoir, avait, le premier samedi de Juin, réuni plusieurs hommes politiques, comme on disait alors [*et comme on dit encore*], des ambassadeurs et des savants, M. Pozzo di Borgo, toujours en crédit près d'Alexandre, Capo d'Istria disgracié, mais près de se relever avec la Grèce renaissante, lord Stuart, diplomate habile, le moins officiel des hommes dans son libre langage, la prude et délicate

lady Stuart, en contraste avec lui, quelques autres Anglais, un ministre de Toscane passionné pour les arts, l'illustre Humboldt, l'homme des études profondes autant que des *nouvelles passagères* [*il y a donc des nouvelles durables*], le plus français de ces étrangers, aimant la liberté autant que la science ; c'étaient aussi le comte de Lagarde, ambassadeur de France en Espagne avant la guerre, Abel de Rémusat, l'orientaliste ingénieux et sceptique, un autre lettré moins connu [*ce doit être le modeste Villemain*], et la jeune Delphine Gay avec sa mère.

Lorsque, après la conversation du dîner encore mêlée de quelques anecdotes des deux Chambres, on vint, à la hauteur de la terrasse s'asseoir devant le *vert tapis des cimes* de la forêt et respirer la *fraîche tiédeur* d'une belle soirée de juin, toute la politique tomba, et il n'y eut plus d'empressement que pour prier Mlle Delphine Gay de dire quelques-uns de ses vers. Mais la belle jeune fille, souriant et s'excusant de n'avoir rien achevé de nouveau, récita seulement, avec la délicieuse mélodie de sa voix, cette stance d'un secrétaire d'ambassade [*manière académique de dire Lamartine*], bien jeune et bien grand poète, dit-elle :

> Repose-toi, mon âme, en ce dernier asile,
> Ainsi qu'un voyageur qui, le cœur plein d'espoir,
> S'assied, avant d'entrer, aux portes de la ville,
> Et respire un moment l'air embaumé du soir.

Lord Stuart prend la parole et dit que ce repos ne charme pas longtemps les poètes qui ont une fois touché aux affaires ; il espère bien que le Ministère durera et restera compact.

On devine une certaine sympathie du sieur Villemain pour lord Stuart, ce qui s'expliquera peut-être si l'on se reporte au dire de Chateaubriand qui prétend que ce lord Stuart était toujours crotté et débraillé et ne payait pas les filles.

Et puis Mme de Duras prend la parole, comme dans Tite-Live ; elle veut congédier la politique et demande à Capo d'Istria « s'il n'a pas reconnu dans *les Martyrs* et dans *l'Itinéraire* le ciel de sa patrie, l'âme de l'antiquité, et, à la fois, les horizons et la poésie de la Grèce ».

Et Capo d'Istria prend la parole, comme dans Tite-Live, et exprime cette vérité que Chateaubriand n'est pas Homère, que la jeunesse ne recommence pas plus pour un homme que pour le monde, mais que, cependant, pour n'être pas poète épique, il ne manque pas de grandeur ; que le peintre de Dioclétien, de Galérius et du monde romain avait paru prophétique et vrai ; quand ces peintures du passé éclatèrent aux yeux « on reconnaissait de loin, dans une page des *Martyrs*, le portrait et la condamnation de celui qu'il fallait abattre ».

Je n'ai pas besoin de dire que l'expression : *comme Tite-Live* est simplement pour caractériser une manie de M. Villemain et que chacun des personnages mis en scène parle comme Villemain en Sorbonne.

Une voix grave, « aussi grave que celle du comte Capo d'Istria était douce et persuasive », établit un parallèle entre *les Martyrs* et *Télémaque*, et donne la supériorité à ce dernier ; cela fait deux pages de discours.

Un quatrième orateur dit que « le *Télémaque* est un bon livre de morale, malgré quelques descriptions trop vives pour l'imagination de la jeunesse. Le *Télémaque* est une gracieuse réminiscence des poètes anciens, une corbeille de fleurs cueillies partout, mais quel intérêt aura pour l'avenir cette mythologie profane, spiritualiste d'intention, sans être changée de formes, de telle façon que le livre n'est ni païen, ni chrétien ? »

Et Capo d'Istria reprend la parole pour dire que « Fénelon fut le premier qui, dans le XVIIe siècle, forma le vœu de voir la Grèce délivrée de ses oppresseurs et rendue aux beaux-arts, à la philosophie, à la liberté qui la réclament pour leur patrie ». Chateaubriand excelle à décrire le monde barbare..., mais Capo d'Istria préfère *Antiope* à *Velléda*.

Total, une page.

Cette réserve d'un esprit si délicat enhardit un cinquième orateur. Celui-là aussi admire le *Télémaque*, mais *les Martyrs* portent la marque d'un siècle de décadence *(toujours la décadence !)* Pièce de rapport encadrée ; industrieuse mosaïque... dépouillant indifféremment Homère, Virgile, Stace et quelques chroniqueurs barbares. Et puis les anachronismes : saint Augustin, né 17 ans après la mort de Constantin, figurant près de lui comme son compagnon de plaisir, — comparaison d'Eudore avec Enée, de Cymodocée avec Pauline... — L'horrible n'est pas le pathétique (le cou d'ivoire de la fille d'Homère brisé par la gueule sanglante du tigre), et patata et patata.

Le premier orateur (Delphine Gay) reprend la parole ; elle croit entendre les blasphèmes d'Hoffmann : « Laissez, je vous prie, vos chicanes érudites. A quoi sert le goût de l'antiquité s'il empêche de sentir tant de belles choses imitées d'elle ? » Aussi bien elle est la seule personne qui parle avec quelque bon sens ; le malheur est que, jalouse du dernier orateur qui avait parlé pendant deux pages et demie, elle s'élance dans *les martyrs de nos jours, dans les échafauds de nos familles et dans la vertu de nos frères et de nos pères immolés en place publique pour leur Dieu et pour leur Roi.* Total, trois pages.

Le cercle se rompit, on s'avança de quelques pas sur la terrasse entre l'horizon de Paris et les ombres projetées des vieux créneaux du château de Saint-Germain.

Petite digression sur le dernier des Stuarts. Enfin, *une voix* prie Mlle Delphine de dire « ce que vient de lui inspirer le tableau d'Horace Vernet ».

La jeune fille, dont la grâce naïve et fière égalait le talent, ne répondit qu'en commençant de sa voix harmonieuse ce chant de *la Druidesse*, dédié au grand peintre qui achevait un tableau de *Velléda*. Debout, quelques mèches de ses blonds cheveux éparses à la brise légère de cette nuit d'été, la jeune Muse, comme elle se nommait alors elle-même, doublait par sa personne l'illusion de son chant et semblait se confondre avec le souvenir qu'elle célébrait.

Suivent des stances dans le style des pendules de la Restauration finissant par :

Et les siècles futurs sauront que j'étais belle.

Le prestige les a tous éblouis et les éloges sont prodigués à cet heureux talent.

Villemain rentre fort tard à Paris avec un savant illustre (probablement Humboldt), « dont la parole diversifie encore le mouvement de la terrasse de Saint-Germain ». Il s'endort, à trois heures du matin, la tête remplie de poésies homériques, de ferveurs chrétiennes, de révolutions dynastiques et de catastrophes géologiques.

Le lendemain, il relit les lettres de saint Jérôme, un traité théologique de Milton et projette d'aller rêver hors de Paris, « aux ressemblances d'imagination, de tristesse et de colère entre ces âmes véhémentes et poétiques séparées par tant de siècles », quand il fait la rencontre de M. Frisell qui lui apprend la destitution de Chateaubriand. Suit la destitution notifiée par M. de Villèle, telle qu'elle est rapportée dans *les Mémoires d'Outre-Tombe*, ce qui fait trois pages de plus, total seize pages.

Autant qu'on peut le deviner, l'anecdote consiste en ceci : pendant qu'on préparait au château la destitution de Chateaubriand, plusieurs personnes de ses amis causaient littérature et politique sur la terrasse de Saint-Germain. Tout le reste n'est que rhétorique intempestive.

LA MORT DU DUC DE BERRY

La mort du duc de Berry est encore un modèle étrange de narration, véritable exercice de collège, composition d'enfant qui veut gagner le prix, style de concours. Villemain y prend surtout la défense de M. Decazes, *dont il était dans un poste assez considérable un des moindres auxiliaires*. Il était, je crois bien, *le jeune homme* (si nous pouvons nous fier *aux sillons de sa jeune mémoire*) qui travaillait à l'exposé des motifs de l'interminable loi électorale. Le sentiment qui pousse Villemain à défendre Decazes paraîtrait plus louable s'il n'était exprimé avec un enthousiasme de domestique.

(Revoir mes notes précédentes à ce *sujet*.)

LA DIGRESSION SUR LES RAJEUNISSEMENTS LITTÉRAIRES

Le chapitre 3 de *la Tribune moderne* s'ouvre par onze pages de digression sur les *diverses époques* et les *renouvellements des lettres*. Voilà, certes, un beau thème philosophique, de quoi exciter la curiosité. J'y fus pris, comme un crédule, mais la boutique ne répond pas à l'enseigne et Villemain n'est pas un philosophe. Il n'est pas même un vrai rhéteur, comme il se vante de l'être. Il commence par déclarer que « la puissance des lieux sur l'imagination du poète n'est pas douteuse ».

Voir, dit-il, Homère et Hérodote.

« La Grèce, des Thermopyles à Marathon, les vertes collines du Péloponnèse et les vallées de la Thessalie, l'île de Crète et l'île de Lemnos [énumération interminable], quel théâtre multiple et pittoresque ! »

Donc les Grecs ont eu du génie parce qu'ils possédaient de beaux paysages.

Accepté. Pensée trop claire.

La poésie romaine reproduit les paysages latins. « L'empire, devenu barbare, d'un côté, et oriental de l'autre, eut sous les yeux une diversité sans fin de climats, de races, de mœurs, etc., etc. »

Inde : « Le chaos des imaginations et les descriptions surchargées de couleurs. »

Belle conclusion. Il avait sans doute trop de paysages pour rester classique.

Les chrétiens étudient maintenant l'homme intérieur; cependant « le spectacle de la création resplendit dans leurs âmes et dans leurs paroles ».

« Christianisme grec revêtu des feux d'une brûlante nature, du Nil jusqu'à l'Oronte, de Jérusalem jusqu'à Cyrène. »

« Dante, le premier génie de poète qui se leva sur le moyen âge [est-ce bien sûr ?], fut un admirable peintre de la nature. »

Tasse chante les exploits et les erreurs des hommes. La nature, pour Tasse, Arioste, comme pour La Fontaine, devient un accessoire.

Camoens, Ercilla témoignent « de ce que la nature agrandie peut offrir à la pensée de l'homme, et l'esprit de découverte ajouté à l'esprit d'inspiration ».

« Corneille, Racine, Milton, Voltaire, trêve de lassitude à l'action de la nature. »

Cependant, petite digression forcée sur Shakespeare, qui a jeté le décor dans le drame; le fait est que Shakespeare est embarrassant dans cette genèse artificielle de l'art.

Retour à la nature. Ce retour s'exprime par la prose : Buffon, Rousseau, Bernardin de Saint-Pierre. Delille, talent mondain et factice. Accepté. Quelques paroles fort dures contre le pauvre Delille. M. Villemain n'a pas le droit de le traiter ainsi.

Caractère oriental de Byron, « *le sceptique* voyageur ».

Et puis, tout d'un coup, Villemain nous dit :

> ... un rare et brillant génie allait paraître, se frayer sa route dans l'ébranlement du monde, amasser des trésors d'imagination dans les ruines d'une société mourante, exagérer tout ce qu'il devait bientôt combattre, et, par l'excès même de l'imagination, revenir de l'erreur à la vérité et des rêves d'un idéal à venir au culte du passé.

Et voilà ce qui explique pourquoi votre fille est muette, c'est-à-dire pourquoi, si Chateaubriand n'était pas allé en Amérique, il n'eût pas été Chateaubriand.

XLVI

ANNIVERSAIRE DE LA NAISSANCE DE SHAKESPEARE

(*Le Figaro*, 14 avril 1864.)

A M. LE RÉDACTEUR EN CHEF DU *FIGARO*

Monsieur,

Il m'est arrivé plus d'une fois de lire *le Figaro* et de me sentir scandalisé par le sans-gêne de rapin qui forme, malheureusement, une partie du talent de vos collaborateurs. Pour tout dire, ce genre de littérature « frondeuse » qu'on appelle le « petit journal » n'a rien de bien divertissant pour moi et choque presque toujours mes instincts de justice et de pudeur. Cependant, toutes les fois qu'une grosse bêtise, une monstrueuse hypocrisie, une de celles que notre siècle produit avec une inépuisable abondance, se dresse devant moi, tout de suite je comprends l'utilité du « petit journal ». Ainsi, vous le voyez, je me donne presque tort, d'assez bonne grâce.

C'est pourquoi j'ai cru convenable de vous dénoncer une de ces énormités, une de ces cocasseries, avant qu'elle fasse sa définitive explosion.

Le 23 avril est la date où la Finlande elle-même doit, dit-on, célébrer le trois-centième anniversaire de la naissance de Shakespeare. J'ignore si la Finlande a quelque intérêt mystérieux à célébrer un poète qui n'est pas né chez elle, si elle a le désir de porter, à propos du poète-comédien anglais, quelque toast malicieux. Je comprends, à la rigueur, que les littérateurs de l'Europe entière veuillent s'associer dans un commun élan d'admiration pour un poète que sa grandeur (comme celle de plusieurs autres grands poètes) rend cosmopolite; cependant, nous pourrions noter en passant que, s'il est raisonnable de célébrer les poètes de tous les pays, il serait encore plus juste que chacun célébrât, d'abord, les siens. Chaque religion a ses saints, et je constate avec peine que jusqu'à présent on ne s'est guère inquiété ici de fêter l'anniversaire de la naissance de Chateaubriand ou de Balzac. Leur gloire, me dira-t-on, est encore trop jeune. Mais celle de Rabelais ?

Ainsi voilà une chose acceptée. Nous supposons que, mus par une reconnaissance spontanée, tous les littérateurs de l'Europe veulent honorer la mémoire de Shakespeare avec une parfaite candeur.

Mais les littérateurs parisiens sont-ils poussés par un sentiment aussi désintéressé, ou plutôt n'obéissent-ils pas, à leur insu, à une très petite coterie qui poursuit, elle, un but personnel et particulier, très distinct de la gloire de Shakespeare ?

J'ai été, à ce sujet, le confident de quelques plaisanteries et de quelques plaintes dont je veux vous faire part.

Une réunion a eu lieu quelque part, peu importe où. M. Guizot devait faire partie du comité. On voulait sans doute honorer en lui le signataire d'une pauvre traduction de Shakespeare. Le nom de M. Villemain a été inscrit également. Autrefois, il a parlé, tant bien que mal, du théâtre anglais. C'est un prétexte suffisant, quoique cette mandragore sans âme, à vrai dire, soit destinée à faire une drôle de figure devant la statue du poète le plus passionné du monde.

J'ignore si le nom de Philarète Chasles, qui a tant contribué à populariser chez nous la littérature anglaise, a été inscrit; j'en doute fort, et j'ai de bonnes raisons pour cela. Ici, à Versailles, à quelques pas de moi, habite un vieux poète qui a marqué, non sans honneur, dans le mouvement littéraire romantique; je veux parler de M. Emile Deschamps, traducteur de *Roméo et Juliette*. Eh bien! monsieur, croiriez-vous que ce nom n'a pas passé sans quelques objections ? Si je vous priais de deviner pourquoi, vous ne le devineriez jamais. M. Emile Deschamps a été pendant longtemps un des principaux employés du ministère des Finances. Il est vrai qu'il a, depuis longtemps aussi, donné sa démission. Mais, en fait de justice, messieurs les factotums de la littérature démocratique n'y regardent pas de si près, et cette cohue de petits jeunes gens est si occupée de faire ses affaires qu'elle apprend quelquefois avec étonnement que tel vieux bonhomme, à qui elle doit beaucoup, n'est pas encore mort. Vous ne serez pas étonné d'apprendre que M. Théophile Gautier a failli être exclu, comme *mouchard*. (Mouchard est un terme qui signifie un auteur qui écrit des articles sur le théâtre et la peinture dans la feuille officielle de l'Etat.) Je ne suis pas du tout étonné, ni vous sans doute, que le nom de M. Philoxène Boyer ait soulevé maintes récriminations. M. Boyer est un bel esprit, un très bel esprit, dans le meilleur sens. C'est une imagination souple et grande, un écrivain fort érudit, qui a, dans le temps, commenté les ouvrages de Shakespeare dans des improvisations brillantes. Tout cela est vrai, incontestable ; mais hélas ! le malheureux a donné quelquefois des signes d'un lyrisme monarchique un peu vif. En cela, il était sincère, sans doute ; mais qu'importe ! ces odes malencontreuses, aux yeux de ces messieurs, annulent tout son mérite en tant que shakespearianiste. Relativement à Auguste Barbier, traducteur de *Julius Cæsar*, et à Berlioz, auteur d'un *Roméo et Juliette*, je ne sais rien. M. Charles Baudelaire, dont le goût pour la littérature saxonne est bien connu, avait été oublié. Eugène Delacroix est bien heureux d'être mort. On lui aurait, sans aucun doute, fermé au nez les portes du festin, lui, traducteur à sa manière de *Hamlet*, mais aussi le membre corrompu du Conseil municipal ; lui, l'aristocratique génie, qui poussait la lâcheté jusqu'à être poli, même envers ses ennemis. En revanche, nous verrons le démocrate Biéville porter un toast, *avec restrictions*, à l'immortalité de l'auteur de *Macbeth*, et le délicieux Legouvé, et le Saint-Marc Girardin, ce hideux courtisan de la jeunesse médiocre, et l'autre Girardin, l'inventeur de la Boussole escargotique et de la souscription à un sou par tête pour l'abolition de la guerre.

Mais, le comble du grotesque, le *nec plus ultra* du ridicule, le symptôme irréfutable de l'hypocrisie de la manifestation, est la nomination de M. Jules Favre, comme membre du Comité. Jules Favre et Shakespeare ! Saisissez-vous bien cette énormité ? Sans doute, M. Jules Favre est un esprit assez cultivé pour comprendre les beautés de Shakespeare, et, à ce titre, il peut venir ; mais, s'il a pour deux liards de sens commun, et s'il tient à ne pas compromettre le vieux poète, il n'a qu'à refuser l'honneur absurde qui lui est conféré. Jules Favre dans un comité shakespearien ! Cela est plus grotesque qu'un Dufaure à l'Académie !

Mais, en vérité, Messieurs les organisateurs de la *petite* fête ont bien autre chose à faire que de glorifier la poésie. Deux poètes, qui étaient présents à la première réunion dont je vous parlais tout à l'heure, faisaient observer tantôt qu'on oubliait celui-ci ou celui-là, tantôt qu'il faudrait faire ceci ou cela; et leurs observations étaient faites uniquement dans le sens littéraire; mais, à chaque fois, l'un des petits humanitaires leur répondait : « Vous ne comprenez pas *de quoi il s'agit.* »

Aucun ridicule ne manquera à cette solennité. Il faudra aussi tout naturellement fêter Shakespeare au théâtre. Quand il s'agit d'une représentation en l'honneur de Racine, on joue, après l'ode de circonstance, *les Plaideurs* et *Britannicus;* si c'est Corneille qu'on célèbre, ce sera *le Menteur* et *le Cid;* si c'est Molière, *Pourceaugnac* et *le Misanthrope.* Or, le directeur d'un grand théâtre, homme de douceur et de modération, courtisan impartial de la chèvre et du chou, disait récemment au poète chargé de composer quelque chose en l'honneur du tragique anglais : « Tâchez de glisser là-dedans l'éloge des classiques français, et puis ensuite, pour mieux honorer Shakespeare, nous jouerons *Il ne faut jurer de rien!* » C'est un petit proverbe d'Alfred de Musset.

Parlons un peu du vrai but de ce grand jubilé. Vous savez, monsieur, qu'en 1848 il se fit une alliance adultère entre l'école littéraire de 1830 et la démocratie, une alliance monstrueuse et bizarre. Olympio renia la fameuse doctrine de *l'art pour l'art*, et depuis lors, lui, sa famille et ses disciples, n'ont cessé de prêcher le peuple, de parler pour le peuple, et de se montrer en toutes occasions les amis et les patrons assidus du peuple. « Tendre et profond amour du peuple! » Dès lors, tout ce qu'ils peuvent aimer en littérature a pris la couleur révolutionnaire et philanthropique. Shakespeare est socialiste. Il ne s'en est jamais douté, mais il n'importe. Une espèce de critique paradoxale a déjà essayé de travestir le monarchiste Balzac, l'homme du trône et de l'autel, en homme de subversion et de démolition. Nous sommes familiarisés avec ce genre de supercherie. Or, monsieur, vous savez que nous sommes dans un temps de partage, et qu'il existe une classe d'hommes dont le gosier est obstrué de toasts, de discours et de cris non utilisés, dont, très naturellement, ils cherchent le placement. J'ai connu des gens qui surveillaient attentivement la moralité, surtout parmi les célébrités, et couraient activement chez les familles et dans les cimetières pour faire l'éloge des défunts qu'ils n'avaient jamais connus. Je vous signale M. Victor Cousin comme le prince du genre.

Tout banquet, toute fête sont une belle occasion pour donner satisfaction à ce verbiage français ; les orateurs sont le fonds qui manque le moins ; et la petite coterie caudataire de ce poète (en qui Dieu, par un esprit de mystification impénétrable, a amalgamé la sottise avec le génie), a jugé que le moment était opportun pour utiliser cette indomptable manie au profit des buts suivants, auxquels la naissance de Shakespeare ne servira que de prétexte :

1º Préparer et chauffer le succès du livre de V. Hugo sur Shakespeare, livre qui, comme tous ses livres, plein de beautés et de bêtises, va peut-être encore désoler ses plus sincères admirateurs ;

2º Porter un toast au Danemark. La question est palpitante, et on doit bien cela à Hamlet, qui est le prince du Danemark le plus connu. Cela sera d'ailleurs mieux en situation que le toast à la Pologne qui a été lancé, m'a-t-on dit, dans un banquet offert à M. Daumier.

Ensuite, et selon les occurrences et le *crescendo* particulier de la bêtise chez les foules rassemblées dans un seul lieu, porter des toasts à Jean Valjean, à l'abolition de la peine de mort, à l'abolition de la misère, à la *Fraternité universelle*, à la diffusion des lumières, au *vrai* Jésus-Christ, *législateur des chrétiens*, comme on disait jadis, à M. Renan, à M. Havin, etc., enfin à toutes les stupidités propres à ce XIXe siècle, où nous avons le fatigant bonheur de vivre, et où chacun est, à ce qu'il paraît, privé du droit naturel de *choisir ses frères*.

Monsieur, j'ai oublié de vous dire que les femmes étaient exclues de la fête. De belles épaules, de beaux bras, de beaux visages et de brillantes toilettes auraient pu nuire à l'austérité démocratique d'une telle solennité. Cependant, je crois qu'on pourrait inviter quelques comédiennes, quand ce ne serait que pour leur donner l'idée de jouer un peu Shakespeare et de rivaliser avec les Smithson et les Faucit.

Conservez ma signature, si bon vous semble ; supprimez-la, si vous jugez qu'elle n'a pas assez de valeur.

Veuillez agréer, Monsieur, l'assurance de mes sentiments bien distingués.

XLVII

PROJETS DE LETTRE A
JULES JANIN

(Posthumes : I, *Bulletin du Bibliophile*, 15 décembre 1901 ;
II, *Œuvres posthumes*, 1887.)

I

A Monsieur Jules Janin
A propos du feuilleton (signé Eraste)
Sur Henri Heine et la Jeunesse des Poètes

Lui *aussi*, lui-*même*, « il savait comment on chante et comment on pleure ; il connaissait le *sourire mouillé de larmes*, etc. »

Comme c'est extraordinaire, n'est-ce pas, qu'un homme soit un homme ?

Catilina écrit au sénateur Quintus Cecilius avant de prendre les armes : « Je te lègue ma chère femme Orestilia et ma chère fille... »

Mérimée *(Mérimée lui-même ! ! !)* ajoute : « On éprouve quelque plaisir et quelque étonnement à voir des sentiments humains dans un pareil monstre. »

Comme c'est extraordinaire qu'un homme soit un homme !

Quant à toutes les citations de petites polissonneries françaises comparées à la poésie d'Henri Heine, de Byron et de Shakespeare, cela fait l'effet d'une serinette ou d'une épinette comparée à un puissant orchestre. Il n'est pas un seul des fragments d'Henri Heine que vous citez qui ne soit infiniment supérieur à toutes les bergerades ou berquinades que vous admirez. Ainsi, l'auteur de *l'Ane mort et la Femme guillotinée* ne veut plus entendre l'ironie ; il ne veut pas qu'on parle de la mort, de la douleur, de la brièveté des sentiments humains : « Ecartez de moi ces images funèbres ; loin de moi tous ces ricanements ! Laissez-moi traduire Horace et le savourer à ma guise, Horace, un vrai amateur de flonflons, un brave *littératisant*, dont la lecture ne fait pas mal aux nerfs, comme font toutes ces discordantes lyres modernes. »

Pour finir, je serais curieux de savoir si vous êtes bien sûr *que Béranger soit un poète*. (Je croyais qu'on n'osait plus parler de cet homme.)

— Si vous êtes bien sûr que *les belles funérailles* soient une preuve du génie ou de l'honnêteté du défunt. (Moi, je crois le contraire, c'est-à-dire qu'il n'y a guère que les coquins et les sots qui obtiennent de belles funérailles.)

— Si vous êtes bien sûr que Delphine Gay soit un poète.

— Si vous croyez que le langoureux de Musset soit un *bon* poète.

Je serais aussi curieux de savoir ce que fait le nom du grotesque Viennet à côté du nom de Banville.

— Et, à côté d'Auguste Barbier, Hégésippe Moreau, *un ignoble pion*, enflammé de sale luxure et de prêtrophobie belge.

Enfin, pourquoi vous orthographiez *Lecomte Delille* le nom de M. Leconte de Lisle, le confondant ainsi avec le méprisable auteur des *Jardins*.

Cher Monsieur, si je voulais pleinement soulager la colère que vous avez mise en moi, je vous écrirais cinquante pages au moins, et je vous prouverais que, contrairement à votre thèse, notre pauvre France n'a que fort peu de poètes et qu'elle n'en a pas un seul à opposer à Henri Heine. Mais vous n'aimez pas la vérité, vous n'aimez pas les proportions, vous n'aimez pas la justice, vous n'aimez pas les combinaisons, vous n'aimez pas le rythme, ni le mètre, ni la rime ; tout cela exige qu'on prenne trop de soins pour l'obtenir. Il est si doux de s'endormir sur l'oreiller de l'*opinion toute faite !*

Savez-vous bien, Monsieur, que vous parlez de Byron trop légèrement ? Il avait votre qualité et votre défaut, — une grande abondance, un grand flot, une grande loquacité, — mais aussi ce qui fait les poètes : une diabolique personnalité. En vérité, vous me donnez envie de le défendre.

Monsieur, j'ai reçu souvent des lettres injurieuses d'inconnus, quelquefois anonymes, des gens qui avaient sans doute du temps à perdre. J'avais du temps à perdre ce soir, j'ai voulu imiter à votre égard les donneurs de conseils qui m'ont souvent assailli.

Je suis un peu de vos amis; quelquefois même je vous ai admiré. Je connais à fond la sottise française, et pourtant, quand je vois un littérateur français (faisant autorité *dans le monde*) lâcher des légèretés, je suis encore pris de rages qui font tout pardonner, même la lettre anonyme.

Je vous promets qu'à la prochaine visite que j'aurai le plaisir de vous faire je vous ferai mon *mea culpa*, non pas de mes opinions, mais de ma conduite.

II

Monsieur, je fais ma pâture de vos feuilletons, — dans *l'Indépendance,* laquelle vous manque un peu de respect quelquefois et vous montre quelque ingratitude. Les présentations à la Buloz. Auguste Barbier à la *Revue de Paris.* Le Désaveu. *L'Indépendance* a des convictions qui ne lui permettent pas de s'apitoyer sur le malheur des reines. Donc je vous lis; car je suis un peu de vos amis, si toutefois vous croyez, comme moi, que l'admiration engendre une sorte d'amitié.

Mais le feuilleton d'hier soir m'a mis en grande rage. Je veux vous expliquer pourquoi.

Henri Heine était donc un homme! Bizarre. Catilina était donc un homme. Un monstre pourtant, puisqu'il conspirait pour les pauvres. Henri Heine était méchant, — oui, comme les hommes sensibles, irrités de vivre avec la canaille; par *canaille,* j'entends les gens qui ne se connaissent pas en poésie (le *genus irritabile vatum*).

Examinons ce cœur d'Henri Heine jeune.

Les fragments que vous citez sont charmants, mais je vois bien ce qui vous choque, c'est la tristesse, c'est l'ironie. Si J. J. était empereur, il décréterait qu'il est défendu de pleurer ou de se pendre sous son règne, ou même de rire d'une certaine façon. *Quand Auguste avait bu,* etc.

Vous êtes un homme heureux. Je vous plains, monsieur, d'être si facilement heureux. Faut-il qu'un homme soit tombé bas pour se croire heureux! Peut-être est-ce une explosion sardonique, et souriez-vous pour cacher le renard qui vous ronge. En ce cas, c'est bien. Si ma langue pouvait prononcer une telle phrase, elle en resterait paralysée.

Vous n'aimez pas la discrépance, la dissonance. Arrière les indiscrets qui troublent la somnolence de votre bonheur! Vivent les ariettes de Florian! Arrière les plaintes puissantes du chevalier Tannhäuser, *aspirant à la douleur!* Vous aimez les musiques qu'on peut entendre sans les écouter, et les tragédies qu'on peut commencer par le milieu.

Arrière tous ces poètes qui ont leurs poches pleines de poignards, de fiel, de fioles de laudanum! Cet homme est triste, il me scandalise. — Il n'a donc pas de Margot, il n'en a donc jamais eu. Vive Horace buvant son lait de poule, son falerne, veux-je dire, et pinçant, en honnête homme, les charmes de sa Lisette, en brave littératisant, sans diablerie, et sans fureur, sans *œstus!*

A propos de belles funérailles, vous citez, je crois, celles de Béranger. Il n'y avait rien de bien beau, je crois. Un préfet de police a dit qu'il l'avait escamoté. Il n'y a eu de beau que Mme Collet bousculant les sergents de ville. Et Pierre Leroux seul trouva le mot du jour : « Je lui avais toujours prédit qu'il raterait son enterrement. »

Béranger? On a dit quelques vérités sur ce grivois. Il y en aurait encore long à dire. Passons.

De Musset. Faculté poétique; mais peu joyeux. Contradiction dans votre thèse. Mauvais poète d'ailleurs. On le trouve maintenant chez les filles, entre les chiens de verre filé, le chansonnier du Caveau et les porcelaines gagnées aux loteries d'Asnières. — Croque-mort langoureux.

Sainte-Beuve. Oh! celui-là, je vous arrête. Pouvez-vous expliquer ce genre de beauté? Werther carabin. Donc contradiction dans votre thèse.

Banville et Viennet. Grande catastrophe. Viennet, parfait honnête homme. Héroïsme à détruire la poésie; mais la Rime!!! et même la Raison!!! — Je sais que vous n'agissez jamais par intérêt... Donc, qui a pu vous pousser?

Delphine Gay! Leconte de Lisle. Le trouvez-vous bien rigolo, bien à vos souhaits, la main sur la conscience? — Et Gauthier [*sic*]? Et Valmore? et moi? — Mon truc.

Je présente la paraphrase du *genus irritabile vatum* pour la défense non seulement d'Henri Heine, mais aussi de tous les poètes. Ces pauvres diables (qui sont la couronne de l'humanité) sont insultés par tout le monde. Quand ils ont soif et qu'ils demandent un verre d'eau, il y a des Trimalcions qui les traitent d'ivrognes. Trimalcion s'essuie les doigts aux cheveux de ses esclaves; mais si un poète montrait la prétention d'avoir quelques bourgeois dans ses écuries, il y aurait bien des personnes qui s'en scandaliseraient.

Vous dites : « Voilà de ces belles choses que je ne comprendrai jamais... Les néocritiques... »
Quittez donc ce ton vieillot, qui ne vous servira de rien, pas même auprès du sieur Villemain.

Jules Janin ne veut plus d'images chagrinantes.
Et la mort de Charlot ? Et le baiser dans la lunette de la guillotine ? Et le Bosphore, si enchanteur du haut d'un pal ? Et la Bourbe ? Et les Capucins ? Et les Chancres fumant sous le fer rouge ?
Quand le diable devient vieux, il se fait... berger. Allez paître vos blancs moutons.

A bas les suicides! A bas les méchants farceurs! On ne pourrait jamais dire sous votre règne : Gérard de Nerval s'est pendu, *Janino Imperatore*. Vous auriez même des agents, des inspecteurs faisant rentrer chez eux les gens qui n'auraient pas sur leurs lèvres la grimace du bonheur.
Catilina, un homme d'esprit, sans aucun doute, puisqu'il avait des amis dans le parti contraire au sien, ce qui n'est inintelligible que pour un Belge.

Toujours Horace et Margoton! Vous vous garderiez bien de choisir Juvénal, Lucain ou Pétrone; celui-là, avec ses terrifiantes impuretés, ses bouffonneries attristantes (vous prendriez volontiers parti pour Trimalcion, *puisqu'il est heureux*, avouez-le); celui-ci, avec ses regrets de Brutus et de Pompée, ses morts ressuscités, ses sorcières thessaliennes, qui font danser la lune sur l'herbe des plaines désolées; et cet autre, avec ses éclats de rire pleins de fureur. Car vous n'avez pas manqué d'observer que Juvénal se fâche toujours au profit du pauvre et de l'opprimé! Ah! le vilain sale! — Vive Horace, et tous ceux pour qui Babet est pleine de complaisances!

Trimalcion est bête, *mais il est heureux*. Il est vaniteux jusqu'à faire crever de rire ses serviteurs, mais *il est heureux*. Il est abject et immonde, — mais *heureux*. Il étale un gros luxe et feint de se connaître en délicatesses : il est ridicule, mais il est *heureux*. — Ah! pardonnons aux *heureux*. Le *bonheur*, une belle et universelle *excuse*, n'est-ce pas ?

Ah! vous êtes heureux, Monsieur. Quoi! — Si vous disiez : je suis vertueux, je comprendrais que cela sous-entend : Je souffre moins qu'un autre. Mais non : vous êtes *heureux*. Facile à contenter, alors ? Je vous plains, et j'estime ma mauvaise humeur plus distinguée que votre béatitude. — J'irai jusque-là, que je vous demanderai si les spectacles de la terre vous suffisent. Quoi! jamais vous n'avez eu envie de *vous en aller*, rien que pour changer de spectacle! J'ai de très sérieuses raisons pour plaindre celui qui n'aime pas la mort.

Byron, Tennyson, Poe et Cie.

Ciel mélancolique de la poésie moderne. Etoiles de première grandeur. Pourquoi les choses ont-elles changé ? Grave question que je n'ai pas le temps de vous expliquer ici. Mais vous n'avez même pas songé à vous la poser. Elles ont changé parce qu'elles devaient changer. Votre ami le sieur Villemain vous chuchote à l'oreille le mot : Décadence. C'est un mot bien commode à l'usage des pédagogues ignorants, mot vague derrière lequel s'abritent notre paresse et notre incuriosité de la loi.

Pourquoi donc toujours la joie ? Pour vous divertir, peut-être. Pourquoi la tristesse n'aurait-elle pas sa beauté ? Et l'horreur aussi ? Et tout ? Et n'importe quoi ?

Je vous vois venir. Je sais où vous tendez. Vous oseriez peut-être affirmer qu'on ne doit pas mettre des têtes de mort dans les soupières, et qu'un petit cadavre de nouveau-né ferait un fichu... (Cette plaisanterie a été faite cependant; mais, hélas! c'était le bon temps!) — il y aurait beaucoup à dire cependant là-dessus. — Vous me blessez dans mes plus chères convictions. Toute la question, en ces matières, c'est la sauce, c'est-à-dire le génie.

Pourquoi le poète ne serait-il pas un broyeur de poisons aussi bien qu'un confiseur, un éleveur de serpents pour miracles et spectacles, un psylle amoureux de ses reptiles, et jouissant des caresses glacées de leurs anneaux en même temps que des terreurs de la foule ?

Deux parties également ridicules dans votre feuilleton. Méconnaissance de la poésie de Heine, et de la poésie, en général. Thèse absurde sur la jeunesse du poète. Ni vieux, ni jeune, il est. Il est ce qu'il veut. Vierge, il chante la débauche; sobre, l'ivrognerie.

Votre dégoûtant amour de la joie me fait penser à M. Véron réclamant une littérature *affectueuse*. Votre goût de l'honnêteté n'est encore que du sybaritisme. M. Véron disait cela fort innocemment. *Le Juif errant* l'avait sans doute contristé. Lui aussi, il aspirait aux émotions douces et non troublantes.

A propos de la jeunesse des poètes : *Livres vécus, poèmes vécus*.

Consultez là-dessus M. Villemain. Malgré son amour incorrigible des solécismes, je doute qu'il avale celui-là.

Byron, loquacité, redondance. Quelques-unes de vos qualités, Monsieur. Mais en revanche, ces sublimes défauts qui font le grand poète : la mélancolie, toujours inséparable du sentiment du beau, et une personnalité ardente, diabolique, un esprit salamandrin.

Byron. Tennyson. E. Poe. Lermontoff. Leopardi. Espronceda ; — mais ils n'ont pas chanté Margot ! — Eh ! quoi ! je n'ai pas cité un Français. La France est pauvre.

Poésie française. Veine tarie sous Louis XIV. Reparaît avec Chénier (Marie-Joseph), car l'autre est un ébéniste de Marie-Antoinette. Enfin rajeunissement et explosion sous Charles X.

Vos flonflons français. Epinette et orchestre. Poésie à fleur de peau. Le Cupidon de Thomas Hood. Votre paquet de poètes accouplés comme bassets et lévriers, comme fouines et girafes. Analysons-les un à un. Et Théophile Gautier ? Et moi ?

Lecomte Delille. Vos étourderies : *Jean Pharond*. Pharamond. *Jean Beaudlair*. N'écrivez pas *Gauthier*, si vous voulez réparer votre oubli, et n'imitez pas ses éditeurs qui le connaissent si peu qu'ils estropient son nom. La versification d'une pièce en prose. Et vous y étiez. Le tic de Villefranche.

Tic congénital.

Fonction naturelle. Villefranche et Argenteuil.

Gascogne. Franche-Comté.

Normandie. Belgique.

Vous êtes un homme heureux. Voilà qui suffit pour vous consoler de toutes erreurs. Vous n'entendez rien à l'architecture des mots, à la plastique de la langue, à la peinture, à la musique, ni à la poésie. Consolez-vous, Balzac et Chateaubriand n'ont jamais pu faire de vers passables. Il est vrai qu'ils savaient reconnaître les bons.

Début. Ma rage. Pierre dans mon jardin ou plutôt dans notre jardin.

(Dans l'article *Janin.*) Janin loue Cicéron, petite farce de journaliste. C'est peut-être une caresse au sieur Villemain. Cicéron philippiste. Sale type de parvenu. *C'est notre César, à nous.* (De Sacy.)

Janin avait sans doute une raison pour citer Viennet parmi les poètes. De même, il a sans doute une excellente raison pour louer Cicéron. Cicéron n'est pas de l'Académie, cependant on peut dire qu'il en est, par Villemain et la bande orléaniste.

XLVIII

LE COMÉDIEN ROUVIÈRE

(*La Petite Revue*, 28 octobre 1865.)

J'ai connu longtemps Rouvière... — *Philibert* Rouvière ne m'a jamais donné de notes détaillées sur sa naissance, son éducation, etc. C'est moi qui ai écrit, dans un recueil illustré sur les principaux comédiens de Paris, l'article le concernant. Mais dans cet article, on ne trouvera autre chose qu'une appréciation raisonnée de son talent, talent bizarre jusqu'à l'excès, fait de raisonnement et d'exagération nerveuse, ce dernier élément l'emportant généralement.

Principaux rôles de Rouvière : *Mordaunt*, dans *les Mousquetaires*, type de haine concentrée, serviteur de Cromwell, ne poursuivant à travers les guerres civiles que la satisfaction de ses vengeances personnelles et légitimes.

Dans ce rôle, Rouvière faisait peur et horreur. Il était tout *en fer*.

Charles IX, dans une autre pièce d'Alexandre Dumas. Tout le monde a été émerveillé de cette *ressuscitation*. Du reste, Rouvière ayant été *peintre*, ces tours de force lui étaient plus faciles qu'à un autre.

L'abbé *Faria*, dans *Monte-Cristo*. Rouvière n'a joué le rôle qu'une fois. — Hostein, le directeur, et Alexandre Dumas *n'ont* JAMAIS BIEN COMPRIS la manière de jouer de Rouvière.

Hamlet (par Meurice et Dumas). Grand succès de Rouvière. — Mais joué en Hamlet méridional; Hamlet furibond, nerveux et pétulant. Gœthe, qui prétend que Hamlet était blond et lourd, n'aurait pas été content.

Méphistophélès, dans le détestable *Faust*, *refait* par Dennery, Rouvière a été mauvais. Il avait beaucoup d'esprit et cherchait des finesses qui tranchaient baroquement sur sa nature méridionale.

Maître Favilla, de George Sand. Extraordinaire succès ! Rouvière, qui n'avait jamais *joué* que des natures amères, féroces, ironiques, atroces, a joué admirablement un rôle paternel, doux, aimable, idyllique. Cela tient, selon moi, à un côté peu connu de sa nature : amour de l'utopie, des idylles révolutionnaires ; — culte de Jean-Jacques, Florian et Berquin.

Le rôle du *Médecin*, dans *le Comte Hermann*, d'Alexandre Dumas. — Dumas a été obligé de confesser que Rouvière avait des instants sublimes.

Othello, — dans l'*Othello* d'Alfred de Vigny, — Rouvière a très bien su exprimer la politesse raffinée, emphatique, non inséparable de la rage d'un cocu oriental.

Et bien d'autres rôles dont je ne me souviens pas actuellement.

Physiquement, Rouvière était un petit moricaud nerveux, ayant gardé jusqu'à la fin l'accent du Midi, et montrant dans la conversation des finesses inattendues... — pas cabotin et fuyant les cabotins. — Cependant, très épris d'aventures, il avait suivi des saltimbanques pour étudier leurs mœurs. — Très homme du monde, quoique comédien, très éloquent.

Moralement, élève de Jean-Jacques Rousseau. Je me souviens d'une querelle bizarre qu'il me fit un jour qu'il me trouva arrêté devant une boutique de bijoutier.

— Une cabane, disait-il, un foyer, une chaise, et une planche pour y mettre mon divin Jean-Jacques, cela me suffit. — Aimer le luxe, c'est d'un malhonnête homme.

Peintre, il était élève de Gros.

Il y a quelques mois, Rouvière étant tombé malade, et étant très pauvre, des amis imaginèrent de faire une vente de ses tableaux ; elle n'eut aucun succès.

Comme peintre, il était, à quelques égards, ce qu'il était comme comédien. — Bizarre, ingénieux et incomplet.

Je me souviens cependant d'un charmant tableau représentant *Hamlet contraignant sa mère à contempler le portrait du roi défunt*. — Peinture ultra-romantique, achetée, m'a-t-on dit, par M. de Goncourt.

M. Théophile Silvestre a de jolis dessins de Rouvière. Pendant longtemps, M. Luquet (associé de Cadart) a offert, comme étant de Géricault, un tableau (*les Girondins en prison)* que j'ai reconnu tout de suite pour un Rouvière... grande composition, sauvage et maladroite, enfantine même, mais d'un grand feu.

Comme comédien, Rouvière était très admiré d'Eugène Delacroix.

M. Champfleury a fait de lui une curieuse étude sous forme de nouvelle : *le Comédien Trianon*.

XLIX

LES TRAVAILLEURS DE LA MER [*]

(*Œuvres posthumes*, 1908.)

Les Copeaux du Rabot.
Gilliat (Juliette, Julliot, Giliard, Galaad).
Les Iles de la Manche. Tiédeur. Fleurissement. Superstitions. Le roi des Aux Aimées.
Québec. Canada, Français baroque et archaïque. Patois composite.
Simplicité de la fable.
La vieille langue de Mer.
Idylle, petit poème.
Mots suggestifs dans le portrait de Déruchette.
Le vent. Le météore. Le naufrage.
La grotte enchantée. Le poulpe.
Le Clergé anglican.
L'amour fécond en sottises et en grandeurs.
Le suicide de Gilliat.
Glorification de la Volonté.
La joie de Lethierry (Dramaturgie).
Le Dénouement fait de la peine (critique flatteuse).

---

[*] Dernière note de Baudelaire (25 mars 1866).

L

EXTRAITS DES
JOURNAUX INTIMES
Musique et Littérature.

FUSÉES

Profondeur immense de pensée dans les locutions vulgaires, trous creusés par des générations de fourmis. (I) *.

La franchise absolue, moyen d'originalité.

Raconter pompeusement des choses comiques... (IV).

L'homme de lettres remue des capitaux et donne le goût de la gymnastique intellectuelle. (V).

Le dessin arabesque est le plus idéal de tous. (V).

Ciel tragique. Epithète d'un ordre abstrait appliqué à un être matériel. (VI).

La Musique creuse le ciel. (VI).

Jean-Jacques disait qu'il n'entrait dans un café qu'avec une certaine émotion. Pour une nature timide, un contrôle de théâtre ressemble quelque peu au tribunal des Enfers. (VI).

* Les chiffres renvoient au classement de l'édition Crépet-Blin (J. Corti, 1949).

Les nations n'ont de grands hommes que malgré elles, — comme les familles. Elles font tous leurs efforts pour n'en pas avoir. Et ainsi, le grand homme a besoin, pour exister, de posséder une force d'attaque plus grande que la force de résistance développée par des millions d'individus. (VII).

Ne pas oublier dans le drame le côté merveilleux, la sorcellerie et le romanesque. (VIII).

Les milieux, les atmosphères, dont tout un récit doit être trempé (Voir *Usher* et en référer aux sensations profondes du haschisch et de l'opium.) (VIII).

Ce qui n'est pas légèrement difforme a l'air insensible; — d'où il suit que l'irrégularité, c'est-à-dire l'inattendu, la surprise, l'étonnement sont une partie essentielle et la caractéristique de la beauté. (VIII).

Théodore de Banville n'est pas précisément matérialiste; il est lumineux.
Sa poésie représente les heures heureuses. (IX).

J'ai trouvé la définition du Beau, — de mon Beau. C'est quelque chose d'ardent et de triste, quelque chose d'un peu vague, laissant carrière à la conjecture. Je vais, si l'on veut, appliquer mes idées à un objet sensible, à l'objet, par exemple, le plus intéressant dans la société, à un visage de femme. Une tête séduisante et belle, une tête de femme, veux-je dire, c'est une tête qui fait rêver à la fois, — mais d'une manière confuse, — de volupté et de tristesse; qui comporte une idée de mélancolie, de lassitude, même de satiété, — soit une idée contraire, c'est-à-dire une ardeur, un désir de vivre associé avec une amertume refluante, comme venant de privation ou de désespérance. Le mystère, le regret sont aussi des caractères du Beau.

Une belle tête d'homme n'a pas besoin de comporter, excepté peut-être aux yeux d'une femme, — aux yeux d'un homme bien entendu — cette idée de volupté, qui dans un visage de femme est une provocation d'autant plus attirante que le visage est généralement plus mélancolique. Mais cette tête contiendra aussi quelque chose d'ardent et de triste, — des besoins spirituels, des ambitions ténébreusement refoulées, — l'idée d'une puissance grondante, et sans emploi, — quelquefois l'idée d'une insensibilité vengeresse (car le type idéal du Dandy n'est pas à négliger dans ce sujet), — quelquefois aussi, — et c'est l'un des caractères de beauté les plus intéressants, — le mystère, et enfin (pour que j'aie le courage d'avouer jusqu'à quel point je me sens moderne en esthétique), *le malheur*. — Je ne prétends pas que la Joie ne puisse pas s'associer avec la Beauté, mais je dis que la Joie [en] est un des ornements les plus vulgaires ; — tandis que la mélancolie en est pour ainsi dire l'illustre compagne, à ce point que je ne conçois guère (mon cerveau serait-il un miroir ensorcelé ?) un type de Beauté où il n'y ait du *Malheur*. — Appuyé sur, — d'autres diraient : obsédé par — ces idées, on conçoit qu'il me serait difficile de ne pas conclure que le plus parfait type de Beauté virile est *Satan*, — à la manière de Milton. (X).

AUTO—IDOLATRIE
Harmonie politique du caractère.
Eurythmie du caractère et des facultés.
Augmenter toutes les facultés.
Conserver toutes les facultés.
Un culte (magisme, sorcellerie évocatoire).
Le sacrifice et le vœu sont les formules suprêmes et les symboles de l'échange. (XI).

Deux qualités littéraires fondamentales : surnaturalisme et ironie.
Coup d'œil individuel, aspect dans lequel se tiennent les choses devant l'écrivain, puis tournure d'esprit satanique. Le surnaturel comprend la couleur générale et l'accent, c'est-à-dire intensité, sonorité, limpidité, vibrativité, profondeur et retentissement dans l'espace et dans le temps.
Il y a des moments de l'existence où le temps et l'étendue sont plus profonds, et le sentiment de l'existence immensément augmenté.
De la magie appliquée à l'évocation des grands morts, au rétablissement et au perfectionnement de la santé.
L'inspiration vient toujours quand l'homme le *veut*, mais elle ne s'en va pas toujours quand il le veut. (XI).

De la langue et de l'écriture, prises comme opérations magiques, sorcellerie évocatoire. (XI).

Dans certains états de l'âme presque surnaturels, la profondeur de la vie se révèle tout entière dans le spectacle, si ordinaire qu'il soit, qu'on a sous les yeux. Il en devient le symbole. (XI).

Si un poète demandait à l'Etat le droit d'avoir quelques bourgeois dans son écurie, on serait fort étonné, tandis que si un bourgeois demandait du poète rôti, on le trouverait tout naturel. (XI).

Ne méprisez la sensibilité de personne. La sensibilité de chacun, c'est son génie. (XII).

Le mélange du grotesque et du tragique est agréable à l'esprit comme les discordances aux oreilles blasées.

Ce qu'il y a d'enivrant dans le mauvais goût, c'est le plaisir aristocratique de déplaire.

L'Allemagne exprime la rêverie par la ligne, comme l'Angleterre par la perspective.

Il y a dans l'engendrement de toute pensée sublime une secousse nerveuse qui se fait sentir dans le cervelet. (XII).

STYLE
La note éternelle, le style éternel et cosmopolite. Chateaubriand, Alph, Rabbe, Edgar Poe. (XII).

Créer un poncif, c'est le génie.
Je dois créer un poncif. (XIII).

Le concetto est un chef-d'œuvre. (XIII).

Le ton Alphonse Rabbe.
Le ton fille entretenue *(Ma toute-belle! Sexe volage!)*
Le ton *éternel*.
Coloriage cru, dessin profondément entaillé.
La prima Donna et le garcon boucher. (XIII).

Je crois que le charme infini et mystérieux qui gît dans la contemplation d'un navire, et surtout d'un navire en mouvement, tient, dans le premier cas, à la régularité et à la symétrie qui sont un des besoins primordiaux de l'esprit humain, au même degré que la complication et l'harmonie, — et, dans le second cas, à la multiplication successive et à la génération de toutes les courbes et figures imaginaires opérées dans l'espace par les éléments réels de l'objet.

L'idée poétique qui se dégage de cette opération du mouvement dans les lignes est l'hypothèse d'un être vaste, immense, compliqué, mais eurythmique, d'un animal plein de génie, souffrant et soupirant tous les soupirs et toutes les ambitions humaines. (XV).

Concevoir un canevas pour une bouffonnerie lyrique ou féerique, pour une pantomime, et traduire cela en un roman sérieux. Noyer le tout dans une atmosphère anormale et songeuse, — dans l'atmosphère des *grands jours*. — Que ce soit quelque chose de berçant, — et même de serein dans la passion. — Régions de la Poésie pure. (XV).

— Hugo pense souvent à Prométhée. Il s'applique un vautour imaginaire sur une poitrine qui n'est lancinée que par les moxas de la vanité. Puis l'hallucination se compliquant, se variant, mais suivant la marche progressive décrite par les médecins, il croit que par un *fiat* de la Providence Sainte-Hélène a pris la place de Jersey.

Cet homme est si peu élégiaque, si peu éthéré, qu'il ferait horreur même à un notaire.

Hugo-Sacerdoce a toujours le front penché; — trop penché pour rien voir, excepté son nombril.

Qu'est-ce qui n'est pas un sacerdoce aujourd'hui? La jeunesse elle-même est un sacerdoce, — à ce que dit la jeunesse. (XV).

M. de Pontmartin, — un homme qui a toujours l'air d'arriver de sa province... (XV).

De Maistre et Edgar Poe m'ont appris à raisonner. (XVII).

Pour trouver des sujets, γνωθί σεαυτον (Liste de mes goûts.)

Sois toujours poète, même en prose. Grand style (rien de plus beau que le lieu commun).

Commence d'abord, et puis sers-toi de la logique et de l'analyse. N'importe quelle hypothèse veut sa conclusion.

Trouver la frénésie journalière. (XVIII).

MON CŒUR MIS A NU

Mes opinions sur le théâtre. Ce que j'ai toujours trouvé de plus beau dans un théâtre, dans mon enfance et encore maintenant, c'est *le lustre* — un bel objet lumineux, cristallin, compliqué, circulaire et symétrique.

Cependant, je ne nie pas absolument la valeur de la littérature dramatique. Seulement, je voudrais que les comédiens fussent montés sur des patins très haut, portassent des masques plus expressifs que le visage humain, et parlassent à travers des porte-voix; enfin que les rôles de femmes fussent joués par des hommes.

Après tout, le lustre m'a toujours paru l'acteur principal, vu à travers le gros bout ou le petit bout de la lorgnette. (X).

Ivresse d'humanité.
Grand tableau à faire :
Dans le sens de la charité.
Dans le sens du libertinage.
Dans le sens littéraire, ou du comédien. (XI).

Sur *George Sand*.
La femme Sand est le Prudhomme de l'immoralité.
Elle a toujours été moraliste.
Seulement elle faisait autrefois de la contre-morale. — Aussi elle n'a jamais été artiste.
Elle a le fameux *style coulant*, cher aux bourgeois.
Elle est bête, elle est lourde, elle est bavarde; elle a dans les idées morales la même profondeur de jugement et la même délicatesse de sentiment que les concierges et les filles entretenues.
Ce qu'elle a dit de sa mère.
Ce qu'elle dit de la poésie.
Son amour pour les ouvriers.
Que quelques hommes aient pu s'amouracher de cette latrine, c'est bien la preuve de l'abaissement des hommes de ce siècle.
Voir la préface de *Mlle La Quintinie*, où elle prétend que les vrais chrétiens ne croient pas à l'Enfer. La Sand est pour le *Dieu des bonnes gens*, le dieu des concierges et des domestiques filous. Elle a de bonnes raisons pour vouloir supprimer l'Enfer. (XVI).

LE DIABLE ET GEORGE SAND

Il ne faut pas croire que le Diable ne tente que les hommes de génie. Il méprise sans doute les imbéciles, mais il ne dédaigne pas leur concours. Bien au contraire, il fonde ses grands espoirs sur ceux-là.

Voyez George Sand. Elle est surtout, et plus que tout autre chose [sic], une *grosse bête;* mais elle est *possédée.* C'est le Diable qui lui a persuadé de se fier à *son bon cœur* et à *son bon sens,* afin qu'elle persuadât toutes les autres grosses bêtes de se fier à leur bon cœur et à leur bon sens.

Je ne puis penser à cette stupide créature, sans un certain frémissement d'horreur. Si je la rencontrais, je ne pourrais m'empêcher de lui jeter un bénitier à la tête. (XVII).

George Sand est une de ces vieilles ingénues qui ne veulent jamais quitter les planches.

J'ai lu dernièrement une préface (la préface de *Mlle Laquintinie* [sic]) où elle prétend qu'un vrai chrétien ne peut pas croire à l'Enfer.

Elle a de bonnes raisons pour vouloir supprimer l'Enfer. (XVII).

La religion de la femme Sand. Préface de *Mlle La Quintinie.* La femme Sand est intéressée à croire que l'Enfer n'existe pas. (XVII).

Je m'ennuie en France, surtout parce que tout le monde y ressemble à Voltaire.

Emerson a oublié Voltaire dans ses *Représentants de l'humanité.* Il aurait pu faire un joli chapitre intitulé : *Voltaire,* ou *l'anti-poète,* le roi des badauds, le prince des superficiels, l'anti-artiste, le prédicateur des concierges, le père-Gigogne des rédacteurs du *Siècle.* (XVIII).

Dans *les Oreilles du Comte de Chesterfield,* Voltaire plaisante sur cette âme immortelle qui a résidé pendant neuf mois entre des excréments et des urines. Voltaire, comme tous les paresseux, haïssait le mystère. (XVIII).

De l'amour, de la prédilection des Français pour les métaphores militaires. Toute métaphore ici porte des moustaches.

Littérature militante.
Rester sur la brèche.
Porter haut le drapeau.
Tenir le drapeau haut et ferme.
Se jeter dans la mêlée.
Un des vétérans.

Toutes ces glorieuses phraséologies s'appliquent généralement à des cuistres et à des fainéants d'estaminet. (XXIII).

Métaphores françaises.
Soldat de la presse judiciaire (Bertin).
La presse militante.

A ajouter aux métaphores militaires :
Les poètes de combat.
Les littérateurs d'avant-garde.

Ces habitudes de métaphores militaires dénotent des esprits, non pas militants, mais faits pour la discipline, c'est-à-dire pour la conformité, des esprits nés domestiques, des esprits belges, qui ne peuvent penser qu'en société. (XXIII).

Défions-nous du peuple, du bon sens, du cœur, de l'inspiration, et de l'évidence. (XXVI).

Le jour où le jeune écrivain corrige sa première épreuve, il est fier comme un écolier qui vient de gagner sa première vérole. (XXVII).

De la cuistrerie
Des professeurs
des juges
des prêtres
et des ministres. (XXVIII).

Les jolis grands hommes du jour,
Renan.
Feydeau.
Octave Feuillet.
Scholl. (XXVIII).

Les directeurs de journaux français. Buloz, Houssaye,

Rouy, Girardin, Texier, de Calonne, Solar, Turgan, Dalloz.
Liste de canailles. Solar en tête. (XXVIII).

Nadar, c'est la plus étonnante expression de vitalité. Adrien me disait que son frère Félix avait tous les viscères en double. J'ai été jaloux de lui à le voir si bien réussir dans tout ce qui n'est pas l'abstrait. (XXIX).

Veuillot est si grossier et si ennemi des arts qu'on dirait que toute la *démocratie* du monde s'est réfugiée dans son sein.
Développement du portrait.
Suprématie de l'idée pure, chez le chrétien comme chez le communiste babouviste.
Fanatisme de l'humilité. Ne pas même aspirer à comprendre la religion. (XXIX).

L'homme de lettres est l'ennemi du monde. (XXIX).

Pourquoi le spectacle de la mer est-il infiniment et si éternellement agréable ?
Parce que la mer offre à la fois l'idée de l'immensité et du mouvement. Six ou sept lieues représentent pour l'homme le rayon de l'infini. Voilà un infini diminutif. Qu'importe s'il suffit à suggérer l'idée de l'infini total ? Douze ou quatorze lieues (sur le diamètre), douze ou quatorze de liquide en mouvement suffisent pour donner la plus haute idée de beauté qui soit offerte à l'homme sur son habitacle transitoire. (XXX).

Il n'y a rien d'intéressant sur la terre que les religions.
Qu'est-ce que la religion universelle ? (Chateaubriand, de Maistre, les Alexandrins, Capé [?]).
Il y a une religion universelle, faite pour les Alchimistes de la Pensée, une religion qui se dégage de l'homme, considéré comme mémento divin. (XXXI).

Saint-Marc Girardin a dit un mot qui restera : *Soyons médiocres !*
Rapprochons ce mot de celui de Robespierre : *Ceux qui ne croient pas à l'immortalité de leur être se rendent justice.*

Le mot de Saint-Marc Girardin implique une immense haine contre le sublime.

Qui a vu St-M. G. marcher dans la rue a conçu tout de suite l'idée d'une grande oie infatuée d'elle-même, mais effarée et courant sur la grande route, devant la diligence. (XXXI).

C'est par le loisir que j'ai, en partie, grandi.
A mon grand détriment; car le loisir, sans fortune, augmente les dettes, les avanies résultant des dettes.
Mais à mon grand profit, relativement à la sensibilité, à la méditation et à la faculté du dandysme et du dilettantisme.
Les autres hommes de lettres sont, pour la plupart, de vils piocheurs très ignorants. (XXXII).

« Je mettrai l'orthographe même sous la main du bourreau. »
Th. Gautier. (XXXVI).

Beau tableau à faire : la canaille littéraire. (XXXVI).

Etudier dans tous ses modes, dans les œuvres de la nature et dans les œuvres de l'homme, l'universelle et éternelle loi de la gradation, du peu à peu, du *petit à petit*, avec les forces progressivement croissantes, comme les intérêts composés, en matière de finances.

Il en est de même dans *l'habileté artistique et littéraire*, il en est de même dans le trésor variable de la volonté. (XXXVII).

La cohue des petits littérateurs, qu'on voit aux enterrements, distribuant des poignées de main, et se recommandant à la mémoire du faiseur de *courriers*.
De l'enterrement des hommes célèbres. (XXXVII).

Molière. — Mon opinion sur *Tartuffe* est que ce n'est pas une comédie, mais un pamphlet. Un athée, s'il est simplement un homme bien élevé, pensera, à propos de cette pièce, qu'il ne faut jamais livrer certaines questions graves à la canaille. (XXXVII).

Glorifier le culte des images (ma grande, mon unique, ma primitive passion).

Glorifier le vagabondage et ce qu'on peut appeler le

Bohémianisme, culte de la sensation multipliée, s'exprimant par la musique. En référer à Liszt. (XXXVIII).

La musique donne l'idée de l'espace.
Tous les arts, plus ou moins; puisqu'ils sont *nombre* et que le nombre est une traduction de l'espace. (XXXIX).

Etant enfant, je voulais être tantôt pape, mais pape militaire, tantôt comédien.
Jouissances que je tirais de ces deux hallucinations. (XXXIX).

Tout enfant, j'ai senti dans mon cœur deux sentiments contradictoires, l'horreur de la vie et l'extase de la vie.
C'est bien le fait d'un paresseux nerveux. (XL).

Les nations n'ont de grands hommes que malgré elles. (XLI).

A propos du comédien et de mes rêves d'enfance,
un chapitre sur ce qui constitue, dans l'âme humaine, la vocation du comédien, la gloire du comédien, l'état de comédien, et sa situation dans le monde.
La théorie de Legouvé. Legouvé est-il un farceur froid, un Swift, qui a essayé si la France pouvait avaler une nouvelle absurdité ?
Son choix. Bon, en ce sens que Samson n'est pas un comédien.
De la vraie grandeur des parias. (XLI).

Peut-être même, la vertu nuit-elle aux talents des parias. (XLI).

L'homme d'esprit, celui qui ne s'accordera jamais avec personne, doit s'appliquer à aimer la conversation des imbéciles et la lecture des mauvais livres. Il en tirera des jouissances amères qui compenseront largement sa fatigue. (XLII).

Toute idée est, par elle-même, douée d'une vie immortelle, comme une personne.
Toute forme créée, même par l'homme, est immortelle. Car la forme est indépendante de la matière, et ce ne sont pas les molécules qui constituent la forme. (XLIII).

Il est impossible de parcourir une gazette quelconque, de n'importe quel jour ou quel mois ou quelle année, sans y trouver à chaque ligne les signes de la perversité humaine la plus épouvantable, en même temps que les *vanteries* les plus surprenantes de probité, de bonté, de charité, et les affirmations les plus effrontées relatives au progrès et à la civilisation.

Tout journal, de la première ligne à la dernière, n'est qu'un tissu d'horreurs. Guerres, crimes, vols, impudicités, tortures, crimes des princes, crimes des nations, crimes des particuliers, une ivresse d'atrocité universelle.

Et c'est de ce dégoûtant apéritif que l'homme civilisé accompagne son repas de chaque matin. Tout, en ce monde, sue le crime : le journal, la muraille et le visage de l'homme.

Je ne comprends pas qu'une main pure puisse toucher un journal sans une convulsion de dégoût. (XLIV).

De l'infamie de l'imprimerie, grand obstacle au développement du Beau. (XLV).

Tous les imbéciles de la Bourgeoisie qui prononcent sans cesse les mots : « immoral, immoralité, moralité dans l'art » et d'autres bêtises, me font penser à Louise Villedieu, putain à cinq francs, qui m'accompagnant une fois au Louvre, où elle n'était jamais allée, se mit à rougir, à se couvrir le visage, et, me tirant à chaque instant par la manche, me demandait devant les statues et les tableaux immortels, comment on pouvait étaler publiquement de pareilles indécences. (XLVI).

Les feuilles de vigne du sieur Nieuwerkerke. (XLVI).

TABLE DES MATIÈRES

Chronologie 7

Baudelaire critique littéraire 21

Note sur le texte 33

Bibliographie. 37

L'ART ROMANTIQUE

I. – DÉBUTS D'UN CRITIQUE (1845-1848)

I. – Les *Contes normands* et *Historiettes baguenaudières* par Jean de Falaise. 43

II. – Comment on paie ses dettes quand on a du génie. 45

III. – *Prométhée délivré* par L. de Senneville 49

IV. – *Le Siècle*, épître à Chateaubriand par Bathild Bouniol 53

V. – Conseils aux jeunes littérateurs. . . 55

VI. – Les *Contes* de Champfleury 63

VII. – Jules Janin et *Le Gâteau des Rois*. . . 67

II. – PRISES DE CONSCIENCE (1851-1855)

VIII. – « A mesure que l'homme avance dans la vie... » 71

IX. – Pierre Dupont (I) 73

X. – Les Drames et les Romans honnêtes. 83

XI. – L'Ecole païenne 89

XII. – De quelques préjugés contemporains. 95

XIII. – *Le Hibou philosophe*. 97

XIV. – Puisque Réalisme il y a 101

III. – EDGAR POE (1848-1864)

XV. – Edgar Poe : *Révélation magnétique* (Introduction) 107

XVI. – Edgar Allan Poe, sa vie et ses ouvrages 111

XVII. – Notice sur la traduction de *Bérénice* d'Edgar Poe 149

XVIII. – Edgar Poe, sa vie et ses œuvres. . . 151

XIX. – Notes nouvelles sur Edgar Poe. . . 175

XX. – La Genèse d'un poème (Préambule). 193

XXI. – Avis du Traducteur. 197

IV. – FLAUBERT, GAUTIER, DIVERS
(1855-1859)

XXII. – Philibert Rouvière (I) 201

XXIII. – *Histoire de Neuilly* par l'abbé Bellanger. 207

XXIV. – *Les Liaisons dangereuses* 209

XXV. – *Madame Bovary* par Gustave Flaubert. 219

XXVI. – Lettre au *Figaro* (sur Victor Hugo, et les Jeunes-France) 229

XXVII. – *La Double Vie* par Charles Asselineau. 231

XXVIII. – Théophile Gautier (I). 237

V. – RICHARD WAGNER (1860-1861)

XXIX. – Lettre à Richard Wagner. 263

XXX. – Richard Wagner et *Tannhäuser* à Paris 267

VI. – RÉFLEXIONS SUR QUELQUES-UNS DE MES CONTEMPORAINS (1861)

XXXI. – Victor Hugo. 303

XXXII. – Marceline Desbordes-Valmore. . . 315

XXXIII. – Auguste Barbier 319

XXXIV.	– Théophile Gautier (II)	323
XXXV.	– Pétrus Borel	327
XXXVI.	– Gustave Le Vavasseur	331
XXXVII.	– Théodore de Banville	333
XXXVIII.	– Pierre Dupont (II)	341
XXXIX.	– Leconte de Lisle	349
XL.	– Hégésippe Moreau	353

VII. – DERNIÈRE GERBE (1861-1866)

XLI.	– *Les Martyrs ridicules* par Léon Cladel.	361
XLII.	– Une réforme à l'Académie	367
XLIII.	– Paul de Molènes	371
XLIV.	– *Les Misérables* par Victor Hugo	373
XLV.	– L'Esprit et le style de M. Villemain	381
XLVI.	– Anniversaire de la naissance de Shakespeare	403
XLVII.	– Projets de lettre à Jules Janin	409
XLVIII.	– Le Comédien Rouvière (II)	417
XLIX.	– *Les Travailleurs de la mer*	421
L.	– Extraits des *Journaux intimes* (Musique et Littérature)	423

Il existe dans la collection des classiques Garnier une édition en un volume des Curiosités Esthétiques *et de l'Art romantique de Baudelaire. Cette édition a été établie par Monsieur Henri Lemaitre, docteur ès lettres. Elle contient une introduction de plus de 80 pages, de nombreuses notes, un choix de variantes, une bibliographie et un index. Elle est, en outre, enrichie d'importantes illustrations.*

DANS LA MÊME COLLECTION

153 ■ ■	Anthologie poétique française, Moyen Age, 1	
154 ■ ■	Moyen Age, 2	
45 ■ ■	XVIe siècle, 1	
62 ■ ■	XVIe siècle, 2	
74 ■ ■	XVIIe siècle, 1	
84 ■ ■	XVIIe siècle, 2	
101 ■ ■	XVIIIe siècle	
1 ■ ■	Dictionnaire anglais-français, français-anglais	
2 ■ ■	Dictionnaire espagnol-français, français-espagnol	
9 ■ ■	Dictionnaire italien-français, français-italien	
10 ■ ■	Dictionnaire allemand-français, français-allemand	
123 ■ ■	Dictionnaire latin-français	
124 ■ ■	Dictionnaire français-latin	

ARISTOPHANE
- 115 ■ ■ Théâtre complet, 1
- 116 ■ ■ Théâtre complet, 2

ARISTOTE
- 43 ■ ■ Ethique de Nicomaque

BALZAC
- 3 Eugénie Grandet
- 40 Le Médecin de campagne
- 48 Une fille d'Eve
- 69 La Femme de trente ans
- 98 Le Contrat de mariage
- 107 ■ ■ Illusions perdues
- 112 Le Père Goriot
- 135 Le Curé de village
- 145 Pierrette
- 165 Le Curé de Tours - La Grenadière - L'Illustre Gaudissart
- 175 ■ ■ ■ Splendeurs et misères des courtisanes

BARBEY D'AUREVILLY
- 63 Le Chevalier Des Touches
- 121 L'Ensorcelée
- 149 ■ ■ Les Diaboliques

BAUDELAIRE
- 7 Les Fleurs du mal et autres poèmes
- 89 Les Paradis artificiels
- 136 Petits Poèmes en prose. Le Spleen de Paris
- 172 ■ ■ L'Art romantique

BEAUMARCHAIS
- 76 ■ Théâtre

BERNARD
- 85 ■ ■ Introduction à l'étude de la médecine expérimentale

BERNARDIN DE SAINT-PIERRE
- 87 Paul et Virginie

BOSSUET
- 110 ■ Discours sur l'Histoire universelle

BUSSY-RABUTIN
- 130 Histoire amoureuse des Gaules

CESAR
- 12 La Guerre des Gaules

CHATEAUBRIAND
- 25 Atala-René
- 104 ■ ■ Génie du christianisme, 1
- 105 ■ ■ Génie du christianisme, 2
- 184 ■ ■ Itinéraire de Paris à Jérusalem

CICERON
- 38 De la république-Des lois
- 156 ■ ■ De la vieillesse, de l'amitié, des devoirs

COMTE
- 100 ■ ■ Catéchisme positiviste

CONSTANT
- 80 Adolphe

CORNEILLE
- 179 ■ ■ ■ Théâtre complet, 1

COURTELINE
- 65 Théâtre
- 106 Messieurs les Ronds-de-Cuir

DAUDET
- 178 Tartarin de Tarascon

DESCARTES
- 109 Discours de la méthode

DIDEROT
- 53 Entretien entre d'Alembert et Diderot - Le Rêve de d'Alembert - Suite de l'Entretien
- 143 Le Neveu de Rameau
- 164 Entretiens sur le fils naturel - Paradoxe sur le comédien
- 177 La Religieuse

DIOGENE LAERCE
- 56 ■ ■ Vie, Doctrines et Sentences des philosophes illustres, 1
- 77 ■ ■ Philosophes illustres, 2

DOSTOIEVSKI
- 78 ■ ■ Crime et Châtiment, 1
- 79 ■ ■ Crime et Châtiment, 2

DUMAS
- 144 ■ ■ Les Trois Mousquetaires
- 161 ■ ■ Vingt ans après, 1
- 162 ■ ■ Vingt ans après, 2

EPICTETE
- 16 Voir MARC-AURELE

ERASME
- 36 Eloge de la folie, suivi de la Lettre d'Erasme à Dorpius

ESCHYLE
- 8 Théâtre complet

EURIPIDE
- 46 ■ ■ Théâtre complet, 1
- 93 ■ ■ Théâtre complet, 2
- 99 ■ ■ Théâtre complet, 3

- 122 ■ ■ Théâtre complet, 4

FÉNELON
- 168 ■ ■ Les Aventures de Télémaque

FLAUBERT
- 22 ■ ■ Salammbô
- 42 Trois contes
- 86 ■ ■ Madame Bovary
- 103 ■ ■ Bouvard et Pécuchet
- 131 La Tentation de saint Antoine

GAUTIER
- 102 ■ ■ Mademoiselle de Maupin
- 118 Le Roman de la Momie
- 147 ■ ■ Le Capitaine Fracasse

FROMENTIN
- 141 Dominique

GŒTHE
- 24 Faust
- 169 Les Souffrances du jeune Werther

HOMERE
- 60 ■ ■ L'Iliade
- 64 ■ ■ L'Odyssée

HORACE
- 159 ■ Œuvres

HUGO
- 59 ■ ■ Quatrevingt-treize
- 113 ■ ■ Les Chansons des rues et des bois
- 125 ■ ■ Les Misérables, 1
- 126 ■ ■ Les Misérables, 2
- 127 ■ ■ Les Misérables, 3
- 134 ■ ■ Notre-Dame de Paris
- 157 ■ ■ La Légende des siècles, 1
- 158 ■ ■ La Légende des siècles, 2
- 176 ■ ■ Odes et Ballades - Les Orientales
- 185 ■ ■ Cromwell

LA BRUYERE
- 72 ■ ■ Les Caractères, précédés des Caractères de THEOPHRASTE

LACLOS
- 13 ■ ■ Les Liaisons dangereuses

LAFAYETTE
- 82 La Princesse de Clèves

LA FONTAINE
- 95 ■ ■ Fables

LAMARTINE
- 138 Jocelyn

LEIBNIZ
- 92 ■ ■ Nouveaux Essais sur l'entendement humain

LUCRECE
- 30 De la Nature

MARC-AURELE
- 16 Pensées pour moi-même, suivies du Manuel d'EPICTETE

MARIVAUX
- 73 ■ ■ Le Paysan parvenu

MERIMEE
- 32 Colomba
- 137 ■ ■ Théâtre de Clara Gazul suivi de la Famille de Carvajal

MICHELET
- 83 ■ ■ La Sorcière

MILL
- 183 L'Utilitarisme

LES MILLE ET UNE NUITS
- 66 ■ ■ tome 1
- 67 ■ ■ tome 2
- 68 ■ ■ tome 3

MOLIERE
- 33 ■ ■ Œuvres complètes, 1
- 41 ■ ■ Œuvres complètes, 2
- 54 ■ ■ Œuvres complètes, 3
- 70 ■ ■ Œuvres complètes, 4

MONTESQUIEU
- 19 Lettres persanes

MUSSET
- 5 ■ ■ Théâtre, 1
- 14 ■ ■ Théâtre, 2

NERVAL
- 44 Les Filles du feu - Les Chimères

OVIDE
- 97 ■ ■ Les Métamorphoses

PASCAL
- 151 ■ ■ Lettres écrites à un provincial

LES PENSEURS GRECS AVANT SOCRATE
- 31 De Thalès de Milet à Prodicos de Céos

PLATON
- 4 Œuvres complètes, 1
- 75 Œuvres complètes, 2
- 90 ■ ■ Œuvres complètes, 3
- 129 ■ ■ Œuvres complètes, 4
- 146 ■ ■ Œuvres complètes, 5
- 163 ■ ■ Œuvres complètes, 6

POE
- 39 ■ ■ Histoires extraordinaires
- 55 ■ ■ Nouvelles Histoires extraordinaires
- 114 Histoires grotesques et sérieuses

PREVOST
- 140 Histoire du chevalier des Grieux et de Manon Lescaut

PROUDHON
- 91 ■ ■ Qu'est-ce que la propriété ?

RABELAIS
- 180 La Vie tres horrificque du grand Gargantua

RACINE
- 27 ■ ■ Théâtre complet, 1
- 37 ■ ■ Théâtre complet, 2

RENARD
- 58 Poil de carotte
- 150 Histoires naturelles

RIMBAUD
- 20 Œuvres poétiques

ROUSSEAU
- 23 Les Rêveries du promeneur solitaire
- 94 Du contrat social
- 117 ■ ■ ■ Emile
- 148 ■ ■ ■ Julie ou la nouvelle Héloïse
- 160 Lettre à d'Alembert
- 181 ■ ■ Les Confessions, 1
- 182 ■ ■ Les Confessions, 2

SAINT AUGUSTIN
- 21 ■ ■ Les Confessions

SALLUSTE
- 174 Conjuration de Catilina Guerre de Jugurtha Histoires

SAND
- 35 La Mare au diable
- 155 La Petite Fadette

SHAKESPEARE
- 6 ■ ■ Théâtre complet, 1
- 17 ■ ■ Théâtre complet, 2
- 29 ■ ■ Théâtre complet, 3
- 47 ■ ■ Théâtre complet, 4
- 61 ■ ■ Théâtre complet, 5
- 96 ■ ■ Théâtre complet, 6

SOPHOCLE
- 18 ■ ■ Théâtre complet

SPINOZA
- 34 ■ ■ Œuvres, 1
- 50 ■ ■ Œuvres, 2
- 57 ■ ■ Œuvres, 3
- 108 ■ ■ Œuvres, 4

STAËL
- 166 ■ ■ De l'Allemagne, 1
- 167 ■ ■ De l'Allemagne, 2

STENDHAL
- 11 ■ ■ Le Rouge et le Noir
- 26 ■ ■ La Chartreuse de Parme
- 49 ■ ■ De l'amour
- 137 Armance

TACITE
- 71 ■ ■ Annales

THEOPHRASTE
- 72 ■ Voir **LA BRUYÈRE**

THUCYDIDE
- 81 ■ ■ Histoire de la guerre du Péloponnèse, 1
- 88 ■ ■ Histoire de la guerre du Péloponnèse, 2

VIGNY
- 171 Chatterton - Quitte pour la peur

VILLON
- 52 Œuvres poétiques

VIRGILE
- 51 ■ ■ L'Enéide
- 128 ■ ■ Les Bucoliques - Les Géorgiques

VOLTAIRE
- 15 Lettres philosophiques
- 28 ■ ■ Dictionnaire philosophique
- 111 ■ ■ Romans et Contes
- 119 ■ ■ Le Siècle de Louis XIV, 1
- 120 ■ ■ Le Siècle de Louis XIV, 2
- 170 Histoire de Charles XII

VORAGINE
- 132 ■ ■ La Légende dorée, 1
- 133 ■ ■ La Légende dorée, 2

XENOPHON
- 139 ■ ■ Œuvres complètes, 1
- 142 ■ ■ Œuvres complètes, 2
- 152 ■ ■ Œuvres complètes, 3

GF — TEXTE INTÉGRAL — GF

2372 - 1968. — IMPRIMERIE-RELIURE MAME
N° d'édition 6122 — 1ᵉʳ trimestre 1968. — PRINTED IN FRANCE.